रामकथा
और
रामचरितमानस

ESTD.-1986
अयोध्या शोध संस्थान

वाणी प्रकाशन

रामकथा और रामचरितमानस

राघवशरण शर्मा

सजिल्द प्रथम संस्करण : 2023

अयोध्या शोध संस्थान

तुलसी स्मारक भवन, रायगंज, अयोध्या 224 123

फ़ोन : +91 5278-232982

तथा

वाणी प्रकाशन

4695, 21-ए, दरियागंज, नयी दिल्ली 110 002

फ़ोन : +91 11 23273167 फ़ैक्स : +91 11 23275710

शाखाएँ

अशोक राजपथ, पटना 800 004, बिहार

कॉफ़ी हाउस कैम्पस, महात्मा गांधी मार्ग, इलाहाबाद 211 001, उत्तर प्रदेश

महात्मा गांधी अन्तरराष्ट्रीय हिन्दी विश्वविद्यालय, वर्धा 442 001, महाराष्ट्र

36/ए, शेक्सपीयर सरणी, रानी बिरला गर्ल्स कॉलेज के पास, कोलकाता 700 017, प. बंगाल

www.vaniprakashan.com
marketing@vaniprakashan.in
sales@vaniprakashan.in

Ramkatha aur Ramcharitmanas
by Raghavsharan Sharma

ISBN : 978-93-5775-895-6
Religion/Culture

थॉमसन प्रेस (इंडिया) लि. में मुद्रित

वाणी प्रकाशन का लोगो मक़बूल फ़िदा हुसेन की कूची से

अनुक्रम

भूमिका

भारत तथा निकटवर्ती देशों के साहित्य में रामकथा की अद्वितीय व्यापकता एशिया के सांस्कृतिक इतिहास का एक अत्यन्त महत्त्वपूर्ण तत्त्व है। इस रामकथा का अध्ययन एवं प्रणयन अनेक देशों और अनेक भाषाओं में अनेक दृष्टिकोण से किया गया है। राम भक्ति के विकसित होने के साथ-साथ रामकथा का विकास कई आयाम में होने लगा। राम भक्ति के विकास में रामचरितमानस का महत्त्व अद्वितीय है। ऐतिहासिक दृष्टिकोण से रामकथा के कथानक पर वाल्मीकि के रामायण का प्रभाव सर्वाधिक है। तुलसी की भक्ति का स्वरूप न तो सूर की तरह मनोरंजनात्मक है और न जायसी, रसखान, कुतुबन की तरह प्रेमात्मक। यह न तो कबीर की तरह अन्याय, अत्याचार के विरुद्ध तटस्थ है और न ढकोसला की आलोचना कर अपने कर्तव्य की इतिश्री समझनेवाला है। यह वाल्मीकि के राम की तरह निराशा की विषम स्थिति में भी उस शक्ति का बीज बोने वाला है जो किसी पराजित राष्ट्र को फिर से उठाकर खड़ा कर सकता है। रामचरितमानस का राम सिर्फ़ हँसता, खेलता, ठुमकता, नाचता कृष्ण नहीं है जो निराशा से उत्पन्न क्षोभ और शोक को हटाकर प्रफुल्लता से सन्तुष्ट हो जाय। यह वाल्मीकि के राम की तरह पराक्रम और ओज से भरा ललकारता हुआ शक्ति का पुंज है। रामचरितमानस में द्वैत्य नहीं है। तुलसी का राम दूर खड़ा निर्गुण राम नहीं है। वह पास में है, जीवन में घुलामिला है, वह दुखियों का रक्षक है, आततायियों का विनाशक है। वह पराजित समाज का अवलम्ब है। इस राम ने निःसन्देह मृतप्राय भारतीय समाज में पुनर्जीवन, आशा, उत्साह का संचार किया। इसने भारतीय सांस्कृतिक जगत् को राममय कर दिया। इसने शिवाजी, बाजीराव पेशवा, गुरु गोविन्द सिंह, बन्दा बहादुर, सूरजमल जाट, सुन्दर सिंह, बलवन्त सिंह,हंसराज भट्ट जैसा सूरमा पैदा कर दिया जिन्होंने मुग़ल राज की ईंट से ईंट बजा दी।

आध्यात्मिक विचार के दृष्टिकोण से रामचरितमानस अध्यात्म रामायण के सबसे नज़दीक है। उसी की तरह गोस्वामी जी ने इसे शिव-पार्वती संवाद के रूप में प्रस्तुत किया है। रामचरितमानस की दार्शनिक व्याख्याओं पर अध्यात्म रामायण का रंग सबसे अधिक है। कौशल्या को विराट रूप राम दिखलाते हैं, यह प्रसंग अध्यात्म और रामचरितमानस दोनों जगह है।

भगवत्गीता में 10.7 और भागवत पुराण 10.7, 35-38 में भी यह प्रसंग है। राम के वनवास हेतु सरस्वती का अयोध्या प्रयाण भी दोनों जगह है (अध्यात्म रामायण 2, 3, 44-46), अध्यात्म से अन्य वृत्तान्त भी मेल रखते हैं–

(1) अशोक वाटिका में राम-सीता का परस्पर दर्शन

(2) मिथिला में परशुराम का तेजोभंग

(3) केवट वृत्तान्त

(4) भरत-राम मिलाप के समय जनक का आगमन

(5) माया सीता वृत्तान्त

(6) सेतुबन्ध समय शिव-प्रतिष्ठा

(7) कालनेमि वध

(8) भुशुण्डि चरित

रावण की शिवभक्ति पर ब्रह्म पुराण का प्रभाव स्पष्ट है। रावण की विजय यात्रा पर वाल्मीकि रामायण का प्रभाव है। रावण की शिवभक्ति का वर्णन दशावतार चरित, रघुवंश तथा पद्मपुराण में भी है। आनन्द रामायण और भावार्थ रामायण में सुलोचना की शिवभक्ति का वर्णन है। सीता-हनुमान संवाद, अध्यात्म रामायण, आनन्द रामायण, रामकिशन रामायण, आचार्य चूड़ामणि प्रसन्नराघव और वाल्मीकि रामायण में है। रामचरितमानस में यह वृत्तान्त 5-12 और प्रसन्नराघव में 6-34, 35 में लगभग समान रंग रूप से वर्णित है।

हनुमान रूप बदलकर लंका में प्रवेश करते हैं–

मसक समान रूप कपिधरी।
लंकहि चलेउ सुमिरि नरहरी।।

यह वृत्तान्त भिन्न-भिन्न रामकथाओं में है–

भ्रमर रूप	-	सुभद्रकृत उत्तर रामायण
शुक	-	विरहोर आदिवासी कथा
काक	-	पंजाब की लोक कथा
चटकपक्षी	-	अध्यात्म रामायण
बालक	-	आनन्द रामायण
भ्रमर	-	गणक चरित्र
छोटा बन्दर	-	वाल्मीकि
मशक	-	रामचरितमानस

रावण के नाभि प्रवेश में अमृत का वास अध्यात्म रामायण, आनन्द रामायण, रंगनाथ रामायण, धर्मखण्ड, तत्त्वसंग्रह रामायण, भावार्थ रामायण और रामचरितमानस 6-102 में है।

वे पराक्रमी योद्धा के अलावा विद्वान और बुद्धिमान हैं। वे शास्त्रज्ञ भी हैं। मयरावण चरितम् के हनुमान रामचरितमानस की तरह ही ब्रह्मचारी हैं। यह वृत्तान्त, स्कन्दपुराण, अवन्तीखण्ड, रेवा अध्याय के श्लोक 83 में भी है। पद्मपुराण के पातालखण्ड में भी हनुमान के ब्रह्मचर्य का वर्णन है। तुलसीदास के अनुसार वाल्मीकि की ही तरह हनुमान की माता अंजना और पिता वायु हैं। वे शिव के अवतार भी हैं। तुलसीदास की दृष्टि युग सापेक्ष रहकर भी युग की सीमाओं को अतिक्रान्त कर जाती है। यही कारण है कि जनक्रान्ति द्रष्टा कवि की सार्थकता कभी समाप्त नहीं होती। यह युग-युगीन हो जाती है और बदलती दुनिया में भी अपनी उपादेयता बरकरार रखती है। तुलसी ने धर्म को सर्वांगीण मंगल उन्मुख व्यवस्था का रूप दिया। तुलसीदास ने वर्णाश्रम के मर्यादावाद को स्वीकार किया है।

वरनाश्रम निज निज धरम निरत वेदपथ लोग।
चलहिं सदा पाथहिं सुखहिं नहिं भय, सोक न रोग।।

इसी भाव से प्रसिद्ध नीतिज्ञ और लोकव्यवस्थापक चाणक्य का यह वचन स्मरणीय है—

पतितोऽपि द्विजः श्रेष्ठो न च शूद्रो जितेन्द्रियः इसे अक्षरशः तुलसीदास इस प्रकार कहते हैं—

पूजिय विप्र सील गुन हीना।
सूद्र न गुन-गान प्रवीणा।

यह आचरण पर सिद्धान्त की श्रेष्ठता की स्थापना है। तुलसीदास सामन्ती अत्याचारों के ख़िलाफ़ थे—

जासु राज प्रिय प्रजा दुखारी।
सो नृप अवसि नरक अधिकारी।।

कृष्ण का जीवन चरित्र भी आचरण पर सिद्धान्त की, साधन पर साध्य की श्रेष्ठता का उदाहरण है।

बाह्यदृश्य चित्रण में तुलसीदास महाकवि बाण और कालिदास की तरह अप्रतिम हैं। तुलसी के प्राकृतिक दृश्य की संश्लिष्ट योजना बाणभट्ट की तरह है। इनमें सूक्ष्म निरीक्षण, वस्तुनिरूपण है जो कई पद्धतियों से वर्णित है। भावों का स्वाभाविक उद्रेक और विभावों का स्पष्ट प्रत्यक्षीकरण गोस्वामी जी में कालिदास की तरह है। इनके अलंकार बाणभट्ट की तरह रमणीय हैं, कालिदास की तरह अर्थपूर्ण हैं। तुलसी के अलंकार, भावों की अभिव्यंजना में सहायक हैं। भुशुण्डि रामायण राम की मधुर लीलाओं का प्रतिपादक ग्रन्थ है पर रामचरितमानस की लीलाएँ ऐश्वर्यपूरक हैं मगर वर्णित विषय और रचना शैली में अद्भुत समानता है।

तुलसीदास ने आचरण पक्ष के लिए अनेक ग्रन्थों की सहायता ली है जिनमें प्रमुख भगवत्गीता, भागवत पुराण, जानकीहरण, हनुमन्नाटक, बाल रामायण, विदुरनीति, शुक्रनीति,

नीतिशतकम्, शृंगारशतकम्, हितोपदेश, चाणक्यनीति प्रमुख हैं। भागवत पुराण तुलसी की धर्म भावना का आधार है। इनके अद्वैतमय विशिष्टाद्वैत पर ब्रह्मसूत्र का प्रभाव स्पष्ट है–

सोऽमास्मि, इति श्रुति अखण्डा में यह अहं ब्रह्मास्मि प्रतिध्वनित है। तुलसीदास की शिवस्तुति पुराण की रुद्रसंहिता की पार्वती सतीखण्ड का प्रभाव है। मूर्तिपूजा का आधार पांचरात्र आगम है। सारांश में यही समझा जा सकता है कि तुलसीदास के व्यक्तित्व में धर्मभावना, सामाजिक भावना, वाल्मीकि रामायण, अध्यात्म रामायण, भुशुण्डि रामायण, रघुवंश, प्रसन्नराघव, जानकीहरण, कादम्बरी, अर्थशास्त्र, नाना पुराण नाना आगम, नाना निगम आदि का प्रभाव तो है ही, साथ ही यह भी स्पष्ट है कि अनेक स्रोतों के प्रभाव के बावजूद तुलसी की रामकथा के निरूपण की अन्तर्दृष्टि, अन्तर्वस्तु, अनुभूति की गूँज इतनी जीवन्त और अनुप्रेरणा देने वाली है कि वह मौलिक सी लगती है।

तुलसीदास की धार्मिक दृष्टि सन्त-असन्त, सत्-असत्, सुमति-कुमति, श्रेय-प्रेय, अगुण-सगुण, भक्ति-ज्ञान, माया-ब्रह्म के द्वन्द्वात्मक चिन्तन पद्धति पर आधारित है। इसकी परिणति सत्यशील धर्मध्वज, धैर्य, शौर्य, क्षमा, प्रेम, सत्य, विश्वास, त्याग आदि जीवनमूल्यों में धर्मवसित होकर चिरन्तन रूप ग्रहण करती है। तुलसी के पर्यावलोचन का आधार स्थूल से लेकर सूक्ष्म आयामों का विस्तृत वर्णन है और इसमें युग-युगीन विभिन्न धर्म प्रश्रयों के सिद्धान्त और व्यवहार के प्रभाव की अन्तर्लिप्ति है। तुलसी के व्यक्तित्व और कृतित्व के प्रेरणास्रोतों के विवेचन में ध्यातव्य बात यह है कि इसमें न्याय की पृष्ठभूमि पर कर्त्तव्य की भावना सर्वत्र परिलक्षित है। देवसृष्टि, अवतारवाद, पौराणिकता आदि के निरूपण में भी लोकमंगल, लोकसंग्रह, धर्म संरक्षण, परार्थ कर्म की दृष्टि बनी रहती है। तभी तुलसी घोषित करते हैं–

परहित सरिस धर्म नहिं भाई।
पर पीड़ा सम नहिं अधिकाई।।

तुलसी की भक्तिभावना पर धर्म की रसात्मक अनुभूति और सत्कर्म की सक्रियता का पुट है। दृष्टि सर्वसमन्वय मूलक है। तुलसी के एकेश्वरवाद में हठधर्मिता नहीं है, विशिष्टताद्वैत है।

ईश्वर अंश जीव अविनाशी।
चेतन अमल सहज सुख राशी।।

ब्रह्म की उपस्थिति चित और अचित के साथ है।

अगुणहि सगुणहि नहिं कुछ भेदा।
गावहिं मुनि, पुराण, बुध, वेदा।।

तथा

शिवद्रोही मम दास कहावा

गिरा अर्थ जल वीचि सम कहियत भिन्न न भिन्न इत्यादि पद समन्वय मूलक हैं। सीता और राम में गहरी एकात्मकता है। यह समन्वयवाद ही तुलसी का वैशिष्ट्य है। तुलसी सन्त भी हैं और द्विज भी हैं।

भारतीय संस्कृति के उदात्त जीवन मूल्यों को परिभाषित और पुनर्स्थापित करने वाले चिन्तक और विद्वान समाज सेवक के रूप में गोस्वामी तुलसीदास जी का स्थान महामानव बुद्ध की तरह प्रतिष्ठित है। गोस्वामी जी ने अपने युग की चुनौतियों को पहचाना और अपना उत्तरदायित्व पूरा किया। उनकी दृष्टि की व्यापकता युगों को भी लाँघ गयी और एक युग-युगीन व्यावहारिकता के साथ शाश्वत जीवन दर्शन का उन्होंने प्रणयन किया। यही आदर्श आज भी जन-जीवन की प्रेरणा का स्रोत और पथ-प्रदर्शन का निमित्त बना हुआ है। इनमें भारतीय संस्कृति का व्यापक फलक समाहित है। इसी कारण समाज को नयी-नयी प्रेरणाओं के अनन्त और अजस्र स्रोत निरन्तर प्राप्त होते रहते हैं। गोस्वामी जी भारतीय संस्कृति की उपज थे। साथ ही सामासिक संस्कृति के उद्घोषक और उद्गाता भी थे। उनका साहित्य कभी भी बासी नहीं होता। वे हिन्दी के शीर्षस्थ महाकवि थे। इनका काव्य विश्व साहित्य की धरोहर है। भगवत्गीता के समान 'रामचरितमानस' लोकप्रिय और उपयोगी है।

इनका काव्य सुदूर अतीत की प्रणीत गाथाओं को समेटे हुए भी है, और अपने युग से जीवन रस भी ग्रहण करता हुआ भविष्य का अप्रतिहत पथ-प्रदर्शक बना हुआ है। ये मध्यकालीन भारत के सर्वाधिक महान व्यक्ति थे। रहीम ख़ानखाना की उक्ति हृदयंगम करने लायक है—

रामचरितमानस विमल, सन्तन जीवन प्रान।
हिन्दुवान को वेदसम, जवनहिं प्रगट कुरान।।

दूसरे सन्दर्भ में रहीम खानखाना ने तुलसी द्वारा रचित प्रथम पंक्ति को दूसरी पंक्ति द्वारा इस तरह पूरा किया—

सुरतिय, नरतिय, नागतिय, सव चाहत अस कोय।
गोद लिये हुलसी फिरै, तुलसी सो सुत होय।।

तुलसीदास जी ने ग़रीबी को झेला था। बचपन ही से भूख उनके पीछे पड़ गयी थी। भूख से तड़पते हुए द्वार-द्वार बिलबिलाते हुए भटकते थे। जब कभी चना के चार दाने पा जाते थे तब वे उन्हें अर्थ, धर्म, काम, मोक्ष ऐसा चार फल नज़र आते थे। इसी भुक्तभोग ने उन्हें जन वर्ग का पक्षधर बनाया।

वारे ते ललात विललात द्वार द्वार दीन।
जजत हौं चारिफल चारिहू चनक को।।

तुलसीदास का परिवेश सामन्ती था पर उन्होंने सामन्तों का साथ नहीं दिया—

हम चाकर रघुवीर के, पटौ लिखौ दरबार।
तुलसी अबका होहिंगे, नर के मनसबदार।।

तुलसीदास ने इस तरह सामन्ती समाज के परिवेश और दर्प का उपहास किया था। यह आज भी साहित्यजीवियों को सावधान करने वाला दोहा है।

तुलसीदास ने वैसे सीताराम पद की वन्दना की है जिन्हें दुखी, ग़रीब, मजलूम व्यक्ति प्रिय हैं–

वन्दउँ सीताराम पद, जिन्हई परम प्रिय खिन्न

सामन्ती समाज को न सिर्फ़ धिक्कारते हैं; शापित करते हैं–

जासु राज प्रिय प्रजा दुखारी।
सो नृप अवसि नरक अधिकारी।।

राम ने निषाद को, केवट को, शबरी को आदर देकर सामासिक समरसता का रास्ता खोला। पत्थर समान जीवन जी रही अहल्या को समाज में पुनः स्थापित कर नारीत्व की गरिमा की पुनर्वापसी की। वानर भालू को संगठित कर जनक्रान्ति का नेतृत्व किया। रावण को मारकर नारी जाति के अपमान का सफल प्रतिकार किया। लोक जीवन की अनेकताओं का समन्वय कर एक सुदृढ़ सामाजिक सेतु का निर्माण किया। ऐसे लोकनायक के चरित्र के लोकगायक हैं तुलसीदास। वे जाति-पाँति की सीमाओं से परे थे।

धूत कहौ, अवधूत कहौ, रजपूत कहौ, जुलहा कहौ कोऊ।

वाल्मीकि रामायण, अध्यात्म रामायण तथा अन्य संस्कृत ग्रन्थों से कथा का स्रोत ग्रहण करके भी गोस्वामी जी ने उसे अपनी उद्‌भावना शक्ति से एकदम नवीन कलेवर दे दिया है। तुलसी रामचरितमानस 'श्रुतिसम्मत' और 'नानापुराण निगमागम सम्मत' है; फिर भी यह वाल्मीकि रामायण से भी अधिक उपयोगी है। महाकवि को रामकथा अपने पूर्ववर्त्ती कवियों द्वारा प्राप्त हुई थी। तुलसीदास ने उन्हें युग-युगीन मूल्य देकर चेतना के प्रकाशन और संवर्द्धन का सक्षम माध्यम बनाकर रामकथा में ढाला। तुलसीदास स्वयं कहते हैं–

नानापुराण निगमागम सम्मतं यद्‌।
रामायणे निगदितं क्वचिदन्य तोऽपि।।

उन्होंने रामकथा गायकों का उल्लेख अत्यन्त श्रद्धापूर्वक किया है–

व्यास आदि कवि पुंगव नाना।
जिन्ह सादर हरि सुजस बखाना।।
कवि के कविन्ह करूँ परनामा।
जिन्ह वरने रघुपति गुन गामा।।
जे प्राकृत कवि परम सयाने।।
भाषा जिन्ह हरि चरित बखाने।।

तुलसीदास न केवल देववाणी के कवि को बल्कि प्राकृत के कवि को भी प्रणाम करते हैं। उन्होंने लोक प्रचलित और शास्त्र सम्मत दोनों कथाओं का अवगाहन किया और उनका सार निकाला। वे तत्कालीन समाज की सृष्टि और स्रष्टा दोनों थे। वे असली लोकनायक थे।

तुलसीदास जी ने स्वयं महाकवि व्यास और आदिकवि वाल्मीकि के चरणकमलों की वन्दना **जिन्ह सादर हरि सुजस जिन्ह बखाना** कह कर की है। तुलसीदास जी ने रघुपति के गुण ग्राहक कलि के कविन्ह का नाम याद करके काव्य युग के कवियों का सार्थक संकेत किया है, जैसे–

1. महाकवि कालिदास कृत रघुवंश
2. भवभूति प्रणीत उत्तर रामचरित, महावीर चरित
3. महाकवि भास प्रणीत प्रतिमा नाटकं

अज्ञात कवियों द्वारा रचित 'अध्यात्म रामायण', 'महानाटक' अथवा 'हनुमन्नाटक' आदि की ओर भी संकेत है। तुलसीदास ने **जे प्राकृत कवि परम सयाने** द्वारा महत्त्वपूर्ण संकेत दिया है। इनमें विमलसूरि, स्वयंभूदेव का नाम सम्भावित है। **भाषा जिन्ह हरि चरित बखाने** कह देने से जैन रामकथा और बौद्ध रामकथा का भी भान हो जाता है। जैन रामकथा के दो स्रोत हैं–

1. विमलसूरि प्रणीत पउम चरित्रं
2. गुणभद्र प्रणीत उत्तर पुराण
3. महाकवि भूदेव प्रणीत पउम् चरिउ

रामकथा का स्रोत दशरथ जातक भी है जिस ओर फादर कामिल बुल्के ने अपनी 'रामकथा : उत्पत्ति और विकास' शोध में वर्णन किया है। रामचरितमानस में आदि कवि के राम की लौकिकता को भी जगह मिली है तो दूसरी ओर भवभूति की गरिमा और अध्यात्म की भक्ति का भी समावेशन है। रामकथा का ढाँचा निःसन्देह वाल्मीकि रामायण पर खड़ा है और इसे विकसित कर इसे समकालिक और युगयुगीन बनाने में अध्यात्म और लोकभाषा में प्रचलित कथा का भी योगदान महत्तर है। महाभारत के राम उपाख्यान में वर्णित रामावतार की स्थिति रामचरितमानस को स्वीकार है। रामचरितमानस में भी कालिदास का पाण्डित्य-प्रदर्शन अर्थान्तरन्यास की छटा, श्रमसाध्य चमक, सहज उत्प्रेक्षा, वर्णन वैविध्य, कल्पना की ऊँची उड़ान भरी हुई है। वस्तु-निरूपण महाकवि बाणभट्ट की याद दिला देता है। रामचरितमानस में भवभूति की विदग्धता, कवित्वशक्ति, मनोवैज्ञानिक विवेचन, रसपरिपाक और शिष्टता, शालीनता और आदर्श है। तुलसी के पात्रों की गम्भीरता, संयम, आदर्श भवभूति की याद दिलाते हैं। भवभूति कहते हैं–

हे खग मृग हे मधुकर सेनी, तुम्ह देखी सीता मृग नैनी।

महाकवि तुलसी पर भवभूति का गहरा प्रभाव भाव और शिल्प के क्षेत्र में भी देखा जा सकता है। ब्राह्मण तुलसी वर्णाश्रम के बावन कुण्डल के साथ पैदा हुआ था अतः उसे एक ओर जहाँ ज्ञान, सिद्धान्त, ब्राह्मणत्व का स्वाभिमान जन्म से प्राप्त है, वहीं व्यवहार जगत् में तुलसी को ब्राह्मणों से बहुत लांछन, उपेक्षा, तिरस्कार झेलने पड़े। ब्राह्मण उनके प्राण के भी भूखे हो गये। यदि ज़मींदार टोडर और काशी के विद्वान मधुसूदन सरस्वती का हस्तक्षेप न होता तो तुलसी का बचना मुश्किल था। सन्त तुलसी ने आक्रान्त हो चीत्कार कर वर्णाश्रम को ठेंगा दिखा के कहा—

धूत कहो, अवधूत कहो, रजपूत कहो, जुलाहा कहो,
काहू के बेटी से बेटा न ब्याहव।

माँग के खाइब मस्जिद में सोइब यह ब्राह्मण तुलसी का, सन्त तुलसी में जीवन संघर्ष में, परिणामस्वरूप रूपान्तरण है। सन्त के पास जातपात, धर्म का भेद नहीं रहता। वह निर्लिप्त है।

महाकवि ने उत्तरकाण्ड में राजनीति के बारे में जो कुछ कहा है, उसका स्रोत एक हद तक भास के प्रतिमा नाटक में है। पउम् चरिउ की तरह तुलसी के राम भी एक पत्नीव्रत हैं। 'पउम् चरिउ' की तरह संस्कृत, प्राकृत, अपभ्रंश सभी से लेकर अपना लोक और वेद मत स्थिर किया है। रामकथा के नदी विषयक रूपक पर स्वयंभू का प्रभाव परिलक्षित है। स्वयंभू की उदार दृष्टि ने तुलसी की रामकथा में अनुपम निखार लाया। दोनों कवियों में आचार, आस्तिक चेतना और उदार सामाजिक दृष्टिकोण समान है।

तुलसीदास ने राम के रूप में कार्य-कारण से परे साकेतवासी एकेश्वर राम की स्थापना के साथ **ईश्वर अंश जीव अविनाशी** कहकर रामानुज के विशिष्टाद्वैत का पक्ष पोषण किया, वहीं सत्य को अभेद कहकर, माया को स्वीकार कर शंकर के अद्वैत का भी पोषण किया—

सियाराम मय सब जग जानी
जड़ चेतन जग जीव जल
सकल राम मय जानि
जानत तुम्हहि तुम्हई होइ जाई
अगुन सगुन दुई, ब्रह्मस्वरूपा
अकथ, अगाध, अनादि, अनूपा
सोऽस्मि इति वृति अखण्ड
अगुण अरूप, अलख, अज जोई
भक्त प्रेमवस सगुण सो होई

तुलसीदास मानते थे कि निर्गुण-सगुण सापेक्ष हैं, **पूर कहै निसउन कहै जो सगुन विनु, सो गुरु तुलसीदास।**

तुलसी का एकेश्वर ब्रह्म भक्त प्रेमवश सगुण हो जाता है और भक्ति का द्वार खोल देता है। काक भुशुण्डि और अर्जुन के विराट दर्शन में समानता है। गीता के कृष्ण भी **यदा-यदा हि धर्मस्य, ग्लानिर्भवति भारत** अवतार लेते हैं और तुलसी के राम भी **जब जब होहि धर्म की हानि** अवतार लेते हैं जैसे **जल हिम उपल, विलग नहीं जैसे** तुलसी के राम निर्गुण भी हैं, सगुण भी हैं।

जीव तो अविनासी है, अमल है, चेतन है पर–

सो माया बस भयउन गुसाई, सवहि नचावत मरकट की नाई

इस तरह तुलसीदास ने शंकर के ज्ञान को स्वीकार कर भक्ति की प्रतिष्ठा कर ज्ञान और भक्ति का झगड़ा खत्म कर दिया–

भगतिहि ग्यानहि नहिं कछु भेदा।
उभय हरहिं भव सम्भव खेदा।।

तुलसी ने इसी तरह से **शिव द्रोही मम दास कहावा** कहकर राम को शिव का उपासक और **महामन्त्र जो जपत महेसू** कहकर शिव को राम का उपासक बनाकर समन्वय कर दिया। तुलसीदास में सीता और राम का समन्वय समाहित है।

रामायण की रामचरित कथा मानस ताल के चारों घाटों पर युग-युग से कही गयी है और कही जा रही है!

(1) ज्ञानघाट पर शिव-शिवा वक्ता और श्रोता हैं।

(2) कर्मघाट पर याज्ञवल्क्य-भरद्वाज वक्ता और श्रोता हैं।

(3) भक्तिघाट पर काक-गरुड़ वक्ता और श्रोता हैं।

(4) लोक घाट पर तुलसी-पाठक वक्ता और श्रोता हैं।

भक्तजन इस मानस ताल के अलग-अलग घाट पर अपनी रुचि, प्रीति, प्रतीति के अनुसार डूब-डूबकर अवगाहन कर रहे हैं।

सुठि सुदन संवाद वर विरचे बुद्धि विचारि।
तेइ हि पावन सुभग सर घाट मनोहर चारि ।।

(1-35)

रामचरितमानस में तत्सम-तद्भव संस्कृति, निगम-आगम से प्रमाणित, देव और लोक संस्कृति से सम्पृक्त विवेचन है।

भाषा भनिति भोरि मति मोटी।
हँसिवे जोग हँसे नहीं खोटी।।

(मानस, बालकाण्ड, 8-4)

शिव कैलाश पर्वत पर शिवानी को देव भाषा में कथा सुना रहे हैं। याज्ञवल्क्य प्रयाग के संगम पर भरद्वाज को मानवी भाषा में कथा कह रहे हैं। काकभुशुण्डि सुमेरु क्षेत्र के हिमवन्त

की नील चोटी पर बैठकर भक्ति प्रधान कथा उपासना विधि से गरुड़ को सुना रहे हैं। तुलसीदास अयोध्या और काशी की कुटिया में बैठकर जन समुदाय को लोक भाषा में दीन भाव से कथा कह रहे हैं मगर लक्ष्य धर्म की पराक्रम से स्थापना है। गीता का **यदा-यदा हि धर्मस्य ग्लानिर्भवति भारत, अभ्युत्थानम् धर्मस्य तदात्मानम् सृजाम्यहम्** है। इसे ही गोस्वामी जी अपनी सरल वाणी में कहते हैं।

जब जब होहि धरम की हानी, बाढ़हि असुर अधम अभिमानी।

तब तब धरि प्रभु मनुज शरीरा, हरहिं कृपानिधि सज्जन पीरा।।

महाकवि कालिदास कहते हैं—

"कोई वस्तु पुरानी होने ही से अच्छी नहीं होती, न कोई काव्य नूतन होने से निन्दनीय होता है। सत्पुरुष परीक्षा करके ही जो गुणप्रद होता है, उसे स्वीकार करते हैं पर मूढ़ मति दूसरों से ही संचालित होते हैं।"

(मालविकाग्निमित्र 1-2)

ज्ञान से श्रेयष्कर कोई दूसरा नहीं है। गोस्वामी जी ने संगति, गुरु परम्परा, अन्तःक्रिया और जीवन संघर्ष से ज्ञान को प्राप्त कर मानस का अनुष्ठान किया।

गीता का कथन है (4-38)

नहि ज्ञानेन सदृश पवित्रमिह विद्यते।

इसी ज्ञान के फलस्वरूप तुलसीदास के लिए **हित अनहित नहीं कोइहै**, और सर्वत्र, सकल जीव जगत्, जड़-जगत् उन्हें राममय भासित होता है।

जड़ चेतन जग जीव जल सकल राममय जानि।

वन्दउ सबके पद-कमल सदा जोरि जुग पानि।।

आज भी ज्ञान श्रेष्ठ है, न कि बल और धन।

तुलसीदास ने वाल्मीकि रामायण से राम का विष्णु का अंशावतार का विचार लिया है। मगर, तुलसी के राम नाना विष्णु, शिव, ब्रह्मा के जनक हैं।

(वाल्मीकिय रामायण)

शिव-शिवानी संवाद का विचार अध्यात्म रामायण से लिया है।

रुचि महेस निज मानस राखा। पाई सुसमउ सिवा सन भाषा।

(मानस 1-24—11)

(अध्यात्म रामायण)

एकछत्र, एक मुकुटमनि, सब वरननि पर जोउन।

(महारामायण)

यह प्रसंग महारामायण से लिया गया है।

लखन लखेउ, रघुवंश मनि, ताकेउ हर को दण्ड।

(हनुमन्नाटक)

यह प्रसंग हनुमन्नाटक से लिया गया है।

पण्डित सोई जो गाल बजावा।
पाण्डित्ये चापलं वचः।

(श्रीमद्‌भागवत)

डिगही न शंभु सरासन कैसे, कामी वचन सती मन जैसे।

(प्रसन्नराघव)

यह प्रसन्न राघव से लिया गया है।

उमा दारु जोषित की नाई। सवहिं नचावत राम गुसाई।
ईश्वर सर्वभूतानां हृदेशोऽर्जुन तिष्ठन्तिः।

(गीता)

योजनः स्वच्छ हृदयः स मां प्राप्नोति नापरः।
निरमल मन जन सो मोहि पारा। मोहि कपट छल छिद्रन भावा।

(अगस्त्य रामायण)

अस मैं स्रवन सुना दस कन्धर, पद्‌म अठारह जुथमवंदर।

(अग्निवेश रामायण)

सियराम प्रेम पीयूष पूरन होत जनम न भरत को।

(आनन्द रामायण)

राजन राउर नामु जसु सब अभिमत दातार।

(उत्तररामचरित)

विनय न मान खगेसु सुनु, डाटेहिं पै नव नीच।

(कुमारसम्भव)

ढोल गँवार शूद्र पशुनारी।
दुर्जनाः शिल्पिनो दासा दुष्टश्चप पटहाः रिउय।

(गर्ग संहिता)

जे न मित दुख होहिं दुखारी। तिन्हहिं विलोकत पातक भारी।।
मित्रस्य दुःखेन जना दुःखिता नो भवन्ति ये।
तेषां दर्शन मात्रेण पातकं बहुलं भवत्।।

(गालव संहिता)

सुनि कपि वचन बहुत खिसियाना।

(चम्पू रामायण)

आगे कह मृदुवचन बनाई। पाछे अनहित मन कुटिलाई।।

(चाणक्य नीति)

कायर मन कह एक आधारा। दैवदैव आलसी पुकारा।।

(पंचतन्त्र)

उद्यमेन हि सिद्धयन्ति कार्याणि न मनोरथाः।

जिमि जिमि भानत सक्रसुत, व्याकुल अति दुखहीन।

(पद्मपुराण)

विनु सम नारि भरम गति लहई।
पतिव्रत धर्म छाड़ि छल गहई।

(पराशर संहिता)

इहाँ विचारहिं कपि मन माहीं।
बीती अवधि काज कछु नाहीं।।

(भटि काव्य)

सेवक सठ नृप कृपनि कुनारी।
कपटी मित्र सूल समचारी।।

(प्रस्ताव रत्नाकर)

जे गुरुचरन रेनु सिर धरहीं। ते जनु सकल विभव वस करहीं।।

(वशिष्ठ रामायण)

मुक्ति जनम महि जपन्हि।

(ब्रह्म रामायण)

जासु कृपा अज सिव सनकादी। चहत सकल परमारथवादी।।

(ब्रह्मवैवर्त पुराण)

वानरहि संग कहु कैसे, कही कथा भइ संगति जैसे।

(वाल्मीकि रामायण)

क्षुद्र नदी भरि चली तोराई। जस थोरेहू घन खल इतराई।।

(विष्णु पुराण)

नारि नयन सर जाहिन लागा। घोर क्रोध तम निसि जो लागा।।

(भर्तृहरि शतक)

सुमति कुमति सबके उर रहहीं। नाथ पुरान निगम अस कहहीं।।

(भोज प्रबन्ध)

धीरजु धरम मित्र अरु नारी। आपत काल परखिये चारी।।

(मातृका विलास)

सुनि मृदु वचन कुमति अति जरई। मनहु अनल आहुति घृत परई।।

(याज्ञवल्क्य रामायण)

स्रवन समीप भर सित केसा। मनहुँ जरहपनु अस उपदेसा।।

(रघुवंश)

शास्त्र सुचिक्ति पुनिपुनि देखिय। भूप सुसेवित पुनिपुनि लेखिय।।

(शुक्रनीति)

भ्राता पिता पुत्र अरगारी। पुरुष मनोरथ निरखत नारी।।

(हितोपदेश)

संगते जली कुमन्त्र सेराजा। मन ते ग्यान पान वे लाजा।।

(सुभाषित त्रिशती)

कुल पवितम् जननी कृतार्था, वसुन्धरा भगवती च धन्वा
स्वर्गे स्थिति ते पितरोऽपि धन्या, येषां कुले वैष्णव नामधेयम्
सो कुल धन्य उमा सुनु जगत् पूज्य सुपुनीत।
श्री रघुवीर परायण जेहिं नर उपज विनीत।।

(पद्मपुराण)

सन्त हृदय नवनीति समाना, कहा कविन पे कहइ न जाना।
सज्जनस्व हृदयं नवतीत यद्ददन्ति कवयरत्तर लोकम्।

(सुभाषित रत्न भाण्डार)

मातु पिता भ्राता हितकारी। मितप्रद सब सुनु राजकुमारी।

(शिवपुराण)

वरु भलवास नरक कर साता। दुष्ट संग जनि देइ विधाता।।

(गरुड़पुराण)

विनु पद चलई, सुनुविनु काना। कर विनु करम करई विधि नाना।।

(कठवल्ली)

गग सकल मुद मंगल मूला। सब सुख करनि हरमि सब सूला।

(आयुर्वेद)

संस्कृत की एक उक्ति "वालादपि सुभाषितम्" अर्थात् बालक के पास से भी अच्छी बात ग्रहण करनी चाहिए। गोस्वामी तुलसीदास ने नाना पुराण, निगम, आगम, शास्त्र, महाकाव्य इत्यादि जगहों से उपयुक्त बातें ग्रहण कर अपने ढंग से, अपनी सोच में उसे उतार, उसके अनुकूल बना रामचरितमानस की रचना की है।

नाभादास ने गोस्वामी जी को कलिकाल का वाल्मीकि कहा है। स्मिथ उन्हें मुग़ल काल का सबसे महान व्यक्ति मानता है। ग्रियर्सन के अनुसार तुलसीदास बुद्धदेव के बाद भारत के सबसे बड़े लोकनायक थे। रामचरितमानस की लोकप्रियता बाइबल और कुरान से कम नहीं है। लगभग चालीस करोड़ व्यक्ति इस पर श्रद्धा रखते हैं। परिस्थितियाँ तुलसीदास के प्रतिकूल बचपन से ही रही हैं। जन्मते माँ मर गयी। परिवार वालों ने कूड़े पर फेंक दिया क्योंकि ज्योतिष के हिसाब से वे मूल नक्षत्र में पैदा हुए थे और इस नक्षत्र में जन्मा व्यक्ति पितृघाती होता है। जिस दलित बुढ़िया ने पाला-पोसा, वह भी मर गयी। साधुओं के आश्रम में बन्दरों से लड़कर चना छीनकर खाकर सयाने हुए। जिस सम्प्रदाय में थे, उस सम्प्रदाय के साधुओं ने उपहास किया, जिस जाति के थे, उस जाति के लोगों ने उनका बहिष्कार किया और अवधी में सीखने के कारण इनके सृजन और इन्हें भी नष्ट करने का प्रयास किया। भला हो टोडरमल और मधुसूदन सरस्वती का कि इनकी प्राण रक्षा हो सकी। टोडरमल नगवा (काशी) के भूमिहार ब्राह्मण जागीरदार थे और मधुसूदन सरस्वती काशी के दिग्गज विद्वान थे। इनकी पत्नी भी इन्हें कटु वाक्यों से बेंधती रही। शरीर भी व्याधियों का घर हो गया था। इस जीवन संघर्ष और जद्दोजहद में रामचरितमानस का प्रणयन हुआ। स्वयं कष्ट सहकर भी तुलसीदास ने समाज को अमृत प्रस्तुत किया। तुलसीदास ने जर्जर, विश्रृंखलित, निराश, सामाजिक बिखराव वाले समाज में राम जैसे पुरुषार्थी चरित्र को प्रस्तुत कर राजनीतिक, सामाजिक, पारिवारिक, व्यक्तिगत, मानवीय आदर्शों और मूल्यों को स्थापित किया।

वे रामाश्रयी रामानन्द सम्प्रदाय के साधु थे। दार्शनिक मत उनका विशिष्टाद्वैत था। विशिष्टाद्वैत के प्रवर्तक कृष्णाश्रयी रामानुज थे। तुलसी का ब्रह्म सगुण और सविशेष है। मुक्ति का साधन भक्ति है। भगवान के शरणागत होकर दास्य वृत्ति से रामनाम लेना चाहिए। भक्ति का मूलाधार सेवा, प्रपन्नता, शरणागति है। रामकथा संशय का नाशक है।

राम कथा सुन्दर करतारी, संशय विहग उड़ावन हारी।

यह संशय क्या था?

जो नृप तनय त ब्रह्म किनि, नारि विरह मति भोरी।

तुलसीदास उत्तर देते हैं—

अगुनहि सगुनहि नहीं कछु भेदा।

प्रश्न है : जो गुनरहित सगुन सो कैसे?

उत्तर है : जल, हिम, विलग, उपल नहीं जैसे।

अगुण ब्रह्म ही भक्त प्रेमवश सगुण हो जाता है।

राम के चरित्र में जनकल्याण, शील, शक्ति, पराक्रम, क्षमा, दण्ड, सौन्दर्य सभी कुछ है। इनका दृष्टिकोण समन्वयात्मक और समरस था। इन्होंने 12 ग्रन्थों की रचना की। जिनमें प्रमुख निम्न हैं—

1. दोहावली
2. कवितावली
3. गीतावली
4. रामचरितमानस
5. रामाज्ञा प्रश्नावली
6. विनयपत्रिका
7. रामलला नहछू
8. पार्वती मंगल
9. बरवै रामायण
10. हनुमान चालीसा

तुलसी की भक्ति पद्धति में गीता के उस उद्घोष की गूँज है जो अत्याचारियों का नाश करने वाला, सद्धर्म की पुनर्स्थापना करने वाला था। इस उद्देश्य की पूर्ति में निर्गुण का रहस्यवाद, समाज से निरपेक्ष एकान्तिक साधना, कृष्ण भक्ति का वात्सल्य और माधुर्य सहायक न था। तुलसी की भक्ति में सामूहिकता और शक्ति का बीज है जिसमें नैराश्य नहीं है, आशा और पुरुषार्थ है। तुलसी में न तो ज्ञान मार्ग का शुष्क तत्त्व विवेचन है और न योग मार्ग की अलौकिकता है। इसमें सीधे-सीधे अन्न और जल की तरह प्रचुरता, सुलभता, सुगमता, सरलता और व्यवहार है।

निगम, अगम, साहब सुगम, राम साँवली चाह।
अंबु असन, अवलोकियत सुलभ सवै जग माँह।।

कबीर के छोटे से हृदय के भीतर बसनेवाले भगवान की तुलना में तुलसी का ईश्वर बहिर्जगत में भी अपनी विभूतियों के साथ ज़्यादा पूर्ण, ज़्यादा लोक कल्याणकारी और ज़्यादा ज्ञेय है। तुलसी पूरे लोकदर्शी और लोकधर्मी थे। वे जन उन्मुख थे। तन्त्रयान, सूफियों और कृष्ण भक्तों के मद, प्याला, मूर्छा, उन्माद, विरह, नृत्य, व्याकुलता, मधुरता, एकान्तिकता से अलग शील, सदाचार, मर्यादा, शक्ति से युक्त तुलसी की भक्ति है।

तुलसी अलखहि का लखै, राम नाम जपु नीच।

तुलसी के रामचरितमानस के तीन वक्ता हैं : शिव, भरद्वाज और काकभुशुण्डि। तीन श्रोता हैं : पार्वती, याज्ञवल्क्य और गरुड़। चौथा वक्ता स्वयं तुलसी हैं और श्रोता पाठक हैं। सभी वक्ता राम की सर्वशक्तिमानता की याद बार-बार दिलाते रहते हैं। राम में विद्वानों के प्रति सम्मान, बड़ों का आदर, अत्याचार का प्रतिकार, शूरवीरों की प्रशंसा का भाव सदैव विद्यमान रहता है। वे मर्यादापालक के साथ लोक व्यवस्थापक जन नायक भी हैं। उनमें क्षमा के साथ दण्ड भी है, विनम्रता के साथ क्रोध भी है। वे दीन दुःखियों पर दमन करने वालों का

संहार करते हैं और कर्त्तव्यपालन में वीरता प्रकट करते हैं। तुलसी ने भक्ति की संगति कर्म और ज्ञान से बैठाकर जन उपयोगी बना दिया। तुलसी कवि केसरी हैं जो भारतीय सभ्यता, भारतीय संस्कृति, भारतीय जीवन मूल्य, भारतीय परम्परा के रक्षक और संवाहक दोनों हैं। वे पलायनवादी नहीं हैं। वे जूझते हैं और स्वयं की जगह समाज का हित-अनहित देखते हैं। देखकर खिन्न नहीं होते, इससे छूटने का, बचने का मार्ग भी बताते हैं और भविष्य के प्रति मंगलमय आशा भी जगाते हैं।

तुलसीदास पुरुषसत्तात्मक समाज और वर्गीकृत समाज की उपज थे। समकालीन इतिहास ने उन पर जो प्रभाव डाला, उसके बावजूद वे वंचितों की हकमारी नहीं करते हैं।

वन्दउ सीताराम पद, जिनहि परम प्रिय खिन्न।

तुलसी के राम को खिन्न, दुःखी, सताये हुए लोग ज़्यादा प्रिय हैं।

यही मत शांकर मत के अद्वैत वेदान्ती स्वामी सहजानन्द सरस्वती का भी है। दीन, हीन उनके महारुद्र हैं और जन क्रान्ति का महारुद्र प्रतिकार संघर्ष के जननायक हैं। सहजानन्द के सामन्त विरोधी संघर्ष ने ही साम्राज्य विरोधी संघर्ष का पथ प्रदर्शन किया।

तुलसी में चाणक्य, मनु की तरह द्विज और सन्त का द्वन्द्व है।

चाणक्य का कथन है—

पतितोऽपि द्विजः श्रेष्ठो, न च शूद्रो जितेन्द्रियः

ब्राह्मण तुलसी ने हूबहू इसे इस प्रकार लिखा—

पूजिय विप्र सील गुन हीना। सुद्रन गुनगन ग्यान प्रवीना।।

मगर सन्त तुलसी ने तुरन्त अपनी वर्णाश्रमधर्मिता त्यागकर कहा—

लोग कहें पोचु सो न सोचु न सँकोच मेरे।
ब्याह न बरेखी जाति पाँति न चहत हौं।।

लोमश ऋषि की तुलना में काकभुशुण्डि को महत्त्व देते हैं। गुरु की जगह भुशुण्डि हैं और गरुड़ शिष्य भाव से उपदेश ग्रहण कर रहे हैं। अहल्या, निषादराज, हनुमान के प्रसंग में तुलसी इनके महत्त्व को प्रतिस्थापित करते हैं—

राम सखा-ऋषि वरनस भेंटा

राम के दोस्त निषादराज को वशिष्ठ बार-बार गले लगाते हैं। तुलसी का राम लोकमत के अधीन है। वे स्वेच्छाचारी नहीं हैं। वे राजमत, साधुमत, पण्डितमत पर लोकमत को वरीयता देते हैं। स्त्रियों के कामिनी रूप को तुलसी ने गौरवान्वित नहीं किया बल्कि उसे वे माता, पुत्री, बहन, संगिनी रूप में प्रतिष्ठित किया।

इसी तरह तुलसी ने शूद्र का प्रयोग जाति के अर्थ में नहीं किया है बल्कि शील, विद्या, बुद्धि शक्ति में न्यूनता के अर्थ में किया है।

सभी स्त्रियाँ एक स्तर की नहीं होती हैं और न सभी शूद्र एक स्तर के हैं। मतंग, वाल्मीकि, व्यास, भीलनी इत्यादि गुणवान् ऋषियों के लिए तुलसी सम्मान से भरे हैं। असभ्य जातियों के समाजशास्त्र में यह स्तरीकरण नहीं है। मगर, मन्दोदरी, तारा जैसी सुसंस्कृत नारियों के लिए जामवन्त, अंगद, हनुमान जैसे शीलवानों के लिए तुलसी के मन में सम्मान है। इस विभेदीकरण को न समझने वाले तुलसी पर तोहमत लगाते हैं। जो नारि पशु समान है, जो शूद्र लम्पट-गँवार है, उसके लिए तुलसी आख़िर क्या भाव रखते? तुलसी सुरुचिता के पक्षधर हैं।

तुलसी कोरे ज्ञान के विरुद्ध हैं। वे कर्ममूलक, भक्तिमय ज्ञान के पक्षधर हैं—

ग्यानपन्थ कृपान के धारण परत खगेश! ...होइ नहीं वाण।। भक्ति पन्थी को माया विचलित नहीं कर पाती क्योंकि दोनों स्त्रीलिंगी हैं—

मोह न नारि नारि के रूपा।
पन्नगारि यह रीति अनूपा।।

संस्कृत उक्तियों को तुलसी ने बड़ी सहजता से लोकभाषा में प्रस्तुत किया है—

उत्तम मध्यम नीच गति, पाहन सिकतपानि।
उत्कृष्ट मध्यम निकृष्ट जनेषु मैत्री, यद्वच्छिलासु सिकता।

तुलसी धर्म उपदेशक और नीतिकार भी हैं। वाल्मीकि ने राम के नरत्व का वर्णन किया है, पर तुलसी ने नारायणत्व का वरण किया। तुलसी के राम विवाह पूर्व ही अशोक वाटिका में सीता को हृदय दे बैठते हैं। यह लोक मर्यादा की लक्ष्मण रेखा के भीतर लोकरुचि के अनुसार है। राम ने जगतविजयी परशुराम का तेज रंगभूमि में ही फीका कर दिया। यहाँ सीता प्रेम के साथ रामशक्ति का प्रभाव अन्तर्गुम्फित किया गया है। रामचरितमानस वस्तु जगत् का निरूपण वस्तुगत ढंग से किया है, आत्मगत् ढंग से नहीं किया है। वस्तु निरूपण में भाव व्यंजित नहीं है। भाषा पर तुलसी का अधिकार विस्तृत है। तभी उन्होंने अनेक ग्रन्थों से प्राप्त सामग्री को इस तरह अवधी में रखा है कि वे एकदम मूल हिन्दी रचना बन जाती है।

उदाहरण के लिए हनुमन्नाटक के इस श्लोक को लें—

या विभूतिदर्शग्रीवे शिरश्छेदेऽपि शंकरात्।
दर्शना द्रामदेवस्य सा विभूति विभीषणे।।

इसे गोस्वामी जी ने इस रूप में रखा है—

जो सम्पति सिव रावनहि दीन्हि दियें दस माथ।
सोइ सम्पदा विभीषनहिं सकुचि दीन्हि रघुनाथ।।

यहाँ 'सकुचि' शब्द की व्यंजना यह है कि इतनी बड़ी सम्पत्ति भी देते समय राम को बहुत कम जान पड़ी। रावण ने यह सम्पत्ति शिव से दस सिर काट कर चढ़ाकर कठिनता से प्राप्त की थी पर विभीषण को अनायास दर्शन से ही निरभिमानी राम से प्राप्त हो गया।

शोक का चित्रण भी गोस्वामी जी ने अत्यन्त हृदयद्रावक पद्धति से किया है–

राम चलत अति भयउ विषादू, सुनि के जाइ पुर आरत नादू।

तुलसी राम विरोग सोकवस, समुझत नहीं समुझाए।।

भरत की आत्मग्लानि का भी भाव गोस्वामी जी ने सत्य स्वरूप में रखा है जिसमें भरत अपनी स्थिति लोकदृष्टि में कलंकित देखते हैं–

धिग मोहि भयउँ वेनु वनआगी।

दुसह दाह दुख दूषन भागी।।

लक्ष्मण को शक्ति लगने पर राम का विलाप अकल्पित करुण दृश्य सामने रखता है। सारा नियम, व्रत, दृढ़ता, बह जाता है–

जो जनतेउँ वन बन्धु विछोहु।

चिता वचन मनवेउँ, नहिं ओहु।।

यह भाव दशा के चित्रण की स्वाभाविक पराकाष्ठा है। कहीं बनावट नहीं है। राम की सुशीलता पर भरत को अविचल विश्वास है। उनका अन्तःकरण स्वच्छ है।

परिहरि राम सीय जग माहीं। कोउ न कहहि मोर मत नाहीं।

मैथिलीशरण जी महाराज राम के विलाप का अर्थ इस प्रकार करते हैं–पिता का वचन मानकर मैं वन ज़रूर आता पर लक्ष्मण को साथ लाने में उनकी सम्मति को नहीं मानता।

तुलसीदास एक महापण्डित, समाज सुधारक, कवि, भक्त, युगद्रष्टा, लोकनायक, और भविष्यद्रष्टा थे। भारतीय समाज के आचार व्यवहार का मानस मूलाधार है। वे व्युत्पन्न अनुभवी समाज द्रष्टा थे। तुलसीदास में शब्द चमत्कार नैपुण्य का पाखण्डमय प्रदर्शन नहीं है। उन्होंने समाज में व्याप्त विष को अमृत में बदलने का प्रयास किया है। तुलसीदास विनम्रता से कहते हैं–

कवित विवेक एक नहिं मोरे।

सत्य कहउँ लिखि कागद कोरे।।

तुलसीदास का बचपन भीख माँग कर जीवन निर्वाह करते गुज़रा। उन्होंने जो भी सीखा अपने आराध्य राम की तरह जीवन संघर्ष से सीखा–

घर घर माँगे टुक पुनि, भूपति पूजे पाय।

जे तुलसी तव राम विनु, ते अब राम सहाय।।

तुलसीदास ने वैष्णव धर्म को वह ऊँचाई और व्यापकता प्रदान की जिससे वैष्णव धर्म लोक धर्म बन गया और गाँव-गाँव में रामलीला होने लगी।

तुलसी के राम सर्वशक्तिमान् ईश्वर हैं–

सोइ दसरथ सुत भगत हित कोसलपति भगवान।

भक्त प्रेम वश निर्गुण, अरूप, अज ब्रह्म सगुण हो जाता है—

जो निरगुन सगुण सो कैसे।
जल हिम उपल विलग नहीं जैसे।।

भगवान शंकर उदाहरण देकर पार्वती की गुप्त शंका का समाधान करते हैं।

तुलसीदास ने मुखिया का कर्तव्य निर्धारित किया—

मुखिया मुखसा चाहिए, खान पान कहूँ एक।
पालइ पोषइ सकल अंग, तुलसी सहित विवेक।।

तुलसी ने पाखण्ड, जाति विषयक अभिमान, तन्त्र मन्त्र भूत पूजा, बाह्य आचार, चमत्कार, हठयोग आदि का विरोध किया। विरोधियों की कटु उक्तियों को झेला। अभिमानी विरोधियों को दो टूक कहा—

धूत कहौ, अवधूत कहौ, रजपूत कहौ, जोलहा कहो कोऊ
काहू के बेटी सो, बेटा न ब्याहव, काहू की जाति विगारव न सोऊ।

पुनः कहते हैं—

तुलसी सरनाम गुलाम है, राम को, जाको, रुचे सो कहे कुछ ओऊ
माँगि के खैवो, मसीत को सोइबौ, लेबो को एकु न देने को दोऊ।।

यह जाति अभिजातियों को कड़ी फटकार और भर्त्सना है। उन्होंने तेजोदीप्त व्यक्तित्व की गरिमा के अनुरूप कहा—

भिक्षाटन से गुजारा करूँगा, मस्जिद में सोऊँगा, मगर पाखण्डियों के दबाव में नहीं आऊँगा, यह भरोसा तुलसी को अपने राम का है।

तुलसी ने बहुत पापड़ बेले थे, बहुत भ्रमण किया था; बहुत सत्संग भी किया था। सभी का परिणाम मानस की प्रस्तुति है।

तुलसी की शिवस्तुति शिवपुराण की रुद्रसंहिता की पार्वती सती खण्ड से प्रभावित है।

तुलसी की भक्ति और उपासना पर पांचरात्र सम्प्रदाय का प्रभाव है।

तुलसी पर वेदान्त में महावाक्य का प्रभाव है।

"सर्व खल्विदं ब्रह्म"

"तत्त्वमसि"

"सोऽहमस्मि"

"सोऽहमस्मि इति वृति अखण्डा" में द्रष्टव्य है।

ब्रह्म सूत्र का प्रभाव निष्ठा भक्ति की अवधारणा पर है।

"तन्निष्ठस्य मोक्षोपदशात्"

सांख्य और योग दर्शन में वर्णित निर्गुणात्मक भक्ति का प्रभाव तुलसी पर है।

तुलसी ने अवतार की अवधारणा श्रीमद्भगवत्गीता से ली है। राम के दमनकारी रूप पर भी गीता वचन का प्रभाव है।

तुलसी की भक्ति, मोक्ष, धर्म भावना पर भागवत पुराण का प्रभाव है।

तुलसी पर राम उपाख्यान का भी प्रभाव है।

गणेश वन्दना परम्परा से प्राप्त किया है। शिव विवाह में भी गणेश वन्दना है। तुलसी ने इस सम्बन्ध में सफ़ाई दी है कि देवता भी अनादि हैं, अविनाशी हैं।

गणपतिहि पूजेउ शंभु भवानि
सुर अनादि जियं जानि

सन्त-असन्त के गुण-दोष वर्णन में भागवत पुराण का प्रभाव है। तुलसीदास के सामने वाल्मीकि रामायण, अध्यात्म रामायण और भागवत निरन्तर आदर्श रूप में उपस्थित रहा है।

अवतार ग्रहण का कारण, निर्गुण ब्रह्मत्व, राम का परमात्मत्व अध्यात्म रामायण पर आधारित है। अध्यात्म में अवतार के दो कारण तुलसी को ज्यों के त्यों मान्य हैं–

(क) माया का आश्रय

(ख) पृथ्वी को भारमुक्त करने का दायित्व

परशुराम प्रसंग पर वाल्मीकि रामायण की विभिन्न तरीके से प्रस्तुति है। मानस में सीता परित्याग नहीं है पर गीतावली में धर्म संकट को कारण बतलाया है। भुशुण्डि रामायण से राम जी की लीला का कथ्य लिया गया है पर भुशुण्डि के विपरीत दृष्टि में मधुर भाव की जगह ओज, पराक्रम, शौर्य, ऐश्वर्य का वर्णन है। दृष्टिकोण तुलसी का अपना है। रामनाम माहात्म्य और राम की कृपा दृष्टि पर भुशुण्डि रामायण की छाप है।

तुलसीदास जी ने निम्न संस्कृत साहित्य का भी उपयोग किया है–

क. जयदेव कृत प्रसन्नराघवम्

ख. जयदेव कृत जानकीहरणम्

ग. कालिदास कृत रघुवंश, कुमारसम्भव

घ. राजशेखर कृत बालरामायण

ङ. दामोदर मिश्र कृत हनुमन्नाटक

च. बाणभट्ट कृत कादम्बरी से वस्तु-निरूपण

छ. गोस्वामी जी ने निम्न नीति ग्रन्थों से सूक्तियाँ ली हैं–

(क) विदुरनीति

(ख) शुक्रनीति

(ग) नीतिशतकम्

(घ) श्रृंगारशतकम्

(ङ) हितोपदेश

(च) सुभाषितम्

(छ) चाणक्यनीति

तुलसीदास ने लोक और वेद दोनों का सहारा लेकर युग के अनुरूप परिवर्तित और परिशोधित कर मानस की रचना इस प्रकार की कि उनकी अपनी मौलिकता अक्षुण्ण बनी रही। जिस तरह श्रीकृष्ण अर्जुन के साथी हैं मगर योद्धा रूप के साथ अश्व चालन कर रहे हैं और अर्जुन का बचाव संरक्षक की तरह कर रहे हैं, तुलसी ने भी वाल्मीकि की सामग्री को अपनी प्रतिभा और आदर्श से परिपूर्ण किया और सभी पूर्व कवियों की वाणी में नया निखार ला मौलिक ढंग से प्रस्तुत किया। तुलसी के मर्यादा पुरुष राम ज़रूरत पड़ने पर कृष्ण की तरह मर्यादा के पार हो जाते हैं जैसे अशोक वाटिका प्रसंग, शबरी प्रसंग, अहल्या प्रसंग आदि।

रामावतार का उद्देश्य

श्री रामचन्द्र जी सुगठित शरीर और शौर्य तेज आदि से युक्त उन्नत स्कन्ध, सुडौल अवयव, हँसमुख चेहरा, सुन्दर बड़े नेत्र, नील वर्ण, धैर्यवान, क्षमावान, सत्यवान, प्रतिज्ञावान, न्यायप्रिय, नीति युक्त महामानव थे, ऐसा नारद ने वाल्मीकि से कहा था। इस्लामी शासन काल में जब भारत के लगभग सारे मन्दिर तोड़ डाले गये, सारी मूर्तियाँ विध्वंस को प्राप्त हो गयीं, विद्यालय बन्द कर दिये गये, गाँव-गाँव में मौलवी तैनात कर दिये गये, पुस्तकालय जला दिये गये, ऐसे रावण राज्य के नाश की परिकल्पना के लिए तुलसी ने वाल्मीकि के महामानव पुरुषोतम राम में परमात्मात्व की स्थापना कर रामावतार की चाह और आस लगायी। यह आशा पूर्ण होने में ज़्यादा समय न लगा। भारत में इस्लामी राज्य की स्थापना 712 ई. में सिन्ध से हुई। मगर गुर्जर प्रतिहारों ने उन्हें भारत में 1000 ई. तक फैलने नहीं दिया और उसे रोके रखा। मगर गुर्जर प्रतिहार के कमज़ोर होने पर और शाही वंश के उच्छेद के बाद ही गजनी पश्चिमी उत्तरी भारत जीतने में सफल रहा। यह राज्य लगभग 650 बरस तक कायम रहा। मगर सत्र. हवीं-अठारहवीं सदी में मानस में परिकल्पित राम, गुरु गोविन्द सिंह, शिवाजी महाराज, टेकारी राजा भरद्वाज सुन्दर सिंह, राजा धनवार, राजा हंसराज भट्ट, जाट राजा सूरजमल, काशी राजा द्विजरत्न बलवन्त सिंह, बुन्देलखण्ड राजा छत्रसाल, पेशवा बाजीराव, भरद्वाज बख्तावर सिंह चकवारा के रूप में सगुण रूप में राजनीति के रंगमंच पर आविर्भूत होकर पदार्पण किये और अपने उदय के पचास साल के भीतर अपने-अपने क्षेत्र से मुग़ल राज की ईंट से ईंट बजा दी। यह ध्यातव्य है कि उपरोक्त सभी नायक गैर-लड़ाकू कही जाने वाली जातियों से आये थे। लड़ाकू राजवंशों को आपसी लड़ाई से ही छुट्टी नहीं थी।

गुरु गोविन्द सिंह सिक्ख थे, शिवाजी महाराज मरहठ्ठा थे, सुन्दर सिंह, हंसराज, काशीराज, बाजीराव, चकवारा राजा सभी ब्राह्मण थे। सूरजमल जाट थे और छत्रसाल अघोषित मूल के बुन्देल (वनाफर) थे। शिवाजी महाराज ज्ञानेश्वरी, नामदेव, तुकाराम, चोखामेला, समर्थ रामदास द्वारा जारी सांस्कृतिक नव जागरण की उपज थे जिसमें जात-पाँत की अहमियत नहीं थी। गुरु गोविन्द सिंह भी नानक के सांस्कृतिक धार्मिक आन्दोलन, गुरु हरगोविन्द और गुरु तेगबहादुर की सैनिक परम्परा के वारिसान थे। भारत में इस्लाम इसीलिए टिका रहा कि उससे लड़ने वाले पूर्व के शूरमा पृथ्वीराज, संग्राम सिंह, जयचन्द, राणा प्रताप इत्यादि किसी को जननायक नहीं बनने दिया। वर्णाश्रम के चलते समाज विभाजित था और विभाजित समाज पहले से कुण्ठा और पराजय की मानसिकता से ग्रस्त था। पराजित समाज का नायक कभी सफल नहीं हो सकता था। मगर तुलसी के मानस के अवतरण के बाद जो नायक आये वे जाति अभिमान से दूर और लक्ष्य, निश्चय, उद्देश्य के साथ आये। उनका उद्देश्य वही था जो राम का था। राम का उद्देश्य जनस्थानों को राक्षसों से विहीन करना था। रंगमंच पर आये नये नायकों का भी उद्देश्य पंच हजारी, सात हजारी मनसबदार बनना नहीं था, वे राम की तरह इस्लामिक राज्य (राक्षस राज) को हटाने के लिए प्रक्षेपित किये गये थे। शिवाजी महाराज का प्रक्षेपण समर्थ गुरु रामदास ने किया, छत्रसाल का प्रक्षेपण साधू प्राणनाथ ने किया और गुरु गोविन्द सिंह स्वयं परशुराम के अवतार और गुरु तेगबहादुर के विस्तार थे। सभी के पीछे एक परम्परा का ज़ोर था। यह परम्परा वैष्णवों की थी, शाक्तों की थी—

जात पात पूछै नहीं कोई।
हरि को भजै सो हरि को होई।।

यह भूलना नहीं चाहिए कि शिवाजी को तुलजा भवानी और गुरुगोविन्द सिंह को स्वयं दुर्गा ने जनश्रुति में तलवार दिया था। अतः दोनों सफल मनोरथ रहे। दोनों के पीछे शौर्य के अलावा अध्यात्म का बल था। इस नये तत्त्व ने इस्लाम को सांस्कृतिक धरातल पर अपनी गतिशीलता से पहले पराजित किया। राजनीतिक विजय इस सांस्कृतिक विजय का प्रतिफल था। सिक्खों ने काबुल तक विजय किया जो विगत आठ सौ साल में किसी भारतीय ने नहीं किया था। रणजीत सिंह के सेनापति गुलाब सिंह के जागीरदार जोरावर ने लद्दाख और वाल्टीस्तान तक विजय किया। राम जी का वचन सार्थक हुआ :

जनि डरपहु मुनि सिद्ध सुरेशा।
तुमहिं लागि धरिहों नर वेशा।।

मरहट्टों, सिक्खों, जाटों, अयाचक ब्राह्मणों ने मुग़लों की ईंट से ईंट बजा दी। अंग्रेज़ों को इसी धरा पर मुग़लों से बक्सर की लड़ाई में 1761 में जूझना पड़ा। राम ने सत्रहवीं, अट्ठारहवीं सदी के नायकों के लिए पथ-प्रदर्शक दीप स्तम्भ काकाम किया। तुलसी के राम

छछिया भरी छाछ पै नाचने वाले कुँअर कन्हैया नहीं थे। वैष्णव साधुओं ने जाति बिरादरी को भुलाकर मूलोच्छेद कर हरिभक्तों की समता पर आधारित बिरादरी बनायी। पुरुषोत्तम राम ने निषाद को गले लगाकर शबरी का जूठा खाकर सामाजिक विषमताओं को चुनौती दे डाली और निरंकुशता को तिलांजलि दे दी। काशी राजा बलवन्त सिंह को तलवार दुर्गा ने प्रदान की थी। रामचरितमानस से उत्पन्न अनेक छोटे-छोटे रामों ने मुग़ल राज का विध्वंस पूर्ण कर दिया।

भाषा की स्वाधीनता

गोस्वामी जी ने देववाणी संस्कृत की जगह जनवाणी हिन्दी का आश्रय लिया। उन्होंने महाकाव्य के लिए अत्यधिक सर्ग रहने की भामह की अनिवार्यता समाप्त कर सिर्फ़ सात काण्ड में ही महाकाव्यों का महाकाव्य रच डाला। उन्होंने अपनी भाषा को श्लेषमय नहीं बनाया—**सरल कवित्त कीरति विमल** का अनुगमन किया।

जनतान्त्रिकता

तुलसीदास ने जनतन्त्र को स्थापित किया। दशरथ ने राम का युवराजत्व पंच फ़ैसले के अधीन किया—

जो पाँचहि मत लागे नीका।
करहु हरषि हियँ रामहि टीका।।

राम ने जनता को यह अधिकार दिया—

जो अनीति कुछ भाखौ भाई।
तो मोहि वरजो भय विसराई।।

राम ने बानर, भालू जैसी अर्धसभ्य जंगली जातियों का संगठन कर उन्हें अपना प्रतिनिधि बनाकर जनक्रान्ति का नेतृत्व किया और लंका की चूल हिला दी। सहजानन्द और सुभाष ने किसान-सिपाही संगठित कर अंग्रेजों को भगा दिया।

व्यक्तिगत सम्पदा का विरोध

तुलसी व्यक्तिगत सम्पदा के उपभोग का अधिकार व्यक्ति को नहीं देते—

सम्पति सब रघुपति के आही।

उत्तरकाण्ड के छन्द 28 में वर्णित है—

बाजार रुचिर न बनई वरनत वस्तु विनु गथ पाइए।

इससे स्पष्ट है कि धन के स्वामित्व के अन्त की इसमें चाह है, घोषणा है, लालसा है। तुलसी का रामराज्य गाँधी के निरंकुशतावादी रामराज्य के विपरीत समाजवादी रामराज्य है जिसमें व्यक्ति सामाजिक विकास की एक कड़ी है, उसकी व्यक्तिगत सता सामाजिक सत्ता के अधीन है। राम के लिए पत्नी-भाई से ज़्यादा प्रिय समाज है, सामाजिक नियम हैं।

तुलसी का समन्वय

अगुनहि सगुनहि नहिं कछु भेदा
शिवद्रोही मम दास कहावा।

तुलसी में वेद, वेदान्त, गीता, पुराण, काव्य, नीति संग्रह सभी का सार सकंलित है। इसमें ज्ञान, कर्म, भक्ति, शैव-शाक्त-वैष्णव सब में समन्वय है।

राम ते अधिक राम कर दासा

राम से ज़्यादा महत्त्व राम के गुण और नाम का है।

तुलसी का सन्त

सन्त हृदय नवनीत समाना।

तुलसी का मित्र

जे न मित्र दुःख होहि दुःखारी। तिन्हहिं विलोकति पातक भारी।

तुलसी का कलियुगी पण्डित

पण्डित सोइ जो गाल बजावा।

तुलसी केवल वर्तमान का गुण-दोष नहीं दिखाते, भविष्य का भी पथ-प्रदर्शन करते हैं और उसे आदर्श उन्मुख बनाते हैं—

एक आधार रामगुन गाना
कलियुग जोग, न जग्य, न ग्याना।

जब इस्लामी राज्य में मन्दिर, मूर्ति तोड़े जा रहे थे, बलपूर्वक धर्मान्तरण किया जा रहा था, तब तुलसी ने योग, यज्ञ, ज्ञान की जगह नाम को प्रतिष्ठित कर धर्म की रक्षा का मन्त्र दिया। तुलसी के हनुमान चालीसा का गायन कर लाखों व्यक्ति मारीशस, गायना, फिजी इत्यादि में अपना धर्म निरक्षर रहते हुए भी बचा लिये। नाम का महत्त्व राम से भी बढ़कर उन्होंने माना।

सद्गुरु की महिमा

वन्दउ गुरु पद पदुम परागा।

गोस्वामी जी सद्गुरु की गरिमा का मान करते हैं, कुमति वालों की नहीं।

गुरु शिष्य बधिर अन्ध कर लेखा।
एक न सुनई एक न देखा।।

गोस्वामी जी ने अज्ञानी, कुमतिवाले गुरु शिष्य को अन्धबधिर कहा है। गुरु देखता नहीं, शिष्य सुनता नहीं।

श्रीराम का आत्मबल

सौरज धीरज जाहि रथ चाका
सत्य शील दृढ़ ध्वज पताका।

राम का रथ यही है। यह रावण के रथ से भिन्न है।

श्रीराम का धैर्य

श्रीराम के धीर स्वभाव के बारे में वाल्मीकि रामायण में श्लोक है–

आहूतस्य अभिषेकार्थ, बनाय प्रस्यितस्य च
न लक्षितो मुखे तस्य स्वल्पो ङ्प्याकार विभ्रमः

राज्य अभिषेक की सुखद आशा से न तो उनके मुख पर प्रसन्नता के चिह्न दिखाई दिये और न राज्य के बदले वनवास की आज्ञा मिलने पर विषाद की रेखाएँ अभिलक्षित हुईं। गोस्वामी जी ने रावण के रथी, राम के विरथि होने पर भी राम के धैर्य का वर्णन किया है। वे ज़रा भी अपनी साधन विहीनता पर विचलित नहीं हुए। यही गीता का स्थितप्रज्ञ है, निष्काम कर्मयोग है, लोक संग्रह है।

राम जी का स्वभाव

पौरान् स्वजन वन्नित्यं कुशलं परिपृच्छति।

अर्थात् रामचन्द्र जी, प्रतिदिन पुरवासियों से अपने स्वजनों की भाँति नित्य कुशल मंगल पूछा करते थे।

राम जी की दयालुता

सुकृदेव प्रपन्नाय तवास्मीति च याचेत।
अभयं सर्वभूतेभ्यो ददाम्येतृद्र व्रत मम।।

जो मनुष्य एक बार भी हृदय से "मैं तेरा हूँ" कहकर शरणागत होता है, उसे मैं सदा सर्वदा के लिए अभय प्रदान करता हूँ।

मरणान्तानि वैराणि, निवृत नः प्रयोजनम्।
क्रियतामस्य संस्कारो ममाप्येष यथा तब।।

रावण वध उपरान्त राम विभीषण से कहते हैं–

हे विभीषण! बैर विरोध जीवन भर ही रहता है, मृत्यु के बाद इसका प्रयोजन निवृत्त हो जाता है। अब तुम यथा योग्य इसका संस्कार करो। यह मुझे तुम्हारे जितना ही प्रिय था।

गोस्वामी जी कहते हैं–

ऐसे को उदार जग माहीं।

कैकेयी की निर्दोषिता

राम जी लक्ष्मण को समझाते हैं—

न लक्ष्मणस्मिन् राज्य विघ्ने माता यधीयस्य शडंक नीया।

हे लक्ष्मण! मेरे इस राज्य में विघ्न का कारण छोटी माता नहीं हैं।

तै अम्बा मध्यमा तात गर्हितव्या कदाचन्

हे लक्ष्मण! तुमको मध्यमा माता की निन्दा कदापि नहीं करनी चाहिए। विचारणीय बात यह है कि राजा की इच्छा न रहने पर भी वशिष्ठ जी ने क्यों राम-लक्ष्मण को विश्वामित्र को सुपुर्द करने को कहा और क्यों विश्वामित्र ने अल्पवयस्क बालकों को ही ताड़का वध के लिए चुना? क्यों भरद्वाज, वाल्मीकि, अगस्त्य, सुतीक्ष्ण आदि सभी ऋषियों ने राम को रावण राज्य दण्डकारण्य में रहने का परामर्श दिया। ऋषि राम को क्यों उसी मार्ग से अगस्त्य आश्रम लाये जिसमें ऋषियों के हड्डियों के ढेर थे? राम ने उसी समय जनस्थान को राक्षस विहीन करने का प्रण क्यों नहीं किया? फिर, राम अयोध्या के पश्चिम धर्मारण्य या पूरब नैमिषारण्य न भेजे जाकर दक्षिण रावण राज्य की तरफ़ ही क्यों भेजे गये? सभी का समाधान यही है कि राम को वन भेजने में देवताओं, ब्राह्मणों की पूर्व निर्धारित योजना थी।

गोस्वामी जी लिखते हैं—

तब वशिष्ठ बहुविधि समुझावा!

विश्वामित्र ने राम को वला अतिवला विद्या सिखलायी। भूख न लगने की विद्या दी और समस्त शस्त्र, अस्त्र दिये।

वशिष्ठ ने बिना शुभ मुहूर्त के ही राम का अभिषेक करने का परामर्श इसी पूर्ण निर्धारित योजना के तहत दिया।

गोस्वामी जी कहते हैं—

शारद वोलि विनय सुर करहिं
राम जाहिं वन, राज तनि,
होहिं सकल सुर काज।

देवताओं के आग्रह पर सरस्वती मन्थरा के जीभ पर बैठ गयी। कौशल्या राम से कहती है—

जो पितु मातु कहेउ बन जाना। तौ कानन सत अवध समाना।

अर्थात् कानन का राज सौ अयोध्या के राज के समान है। जनक पत्नी सुनयना को याज्ञवल्क्य की भविष्यवाणी याद आती है—

राम जाई वन करि सुरकाजू
अचल अवधपुरी करिअहिं राजू।
वह सब यागवल्क्य कहि राखा
देवि न होई मृषा–ऋषि भाखा।।

राम अगस्त्य से पूछते हैं–

अब सों सीख देहु मुनि मोही। जेहि प्रकार मारों मुनि द्रोही।

इस समय तक सीता अपहरण नहीं हुआ, फिर भी राम अगस्त्य से उपाय पूछ रहे हैं : कैसे मुनि द्रोही राक्षसों को मारा जा सकता है?

अगस्त्य मुनि सीधे रावण के राज्य दण्डक में जाने का परामर्श देते हैं–

दण्डक बन पुनीत प्रभु करहु।

राम के पास एक अलख तापस आते हैं–

तेहि अवसर एक तापस आवा।

तापस ने सीता अपहरण की गुप्त सूचना राम को अग्रसारित कर दी। राम ने असली सीता को छिपा दिया–

राम पावक मह करहु निवासा
तब रघुपति जानत सब कारण

मतंग मुनि ने राम को परामर्श दिया–

चम्पा सरहिं जादू रघुराई। तहं होइहि सुग्रीव मिताई।।

हनुमान जी भी राम आगमन की प्रतीक्षा में थे–

प्रभु पहिचानि परेउ गहिचरण।

हनुमान जी सीता जी से भी पहले विभीषण से मिले और सुग्रीव की तरह विभीषण को रावण द्रोह के लिए राजी कर लिया।

उपरोक्त एवं अन्य तथ्य इस बात को पुष्ट करते हैं कि रावण वध की पूर्व निर्धारित देव ऋषि योजना में कैकेयी माध्यम और सहायक बनी। इसे राम जानते थे। इसीलिए उन्होंने छोटी माँ को निरपराध कहा। राम-रावण युद्ध भी राजसत्ता के लिए सोची-समझी राजनीति के तहत सुविचारित ढंग से लड़ी गयी लड़ाई थी जिसमें देवताओं और ऋषियों ने कैकेयी को लक्ष्य प्राप्ति के लिए माध्यम बनाया। राम कैकेयी की निर्दोषिता को जानते थे और सदैव बचाव करते थे।

आभार

मैंने रामचरितमानस की विधिवत् शिक्षा चार साल राम प्रिया निवास अयोध्या में रहकर पूज्य श्री मैथिलीशरण जी महाराज से प्राप्त की थी। प्रसिद्ध विद्वान राम तबक्या जी से विमर्श

कर प्राप्त ज्ञान पर धार चढ़ाई। मैंने टेकारी महाराज के पण्डितों द्वारा प्रणीत ग्रन्थों का भी अवगाहन किया। यह पुस्तक इस सम्बन्ध में पचास साल की मेरी साधना का परिणाम है।

वाल्मीकि रामायण के श्लोकों एवं अन्य शास्त्रों के श्लोकों के अर्थ के लिए मैंने पं. दामोदर शर्मा, सहगौर त्रिपाठी और पं. मातृदत्त के द्वारा किये गये अर्थों का आश्रय लिया है। रामायण में रुचि मुझे अपने चाचा पं. लक्ष्मी शर्मा से विरासत में प्राप्त हुई है। मेरे दूसरे चाचा पं. महावीर शर्मा फ़ारसी के अच्छे ज्ञाता थे। लोक धर्मी परम्परा मुझे अपनी चाची राजकेसर देवी से प्राप्त हुई थी। वे स्वामी सहजानन्द के नेतृत्व वाली उग्र किसान आन्दोलन में अग्रणी मोर्चे पर थी। इसी किसान आन्दोलन ने सामन्त विरोधी और साम्राज्य विरोधी आन्दोलन को अग्रगति प्रदान की थी। इसी किसान आन्दोलन के सामाजिक आधार और इसके सर्वोपरि नेता स्वामी सहजानन्द के सहयोग से आज़ादी के मसीहा सुभाषचन्द्र बोस ने ज़मींदार और ब्रिटिश राज के शुभचिन्तक गाँधी को हरिपुरा कांग्रेस 1938, त्रिपुरी कांग्रेस 1939 और रामगढ़ कांग्रेस 1940 में बुरी तरह परास्त किया था। गाँधी-नेहरू गुट की सोच थी कि अंग्रेज़ी संस्कृति की श्रेष्ठता स्वीकार कर ली जाय। हिन्द स्वराज्य में नामित गाँधी के बारह गुरु विदेशी हैं। तिलक, मालवीय, दयानन्द, सावरकर की सोच थी कि देशी संस्कृति श्रेष्ठ है। यह सोच पुनरुत्थानवादी और अतीतजीवी थी। स्वामी सहजानन्द और सुभाष की सोच में लोकधर्मिता, वैज्ञानिकता, विविधता, परम्परा और सकारात्मक बदलाव के साथ प्रगतिवादी, गतिवादी सोच घुलीमिली थी। यह सोच तर्क और विश्वास, धर्म और विज्ञान, परम्परा और परिवर्तन दोनों को महत्त्व देती थी। ये न कट्टर पुरातनपन्थी थे और न कट्टर आंग्ल-क्रिस्तान जीवन मूल्य के समर्थक थे। ये देशी मार्क्सवादी थे। मेरी सोच पर इसका प्रभाव भरपूर है। यह विश्वास और हृदय के साथ बुद्धि पर आधारित है।

रामचरितमानस के स्रोत

1. अद्‌भुत रामायण
2. अत्रि रामायण
3. अध्यात्म रामायण
4. अगस्त्य रामायण
5. अगस्त्य संहिता
6. अग्नि पुराण
7. अभिज्ञान शाकुन्तलम्
8. आनन्द रामायण
9. आदि शक्ति संहिता

10. आदि पुराण
11. आनन्द वृन्दावन
12. इन्द्र पुराण
13. उत्तररामचरित
14. उतथ्य संहिता
15. ऋष्य शृंग संहिता
16. कपिल रामायण
17. कश्यप संहिता
18. कण्व संहिता
19. कपिल देव संहिता
20. कात्यायन संहिता
21. काश्यप संहिता
22. कामन्दकीय नीतिसार
23. किरातार्जुनीयम्
24. कुमार संहिता
25. कुमारसम्भव
26. कूर्म संहिता
27. केनोपनिषद्
28. कैवल्य उपनिषद्
29. कौशिक संहिता
30. कौंडिल्य संहिता
31. गणेश्वर रामायण
32. गरुड़ रामायण
33. गर्ग संहिता
34. गणेश्वर संहिता
35. गणेश संहिता
36. गरुड़ संहिता
37. गरुड़ पुराण
38. गालव संहिता
39. गौतम संहिता
40. गौतम रामायण

41. चम्पू रामायण
42. चाणक्य नीति दर्पण
43. जमदग्नि रामायण
44. जमदग्नि संहिता
45. जैमिनी संहिता
46. जैमिनी पुराण
47. देवल संहिता
48. धर्म रामायण
49. धनेश्वर संहिता
50. धन्वन्तरि संहिता
51. धर्म संहिता
52. धनंजय संहिता
53. धर्मात्म दर्शन
54. धर्मशास्त्र
55. नन्दिदेश्वर संहिता
56. नृसिंह पुराण
57. नारदीय पुराण
58. नारायण संहिता
59. नारदीय रामायण
60. नारद संहिता
61. नारदोक्त रामायण
62. नीलकंठ संहिता
63. नैषधीय चरित्र
64. पराशर संहिता
65. पद्म पुराण
66. पद्म पंचालिका
67. प्रजेश संहिता
68. पंचतन्त्र
69. पारमहंस्य
70. पुरुषोत्तम संहिता
71. पुलस्त्य रामायण

72. पौलस्त्य संहिता
73. पुलस्त्य संहिता
74. वशिष्ठ रामायण
75. ब्रह्म रामायण
76. ब्रह्म पुराण
77. ब्रह्म वैवर्त्त पुराण
78. वशिष्ठ संहिता
79. वाल्मीकीय रामायण
80. व्यास संहिता
81. वासुदेव रहस्य
82. विश्वामित्र संहिता
83. विरिचि रामायण
84. विष्णु संहिता
85. वृहस्पति संहिता
86. वृहद् विष्णु पुराण
87. वृहद् शार्ङ्धर संहिता
88. वैवस्वत संहिता
89. वैनतेय संहिता
90. वैशम्पायन संहिता
91. भरद्वाज रामायण
92. भरत रामायण
93. भरद्वाज संहिता
94. भरत संहिता
95. भट्टि काव्य
96. भर्तृहरि शतक
97. महा रामायण
98. महेश्वर रामायण
99. मनु रामायण
100. मंगल रामायण
101. महेश्वर संहिता
102. महोधर संहिता

103. महाभारत

104. मनुसंहिता

105. मनुस्मृति

106. मत्स्यपुराण

107. मार्कण्डेय पुराण

108. मार्तण्ड संहिता

109. मुर्हुत दीपक

110. मुण्डकोपनिषद्

111. याज्ञवल्क्य रामायण

112. याज्ञवल्क्य संहिता

113. याज्ञवल्क्य स्मृति

114. रामेश्वर संहिता

115. रघुवंश

116. रामचरित चिन्तामणि

117. राम संहिता

118. राम तपनियोपनिषद्

119. रुद्र संहिता

120. ललित रामायण

121. लाट्टायन संहिता

122. लोमश संहिता

123. वासवदत्ता

124. वामदेव संहिता

125. शक्ति संहिता

126. शांडिल्य संहिता

127. शंकर संहिता

128. शिशुपाल वध

129. शिव संहिता

130. शिवपुराण

131. शुक्रनीति

132. श्वेतकेतु रामायण

133. शौनक संहिता

134. श्रीकंठ संहिता
135. श्रीमद्भगवत्गीता
136. श्रीमद्भागवत
137. सनत्कुमार संहिता
138. सनक संहिता
139. सनन्द संहिता
140. सनातन संहिता
141. सत्यार्थ विवेक
142. सत्योपाख्यान
143. संवर्त्त संहिता
144. स्कन्द संहिता
145. स्कन्द रामायण
146. साहित्य दर्पण
147. सुतीक्ष्ण संहिता
148. सुनन्द रामायण
149. सुमन्त्र रामायण
150. सुतीक्ष्ण रामायण
151. सुमन्त्र संहिता
152. सुचन्द्र संहिता
153. सुभाषित रत्न भंडारागार
154. सूत संहिता
155. सौभरि रामायण
156. हनुमन्नाटक
157. हनुमत्संहिता
158. हितोपदेश
159. क्षेमेन्द्र संहिता

जनपक्षधर अगतानुगतिक राम

राम मर्यादा पुरुषोत्तम भी हैं और अमर्यादित भी। वे परम्परा के भी पोषक हैं, और लीक से रास्ते से हटकर चलने वाले भी हैं। कभी-कभी अपना रास्ता स्वयं बनाते हैं और उसपर चलने वाले अगतानुगतिक भी हैं। जैसे, अहल्या उद्धार, पुष्पवाटिका में सीता से प्रेममय भेंट, निषाद मैत्री, शबरी भोजन, वालीवध, मेघनाद वध आदि उदाहरण मर्यादा की परिधि के बाहर की

घटनाएँ हैं। राम जब दीन-हीन के साथ संयुक्त मोर्चा बनाकर जनक्रान्ति का नेतृत्व करते हुए रावण वध करते हैं तब वे कृष्ण की तरह 16 कला से युक्त पूर्ण ब्रह्म हो जाते हैं यह राम की विशिष्टता है, इसी कारण जनता में जनप्रिय हैं। तुलसीदास ने स्वयं स्वीकार किया है। मानस के स्रोत व्यापक हैं।

नानापुराण निगमागम सम्मतं यद्।
रामायणे निगदितं क्वचिदन्य तोऽपि।।

वाल्मीकीय रामायण-I

राम रूप गुन सील सुभाऊ। प्रमुदित होहिं देखि मुनि राऊ।।

श्लोक–

एतैस्तु बहुभिर्युत्कं गुणैरनुपमैः सुतम्।
दृष्ट्वा दशरथो राजा मुनिश्च मुदितोऽभवत्।।10।।

भावार्थ–पुत्र राम जी के बहुत से अनुपम मुखों को देखकर राजा दशरथ और मुनि वशिष्ठ प्रसन्न होते थे।

टिप्पणी–इस प्रसंग का वर्णन अगस्त्य रामायण (11) और वशिष्ठ रामायण (12) में भी है। सभी सभासद और मुनियों में श्रेष्ठ वशिष्ठ मुनि ने अवसर पाकर रघुराज दशरथ को परामर्श दिया कि अपने राजा रहते राम को युवराज पद दे दें। उसी अवसर पर यह दोहा है–

आप अछत युवराज पद, रामहि देहिं नरेश

अगस्त्य रामायण में है **युवराज पद राजा रामचन्द्राय अक्षत।**

रघुवंश में भी (17) प्रकारान्तर से यही बात कही गयी है।

अब अभिलाष एक मन मोरे। पूजिहि नाथ अनुग्रह तोरे।।

श्लोक—

एषा ह्यास्य परा प्रीतिर्हृदि संपरिवर्तते।
कदा नाम सुतं द्रक्ष्याम्याभिषित्कमहं प्रियम्।।23।।

भावार्थ—राजा के मन में निश्चय ही यह परम प्रीति युक्त भाव अवस्थित है कि कब मैं अपने प्रिय पुत्र को राज्य अभिषिक्ति रूप में देख सकूँगा?

टिप्पणी—वशिष्ठ रामायण (22) में यह प्रसंग वर्णित है।

सब बिधि गुरु प्रसन्न जिय जानी। बोलेउ राउ रहसि मृदु बानी।।
नाथ राम करियहि जुबराजू। कहिय कृपा करि करिय समाजू।।
भोहि अछत यहु होई उछाहू। लहहिं लोग सब लोचन लाहू।।

श्लोक–

अथ राज्ञो बभूवैव वृद्धस्य चिरजीविनः।
प्रीतिरेषा कथं रामो राजा स्यान्मयि जीवति।। 24।।

भावार्थ–अनन्तर चिरंजीवी वृद्ध राजा के मन में यह प्रीतिकर बात बैठ गयी कि मेरे जीते जी किस प्रकार राम राजा बनें।

टिप्पणी–वशिष्ठ रामायण (26) में वर्णित है–

नरेन्द्रस्य वचः श्रुत्वा मंगलानन्दं मुनिः

तुलसीदास कहते हैं–

सुनि मुनि दसरथ वचन सुहाये। मंगल मोद मूल मन भाये।
प्रभु प्रसाद सिब सबइ निबाहीं। यह लालसा एक मन माहीं।
पुनि न सोच तनु रहउ कि जाऊ। जेहि न होइ पाछे पछिताऊ।।

श्लोक–

देवर्षि पितृविप्राणामनृणोऽस्मि तथाऽत्मनः।
न किंचिन् मम कर्तव्यं तवान्यत्राभिषेचनात्।।

भावार्थ–देव, ऋषि, पितर, ब्राह्मण तथा आत्मा का मैं अनृणी हूँ। तुम्हारे अभिषेक के अलावा मुझे कुछ करना अब नहीं रह गया है।

टिप्पणी–राजा की इच्छा तीव्रतम है।

मोहि अक्षत यहु होई उछाहूँ
बेगि बिलंबु न करिअ नृप, साजिय सबुइ समाज।
सुदिन सुमंगल तबहिं जब, राम होहिं जुबराज।।

श्लोक–

तथेति च स राजा न युक्रवान् सर्वविन् मुनिः।। 29।।

भावार्थ–सर्वज्ञ मुनि ने राजा से तथास्तु कहा। भावार्थ यह है कि जब राम युवराज होंगे तभी वह दिन सुदिन और सुमंगल होगा। देवताओं के षड्यन्त्र से वे युवराज न बनने वाले थे। अतः शुभ मुहूर्त की बात ही बेमानी थी। गुरु वशिष्ठ सर्वज्ञ थे। वे यह रहस्य जानते थे। केवल लोकाचार का निर्वहन हो रहा था। **गुरु वशिष्ठ सब पर जग जाना। जिन्हीं विश्व कर बदर समाना** तब सब समाज शीघ्र साजने की तत्परता क्यों थी? गुरुजी यह जानते थे कि युवराज पद के अभिषेक में विघ्न हैं। इसी कारण पक्का मुहूर्त नहीं बतलाया। यह गूढ़ भाव दशरथ नहीं समझ पाये।

टिप्पणी–मुनि जानते थे कि दशरथ के पुत्र राम साक्षात् श्रीपति नारायण हैं। इस प्रसंग का वर्णन वशिष्ठ रामायण में भी है।

स एव व्यापकः श्री शो जात स्त्वत्तनयो हरिः

तुलसीदास ने भी लिखा है–

भयउ तुम्हार तनय सोई स्वामी

तुलसीदास ने इसे स्पष्ट किया–

सुदिन की आवश्यकता नहीं है। जब राम युवराज होंगे, वही समय सुदिन है। ब्राह्मणगण, देवतागण और कैकेयी को राम वनवास का पूर्व ज्ञान था।

प्रमुदित मोहिं कहेउ गुरु आजू। रामहिं राय देहु जुबराजू।।
जो पंचहि मत लागइ नीका। करहु हरषि हिय रामहिं टीका।।

श्लोक–

यदिदं मेऽनुरूपार्थ भया साधु सुमन्त्रितम्।
भवन्तो मेऽनुमन्यन्तां कथं वा करवाण्यहम्।। 31।।

भावार्थ–यदि मेरी यह बात सभी सज्जनों, सलाहकारों को अनुकूल लगे तो इसमें अपनी सम्मति दें कि यह कार्य करना चाहिए और मैं इसे किस प्रकार सम्पन्न करूँ? दशरथ ने सभासदों से यह पूछा।

टिप्पणी–वशिष्ठ मुनि ने ख़ुश होकर राजा को राम को युवराज बनाने पर सहमति दी। यह वशिष्ठ मुनि का बाह्य आचरण था। अन्तस्थल में वे देवताओं, ऋषियों की इस चाह से सहमत थे कि राम वन जायें और साधुओं का परित्राण करें। कैकेयी को देवताओं के शतरंज का सिर्फ़ मोहरा बनना था। सरस्वती वह कारण थी जिसमें कैकेयी ने राम का वनवास दशरथ से माँगा। यह कैकेयी की निर्दोषिता का प्रमाण है।

मन्त्री मुदित सुनत प्रिय बानी। अभिमत बिरवै परेउ जनु पानी।।
बिनती सचिव करहिं कर जोरी। जियहु जगत पति बरिस करोरी।।
जयमंगल भल काजु विचारा। बेगिय नाथ न लाइय वारा।।

श्लोक–

इति ब्रुवन्तं मुदिताः प्रत्यनन्दन् जना नृपम्।
वृत्तिमन्तं महामेघं नर्दन्त इव बर्हिणः।। 32।।

भावार्थ–जिस प्रकार नील महामेघ देखकर मोर वृन्द जैसे आनन्दित होकर नृत्य करते हैं, वैसे ही सब राजाओं ने दशरथ जी के राम को युवराज बनाने के निश्चय को मुदित मन से स्वीकार किया। मन्त्रियों ने राम के अभिषेक के साथ-साथ राजा के भी दीर्घायु होने की कामना की।

टिप्पणी–वाल्मीकि रामायण 33 में वर्णन है। सभासदों ने कहा विष्णु के समान सब लोगों के हितकारी उदारगुण सम्पन्न अपने पुत्र रामचन्द्र का प्रसन्न चित्त से हम लोगों के हित के लिए युवराज पद पर अभिषिक्त करने में विलम्ब न करें। वे इसके सर्वथा योग्य हैं। व्यवहार कुशल मन्त्रियों ने भी राजा के करोड़ बरस जीने की कामना की।

नृपहिं मोद सुनि सचिव सुभाषा। बढ़त बौंड जनु लही सुसाखा।।

श्लोक–

अहोऽस्मि परमप्रीतः प्रभाव श्चातुले भय।
यन्ये ज्येष्ठं प्रियं पुत्रं यौवराज्यस्यमिच्छथ।।34।।

भावार्थ—दशरथ जी कहते हैं, मैं आप लोगों से अतिशय प्रसन्न हूँ। आप लोगों ने मेरे बड़े प्रिय बेटे को यौवराज्य पद देने में अपनी सम्मतियुक्त इच्छा प्रकट की है। मैं परम आनन्द का वर्णन नहीं कर सकता।

टिप्पणी—नृसिंह पुराण 35 में भी इसी आशय का वर्णन है।

जग मंगल भल काज बिचारा। बेगिय नाथ न लाइय बारा।।

श्लोक—

तं देवदेवोपममात्मजं ते सर्वस्य लोकस्य हिते निविष्टम्।
हिताय नः क्षिप्रमुदारजुष्टं मुदाभिषेक्तुं वरद त्वमर्हसि।।33।।

भावार्थ—हे वर देने वाले महाराज! अब आपसे यह प्रार्थना है कि आप विष्णु के समान सभी लोक के हितकारी अपने उत्तम गुणों से युक्त पुत्र को प्रसन्न मन से शीघ्र हम लोगों के हित के लिए युवराज पद पर अभिषिक्त करने को तत्पर हों। यह वचन राजा के मन्त्रियों का है।

टिप्पणी—नृसिंह पुराण 35 में वर्णन है। "राम के अभिषेक की सामग्री सिपाही शीघ्र ले आयें।"

मुनि ने कहा। तुलसीदास कहते हैं—

हरषि मुनीस कहेउ मृदुबानी। आनहु सकल सुतीरथ पानी।।
बेद बिदित कहि सकल बिधाना। कहेउ रचहु पुर बिबिध बिताना।।
सफल रसाल पूंगफल केरा। रोपहु बीथिन्ह पुर चहुँ फेरा।।

श्लोक—

अन्तः पुरस्य द्वाराणि सर्वस्य नगरस्य च।
चन्दन स्रग्भिंरर्च्यन्तां धूपैश्र घ्राणहारिभिः।।39।।

भावार्थ—अन्तःपुर, नगर के सभी द्वार, चन्दन, माला, सुगन्ध, धूप आदि से गन्ध युक्त किये जायें। यह वशिष्ठ मुनि का वचन है।

टिप्पणी—वशिष्ठ रामायण (36) में आया है, सन्तुष्ट वशिष्ठ मुनि ने कहा कि सम्पूर्ण तीर्थों का जल शीघ्र ले आओ। अध्यात्म रामायण (37, 38) में इसे विस्तार से कहा गया है।

रचहु मंजु मनि चौकइ चारू। कहहु बनाबन बेगि बजारू।।
पूजहु गनपति गुरु कुल देवा। सब बिधि करहु भूमिसुर सेवा।।

श्लोक—

ब्राह्मणाश्च निमंत्र्यंतां कल्प्यन्ताभासनानि च।
आबध्यन्तां पताकाश्च राजमार्गश्च सिच्यताम्।।40।।

भावार्थ—ब्राह्मणों को निमन्त्रित करो, आसन तैयार करो, पताका बँधवाओ और राजमार्ग पर छिड़काव कराओ।

टिप्पणी—अध्यात्म रामायण (41, 42) में इसे विस्तार रूप में कहा गया है। उसमें नाना प्रकार के राज्याभिषेक पदार्थों का और नगर के देव मन्दिरों में उपहारों के चढ़ावों का वर्णन है। वशिष्ठ रामायण (44) और श्वेत केतु रामायण (45) में भी यह प्रसंग वर्णित है।

राम काज अभिषेक सुनि, हिय हरषे नर नारि।
लगे सुमंगल सजन सब, बिधि अनुकूल बिचारि।।

श्लोक–

ते चापि पौरा नृपतेर्वचस्तच्छ्रुत्वा तदा लाभमिवेष्टभाशु।
नरेन्द्रमामंज्य गृहाणि गत्वा देवान्समानर्चुरभिप्रहृष्टाः।।60।।

भावार्थ–और वे पुरवासी भी शीघ्र उस समय अपने इष्ट लाभ के प्रतिरूप नृपति का वचन सुनकर राजाज्ञा लेकर प्रसन्न हो घर जाकर देवताओं को पूजने लग गये।

टिप्पणी–नृसिंह पुराण (52) में अध्यात्म रामायण (53, 54) और श्वेतकेतु रामायण में भी प्रकारान्तर से यह बात कही गयी है।

बाजहिं बाजन बिबिध बिधाना। पुर प्रमोद नहि जाइ बखाना।।
भरत आगमन सकल मनावहिं। आवहु वेगि नयन फल पावहिं।।

श्लोक–

तेषां पुण्याहघोषोऽय गम्भीरमधुरस्तया।
अयोध्यां पूरयाभास तूर्यघोषानुनादितः।।78।।

भावार्थ–उसके अनन्तर उन ब्राह्मणों का पुण्य, गम्भीर, मधुर शब्द अयोध्यापुरी को तूर्यनाद की तरह गुंजायमान करने लगा जिससे पुरी आनन्द से भर गयी। समस्त पुरवासी भरत जी के शीघ्र आगमन की आकांक्षा करते हैं।

टिप्पणी–आनन्द रामायण में वर्णन है, "समस्त पुरवासी भरत जी के शुभ आगमन की आकांक्षा करते हैं और कहते हैं कि नयनों से भरत दर्शन कर हम कब निर्मल सुख पावेंगे।"

हाट बाट घर गली अथाई। कहहिं परसपर लोग लुगाई।।
कालि लगन भलि केतिक बारा। पूजहि बिधि अभिलाष हमारा।।
कनक सिंहासन सीय समेता। बैठहिं राम होइ चित चेता।।
सकल कहहिं कब होइहिं काली। विघन मनावहि देव कुचाली।।

श्लोक–

आकांक्षमाणा रामस्य यौवराज्याभिषेचनम्।
समेत्य संघशः सर्वे चत्वरेषु सभासु च।।
कथयत्तो मिथस्तत्र प्रशशंसुर्जनाधिपम्।
रामं कदा वा द्रक्ष्यामः प्रभातं वा कदा भवेत्।
इत्युत्सुकधियः सर्वे बभूवुः पुरवासिनः।।

भावार्थ–राम जी के यौवराज्य पद अभिषेक की आकांक्षा करते हुए सभी लोग सभी जगह सभा, बाजार, सड़क पर जुटकर राम को राज्य देने के राजा के निश्चय की प्रशंसा करने लगे और कहने लगे राम को सीता सहित स्वर्ण सिंहासन पर विराजमान कल देखेंगे?

कल सुबह होगी? इस प्रकार समस्त पुरवासी राम दर्शन को आकुल हो गये, उत्कण्ठित हो गये।

टिप्पणी—अगस्त्य रामायण में वर्णन है, "कुटिल देवता विघ्न चाहते थे।"

अध्यात्म रामायण में कहा गया कि देवताओं ने सरस्वती से कहा, "ब्रह्मा जी की आज्ञा से रामअभिषेक में विघ्न डालो।"

ऊतर देइ न लेइ उसाँसू। नारि चरित करि ढारइ आँसू।।

श्लोक—

उत्तरो नैव कौटिल्यात्तया स्त्रियः।
चरित्राद् रोदनं सा तु चकार विपुलं भृशम्।।

भावार्थ—मन्थरा ने स्त्री चरित्र अनुरूप बहुत रोदन किया पर कुटिलता से कैकेयी को उत्तर नहीं दिया।

टिप्पणी—नृसिंह पुराण में वर्णन है—

त्वत्पतिस्तु महाराजस्तव नाशाय चोद्यतः

मन्थरा ने कैकेयी को सचेत किया—"तुम्हारे नाश को उद्धत तुम्हारे महाराज कल राम का अभिषेक करेंगे।"

भयउ कौसिलहि बिधि अति दाहिन। देखत गरब रहत उर नाहिन।।

श्लोक—

सुभगा किल कौशल्या यस्याः पुत्रोऽभिक्ष्यते।

भावार्थ—मुझे तो कौशल्या ही भाग्यवती जान पड़ती है जिसका पुत्र अभिषिक्त होगा।

टिप्पणी—अध्यात्म रामायण में कहा गया है, मन्थरा ने कैकेयी को कहा—"अरी अभागिन! मूढ़े! क्या लेटी है? बड़ा भारी भय आ पहुँचा है। राजा तुमको प्रसन्न करने के लिए सदा प्रियवचन कहा करते हैं पर कपटी और मिथ्याचारी राजा तुझसे कपट करते हैं।"

जेठ स्वामी सेवक लघु भाई। यह दिन कर कुल रीति सुहाई।।

श्लोक—

रामो राजसुतो ज्येष्ठो यौवराज्यमतोर्हति।।

भावार्थ—राजपुत्र राम ज्येष्ठ हैं और यौवराज्य पद के लिए उपयुक्त हैं। यही रघुकुल की रीति है कि बड़े भाई को अधिकार और छोटे को उसकी सेवा, अधीनता सौंपी जाती है।

टिप्पणी—मनुस्मृति का वचन है—

ज्येष्ठ एव तु गृही यात् पितृयं धनमरोषतः अन्ये तु उपजी वेयुर्यमैव।

अर्थात् बड़ा बेटा सारी सम्पत्ति का स्वामी होता है और दूसरे भाई बड़े भाई को पिता तुल्य मानकर उसके अधीन होते हैं। बड़ा भाई ही उनकी परवरिश करता है। रामचन्द्र जी ने इसका विरोध किया था—

बिमल वंश यह अनुचित ऐकु। अनुज विहाई बड़ेहि अभिषेकु।।

दशरथ भरत के लिए वचनबद्ध थे। राम चाहते थे राजा वचन का पालन कर धर्म का शासन कायम रखें।

जेठ स्वामी सेवक लघुभाई। यह दिन कर कुलरीति सुहाई।।

राम तिलक जौ साँचेहु काली। देउँ माँगु मन भावत आली।।

श्लोक–

न मे परं किंचिदितो वरं पुनः प्रियं प्रियार्हे सुवचं वचोऽमृतम्।

तथा ह्यवोचस्त्वमतः प्रियोत्तरं वरं परं ते प्रददामि तं वृणु।।

भावार्थ–मुझे इसके अतिरिक्त अन्य कुछ अच्छा प्रिय नहीं है जो वैसी प्यार करने योग्य राम जी के विषय में सुखप्रद अमृतमय सुवचन तुमने कहा। तुझे प्रिय उत्तर के लिए वर देती हूँ–उसे माँग। कैकेयी ने ऐसा कहा।

टिप्पणी–तुलसीदास लिखते हैं–

कौसल्या सम सब महतारी। रामहि सहज सुभाय पियारी।।

इसे वाल्मीकि प्रकारान्तर से कहते हैं–

कौसल्यातोऽतिरिक्तं च मम शुश्रूषते बहु।

अध्यात्म में कैकेयी कहती है–

रामाद भयं किमापन्नं तव मूढं वदस्य माम।

अर्थात् मुझे प्रियवादी राम भरत से अधिक प्रियंकारी है। राम के लिए सभी माताएँ कौसल्या के ही समान हैं।

कौसल्या सम सब महतारी। रामहिं सहज सुभाय पियारी।।

मोपर करहिं सनेह बिसेषी। मैं करि प्रीति परीक्षा देषी।।

श्लोक–

कौसल्यातोऽतिरिक्तं च मम शुश्रूषते बहु।

भावार्थ–कैकेयी मन्थरा से कहती है–राम जी के लिए सभी माताएँ कौसल्या जी के ही समान हैं। इसके अतिरिक्त वे मेरी बहुत तरह से सेवा कौसल्या से भी अधिक करते हैं।

टिप्पणी–अध्यात्म रामायण में वर्णित है–

भरता दधिको रामः प्रियकृन्मे प्रियंवदः।

एकहि बार आस सब पूजी। अब कछु कहब जीभ करि दूजी।।
फोरइ जोगु कपारू अभागा। भलेउ कहत दुख रौरेहि लागा।।
कहहिं झूठी फुरि बात बनाई। ते प्रिय तुम्हहिं करुइ मैं भाई।।
हमहु कहब अब ठकुर सुहाती। नाहित मौन रहब दिन राती।।
करि कुरूप बिधि परबस कीन्हा। बबा सो लुनिय लहिय जो दीन्हा।।
कोउ नृप होउ हमहि का हानी। चेरी छाड़ि अब होब कि रानी।।
जारइ जोगु सुभाव हमारा। अनभल देखि न जाइ तुम्हारा।।
ताते कछुक बात अनुसारी। छमिअ देबि बड़ चूक हमारी।।

श्लोक–

तच्छ्रुत्वा विषसादाय कुब्जा कारणवैरिणी।

भावार्थ–तदनन्तर, कैकेयी के वचन सुनकर कारण वैरिणी कुब्जा मन्थरा विषाद करने लगी।

टिप्पणी–कैकेयी और मन्थरा दोनों सरस्वती की माया के अधीन थीं। भरद्वाज रामायण और सुतीक्ष्ण रामायण भी इसकी पुष्टि करती हैं। भरद्वाज में वर्णन है–

देव माया वशाद्राज्ञी छल सम्मिलिनां गिरम्।

तुम्ह पूछेहु मैं कहत डेराऊँ। घरेहु मोर घर फोरी नाऊँ।।
सजि प्रतीति बहुबिधि गढ़ि छोली। अवध साढ़साती जनु बोली।।
प्रिय सिय राम कहा तुम्ह रानी। रामहिं तुम प्रिय सो फुरि बानी।।
रहा प्रथम अब ते दिन बीते। समउ फिरे रिपु होहिं पिरीते।।
भानु कमल कुल पोषनिहारा। बिनु जर जारि करइ सोइ छारा।।
जरि तुम्हारि चह सबति उषारी। रुँघहु करि उपाउ बरबारी।।

श्लोक–

राम माता सपत्नी ते कथं वैरं न यापयेत्।
दर्पान्निराकृता पूर्वं त्वया सौभाग्यवत्तया।।

भावार्थ–सौभाग्यवत्ता होने के दर्प के चलते तुमने सपत्नी राममाता का निरादर किया है, इससे वह तुमसे क्यों न सौतिया बैर का बदला ले?

टिप्पणी–कैकेयी उसी तरह भवितव्यता के वश मन्थरा के वचन पर मुग्ध थी जैसे भीलनी के मधुर गान को सुनकर मृगी मोहित हो जाती है। यहाँ उत्प्रेक्षा अलंकार का प्रयोग किया गया है।

तुमहिं न सोच सोहाग बल, निज वस जानहु राउ।
मन मलील मुँह मीठ नृप, राउर सरल सुभाउ।।

श्लोक–

धर्मवादी शठो भर्ताश्लक्षणवादी च दारुणः।
शुद्ध भावेन जानीषे तेनैवभतिसंघिता।।

भावार्थ–तुम्हारे पति प्रकट में धर्मवक्ता और चिकनी चुपड़ी लल्लो चप्पो बात करने वाले हैं किन्तु वह दारुण शठपति हैं और तुम उनको शुद्ध भाव समझाती हो–इसी कारण तुम पर यह विपत्ति आयी है।

टिप्पणी–अध्यात्म रामायण में मन्थरा कहती है–

कामुकोऽतथ्यवादी च त्वां वाचा परितोषयन्।

अर्थात् कामी और अतथ्यवादी मिथ्यावाची राजा तुमको वचनों से खुश रखते हैं। उन्होंने तुम्हारे पुत्र को जानबूझकर ननिहाल भेज दिया है।

सेवहिं सकल सवति मोहि नीके। गरबित भरत मातु बल पीके।।

साल तुम्हार कौशिलहि माई। कपट चतुर नहिं होइ जनाई।।
राजहिं तुम पर प्रीति विशेषी। सवति सुभाव सकइ नहिं देषी।।
रचि प्रपंच भूपहि अपनाई। राम तिलक हित लगन धराई।।
एहि कुल उचित राम कहँ टीका। सबहि सुहाइ मोहि सुठि नीका।।
आगिलि बात समुझि डर मोही। दैव देउ फिर सो फल ओही।।

श्लोक—

भविता राघवो राजा राघवस्य च यः सुतः।
राजवंशात्तु भरतः कैकेयी परिहास्यते।।

भावार्थ—राम राजा होंगे और राम का पुत्र ही आगे राजा होंगे। हे कैकेयी! भरत तो राजवंश से बहिष्कृत होंगे।

टिप्पणी—भरद्वाज रामायण में वर्णित है—

दैवभोगादि कैकेयी मन्थरा परिपृच्छति।

प्रश्नवाचिका कैकेयी को मन्थरा सब भाँति समझाती है।

रचि पचि कोटिक कुटिल पन, कीन्हेसि कपट प्रबोध।
कहेसि कथा शत सवति की। जेहि बिधि बाढ़ बिरोध।।

श्लोक—

शोचामि दुर्मातित्त्वं ते का हि प्राज्ञा प्रहर्षयेत्।
अरेः सपत्नीपुत्रस्य वृद्धिं मृत्योरिवागताम्।।

भावार्थ—तुमको यह कुबुद्धि आयी है जो काल रूप सौतिन के पुत्र की अभिवृद्धि देख आनन्दित हो रही हो। ऐसी कौन होगी? इससे मैं बड़ी दुःखी हूँ। मन्थरा ने कैकेयी से कहा।

टिप्पणी—भरद्वाज रामायण में वर्णित है। दैववश कैकेयी मन्थरा से कसम देकर पूरी बात कहने को कहती है—

मदीयं शपथं शीघ्रं वृत्तान्त वद मन्थरे!

का पूछहु तुम अबहुँ न जाना। निज हित अनहित पशु पहिचाना।।
भयउ पाख दिन सजत समाजू। तुम पाई सुधि मोहिं सन आजू।।
खाइअ पहिरिअ राज तुम्हारे। सत्य कहे नहिं दोष हमारे।।
जो आसत्य कछु कहव बनाई। तौ विधि देइहिं हमहिं सजाई।।
रामहिं तिलक कालिह जो भयऊ। तुम कह बिपति बीज बिधि बयऊ।।

श्लोक—

यदा च रामः पृथिवीमवाप्स्यते प्रभूतरत्नाकरशैलसंयुताम।
तदा गमिष्यस्यशुभं पराभवं सहैव दीना भरतेन भामिनी।।

भावार्थ—यदि रामचन्द्र शैल से लेकर समुद्र पर्यन्त भूमि के राजा होंगे तो हे भामिनी! तुमको भरत सहित दीन होकर दास्य भाव से दिन बिताने होंगे यह याद रखना।

टिप्पणी—श्रीमद्भागवत में ध्रुव की कथा में सौतिन के व्यवहार का वर्णन है। कद्रू और

विनता के प्रसंग में भी सपत्नी और उनकी सन्तानों का अमिट कलह वर्णित है। गरुड़ आज भी नागों का भक्षक है। अध्यात्म रामायण में भरत के सम्भावित दासत्व का चित्र खींचा गया है।

केकय सुता सुनत कटु बानी। कहि न सकइ कछु सहमि सुखानी।
तनु पसेव कदली जिमि काँपी। कुबरी दसन जीभ तब चाँपी।।

श्लोक—

एवमुक्ता तु कैकेयी क्रोधेन ज्वलितानना।।
दीर्घभुष्णं विनिः श्वस्य मन्थराभिद्रमब्रवीत्।

भावार्थ—मन्थरा के इस प्रकार कहने पर कैकेयी क्रोध से जलने लगी। लम्बी साँस लेने लगी।

टिप्पणी—पुलस्त्य रामायण में वर्णित है—"हे प्यारी मन्थरा! दैवयोग से मेरे ऊपर विपत्ति आयी है। अध्यात्म रामायण में वर्णित है—

ततोऽपि मरणं श्रेयो मत्सपत्न्याः पराभवः

सपत्नी के द्वारा पराभूत होने से अच्छा मृत्यु है।

दीन बचन कह बहु बिधि रानी। सुनि कुबरी तिय माया ठानी।।
अस कस कहउ भानि मन ऊना। सुख सोहारा तुम कहँ दिन दूना।।
जेहि राउर अति अनभल ताका। सो पाइहि यह फल परिपाका।।
जबते कुमत सुना मैं स्वामिनि। भूख न वासर नींद न जामिनि।।
पूछेऊँ गुनिन्ह रेख तिन्ह खाँची। भरत भुआल होहिं यह साँची।।
भामिनि करहु तौ कहऊँ उपाऊ। है तुम्हरी सेवाबस राऊ।।

श्लोक—

भयोच्यमानं यदि ते श्रोतुं छन्दोविलासिनि।
श्रूयतामभिधास्यामि श्रुत्वा चैतद्‌ विधीयताम्।।

भावार्थ—हे विलासिनी! यदि तुम्हें मेरी बात सुनने की इच्छा है तो कहती हूँ—सुनो और सुनकर काम करो।

टिप्पणी—मन्थरा ने कैकेयी को कहा कि राजा तो तुम्हारी मुट्ठी में है। वह तुम्हारी बात नहीं टाल सकता। अतः सुअवसर है।

परउँ कूप तव बचन पर, सकऊँ पूत पति त्यागि।
कहासि मोर दुख देखि बड़, कस न करब हित लागि।।

श्लोक—

श्रुत्वेवं वचनं तस्या मन्थरायास्तु कैकेयी।
कथयस्व ममोपायं मन्थरामिद्रमब्रवीत्।।

भावार्थ—मन्थरा के वचन सुनकर कैकेयी बोली। तुम मुझे उपाय बतलाओ। मैं अपनी भलाई की बात क्यों न करूँगी?

टिप्पणी—अध्यात्म रामायण में मन्थरा कैकेयी को कोप भवन में गहने उतार कर, उसे

चारों ओर फेंककर भूमि पर पड़े रहने की सलाह देती है और कहती है कि जब तक राजा कार्य पूरा होने की सत्य प्रतिज्ञा न करे तब तक कुछ नहीं बोलना, मौन रहना।

भावत्सत्यं प्रतिज्ञाय राजाऽभीष्टं करोति ते

कुबरी करि कुबली कैकेयी। कपट छुरी उरपाहन टेई।।
लखइ न रानि निकट दुख कैसे। चरइ हरित तृन बलिपसु जैसे।।

श्लोक–

एवमुक्का तदा देव्या मन्थरा पापदर्शिनी।
रामार्थमुपहिसन्ती कैकेयीमिदूमब्रवीत्।।

भावार्थ–पाप बुद्धि मन्थरा राम राज्याभिषेक पर आघात करती हुई कैकेयी से बोली।

टिप्पणी–हिसन्ती शब्द में रूपक अलंकार है। यज्ञकर्त्ता कुब्जा मन्थरा है, बलिपशु कैकेयी है, कुबरी का काला दिल छुरी है! कैकेयी का सर्वनाश निश्चित है। उसे पति खोना है, अपने पुत्र से अपमानित होना है। वह यज्ञवेदी में यूप से बँधा पशु समान है। विनयपत्रिका का वचन है–

जो जो कूप खनेगो पर कहँ
सोइ पामर तिहि कूप परै

पर दैववश से कैकेयी को यह भान नहीं है।

कहइ चेरि सुधि अहइ कि नाहीं। स्वामिनि कहेउ कथा मोहि पाहीं।।
दुइ बरदान भूप सन थाती। माँगहु साजु जुड़ावहु छाती।

श्लोक–

कथैषा तु तवस्नेहान्मनसा धार्यते मया।
रामाभिषेकसंभारान्निगृहा विनिवर्तय।।

भावार्थ–तुम्हारे प्रेम से इस कथा को मैं मन में धारणा किये हूँ। तुम इस समय राजा को बलपूर्वक राम के राज्याभिषेक से विरत करो।

टिप्पणी–तुलसीदास लिखते हैं–

सूतहिं राज रामहि बनवासू राजा से दोनों वर माँगो। कैकेयी तदुपरान्त कोपभवन चली गयी। अध्यात्म रामायण में लिखा है–

इत्युक्त्वा कोपभवनं प्रविश्य सहसा रूषा

तुलसीदास लिखते हैं–

कोप भवन गवनी कैकेयी

सुतहिं राज रामहिं बनबासू। देहु लेहु सब सबति हुलासू।।

श्लोक–

तौ च याचस्व भर्तारं भरतस्याभिषेचनम्।
प्रव्राजनं च रामस्य वर्षाणि च चतुर्दश।।

भावार्थ—अब तुम पति से उन दोनों वरों को माँगो, पहला कि भरत का राज्य अभिषेक होगा, दूसरा राम का चौदह वर्ष वनवास होगा।

टिप्पणी—मन्थरा ने सीख दिया, जब तक राजा दोनों वर स्वीकार न करें, तब तक राजा से मत बोलना, चुप रहना। अध्यात्म में यह वर्णन इस तरह है—

यावत्सत्यं प्रतिज्ञाय राजाषभीष्टं करोति ते

बिपति बीज बरवा रितु चेरी। भुइं भइ कुमति कैकयी केरी।।
पाइ कपट जल अंकुर जामा। बर दोउ दल दुख फल परिनामा।।
कोप समाज साज सब सोई। राज करत निज कुमति बिगोई।।
राउर नगर कोलाहल होई। यइ कुचालि कछु जान न कोई।।

श्लोक—

विमुच्य सर्वाभरणं परिकीर्य समंततः।।
भूमो शयाना मलिना मलिनांबर धारिणी।।

भावार्थ—सम्पूर्ण आभरण को देह से उतार कर, सर्वत्र बिखरा कर मलिन वस्त्र धारण कर कैकेयी भूमि पर लोट गयी।

भावार्थ—गोस्वामी जी इसे रूपक में कहते हैं। आपदा बीज है, मन्थरा वर्षा है, कैकेयी की कुमति खेत है। छलरूपी पानी पड़ने से इस तरह विपत्ति घनीभूत होती गयी। यह रूपक है। तुलसीदास आपदा रूपी बीज से विपदा रूपी फल की उत्पत्ति निश्चित मानते हैं।

सभय नरेस प्रिया पहँ गयऊ। देखि दसा दारुन दुख भयऊ।।

श्लोक—

तत्र तां भूमौ शयानामतथौचिताम्।
प्रतप्त इव दुःखेन सोऽपश्यज् जगतीपतिः।।

भावार्थ—राजा ने दुःख से प्रतप्त रानी को अनुचित वेश में पृथ्वी पर पड़ी हाल में देखा। देखकर उन्हें दारुण दुःख हुआ। वहाँ अनुचित वेश में पृथ्वी पर लोट रही रानी को राजा ने देखा।

टिप्पणी—अध्यात्म रामायण में वर्णित है, राजा पूछते हैं, क्यों क्रोध में हो?

तुलसीदास इसे कहते हैं—

कारन मोहिं सुनाऊ, गज गामिनि निज कोप कर।

भूमि शयन पट मोट पुराना। दिये डारि तन भूषन नाना।।
कुमतिहि कस कुभेषता फाबी। अन अहिबात सूच जनु भाबी।।

श्लोक—

अथैवमुक्त्वा वचनं सुदारुणं निघाय सर्वाभरणानि भामिनी।
असंस्कृतामास्तरणेन मेदिनीं तदाधिशिश्ये पतितेव किन्नरी।।

भावार्थ—तदनन्तर कैकेयी सभी गहनों से रहित हो, भूमि पर बिना बिस्तर के लेटी हुई दारुण वचन बोली मानो किन्नरि स्वर्ग से गिरकर जैसी प्रतिभासित होती है।

टिप्पणी—स्त्री की आठ कलाओं में एक कला मान की, टेक की भी है। इसमें रूपक अलंकार है। गोस्वामी जी ने कैकेयी की तुलना क्रुद्ध नागिन से की है, दो वर नागिन के दो दाँत हैं जिनसे वह राजा को डसने जा रही है। राजा का मर्मस्थान राम का प्रेम है। दाँत द्वारा ही विष प्राण लेता है। राजा भवितव्यता वश है और काम का कौतुक देख रहे हैं।

जाइ निकट नृप कह मृदु बानी। प्रान प्रिया केहि हेतु रिसानी।।

श्लोक—

कामी कमलपत्राक्षीमुवाच वनितामिदम्।
न तेऽहमभिजानामि क्रोधमात्मुनि संश्रुतम्।।

भावार्थ—कामी राजा दशरथ कमलाक्षी कैकेयी से बोले—तुम्हारे मन में विद्यमान क्रोध का कारण मैं नहीं जानता।

टिप्पणी—राजा डर रहे हैं, निहोरा कर रहे हैं, क्रोध से नागिन बनी रानी हाथ झटक तीक्ष्ण दृष्टि से राजा को इस तरह देखने लगी जैसे अभी डसने वाली हो। अध्यात्म में राजा के डर का वर्णन इस तरह है—

इत्युक्तो भयसन्तस्तो राजा तस्याः समीपगः

कहु केहि रंकहि करउँ नरेसू। कहु केहि नृपहि निकासउँ देसू।।

श्लोक—

दरिद्रः को भवेदाढयो द्रव्यवान् वाप्यकिंचनः।

भावार्थ—कौन धनवान दरिद्र हो? कौन दरिद्र द्रव्यमान हो? अर्थात् मैं किस अपराधी को लक्ष्य बनाऊँ?

टिप्पणी—अध्यात्म में वर्णन है—

को वा तवाहितं कर्त्तानारि वा पुरुषोऽपि वा
स मे दण्डयश्च बध्यश्च भविष्यति न संशयः

स्त्री या पुरुष जिसने भी तुम्हारा अनहित किया है, वह अवश्य ही दण्ड का भागी है, इसमें कुछ भी सन्देह नहीं है।

यह सुनि मन मुनि सपथ बडि, बिहँसि उठी मति मन्द।
भूषन सजत बिलोकि मृग, मनहूँ किराितिनि फन्द।।

श्लोक—

तथोत्का सा समाश्वस्ता वक्तुकामा तदोत्थिता।।

भावार्थ—राजा के उपरोक्त कथन बाद समाश्वस्त हो उस समय कहने की कामना से कैकेयी उठ बैठी।

टिप्पणी—तुलसीदास लिखते हैं—

यदपि नीति निपुण नर नाहू। नारि चरित जल निधि अवगाहू।

अर्थात् नरनाथ दशरथ नीति निपुण हैं पर नारि का चरित्र जल का समुद्र है जिसमें राजा का डूबना निश्चित है। सुभाषित में कहा गया है—

स्त्रिश्चरितं पुरुषस्य भाग्यम्। देवो न जानाति कुतो मनुष्यः। देवता भी नारी चरित्र नहीं समझ पाते हैं।

तेहि पर राम सपथ करवाई। सुकृत सनेह अवधि रघुराई।।
बात दृढ़ाइ कुमति हँसि बोली। कुमत कुबिहंग कुलह जनु खोली।।
भूप मनोरथ सुभग वन, सुख सुबिहंग समाज।।
भिल्लिनि जिमि छाड़न चहत, बचन भयंकर बाज।।

श्लोक–

तेन वाक्येन सह्रष्टा तमभिप्रायमात्मनः।
व्याजहार महाघोरमभ्यागतमिवान्तकम्।।

भावार्थ–राजा के वचन से हर्षित हो अपने उस अभिप्राय को सिद्ध करने के लिए अति कठोर यमराज के समान घोर वचन बोली।

टिप्पणी–इसमें रूपक अलंकार है। राजा का मनोरथ सुभग वन है उसमें पक्षियों के झुण्ड सुन्दर सुख के समान हैं। पक्षियों के नाश के लिए कैकेयी रूपी भीलनि के हाथ में वर के बाज रूपी वरदान के वचन हैं।

बिरबन भयउ निपट नरपालू। दामिनि हनेहु मनहु तरु तालू।।
माथे हाथ मूँदि दोउ लोचन। तनु धरि सोच लाग जनु सोचन।।
मोर मनोरथ सुर तरु फूला। फरत करिनि जिमि हतेउ समूला।।
अवध उजारि कीन्ह कैकेयी। दीन्हेसि अचल बिपति कै नेई।।
कवने अवसर का भयउ, गयउँ नारि विस्वास।
जोग सिद्ध फल समय जिमि, जतिहिं अविद्या नास।।

योगी लोग बड़े यत्न से उपाय करते हैं, तब अन्त में सिद्धि प्राप्त होती है। उसके पूर्व ही अविद्या (माया) विघ्न डाल योग सिद्धि नहीं होने देती। जिस तरह चन्द्रमा की मृदु किरण चक्रवाक को विकल करती है, राजा कैकेयी के दुखदायी वचन से विकल हो गये।

श्लोक–

ततः श्रुत्वा महाराजः कैकेय्या दारुणं वचः।।
चिन्तामभिसमापेदे मुहुर्त प्रतताप च।

भावार्थ–अनन्तर, महाराज दशरथ कैकेयी का महा कठोर वचन सुनकर क्षण भर तक सन्ताप और चिन्ता करने लगे।

टिप्पणी–गोस्वामी जी ने उत्प्रेक्षा अलंकार का प्रयोग किया है।

एहि बिधि राउ मनहिं मन भाषा। देखि कुभाँति कुमति मन माषा।।
भरत की राउर पूत न होहीं। आनेहु मोल बेसाहि कि मोहीं।।
जो सुनि सर सम लाग तुम्हारे। काहे न बोलेहु बचन संभारे।।
देहु उतर अब करहु कि नाहीं। सत्यसंघ तुम रघुकुल माहीं।।

श्लोक–

इति दुःखाभिसन्तप्तं विलपन्तमचेतनम्।।
घूर्णमानं महाराजं शोकेन समभित्तुतम्।
प्रत्युवाचाय कैकेयी रौद्रा रौद्रतरं वचः।।
यदि दत्वा वरौ राजन् पुनः प्रत्यनुतप्यसे।
धार्मिकत्वं कथं वीर पृथिव्यां कथयिष्यसि।।

भावार्थ—इस प्रकार दुःख से अभिशप्त विलाप करते हुए चेतना खोये घूमते शोक ग्रस्त महाराज से रौद्र रूप धरे कैकेयी ने रौद्रतर वचन कहा—हे राजन्! यदि तुम वर देकर अब उसके लिए अनुताप करते हो और पश्चात्ताप करते हो तब हे पृथ्वी वीर! तुम्हें कौन धर्मपरायण कहेगा? कोई नहीं कहेगा।

देन कहेउ अब जनि बर देहू। तजहु सत्य जग अपजस लेहू।।
सत्य सराहि कहेउ बर देना। जानेहु लेइहि माँगि चबेना।।

श्लोक—

किल्बिषं त्वं नरेन्द्राणां करिष्यसि नराधिप।
यो दत्वा वरमधैव पुनस्यानि भाषसे।।

भावार्थ—हे नरेन्द्र! यदि अभी वर देकर फिर और कहते हो तो तुम सूर्यवंश के राजा गणों को नराधम बनाते हो।

टिप्पणी—

चन्द्र टरै सूरज टरै, टरै जगत व्यवहार।
पै दृढ़ श्री हरिश्चन्द्र को टरै न सत्य विचार।।

सूर्यवंशी राजागण वचन के पक्के होते थे। वर देकर पलट जाना उनकी परम्परा का हिस्सा कभी न रहा। सत्य से ही पृथ्वी स्थिर है, सत्य से सूर्य तपता है, सत्य से वायु चलती है, सत्य में सब प्रतिष्ठित हैं। कैकेयी ने राजा के सामने विकट स्थिति खड़ी कर दी।

सिबि दधीचि बलि जो कुछ भाषा। तनु धनु तजेउ बचन पन राखा।।

श्लोक—

संश्रुत्य शैव्यः श्येनाय स्वां तनुं जगतीपतिः।
प्रदाय पक्षिणे राजा जगाम गतितुत्तमाम्।।

भावार्थ—पूर्वकाल में राजा शिवि सत्य की रक्षा हेतु कबूतर के बदले अपना शरीर बाज को देकर उत्तम गति को प्राप्त हुए थे। विचार करो।

टिप्पणी—गोस्वामी जी लिखते हैं—

अति कटु बचन कहति कैकेयी! मानहु लोन जरे पर देई।

कैकेयी जले पर नमक छिड़क रही है। सत्य उपाख्यान का वचन है—

लेपनं चैव क्षारस्य हयग्निदग्धे वचो यथा।

प्रिया बचन कस कहसि कुभाँती। रीति प्रतीति प्रीति करि हाती।।
मोरे भरत राम दुहुँ आँखी। सत्य कहउँ करि संकर साखी।।

अवसि दूत मैं पठउब प्राता। अह अहहिं बेगि सुनत दोउ भ्राता।।
सुदिन सोधि सब साज सजाई। देउँ भरत को राज बजाई।।

श्लोक—

पृथिव्यां सागरान्तायां यत् किंचिदधिगम्यते।
तत्सर्वं तव दास्यामि मा च त्वं मृत्युमाविश।।

भावार्थ—जहाँ तक समुद्र है, इतनी बड़ी पृथ्वी में जो कुछ पदार्थ अस्तित्वमान् है, वह सब मैं तुझको अवश्य दूँगा और तू काल का ग्रास न बन।

टिप्पणी—कैकेयी बाघिन ऐसी तनी बैठी थी और राजा को साफ़ नज़र आ रहा था कि कैकेयी की कामना मेरे प्राण हरने वाली है। गोस्वामी जी ने तलवार की सान का रूपक बनाया जबकि अध्यात्म रामायण में व्याघ्री है। कुब्जा मन्थरा ने कैकेयी रूपी नंगी तलवार पर सान चढ़ाया।

मनहूँ रोष तरवार उघारी...धरी कुवरी सान बनाई

राम सपथ सत कहउँ सुभाऊ। राम मातु कछु कहेउ न काऊ।।
मैं सब कीन्ह तोहिं बिनु पूछे। ताते परेऊँ मनोरथ छूछे।।
रिस परिहारि अब मंगल साजू। कछु दिन गये भरत जुबराजू।।
एकहिं बात मोहिं दुख लागा। बर दूसर असमंजस माँगा।।
आजहूँ हृदय जरह जेहिं आँचा। रिस परिहास कि साँचहु साँचा।।
कह तजि रोष राम अपराधू। सब कोउ कहइ राम सुधि साधू।।

श्लोक—

न किंचिदाहाऽहितमप्रियं वचनो न वेत्ति रामः परुषाणि भाषितुम्
कथं तु रामे ह्याभिरामवादिनि ब्रवीषि दोषान् गुणनित्यसम्मते।

भावार्थ—मेरे राम ने तुझे कभी अहित और अप्रिय वचन नहीं कहा और न वे कठोर वचन बोलना जानते हैं तो तुम नित्य गुणयुक्त प्रियवादी राम में दोष क्यों लगाती हो?

टिप्पणी—गोस्वामी जी लिखते हैं—

तु हूँ सराहसि करसि सनेहूँ

अध्यात्म में वर्णन है, दशरथ कैकेयी से पूछते हैं—तुम तो सदैव राम की सराहना करती थीं। अब क्यों वृथा दोष लगाती हो। राम से तुझे कुछ भय नहीं है। अपने पुत्र भरत के लिए तू राज ग्रहण कर, मगर राम घर में रहें।

अस कहि कुटिल भई उठि ठाढ़ी। मानहु रोष तरंगिनि बाढ़ी।।
पाप पहार प्रगट भई सोई। भरी क्रोध जल जाइ न जोई।।
दोउ बर कूल कठिन हठ धारा। भँवर कूबरी बचन प्रचारा।।
ढाहत भूप रूप तरु मूला। चली बिपति बारिधि अनुकूला।।

श्लोक—

अनर्थरूपा सिद्धार्था ह्यभीता भयदर्शिनी।
पुनराकारयामास तमेव वरमंगना।।

भावार्थ–अनर्थ रूपा कैकेयी अर्थ सिद्ध न होने पर राजा को भय का दर्शन कराती पुनः वही वर माँगने लगी।

टिप्पणी–यहाँ गोस्वामी जी ने रूपक में अनर्थ रूपा कैकेयी का वर्णन किया है। नदी को कुटिल अर्थात् टेढ़ी-मेढ़ी रेखांकन वाली कहा जाता है। कैकेयी का उठ खड़ा होना नदी के तरंग का बढ़ जाना है। नदी का उद्‌गम पाप का पहाड़ है। इसमें क्रोध रूपी जल भर रहा है। दोनों वरदान नदी के दो किनारे हैं। कैकेयी हठ पानी की धार है। कुब्जा वचन भँवर है। नदी बढ़कर तट के वृक्ष ढाह देती है। कैकेयी का क्रोध बढ़कर महाराज रूपी वृक्ष को गिरा देने वाला है। समुद्र रूपी दुःख में नदी का समापन है। यहाँ उत्प्रेक्षा का सहारा लिया गया है।

माँगु माथ अबहीं देउँ तोहि। राम बिरह जनि मारसि मोहिं।।
राखु राम कहँ जेहि तेहि भाँती। नाहित जरिहि जनम भरि छाती।।

श्लोक–

क्रियतां मे दया भद्रे रचितोऽयं मयांजलिः।

भावार्थ–हे भद्रे! कल्याण मूर्त्ते! मेरे ऊपर दया करो। मैं अंजलि जोड़कर कहता हूँ।

टिप्पणी–यहाँ अनुप्रास अलंकार का प्रयोग है।

अध्यात्म में वर्णन है–"कैकेयी के दारुण रोमहर्षण वचन सुनकर राजा वज्र के मारे पर्वत की तरह पृथ्वी पर राम का नाम लेते गिर गये। उनकी आँख में आँसू आ गये। राजा देखने और बोलने में भी असमर्थ हो गये?

(क) **ब्याकुल राउ सिथिल सब माता। करिनि कलप तरु मनहुँ निपाता।।**
(ख) **कंठ सूष मुष आव न बानी। जिमि पाठीन दीन बिन पानी।।**

श्लोक–

स देव्या व्यवसायं च घोरं च शपथं कृतम्।।
ध्यात्वा रामेति निःश्वस्य छिन्नस्तरुरिवापतत्।।

भावार्थ–वह राजा कैकेयी देवी के व्यवसाय तथा उससे किये गये शपथ का ध्यान कर राम शब्द उच्चरित कर कटे पेड़ की तरह गिर पड़े।

टिप्पणी–गोस्वामी जी ने पहली पंक्ति में उत्प्रेक्षा और दूसरी पंक्ति में लुप्त उपमा अलंकार का प्रयोग किया है। राजा ने कैकेयी हठ की व्याधि को असाधि जान लिया और ज़मीन पर गिरकर माथा धुनने लगे।

पुनि कह कटु कठोर कैकेयी। मनहुँ घाव महँ माहुर देई।।
जो अन्तहु अस करतब रहेऊ। माँगु माँगु केहिके बल कहेऊ।।
दुइ कि होहिं एक समउ भुवाला। हँसब ठठाइ फुलाउब गाला।।
दानि कहाउच अरु कृपनाई। होइ कि छेम कुशल रौताई।।

श्लोक–

त्वं कत्थसे महाराज सत्यवादी दृढ़व्रतः।
मम चेदं वरं कस्माद् विधारयितुमिच्छसि।।

भावार्थ—कैकेयी फिर कठोर वचन बोली—

महाराज! आप अपने को सत्यवादी, दृढ़व्रती कहकर अपनी प्रशंसा करते थे। फिर मेरे इस वरदान को कैसे रोक रखने की इच्छा करते हो?

टिप्पणी—गोस्वामी जी ने व्यावहारिक नीति की शिक्षा दी है। ठठाकर हँसना और गाल फुलाना दोनों विपरीत क्रिया एक साथ एक समय कैसे सम्भव हो सकता है? दानी और कृपण दोनों कृत्य एक साथ कैसे हो सकता है। वाल्मीकि जी के कथन के अभिप्राय को गोस्वामी जी ने अपनी मौलिकता के साथ अच्छा निर्वहन किया है।

छाँड़हु बचन कि धीरज धरहू। जनि अबला इव करुना करहू।।
तनु तिय तनय धाम धन धरनी। सत्य संघ कहँ तृन सम बरनी।।

श्लोक—

त्वं राजराजो भव सत्यसंगरः कुलं च हि जन्म रक्ष च।
परत्रवासे हि वन्दन्त्यनुत्तमं तपोधनाः सत्यवचो हितं नृणाम्।।

भावार्थ—तुम राज राजा हो, इस कारण सत्य प्रतिज्ञ बनो, कुल, शील, जन्म की रक्षा करो क्योंकि तपोधन मुनि गण इस लोक और परलोक में सत्य वचन पालन को ही सर्वोत्तम कह वन्दना करते हैं।

टिप्पणी—गोस्वामी जी ने अलंकारिक ढंग से कहा है। यहाँ उपमा लुप्त है फिर शब्दों की बानगी मुग्धकारी है। तनु, तिय, तनय और धाम, धन, धरणी में अनुप्रास अलंकार है। सत्यव्रती के लिए शरीर, स्त्री, पुत्र, घर, धन, धाम तिनका भर है।

मरम बचन सुनि राउ कह, कछुक दोष नहिं तोर।
लागेउ तोहिं पिसाच जिमि, काल कहावत मोर।।

श्लोक—

एवमुक्रस्तु कैकेय्या राजा दशरथस्तदा।
प्रत्युवाच ततः क्रुद्धो मुहुर्त विहलनूनिव।।

भावार्थ—कैकेयी के ऐसा कहने पर, राजा दशरथ क्षण भर व्याकुल हो फिर सम्हल कर क्रोधित होकर बोले—तू चाहे जो कह तेरा कुछ भी दोष नहीं है मेरा काल तुझे पिशाच ऐसा पकड़ लिया है। वही तुझसे कहला रहा है।

टिप्पणी—चम्पू रामायण में वर्णन है—"धर्म के नष्ट होने के भय से पुत्र विरह को मैं सहूँगा, मगर, तुम्हारी कल्प के अन्त तक त्रासदायक अपकीर्ति होगी।"

चहत न भरत भूप पद भोरे। बिधि बस कुमति बसी उर तोरे।।
सो सब मोर पाप परिनामू। भयउ कुठाहर जेहि बिधि बामू।।

श्लोक—

न कथंचिद्र ऋते रामाद्र भरतो राज्यमावसेत्।।
मृते मयि गते रामे वनं मनुजपुंगवे।
त्वमनार्ये ममामित्रे सकामा सुखिनी भव।।

भावार्थ—राम के बिना भरत कभी किसी तरह राज्य नहीं करेंगे किन्तु हे अनार्ये! हे मेरी अमित्रे! मेरे मर जाने और नरपुंगव राम के वन जाने पर तू अपनी मनोकामना पूरी करना और सुखी होना। यह मेरे पापों का परिणाम है जिससे विधाता विपरीत हो गया।

टिप्पणी—राजा कई प्रकार से समझाकर हार गये और पृथ्वी पर गिर पड़े। भवभूति ने इस स्थिति का वर्णन यों किया है—

"जिस प्रकार कोई पक्षी पंख कट जाने पर निरुपाय हो फड़फड़ाता है, इसी भाँति राजा दशरथ राम वन गमन के निवारण की चाहत रखने पर भी दो वरदान देकर पंख कटे पक्षी की तरह निरुपाय हो गये।"

राम राम रटि बिकल भुवालू। जनु बिनु पंख बिहंग बिहालू।।
हृदय मानव भोर जनि होई। रामहिं जाइ कहइ जनि कोई।।

श्लोक—

न प्रभातं त्वयेच्छामि निशे नक्षत्रभूषिते।
क्रियतां मे दया भद्रे मयायं रचितोजलिः।।

भावार्थ—हे नक्षत्र भरी रात! मैं तुझसे करबद्ध प्रार्थना करता हूँ। मैं प्रभात नहीं चाहता। हे भद्रे! मेरे ऊपर दया कर। राजा की इस दशा का वर्णन भवभूति ने अच्छी तरह किया है। जिस तरह पंख कटा हुआ पक्षी किसी कार्य सिद्धि की उत्कट कामना रखते हुए भी निरुपाय हो तड़पता है, उसी तरह राजा दशरथ राम गमन रोकने की लालसा रखते हुए भी दो वरदान देकर अदृष्ट से असम्भाव्य की अटपटी कामना करते हैं।

टिप्पणी—गोस्वामी जी ने करुणा का उद्रेक अपने दोहों में भर दिया। उनकी इच्छा है सुबह न हो और न राम को कोई ख़बर करे पर उनकी दशा पंख कटे पक्षी की तरह है जो चाहकर भी उड़ नहीं सकता। दशरथ की करुण दशा का वर्णन करने में गोस्वामी जी आदि कवि से भी आगे बढ़े नज़र आते हैं।

मंगल सकल सोहहिं न कैसे। कह गामिनिहिं विभूषण जैसे।।
तेहि निसि नींद परी नहिं काहू। राम दरस लालसा उछाहू।।
द्वार भीर सेवक सचिव, कहहिं उदय रबि देषि।
जागे अजहुँ न अवधपति, कारन कवन बिसेषि।।

श्लोक—

स्त्रियो बालाश्च वृद्धाश्च रात्रौ निद्रां न लेभिरे।
कदा द्रक्ष्यामहे रामं पीतकौशेयवाससम्।।
ततः प्रभातसमये मध्यकक्षमुपस्थिताः।
ब्राह्मणाः क्षत्रिया वैश्या ऋषयाः कन्यकास्तथा।।

भावार्थ—उस रात में बालक, वृद्ध, स्त्री किसी को भी राम अभिषेक देखने की उत्कटता के कारण नींद आयी थी। सुबह होते ही ब्राह्मण, क्षत्रिय, वैश्य, कन्या एवं ऋषि समूह सभी

राजदरबार की ड्योढ़ी पर उपस्थित हुए। सूर्य उदय हो गया है, यह देख लोग चकित हैं कि अवधपति अभी तक नहीं जागे?

टिप्पणी—वाल्मीकि ने उम्र और वर्ण का वर्णन दशर्नाभिलाषियों को वर्गीकृत कर किया है पर तुलसीदास जी ने वर्ण और उम्र की बाधा को हटाकर सबको सम्मिलित कर लिया है।

तेहि निसि नींद परी नहिं काहू

यह गोस्वामी जी की उच्चतर भावनाओं को उद्घाटित करता है।

पिछले पहर भूप नित जागा। आज हमहिं बड़ अचरज लागा।
जाहु सुमंत्र जगाबहु जाई। कीजिय काज रजायसु पाई।।
गये सुमंत्र तब राउर माहीं। देखि भयावन जात डेराहीं।
धाइ खाइ जनु जाइ न हेरा। मानहुँ बिपति विषाद बसेरा।।
पूछे कोउ न उत्तर देई। गये जेहि भवन भूप कैकेयी।।
कहि जय जीव बैठ सिर नाई। देखि भूप गति गएउ सुखाई।।

श्लोक—

नेदानीमुत्थितो राजा किमर्थ चेति चिन्तयन्।
सुमंत्रः शनकैः प्रायाद्र यत्र राजावतिष्ठति।।
वर्धयन् जयशब्देन प्राणमच्छिरसा नृपम्।

भावार्थ—सुमन्त्र जी राजा को नहीं जागते देख चिन्ताग्रस्त हो गये। सुमन्त्र जी ने जहाँ राजा थे, प्रासाद में वहाँ जाकर राजा की जय कहा। राजा की दशा देख दुःखी हुए।

टिप्पणी—अध्यात्म रामायण में वर्णन है, कैकेयी सुमन्त्र से झूठ बोलती है और कहती है कि जागने के कारण राजा अस्वस्थ दिखते हैं, तुम राम को बुला लाओ। मगर सुमन्त्र कहते हैं—महाराज की आज्ञा पाये बिना मैं कैसे जा सकता हूँ।

अश्रुत्वा, राजवचनं कथं प्रच्छामि भामिनि।

तुलसीदास ने विचित्र शैली में इसे वर्णित किया है।

जाइ दीख रघुबंस मनि, नरपति निपट कुसाज।
सहमि परेउ लखि सिंहनिहिं, मनहुँ वृद्ध गजराज।।

सुखहिं अधर जरहिं सब अंगू। मनहुँ दीन मनि हीन भुजंगू।।
सरुष समीप देखि कैकेयी। मानहुँ मीच धरि गनि लेई।।

श्लोक—

स ददर्शासने रामो विषण्णं पितरं शुभे।
कैकेय्या सहितं दीनं मुखेन परिशुष्यता।

भावार्थ—राम जी ने पिता को व्याकुल, दीन, सुखा मुख लिए कैकेयी के साथ पलँग पर बैठे देखा।

टिप्पणी—अध्यात्म रामायण में वर्णित है—

राम पप्रच्छ किमिद राज्ञो दुःखस्य कारणम्

राजा के इस प्रकार दुःख करने का कारण क्या है? राम ने कैकेयी से पूछा।

करुना मय मृदु राम सुभाऊ। प्रथम दीख दुख सुना न काऊ।।

श्लोक—

तदपूर्व नरपतेर्दृष्ट्वा रूपं भयावहम्।।
रामोऽपि भयमापन्नः पदा स्पृष्ट्वेव पन्नगम्।

भावार्थ—सर्प पर पैर पड़ते जैसे भय होता है, वैसी दशा में पिता को भयभीत देख राम जी भी पिता के भय की भयावहता भाँप, उनकी हालत देख उनके अनर्थ की आशंका से भयभीत हो गये। राजा का सारा शरीर जल रहा है। ओठ सूख रहे हैं।

टिप्पणी—राम कैकेयी से पूछते हैं—

मोहि कहु मात तात दुःख कारन

अध्यात्म रामायण में वर्णन है—

त्वमेव कारणं ह्यत्र राज्ञो दुःखोपशान्तये

कैकेयी ने कहा—"राजा के दुःख का कारण तुम हो।"

सुत सनेह इत वचन उत, संकट परेउ नरेस।
सकहु तो आयसु धरहु सिर, मेटहु कठिन कलेस।।

श्लोक—

धर्ममूलमिदं राम विदितं च सतामपि।।
तत्सत्यं न त्यजदे राजा कुपितस्त्वत्कृते यथा।

भावार्थ—कैकेयी ने राम से कहा—हे राम! महात्मा लोग भी जानते हैं कि समय ही धर्म का मूल है। अब इस समय राजा सत्य को न छोड़ें और तुम्हारे ख़ातिर मेरे ऊपर कोप न करें, तुमको ऐसा ही उपाय करना चाहिए। राजा स्नेह और वचन के बीच धर्म संकट में हैं।

टिप्पणी—अध्यात्म रामायण में वर्णन है—

त्वमेवकारणं ह्यत्र राज्ञो दुःखोपशान्तये

अर्थात् राजा के दुःख के उपशान्ति के कारण तुम ही हो।

वाल्मीकि ने लिखा है—

यतोमूल नरं पश्येत् प्रदुर्भावमि महात्मनः
कथंतस्मिन्न वर्तेत प्रत्यक्षे सनि दैवते

अर्थात् सब कुछ देवता स्वरूप, उत्पत्तिकर्त्ता ईश्वर की इच्छा के अनुकूल ही हो रहा है। इससे कैकेयी की निर्दोषिता प्रमाणित होती है। इसमें अदृष्ट का हाथ बतलाया गया है।

निधरक बैठि कहै कटु बानी। सुनत कठिनता अति अकुलानी।।
जीभ कमान बचन सर नाना। मनहुँ महिप मृदु लच्छ समाना।।

जनु कठोरपन धरे सरीरू। सिखइ धनुष विद्या बर बीरू।।
सब प्रसंग रघुपतिहिं सुनाई। बैठि मनहुँ तनु धरि निठुराई।
मन मुसुकाइ भानु कुल भानू। राम सहज आनन्द निधानू।।

श्लोक—

इतीव तस्यां परुषं वन्दत्यां न चैव रामः प्रविवेश शोकम्।
प्रविव्यथे चापि महानुभावो राजा व पुत्रव्यसनाभितप्तः।।

भावार्थ—इस प्रकार कैकेयी का कठिन वचन सुनकर रामचन्द्रजी को तो कुछ भी शोक नहीं हुआ परन्तु पुत्र के वनगमन की कल्पना एवं तद्जनित पुत्र कष्ट के अन्दाज़ा से राजा दशरथ अत्यन्त दुःखी हुए।

टिप्पणी—गोस्वामी जी ने उत्प्रेक्षा और रूपक अलंकार के माध्यम से वाल्मीकि के गूढ़ भाव का उद्घाटन सुन्दर ढंग से किया है। वाल्मीकि के भाव को गोस्वामी जी ने और भव्य तरीके से उभारकर प्रस्तुत किया है। कैकेयी की जीभ कमान है। जैसे कमान से तीक्ष्ण घातक तीर निकलते हैं। वैसे ही कैकेयी की जीभ से वचन निकलते हैं। कमान के लचकन की तरह कैकेयी की जीभ लचकती है। राजा का कोमल हृदय निशाना है। निष्ठुरता स्वयं शरीर धारण कर धनुर्विद्या का अभ्यास कर रही है। वाल्मीकि के गूढ़ भाव को तुलसीदास ने उत्प्रेक्षा में कहा है।

बोले बचन बिगत सब दूषन। मृदु मंजुल जनु बाग बिभूषन।।
सुनु जननी सोइ सुत बड़ भागी। जो पितु मातु वचन अनुरागी।।
तनय मातु पितु पोषनिहारा। दुरलभ जननि सकल संसारा।।

श्लोक—

आयुर्यशो बलं वित्तमाकांक्षद्भिः प्रियाणि च।
पितैवाराधनीयोग्रे दैवतं हि पिता महत्।।

भावार्थ—पिता परम देवता है। अतः आयु, यश, बल, धन कल्याण के इच्छुक जनों को प्रथम पिता का ही पूजन करना चाहिए। वाणी के भूषन राम जी ने ऐसा कहा।

टिप्पणी—गोस्वामी जी ने यहाँ भी वाल्मीकि के भाव को माता-पिता के साथ संयुक्त कर अधिकतर ऊँचाई दी है। तुलसी के राम पितु मातु वचन अनुरागी हैं। उनके लिए माता दुरलभ जननि सकल संसारा है।

मुनि गन मिलन विशेषि वन, सबहि भाँति हित मोर।
तेहि महँ पितु आयसु बहुरि, सम्मत जननी तोर।।
भरत पान पिय पावहिं राजू। विधि सब विधि मोहिं सन्मुख आजू।।
जौं न जाउँ बन ऐसेहु काजा। प्रथम गनिय मोहिं मूढ़ समाजा।।
सेवहिं अरउँ कलष तरु त्यागी। परिहरि अमृत लेहिं विषु माँगी।।
तेउ न पाइ अस समय चुकाहीं। देखु बिचारी मातु मन माहीं।।

श्लोक–

> **राज्यात् कोटिगुणं सौख्यं मम मातर्बने सतः।।**
> **अहं हि सीतां राज्यं च प्राणानिष्टान धनानि च।**
> **हृष्टो भ्रात्रे स्वयं दद्यां भरताय प्रचोदितः।।**
> **किं पुनर्मनुजेन्द्रेण स्वयं पित्रा प्रचोदितः।।**
> **तव च प्रियकामार्थ प्रतिज्ञामनुपालयन्।।**

भावार्थ–हे माता! वन में रहने से मुझे राज्य सुख से करोड़ गुणा सुख है। मैं तो तुम्हारे ही कहने भर से प्रसन्नतापूर्वक भाई भरत जी को राज्य, इष्ट प्राण, धन और सीता जी तक को दे सकता हूँ। मैं पिता के सत्यवचन पालन एवं तुम्हारे हित साधन के निमित्त किसी कार्य के करने के प्रतिकूल नहीं हूँ।

टिप्पणी–गोस्वामी जी ने वाल्मीकि के स्त्री दान प्रस्ताव को हटा कर नारी की गरिमा का मान रखा है।

> **अम्ब एक दुख मोहिं बिसेषी। निपट बिकल नर नायक देखी।।**
> **थोरहिं बात पितहिं दुख भारी। होति प्रतीति न मोहिं महतारी।।**
> **राउ धीर गुन उदधि अगाधू। भा मोहिते कछु बड़ अपराधू।।**
> **ताते मोहिं न कहत कछु राउ। भोरि समय तोहिं कछु सतिभाऊ।।**

श्लोक–

> **तद् ब्रूहि वचनं देवि राज्ञो यदभिकांक्षितम्।**
> **करिष्ये प्रतिजाने च रामो द्विर्नाभिभाषते।।**
> **कच्चिन् भया नापराद्धमज्ञानाद् येन से पिता।**
> **कुपितूस्तन्ममाचक्ष्व त्वमेवैनं प्रसादय।।**

भावार्थ–हे देवी! राजा की इच्छा कह। मैं उनके वचन के पालन की प्रतिज्ञा करता हूँ और यह बात जानना कि मैं कभी दो तरह की बात नहीं करता। अनजाने में मुझसे यदि कोई अपराध हुआ है, जिससे पिताजी रूठ गये हैं, वह हमसे कहो और मेरे अपराध को तुम ही पिताजी को प्रसन्न कर क्षमा कराओ।

टिप्पणी–रामचन्द्र जी ने सहज भाव से कहा–"हे माता! मैं पिता की आज्ञा रूपी कल्पतरु को छोड़ रेड़ के पेड़ रूपी राज्य को चाहूँ और अमृतरूपी भरत के राज्य को देख विरोध रूपी विष का अवलम्बन कर उनसे रार ठानूँ तो मेरे समान मूर्ख कोई दूसरा न होगा। इसमें अनुप्रास अलंकार है।

> **सहज सरल रघुबर बचन। कुमति कुटिल करि जान।।**
> **चलइ जोंक जिभि वक्र गति। जद्यपि सलिल समान।।**
> **रहसी रानि राम रूप पाई। बोली कपट सनेह जनाई।।**
> **सपथ तुम्हार भरत कै आना। हेतु न दूसर मैं कछु जाना।।**

तुम अपराध जोग नहिं ताता। जननी जनक बन्धु सुख दाता।।
राम सत्य सब जो कछु कहहूँ। तुम्ह पितु मातु बचन रत अहहू।
पितहिं बुझाइ कहहु बलि सोई। चौथेपन जेहि असज न होई।।
तुम सम सुअन सुकृत जेहि दीन्हे। उचित न तासु निरादर कीन्हे।।
लागहिं कुमुख वचन सुभ कैसे। मगह गयादिक तीरथ जैसे।।

श्लोक–

न राजा कुपितो राम व्यसनं नास्य किंचन।
किंचिन्मनोगतं त्वस्य त्वद्भयान् नानुभाषते।।
प्रियं त्वामाप्रियं वक्तुं वाणी नास्य प्रवर्तते।
तदवश्यं त्वया कार्य यदनेन् श्रुतं मम।।
एष मह्यं वरं दत्वा पुरा मामभिपूज्य च।
स पश्चात्तप्यते राजा यथाऽन्यः प्राकृतस्तथा।।

भावार्थ–राम जी की सुन्दर वाणी सुनकर महारानी बोली–हे राम! राजा न तो कुपित हैं और न दुःख ग्रस्त हैं, तुम उनके प्राणों से भी अधिक प्यारे हो, इसी कारण मन की बात नहीं कह रहे हैं, अप्रिय कहने से डर रहे हैं, उनके मुँह से वाणी नहीं निकलती है। मैंने महाराज से जो सुना है, वह तुमको अवश्य पूरा करना चाहिए। साधारण व्यक्तियों की तरह राजा मुझे वर देकर अभिपूजा कर सामान्य मनुष्य की तरह पछता रहे हैं। जैसे मगध के अशुचि देश में शुभ गया तीर्थ है, वैसे ही कैकेयी के निन्दित मुख में सुन्दर वाणी है।

टिप्पणी–तुलसीदास जी आगे कहते हैं–

लागहि कुमुख वचन शुभ कैसे, मगह गयादिक तीरथ जैसे

नारदीय रामायण में वर्णन है–जैसे मगध नामक अशुचि देश में लोक प्रसिद्ध गया तीर्थ है वैसे ही कैकेयी के निन्दित मुँह से सुन्दर वाणी मुखरित होती है।

कुदेशे मगधाखये तु गयातीर्थ जगच्छुतम्

यह विचारणीय है कि मगध क्षेत्र को उत्तर वैदिक साहित्य और पुराण तथा काव्य ग्रन्थों में क्यों कुकुट, ब्रात्य, करूष, शनिचरा की छाया कहकर निन्दा की गयी है? चूँकि मगध क्षेत्र में गयासुर, वाणासुर, जरासन्ध जैसे प्रतापी पौराणिक राजा और बुद्ध ऐसे महापुरुष, सारिपुत्, मोद्‌ग्लयायन, असंग, वसुबन्धु, बाणभट्‌ट, उदयनभट्‌ट, दिग्नाग, धर्मकीर्ति, नागार्जुन, आर्यभट्‌ट जैसे उद्‌भट विद्वान हुए जिन्होंने मगध की उच्चता के डंका बजा दिये और महत्त्वपूर्ण ब्राह्मण ों ने भी उनका अनुसरण कर कुरु, पांचाल, काशी की सर्वोच्चता को चुनौती दी एवं उन्हें च्युत ब्राह्मण वाभन कह पदावनत किया गया, यह वजह हो सकता है। इन वाभनों ने पेशागत परिवर्तन कर शुंग, कण्व, वाकाटक, शातवाहन, गंग, कदंब, पल्लव जैसे राजवंशों की नींव डाली और कुछ नामी बौद्ध विद्वान हुए। इस तरह के ब्राह्मण पंजाब में महियाल, महाराष्ट्र में चितपावन, उत्तर प्रदेश में भूमिहार ब्राह्मण, गुजरात में अनाविल नाम से जाने जाते हैं। इन्हें बिहार में वाभन कहते हैं।

तुम्ह प्रेरक सब के हृदय, सो मति रामहिं देहु।
बचन मोर तजि रहहिं घर, परिहरि सील सनेहु।।
रामहिं चितइ रहे हुनर नाहू। चला विलोचन वारि प्रववाहु।।
शोक विवस कछु कहइ न पारा...

श्लोक—

पितुः समीपं संगम्य ननाम चरणौ पितुः।
राममालिंगितुं राजा समुत्थाय ससंभ्रमः।।
बाहु प्रसार्य रामेति दुःखान्मध्ये पपात ह।
वसुधासक्रनयनो मन्दमश्रूणि मुंचित।।

भावार्थ—राम जी ने पिता के समीप जाकर उनके चरणों में प्रणाम किया। राजा जैसे ही चाहे कि उठकर भेंट करें, बीच ही में गिर पड़े और धरती पर नज़र टिकाकर मन्दगति से आँसू गिराने लगे।

टिप्पणी—दशरथ जी अवढ़रदानी महेश से प्रार्थना करते हैं—"रामचन्द्र जी मेरी आज्ञा इस समय न मानें और वन न जायें।"

यह राजा की प्रेम विह्वलता है जो अपनी कर्तव्यपरायणता के प्रति भी सचेत है और वचन से नहीं घिरते हैं पर दैव की ओर आशा लगाये हैं कि वचन का पालन न हो। देवों में सदाशिव आशुतोष महेश की वन्दना कर शैव मत को गोस्वामी जी ने वैष्णव होते हुए प्रतिष्ठा देकर शैव-वैष्णव झगड़े को शान्त कर समन्वित किया है।

मंगल समउ सनेह बस, सोच परिहरिअ तात।
आयसु देइअ हरषि हिय, कहि पुलके प्रभु गात।।

श्लोक—

यत् तत्रभवतः किंचित् छक्यं कर्तुं प्रियं भया।
प्राणोनपि परित्यज्य सर्वथा कृतमेव तत्।।

भावार्थ—यदि प्राण देकर भी पूजनीय पिता का हित कार्य सम्पन्न हो सकता है तो मैं उसके सम्पादन के लिए प्रस्तुत हूँ और समझो कि वह कार्य प्रकार से सम्पन्न ही हो गया।

धन्य जनम जगतीतल तासू। पितहिं प्रमोद चरित सुनि जासू।।
चारि पदारथ करतल ताके। प्रिय पितु मातु प्रान सम जाके।।
आयसु पालि जनम फल पाई। अइहउँ बेगिहिं होउ रजाई।।

चार पदार्थ अर्थ, धर्म, काम, मोक्ष पितृभक्त की मुट्ठी में रहते हैं।

श्लोक—

न ह्यतो धर्मचरणं किंचिदस्ति महत्तरम्।
यथा पितरि शुश्रूषा तस्या या वचनक्रिया।।

भावार्थ—पिता की सेवा और उनके वचन का पालन इसके बराबर कोई धर्म संसार में नहीं है।

टिप्पणी—राम जी पिता के आँसू धोकर उनको सान्त्वना देते हैं कि मैं प्रतिज्ञा पालन कर आपके नगर को लौट आऊँगा। भरत राज्य का पालन करेंगे आप निश्चिन्त रहें।

अस कहि राम गवन तब कीन्हा। भूप सोकबस उतर न दीन्हा।।

श्लोक—

इत्युक्त्वा तु परिक्रम्म मातरं द्रष्टुमाययौ।
रामस्य तु वचः श्रुत्वा भृशं दुःखगतः पिता।।

भावार्थ—यह कहकर राम जी पिता की प्रदक्षिणा कर माता को देखने गये। दशरथ जी कुछ कह न सके पर शोक से अधीर होकर राम के मनोहर वचन सुनकर रोने लगे।

जे जहँ सुनई धुनइ सिर सोई। बड़ विषाद नहिं धीरज होई।
सुनि भए विकल सकल नरनारी। वेलि विटप जिमि देखि दबारी।।

श्लोक—

आर्त शब्दो महाञ्जंज्ञे स्त्रीणामन्त्र पुरे तदा

पुर की स्त्रियाँ आर्त्तनाद कर रोने लगी।

टिप्पणी—गोस्वामी जी ने राम के वनवास के प्रभाव का विस्तार सकल नर-नारी तक कर वाल्मीकि के पुर या अन्तःपुर की स्त्रियों तक सीमित सामाजिक आधार को विस्तृत किया है। यह गोस्वामी जी के जीवन संघर्ष से प्राप्त विस्तृत दृष्टिकोण का परिचायक है। बहुत ही तीखी यह बात पूरे अवधपुरी में फैलायी, मानो डंक मारते ही बिच्छू का विष पूरे शरीर में फैल गया हो। सभी पुरजन व्याकुल हो गये जैसे दावानल देख लता, वृक्ष मुरझा जाते हैं। जो जहाँ सुनता है, वह वहीं पर सिर धुनने लगता है। बड़ा विषाद है, किसी को धीरज नहीं बँधता, राम जी कौशल्या से विदा माँगने जाते हैं। माता से भेंट कर पिता के चरण स्पर्श कर वन जाने वाले हैं।

गोस्वामी जी लिखते हैं—

विदा मातु सन आवहुँ मागी। चलिहऊँ वनहि बहुरि पग लागी।।

वाल्मीकीय रामायण-II

नगर ब्यापि गइ बात सुतीछी। छुवत चढ़ी जनु सब तन बीछी।।
सुनि भे बिकल सकल नर नारी। बेलि बिपट जिमि देखि दवारी।।
जो जहँ सुनइ धुनइ सिर सोइ। बड़ विषाद नहिं धीरज होई।।
मुख सुखाहिं लोचन स्रवहिं, सोक न हृदय समाइ।
मनहुँ करुन रस कटकई, उतरी अवध बजाइ।।

श्लोक–

तस्मिंस्तु पुरुषब्याघ्रे निष्कामति कृतांजलौ।।
आर्तशब्दों महाञ्जज्ञे स्त्रीणामन्तः पुरे तदा।

भावार्थ–नरब्याघ्र रामचन्द्र जी को हाथ जोड़े अन्तःपुर से बाहर निकलते देख स्त्रियों का आर्त्तनाद होने लगा। विदा लेते वक़्त लोग हाथ जोड़ते हैं। यह प्रतीक एवं संकेत है।

टिप्पणी–भट्टिकाव्य में वर्णन है–

धिक् कैकेयी मित्यपरो जगाद

अर्थात् दूसरे लोग कैकेयी को धिक्कारने लगे।

ध्यातव्य है कि तीन पटरानियों के अलावे दशरथ जी की अन्य उपरानियाँ थीं। रामचन्द्र जी का हाथ जोड़ना विदाई लेने का संकेतक था।

का सुनाइ बिधि काह सुनावा। का दिखाइ चह काह दिखावा।।

श्लोक–

यच्च् चिन्तितं तदिह दूरतरं प्रयाति यच चेतसाऽपि न कृतं तदिहाभ्युपैति।
प्रातर्भवामि वसुधाधिपचक्रवर्ती सोऽहं-वज्राभि विपिने जप्लिस्तपस्वी।।

भावार्थ–विधि का विधान अबूझ है। जिसे याद करते हैं, वह दूर हो जाता है, जिसे चित्त से भी स्मरण नहीं किया, वह समक्ष उपस्थित हो जाता है। जिसे प्रातःकाल चक्रवर्ती बनना था, वह वन को प्रस्थान कर रहा है।

टिप्पणी–गोस्वामी जी लिखते हैं–

का न करइ अबला प्रबल, केहि जग काल न खाई।

इसे भर्तृहरि इस तरह कहते हैं–

"वे श्रेष्ठकवि अवश्य उल्टी बुद्धि रखते हैं जो स्त्रियों को सदैव अबला कहा करते हैं, जिन्होंने अपनी चपल आँखों के कटाक्ष मात्र से इन्द्रादिकों को जीत लिया है, उन्हें अबला कैसे कहें? गोस्वामी जी लिखते हैं, "राजा ने विचार कर कुमति रूपी कैकेयी को वर नहीं दिया।"

एक कहहिं भल भूप न कीन्हा। बर बिचारि नहिं कुमतिहिं दीन्हा।
जो हठि भयउ सकल दुख भाजन। अबला बिबस ज्ञान गुन गा जनु।।

श्लोक—

अबुद्धिर्बत नो राजा जीवलोकं चरत्ययत्।
यो गति सर्वभूतानां परित्यजति राघवम्।।

भावार्थ—एक कामी राजा की निन्दा कर लोग कहने लगे कि राजा कैसे नासमझ हैं जो अनायास प्रजा का अनहित किया है और सबके अवलम्ब रामचन्द्र जी का परित्याग कर दिया है।

टिप्पणी—गोस्वामी जी ने राजा का बचाव किया है—

नृपहिं दोस नहीं देहिं सयाने
शिवि दधीचि हरिचन्द कहानी

भरद्वाज रामायण भी गोस्वामी जी का समर्थन करती है—कोई धर्मज्ञ तो कहते हैं कि राजा अपराधी नहीं हैं। इस सम्बन्ध में हरिश्चन्द्र आदि का पण्डित ध्यान करें अर्थात् राजा ने सत्यवचन धर्म का आचरण शिवि, दधीचि, हरिश्चन्द्र की तरह त्याग दिखलाकर किया।

खर भर नगर सोच सब काहू। दुसह दाह उर मिटा उछाहू।।

श्लोक—

नगरे च महाशोकः सर्वस्य हृदयेऽभवत्।

भावार्थ—अवध में सबके मन में महा शोक हुआ। हृदय से उत्साह ग़ायब हो गया और दुःसह दुःख से पाला पड़ गया।

टिप्पणी—श्रीमद्भागवत में इसे विधाता का लड़कों का खेल माना है जो देह धारियों को प्रेम से मिलाकर फिर जुदा कर देता है।

विप्र बधू कुल मान्य जठेरी। जे प्रिय परम केकयी केरी।।
लगी देन सिष सील सराही। बचन बान सम लागहिं ताही।।

श्लोक—

कथं पुत्रं महात्मनं ज्येष्ठं राममपश्यतः।।
शरीरं धारयिष्यंति प्राणा राज्ञो महात्मनः।

भावार्थ—महात्मा राजा दशरथ अपने ज्येष्ठ पुत्र महात्मा राम को न देखते हुए कैसे प्राण धारण करेंगे? ब्राह्मणों की स्त्रियाँ कैकेयी को समझाने लगीं, पर यह उन्हें वाण के समान लग रहा था।

टिप्पणी—गोस्वामी जी लिखते हैं—

करहु राम पर सहज सनेहू। केहि अपराध आज वन देहू।।

कैकेयी का राम जी पर सहज स्नेह था और वह भरत से भी अधिक उन्हें मानती थी। फिर किस अपराध में प्रियवादी राम को वन देती हो?

कबहु न कएहु सवति आरेसू। प्रीति प्रतीति जान सब देसू।।
कौसिल्या अब काह बिगारा। तुम्ह जेहि लागि बज्र पुर पारा।।

श्लोक—

कौशल्यातोऽतिरिकं च मम शुश्रूषते बहु।

भावार्थ—कौशल्या से भी अधिक रामचन्द्र जी मेरी (दशरथ) सेवा करते हैं, ऐसा तुम कहती थीं।

टिप्पणी—दशरथ जी को आश्चर्य हो रहा है। कैकेयी को कभी न तो सौतिया डाह हुआ था और न राम जी के ऊपर प्रेम में कमी आयी थी और न कौशल्या ने कैकेयी का कुछ बिगाड़ ही किया फिर कैकेयी ने क्यों इतना बड़ा बखेड़ा किया? महारामायण में वर्णन है—

"न तो सीता जी और न लक्ष्मण राम का साथ छोड़ेंगे और न भरत अवध का राज्य करेंगे। अतः राम का वनगमन किसी के हित में नहीं है।"

अस बिचारि उर छाड़हु कोहू। सोक कलंक कोटि जनि होहू।।
भरतहिं अवसि देहु जुबराजू। कानन काह राम कर काजू।।

श्लोक—

भरतश्च महाबाहुरयोध्यां पालयिष्यति।।
रामस्य विपिने कार्यं किंचिन्नैव हि विद्यते।

भावार्थ—ऐसा विचार कर हृदय से क्रोध दूर करो और बहुत से दुःख का कारण न बनो। महाबाहु भरत अवध का राज करें और वन जाने की राम को कोई ज़रूरत नहीं है।

टिप्पणी—महाराजा दशरथ यहाँ मध्यम मार्ग का अवलम्बन कर समझौते का रास्ता तलाश रहे हैं। नारदोक्त रामायण में भी वर्णन है—

राज्ञो वरं द्वितीयं त्वं गृहाण जगदीश्वरी
त्यक्त्वा गेहिं गुरोगेहै निवसेद् राघव सुखम्।

हे महारानी! महाराज से तुम दूसरा वर स्वीकार करो कि घर छोड़कर राम गुरु गृह में सुख से रहें। यही बात अगस्त्य रामायण में भी प्रकारान्तर से कही गयी है। गरुड़ रामायण में भी यही परामर्श दिया गया है।

छन्द—

जेहि भाँति शोक कलंक जाय उपाय करि कुल पालही।
हठि फेरु रामहिं जात वन जनि बात दूसरि चालही।
जिमि भानु बिनु दिनु प्रान बिनु तनु चन्दु बिनु जिमि जामिनी।
तिमि अवध तुलसीदास प्रभु बिनु समुझि धौं जिय भामिनी।।
सोरठा—सखिन्ह सिखावन दीन्ह, सुनत मधुर परिनाम हित।
तेहि कछु कान न कीन्ह, कुटिल प्रबोधी कूबरी।।

श्लोक—

तिष्ठेतलोको बिना सूर्यं सस्यं वा सलिलं बिना।।
न तु रामं विना देहे तिष्ठेन्तु मम जीवितम्।
तदलं त्यज्यतामेष निश्चयः पापनिश्चये।।

भावार्थ—चाहे प्राणी सूर्य के बिना जीवित रहे और धान्य जल के बिना हरा भरा रहे परन्तु राम जी के बिना प्राण मेरे देह में न रहेगा अतः इस पापबुद्धि निश्चय को तू छोड़ दे। हे भामिनी! अपने हृदय में इस बात को समझ।

टिप्पणी—गोस्वामी जी ने ग़ज़ब रूपक में बात को कहा है। जैसे सूर्य बिना दिन, प्राण बिना देह, चाँद बिना रात, उसी तरह अवध राम के बिना है।

अति विषाद बस लोग लुगाई। गये मातुपहिं राम गोसाई।।
मुख प्रसन्न चित्त चौगुन चाऊ। इहै सोच जनि राखहिं राऊ।।

श्लोक–

धारयन्मनसा दुःखभिन्द्रियाणि निगृह्या च।।
प्रविवेशात्मवान् बेश्म मातुरप्रियशंसिवान्।
सर्वोऽप्यभिजनः श्रीमान् श्रीमतः सत्यवादिनः।
नालक्षयत रामस्य कंचिदाकारमानने।।

भावार्थ–राम जी दुःख-सुख से परे थे। उनके चेहरे पर न विषाद था और न हर्ष। दोनों भाव मन में ही थे। वे इन्द्रियों को वश में रखने वाले आत्मज्ञानी थे। वनगमन से ही राक्षस नाश सम्भव था, इसकी खुशी थी। सुहृदों को दुःखी देख प्रसन्नता को वे प्रकट भी नहीं कर रहे हैं। वे माता कौशल्या से मिलने उनके प्रासाद में गये।

टिप्पणी–रघुवंश और आनन्द रामायण में भी वर्णन है कि "पिता की आज्ञा को प्रसन्न होकर सिर से ग्रहण किया और हाथ जोड़कर अपनी माता को प्रणाम किया।"

प्रेम प्रमोद न कछु कहि जाई। रंक धनद पदवी जनु पाई।।
सादर सुन्दर बदन निहारी। बोली मधुर वचन महतारी।।

श्लोक–

तमुवाच दुराधर्ष राघवं सुतमात्मनः।
कौसल्या पुत्रवात्सल्यादिदं प्रियहितं बचः।।

भावार्थ–महारानी कौशल्या जी ने पुत्रवत्सलता से अपने दुर्धर्ष पुत्र रामचन्द्रजी से प्रिय और हितकारी वचन कहा।

टिप्पणी–अध्यात्म रामायण में वर्णन है–"रामचन्द्र जी का शरीर नील कमल जैसा है। उनकी आँखें बड़ी हैं।"

गोस्वामी जी ने **रंक धनद पदवी जनु पाई** कहकर इसमें उत्प्रेक्षालंकार का प्रयोग किया है। रंक यदि कुबेर बन जाये, वैसा आनन्द राम जी को है।

कहहु तात जननी बलिहारी। कबहिं लगन मुद मंगल कारी।
सुकृत सील सुख सींव सुहाई। जनम लाभ कइ अवधि अघाई।।
जेहि चाहत नर नारि सब, अति आरत यहि भाँति।
जिमि चातक चातकि तृषित, वृष्टि सरद रितु स्वाति।।

श्लोक–

सत्यप्रातज्ञं पितरं राजानं पश्य राघव।
अद्यैब त्वां स धर्मात्मा यौवराज्येऽभिषेक्ष्यति।।

भावार्थ–कौशल्या राम से कहती हैं–"तुम्हारे पिता सत्य प्रतिज्ञ हैं, वे आज ही तुम्हें युवराज पद दे रहे हैं।"

टिप्पणी–कौशल्या अनजान हैं। बदलती परिस्थिति का उन्हें भान नहीं है।

मातु बचन सुनि अति अनुकूला। जनु सनेह तरुवर के फूला।।
सुख मकरन्द भरे श्रिय भूला। निरषि राम मन भँवर न भूला।।
धरम धुरीन धरम गति जानी। कहेउ मातु सन अति मृदु बानी।।

श्लोक—

दत्तमासनमालभ्य भोजनेन निमन्त्रितः
मातरं राघवः किंचित् प्रसार्याजलिमब्रवीत्।

भावार्थ—माता ने राम जी को आसन दिया और कुछ भोजन करने का आग्रह किया। राम जी ने हाथ जोड़कर मृदुवाणी में कहा।

टिप्पणी—गोस्वामी वर्णन करते हैं—

राम ने कहा—

पिता दीन्ह मोहिं कानन राजू। जहाँ सब भाँति मोर बड़ काजू।।

अध्यात्म रामायण में वर्णन है—

भरताय ददौ राज्यं ममाऽभ्यारण्य मुत्तमम् अर्थात् मुझे उनका वन का राज्य पिता ने दिया है जहाँ मेरी बड़ी ज़रूरत है।

बचन बिनीत मधुर रघुबरके। सर सम लगे मातु उर करके।।
सहमि सूखि सुनि सीतल बानी। जिमि जवास पर पावस पानी।।

श्लोक—

सा निकृत्तेव सालस्य यष्टिः परशुना वने।।
पपात सहसा देवी देवतेव दिवश्च्युता।

भावार्थ—कौशल्या जी की दशा वैसी ही राम के वचन सुन हो गयी जैसे कुल्हाड़ी से काटी गयी साल वृक्ष की लाठी की। देवता स्वर्ग से पृथ्वी पर गिरकर जिस दशा को प्राप्त होते हैं, वही दशा कौशल्या की हो गयी।

टिप्पणी—यहाँ असंगति अलंकार का प्रयोग है।

कहि न जाइ कछु हृदय विषाद। मनह मृगी सुनि केहरि नाद।।
नयन सजल तन थर थर काँपी। मानहिं खाइ मीन जनु मापी।।

श्लोक—

ममैव नूनं मरणं न विधते न चावकाशोऽस्ति यमक्षये मय।
यदन्तकोऽधैव न मां जिहीर्षति प्रसह्या सिंहो रुदतीं मृगीभिव।।

भावार्थ—यहाँ मेरा ही मरण निश्चित नहीं है अन्यथा क्या यमराज मुझे अभी उसी तरह नहीं ले जाते जैसे सिंह रोती हुई हरिणी को बलपूर्वक पकड़कर ले जाता है।

टिप्पणी—इसमें उत्प्रेक्षा अलंकार है।

महारामायण के अनुसार मन्त्री पुत्र अभिनन्दन ने वनगमन का वृत्तान्त कौशल्या को सुनाया। कौशल्या गूँगी की तरह सुनकर स्तब्ध हो गयी। अगस्त्य रामायण में है—

कौशल्या राघवं किंचिद् न वक्तुं कुशलाभवत्

कौशल्या कुछ भी कहने में समर्थ नहीं हुई।

देव पितर सब तुमहिं गोसाई। राखहिं पलक नयन की नाई।।

श्लोक—

येभ्यः प्रणमसे पुत्र देवेष्वायतनेषु च।
ते च त्वामभिरक्षन्तु बने सह महर्षिभिः।।

भावार्थ—हे पुत्र! जिनको तुम प्रणाम करते हो और देवालयों में जिनकी तुम स्तुति करते हो, वे सब देवता महर्षियों समेत वन में तुम्हारी रक्षा करें।

टिप्पणी—कौशल्या अपने पुत्र को आशीर्वाद देती है और मंगल की कामना करती है।

आपन मोर नीक जो चहहू। बचन हमार मानि घर रहहू।।
आयसु मोरि सासु सेवकाई। सब बिधि भामिनि भवन भलाई।।
एहिते अधिक धर्म नहीं दूजा। सादर सासु ससुर पद पूजा।।

श्लोक—

याते च मयि कल्याणि वनं मुनिनिषेवितम्।।
वन्दितव्यो दशरथः पिता मम जनरेश्वरः।।

माता च मम कौशल्या वृद्धा सन्तापकर्शिता।।
धर्ममेवाग्रतः कृत्वा त्वत्तः सम्मानमर्हति।

भावार्थ—हे कल्याणी! जब मैं मुनिवेश में मुनि सेवित वन में जाऊँ तब तुम महाराज दशरथ और वृद्ध माता कौशल्या जो सन्ताप से कृशकाय हो गयी है, सेवा करना।

टिप्पणी—रामचन्द्र जी माँ को समझा कर अपनी पत्नी को समझाते हुए सीख दे रहे हैं।

जब जब मातु करहिं सुधि मोरी। होइहिं प्रेम विकल मति भोरी।
तब तब तुम कहि कथा पुरानी। सुन्दरि समुझायहु मृदुबानी।।
कहौ सुभाव सपथ सत मोहीं। सुमुखि मातु हित राखौ तोहीं।।

श्लोक—

अहं गमिष्यामि महावनं प्रिये त्वया हि वस्तव्यमिहैव भामिनि।।
यथा व्यलीकं कुरुते न कस्यचित् तथा त्वयाकार्यमिदं बचो मम।।

भावार्थ—हे प्रिये! मैं तो महावन को जाता हूँ। तुम यहीं रहो। जो वार्ता मैंने तुमसे की है, उसे व्यर्थ न करना इसे मेरा वचन मानना। तुझे मैं माता के हित के लिए अवध में रख रहा हूँ।

टिप्पणी—राम जी सीता को ढाढस देते हैं।

दिवस जात नहीं लागहिं वारा।

सीता को वन का डर भी दिखाते हैं—

जौं हठ करहु प्रेम बस बामा। तौ तुम दुख पाउब परि नामा।।
कानन कठिन भयंकर भारी। घोर घाम हिम बारि बयारी।।
भालु, बाघ, वृक केहरि नागा। करहिं नाद सुनि धीरज भागा।

श्लोक—

सीते यथा त्वां वक्ष्यामि तथा कार्य त्वयाबले।
सीता विमुच्यतामेषा वनवासकृता मतिः।।
बहुदोषं हि कान्तारं वनमित्याभिधीयते।

भावार्थ—हे सीते! हे अबले! मेरे उपदेश के अनुसार कार्य करो। वन जाने वाली इच्छा बुद्धि का त्याग करो। वन दोषों की खानि है। हठ दुखदायक होता है।

टिप्पणी—क्या सीता अबला थी? जो शिव का धनुष अनायास उठा लेती थी, वह अबला कैसे मान ली गयी। सीता की विशिष्टता ने ही जनक को धनुष यज्ञ करने की ज़रूरत महसूस करायी। सीता असामान्य नारी थी। मानसिक तौर पर वह राजपूत थी। तभी तो राम को ललकार कर नारीत्व के अपमान कर्त्ता रावण का वध करवाया और लवकुश को तैयार कर पत्नीत्व के अपमान वाले राम का भी पराभव कराया। राम का असमंजस यहाँ व्यर्थ जान पड़ता है।

कुस कंटक मग कांकर नाना। चलब पयादहिं बिनु पद त्राना।।
चरन कमल मृदु मंजु तुम्हारे। मारग अगम भूमि धर भारे।।

श्लोक–

लताकंटकसंकीर्णाः कृकवाकूपनादिताः।।
निरापाश्च सुदुःखाश्च मार्गा दुःखमतो वनम्।

भावार्थ–अधिक कर के वन के रास्ते लता पत्ता, काँटों से ढका रहता है। यहाँ पीने के पानी का भी अभाव रहता है। इन मार्गों में अत्यन्त कष्ट है। वन में दारुण दुःख है। तुम्हारे पैर कोमल हैं और भूमि अगम है, अबूझ है, अनजानी है।

टिप्पणी–वाल्मीकि रामायण में सीता बिफरकर इसका प्रतिवाद करती है और गुस्से से कहती है–"किस नपुंसक से मेरे पिता ने मुझे ब्याह दिया है?"

सीता की रक्षा से पलायन राम की कायरता है।

सीता की फटकार के बाद राम ने सीता के साथ वन में सहगमन स्वीकार किया।

कन्दर खोह नदी नद नारे। अगम अगाध न जाहिं निहारे।।

श्लोक–

सग्राहाः सरितश्चैव पंकवल्यस्तु दुस्तराः।।
मत्तैरपि गजैर्नित्यमतो दुःखतरं वनम्।

भावार्थ–सभी नदियों में मगर, घड़ियाल आदि भरे रहते हैं। ये नदियाँ अति दुस्तर होती हैं। वन में बड़े-बड़े मतवाले हाथी घूमते हैं। वन घोर दुःखदायक होता है।

भालु बाघ बृक केहरि नागा। करहिं नाद सुनि धीरज भागा।

श्लोक–

सिंहब्याघ्रवराहाश्च संचरन्ति समन्ततः।।
सिंहानां निनदा दुःखाः श्रोतं दुःखमतो वनम्।।

भावार्थ–सिंह और वाराहगण चारों ओर घूमते हैं। वे भयंकर गर्जना करते हैं। वन में बहुत क्लेश है।

टिप्पणी–अध्यात्म रामायण में वर्णन है–"वहाँ पर कड़वे खट्टे फल मूल खाने पड़ते हैं। फल भी कहीं-कहीं प्राप्त होते हैं। वन में राक्षस आदि घूमते हैं।"

वशिष्ठ रामायण में वर्णन है–

"पहाड़ का पानी हानिकारक है।"

ब्याल कराल बिहँग बन घोरा। निशिचर निकर नारि नर चोरा।।
डरपहिं धीर गहन सुधि आये। मृगलोचनि तुम भीरु सुभाये।।

श्लोक–

सरीसृपाश्र बहवो बहुरूपाश्च भामिनि।
चरंति पथि ते दम्पति ततो दुःखतरं वनम्।।
राक्षसा घोररूपाश्च संति मानुषभोजिनः।
भवन्ति पण्डिता भीता वनं संस्मृत्य भीषणम्।।

भावार्थ—हे भामिनी! वहाँ अनेक प्रकार के बिच्छू, साँप, कीड़े होते हैं। वे अति दुःख कारक हैं। वहाँ के विकट देहधारी राक्षस मनुष्य को खा जाते हैं। हे प्यारी! तुम तो स्वभाव से ही भीरु हो। बड़े-बड़े पण्डित भी वन का स्मरण कर भयभीत हो जाते हैं।

टिप्पणी—तुलसीदास लिखते हैं—राम ने निर्णय दिया—**हंस गमनि तुम नहिं वन जोगू** गोस्वामी जी पुनः कहते हैं—

नव रसाल वन विहरन सीला। सोह कि कोकिल विपिन करीला।।

यही बात महारामायण में कही गयी है—

मधुर स्वर भाषिणी आम्रवन में रहने वाली कोयल क्या करील के वन में रह लेगी?

रहहु भवन अस हृदय विचारी। चन्द वदनि दुख कानन भारी।।

श्लोक—

तदलं ते वनं गत्वा क्षेमं नहि वनं तव।
विमृशान्निव पश्यामि बहुदोषकरं वनम्।।

भावार्थ—मैं इन्हीं कारणों से तुम्हें वन ले जाना नहीं चाहता और विचार कर तुम्हें समझाता हूँ कि वनवास तुम्हें नहीं रास आयेगा। वहाँ तुम्हें बड़ा क्लेश होगा।

प्रान नाथ करुना यतन, सुन्दर सुखद सुजान।
तुम बिन रघुकुल कुमुद बिधु, सुर पुर नरक समान।।

श्लोक—

स्वर्गेपि न विना वासो भविता यदि राघव।।
त्वया विना नख्याघ्र नाहं तदपि रोचये।

भावार्थ—हे नरश्रेष्ठ राघव! तुम्हारे बिना स्वर्ग में रहना भी मुझे अच्छा नहीं लगता है

टिप्पणी—रामायण का स्वरूप विरल, बहुआयामी, यथार्थ जगत् के द्वन्द्व भाव के अतिरेक से भरा है। रामकथा का मंगलघट का परिपूर्ण आनन्द रस, प्रेमरस अपरिमित है। यहाँ सीता के चरित्र, त्याग समर्पण को अगाध सागर की तरह अत्यन्त ही मंगलप्रद और हृदय को द्रवित करने वाले रस से भर दिया गया है। प्रतीक के सहारे से वियोगजन्य दुःख की मरणान्तक भयावहता का रूपायन यथार्थ और आदर्श का विरल समन्वय प्रस्तुत करता है। प्रतीक का आयाम अनूठा बन पड़ा है।

मातु पिता भगिनी प्रिय भाई। प्रिय परिवार सुहृद समुदाई।।
सासु ससुर गुरु सजन सहाई। सुत सुन्दर सुसील सुखदाई।।
जहँ लगि नाथ नेह अरु नाते। पिय विन तियहिं तरनि ते ताते।।

श्लोक—

न पिता नात्मजो वात्मा न माता न सखीजनः।।
इह प्रेत्य च नारीणां पतिरेको गतिः सदा।

भावार्थ—न पिता, न पुत्र, न माता, न स्वयं, न सखीजन, इस लोक और परलोक में सदा स्त्रियों की गति एक मात्र पति है। स्त्री अपने स्वामी के भाग्य का फल भोगती है।

तनु धन धाम धरनि पुर राजू। पति बिहीन सब सोक समाजू।।
भोग रोग सम भूषण भारू। जम जातना सरिस संसारू।।
प्रान नाथ तुम बिन जग माँही। मो कह सुखद कतहुँ कोउ नाहीं।।

श्लोक–

प्रासादाग्रे विमानैर्वा वैहायसगतेन वा।।
सर्वाबस्थागता भुर्तः पादच्छाया विशिष्यते।

भावार्थ–धर्मशास्त्र का वचन है–महलों में रहने, विमान पर विहार करने आदि सुखों से बढ़कर स्वामी के चरणों की छाया के आश्रय में स्त्रियों को ज़्यादा सुख प्राप्त होता है।

टिप्पणी–गोस्वामी जी इसे और स्पष्ट करते हैं–

जिय विनु देह नदी बिन वारी। तैसे हि नाथ पुरुष विन नारी

अर्थात् प्राण बिन शरीर, पानी बिन नदी जैसी होती है, वैसी ही पुरुष बिन नारी की दशा होती है। कबायली समाज की स्त्रियाँ उन्मुक्त होती हैं पर खेतिहर समाज में नारी की निर्भरता पुरुष पर बढ़ जाती है। वाल्मीकि के समय में कबायली समाज का रूपान्तरण खेतिहर समाज में जारी था पर तुलसीदास के समय समाज खेतिहर में तब्दील हो चुका था।

खग मृग परिजन नगर बन, बलकल बिमल दुकूल।
नाथ साथ सुर सदन सम, परन साल सुख मूल।।

श्लोक–

अहं दुर्गं गमिष्यामि वनं पुरुषवर्जितम्।।
नानामृगगणाकीर्ण शार्दूलगणसेवितम्।
सुखं बने निवत्स्यामि यथैव भवने पितुः।।
अचिन्तयन्ती त्रींतलोकांश्चिन्तयन्ती पतिव्रतम्।

भावार्थ–हृदय वल्लभ! मैं ब्याघ्र, सिंह आदि से सेवित वन में तुम्हारे साथ चलूँगी। मैं त्रिलोक के सुख सम्पत्ति की कामना नहीं रखती। जैसे अपने पिता के घर पातिव्रत्य धर्म की प्रतिष्ठा की रक्षा करती सुख से थी, वैसे ही प्रसन्नता से तुम्हारे साथ वन चलूँगी।

टिप्पणी–गोस्वामी जी का वचन है–

सीता कहती है–वन देवी ही मेरी सास होगी, वन देवता मेरे श्वसुर होंगे, कुश काँटा तुम्हारे साथ रहने से फूल जैसे जान पड़ेंगे अध्यात्म रामायण में यही बात कही गयी है।

कन्द मूल फल अमिय अहारू। अवध सौध सत सरिस पहारू।।
छिन छिन प्रभु पद कमल विलोकी। रहिहौं मुदित दिवस जिमि कोकी।।

श्लोक–

फलमूलाशना नित्यं भविष्यामि न संशयः।।
न ते दुःखं करिष्यामि निवसंति त्वया सदा।।
इच्छामि परतः शैलान् पल्लवानि सरांसि च।।
द्रष्टुं सर्वत्र निर्भीता त्वया नाथेन धीमता।।

भावार्थ—मैं तुम्हारे साथ फल मूल भोजन कर समय गुजार लूँगी। तुम्हारे साथ पहाड़ भी अवध के महल जैसे जान पड़ेंगे। मैं सदा प्रसन्न रहूँगी। निडर मन से मैं तुम्हारे जैसे बुद्धि मान के साथ सर्वत्र देखूँगी।

टिप्पणी—अमरकोश में राज सदन को सौध (महल) कहा गया है। इसमें रूपक अलंकार और अनुप्रास अलंकार दोनों का प्रयोग गोस्वामी जी ने किया है।

बन दुख नाथ कहे बहुतेरे। भय विषाद परिताप घनेरे।।
प्रभु बियोग लवलेस समाना। सब मिल होहिं न कृपा निधाना।।

श्लोक—

अहं गमिष्यामि वनं सुदुर्गमं मृगायुतं वानरवारणैश्च।
बने निवत्स्यामि यथा पितुर्गृहे तवैव पादावुपगृह्य संमता।।

भावार्थ—मैं बन्दरों, हाथियों, मृगों से शोभायमान अति दुर्गम वन को जाऊँगी। जैसे पिता के घर, निडर भाव से रहती थी, वैसे ही आपके सम्मत से आपके चरणों की सेवा करती वन में रहूँगी।

टिप्पणी—प्रभु वियोगजन्य दुःख का मूल्यांकन के चित्रण में काव्य सौन्दर्य अन्तर्लीन है। जनचेतना में सीता की उत्कीर्ण छवि की पैठ गहरी है जो कवि के हृत्तन्त्री के तारों को झंकृत कर कविता बना पुनः जनता को समर्पित किया गया है। जन चेतना के अनगढ़ पत्थर कविता के प्रवाह में सुघड़ शालिग्राम बन गये हैं?

अस जिय जानि सुजान सिरोमनि। लेइय संग मोहि छाड़िय जनि।।
बिनती बहुत करौं का स्वामी। करुनामय उर अन्तर जामी।।
राखिय अवध जो अवधि लगि, रहत जानियहि प्रान।
दीन बन्धु सुन्दर सुखद, सील सनेह निधान।।

श्लोक—

अनन्यभावामनुरक्तचेतसं त्वया वियुक्तां मरणाय निश्चिताम्।
नयस्व मां साधु कुरुष्व याचनां नातो मया ते गुरुता भविष्येति।।

भावार्थ—हे नाथ! मैं तुम्हारे अधीन मन रखकर तुम्हारे ऊपर अनुरक्त रहकर आज भी समय बिताती हूँ। यदि तुम छोड़कर चले जाओगे तो मैं जीवित नहीं रहूँगी। आर्यपुत्र! मुझे साथ ले चलने में तुम्हें कुछ भी बोझ नहीं मालूम होगा। मेरी प्रार्थना स्वीकार करो! मुझे ले चलो!

मोहि मग चलत न होइहिं हारी। छिन छिन चरन सरोज बिहारी।
सबहिं भाँति पिय सेवा करिहौं। मारग जनित सकल श्रम हरिहौं।।

श्लोक—

अग्रतस्ते गमिष्यामि भोक्ष्ये भुक्रवति त्वयि।।
शुश्रूषमाणा ते नित्यं नियता ब्रह्मचारिणी।

भावार्थ—तपस्वियों का व्रत धारण करके नित्य नियत हो आपकी सेवा करती हुई मैं आपके आगे-आगे चलूँगी और जब आप भोजन कर चुकेंगे, तब मैं भोजन करूँगी।

टिप्पणी—इस प्रसंग को अत्रि रामायण, ऋष्य शृंगी संहिता में विस्तार से कहा गया है।

को प्रभु सँग मोहि चितवनि हारा। सिंह बधुहिं जिमि ससक सियारा।।

श्लोक—

न हि मां त्वत्समीपस्थामपि शक्रोपिम राघव।
सुराणामीश्वरः शुक्रः प्रधर्षयितुभोजसा।

भावार्थ—हे रघुनन्दन! देवताओं के राजा इन्द्र भी बल से आपके निकट रहने वाली, सीता को घर्षण करने में समर्थ नहीं हैं।

टिप्पणी—इन्द्र की बदनामी अहल्या प्रसंग में विख्यात थी। सीता के आत्मविश्वास में इन्द्र के लोलुपता के लिए चुनौती भरा सन्देश है। सीता विषय भोग नहीं चाहती।

मैं सुकुमारि नाथ बन जोगू। तुमहिं उचित तप मोकहँ भोगू।।

श्लोक—

भक्रां पतिव्रतां दीनां समां सुखदुःखयोः।
नेतुमर्हसि काकुत्स्थ समानसुखदुःखिनीम्।।

भावार्थ—यदि मैं सुकुमारि हूँ तब क्या आप वन में तप करने और योग करने लायक हैं? मैं आपके सुख-दुःख में समान चित्त वाली आप पर अनुरागिनी हूँ। भगवन्! आप मुझे संग ले चलने के योग्य हो। मैं तपस्या चाहती हूँ।

टिप्पणी—सीता को अपने आत्मविश्वास के साथ-साथ राम में पराक्रम का भरोसा है। इसी कारण उन्हें योग्य कहती हैं। गोस्वामी जी ने सीता को राम के तुल्य कहा है।

गिरा अर्थ जल बीचि सम, कहियत भिन्न न भिन्न

कहने के लिए राम और सीता भिन्न हैं, पर ब्रह्म और शक्ति वास्तव में अभिन्न हैं, समतुल्य हैं जैसे शब्द और अर्थ जल और तरंग पर्यायवाची हैं।

ऐसेहु वचन कठोर सुनि, जो न हृदय बिलगान।
तौ प्रभु विषम वियोग दुख, सहिहैं पामर प्रान।।

श्लोक—

पश्चादपीह दुःखेन मम नैवास्ति जीवितम्।
उज्झितायास्त्वया राम तदेव मरणं वरम्।।

भावार्थ—आपके बिना दुःख से मेरा प्राण नहीं रहेगा। जिस समय आप परित्याग कर प्रयाण करेंगे, वही समय मेरा मरण काल होगा।

अस कहि सीय बिकल भइ भारी। बचन बियोग न सकी सँभारी।।

श्लोक—

एवमुक्ता तु सा चिन्तां मैथिली समुपामता।
स्नापयंतीव गामुष्णैरश्रभिर्नयनच्युतैः।।

भावार्थ—रामचन्द्र जी की असहमति देख जानकी अत्यन्त दुखित हो आँखों से नीर बहाने लगीं।

देखि दसा रघुपति जिय जाना। हठ राखे राखे नहिं प्राना।।
कहेउ कृपालु भानु कुल नाथा। परिहरि सोच चलहु बन साथा।।
नहिं विषाद कर अवसर आजू। बेगि करहु बन गमन समाजू।।

श्लोक–

सा हि दिष्टानवधांगि वनाय मदिरेक्षणे।
अनुगच्छस्व मां भीरु सह धर्मचरी भव।।
आरभस्व शुभश्रोणि वनवासक्षमाः क्रियाः।
नेदानीं त्वहते सीते स्वर्गोपि मम रोचते।।

भावार्थ–हे निर्दोष देहयष्टिवाली! हे चपलनयने! मेरे साथ वन चलो। मेरे धर्म के साथ अनुष्ठान में भागीदार बनो। हे सुश्रोणि! अब वन चलने की तैयारी करो और दान आदि का अनुष्ठान करो। तुम्हारे बिना मुझे स्वर्ग में भी रहना नहीं भाता है।

टिप्पणी–सीता के दृढ़ चित्त और गहरी अनुरक्ति ने राम को पुनर्विचार पर मजबूर किया।

लषि सनेह कातरि महतारी। बचन न आव बिकल भइ भारी।।
राम प्रबोध कीन्ह बिधि जाना। समउ सनेह न जाइ वषाना।।

श्लोक–

रामः परमधर्मात्मा मातरं वाक्यमब्रवीत्।
क्षयोऽपि वनवासस्य क्षिप्रमेव भविष्यति।।

भावार्थ–परम धर्मात्मा राम जी माता से बोले–वनवास का क्षय भी शीघ्र ही होगा। माता स्नेहवश कातर है। राम बहुत तरह से प्रबोध करते हैं।

टिप्पणी–राम का आशय है कि समय गुज़रते देर नहीं लगती। यह सान्त्वना के वचन हैं।

तब जानकी सासु पग लागी। सुनिय माय मैं परम अभागी।।
तजब छोभ जनि छाँड़िय छोहू। करम कठिन कछु दोष न मोहू।।
सुनि सिय बचन सासु अकुलानी। दसन कवन विधि कहौं बखानी।।

श्लोक–

सीताया वचनं श्रुत्वा कौशल्या हृदयंगमम्।।
शुद्धसत्वा मुमोचाश्रु सहसा दुःखहर्षजम्।

भावार्थ–सीता जी ने अपनी सास से कहा। मैं अभागिन हूँ कि सेवा करने के समय विधाता ने वन दिया (वशिष्ठ रामायण) सीता के वचन सुनकर शुद्धसत्व वाली कौशल्या दुःख के कारण अश्रुपात करने लगी।

टिप्पणी–सत्व तीन होते हैं, शुद्ध सत्व, मिश्रित सत्व, शून्य सत्व यहाँ शुद्ध सत्व कौशल्या के लिए कहा गया है। सीता के सामने धर्म का संकट है। पति की परायणता और वृद्धा सास की सेवा। सीता की प्रार्थना सास से पुत्र लोभ के त्याग का और छोह न छोड़ने के लिए है। कर्त्तव्य और प्रेम के इस द्वन्द्व के निर्वाह में गोस्वामी जी का जोड़ नहीं है।

बारहिं बार लाइ उर लीन्ही। धरि धीरज सिष आसिष दीन्ही।।
अचल होउ अहिबात तुम्हारा। जब लगि गंग जमुन जल धारा।।

श्लोक–

तां भुजाभ्यां परष्विऽय श्वश्रूर्वचनमब्रवीत्।
सौभाग्यं तेऽचलं सीते यावद् गंगाचलं क्षितौ।।

भावार्थ–कौशल्या जी बार-बार सीता को अंक लगाती हैं। हे सीता जब तक गंगा में पानी है, तुम्हारा अहिवात अचल रहेगा।

टिप्पणी–सवर्त्त संहिता में कौशल्या की सीता को अनेक प्रकार से दी गयी शिक्षा और आशीष का विशद वर्णन है। इसमें सीता को निखिलेश्वरी कहा गया है।

समाचार जब लछिमन पाये। ब्याकुल बिलष बदन उठि धाये।।
कम्प पुलक तन नयन सनीरा। गहे चरन अति प्रेम अधीरा।।
कहि न सकत कछु चितवन ठाढ़े। मीन दीन जनु जल ते काढ़े।।

श्लोक–

एवं श्रुत्वा स संवादं लक्ष्मणः पूर्वमागतः।
वाष्पपर्याकुलमुखः शोकं सोदुमशक्रुबन्।।
स भ्रातुश्चरणौ गाढं निपीड्य रघुनन्दनः।
सीताभुवाचातिथशां राघवं च महाव्रतम्।।
यदि गन्तु कृता बुद्धिर्वनं मृगगजायुतम्।
अहं त्वानुगमिष्यामि वनमग्रे धनुर्धरः।।

भावार्थ–लक्ष्मण यह संवाद सुनकर अश्रुपात करने लगे। उनका चेहरा फक हो गया। वे शोक सम्हालने में समर्थ न हो सके। वे रघुनाथ जी के चरण पकड़ यशस्विनी सीता और राम से बोले–मैं भी धनुष धारण कर आपके साथ वन चलूँगा।

टिप्पणी–नारद संहिता और अगस्त्य रामायण के भी यह प्रसंग यथावत् क़रीब-क़रीब हैं।

राम बिलोकि बन्धु करजोरे। देह गेह सब सन तृन तोरे।।
बोले बचन राम नयनागर। सील सनेह सरल सुख सागर।।
तात प्रेमवश जनि कदराहू। समुझि हृदय परिनाम उछाहू।।

श्लोक–

ततोऽब्रवीन् महातेजा रामो लक्ष्मणमग्रतः।
स्थितं प्रागूगामिनं धीरं याचमानं कृतांजलिम्।।

भावार्थ–तब, वन जाने को तैयार धीर भाव से सम्पन्न हाथ जोड़े लक्ष्मण जी को रामचन्द्र जी ने रोका और उन्हें समझाने-बुझाने लगे।

टिप्पणी–भरद्वाज सत्र में वर्णन है–जो माता, पिता, गुरु और स्वामी की आज्ञा सिर पर धारण करके स्वाभाविक रूप से आज्ञा पालन करते हैं वे ही जन्म लेने वालों में श्रेष्ठ हैं।

ये ते जन्मवतां वरा

माता, पिता, गुरु के साथ प्रभु का आज्ञा पालन ज़रूरी इस कारण शासक कर्ता के लिए हुआ कि समाज में वर्ग आधारित विभेदीकरण व्याप्त था। शासक वर्ग ने धर्म का इस्तेमाल प्रभुत्व कायम रखने में किया।

अस जिय जानि सुनहु सिख भाई। करहु मातु पितु पद सेवकाई।।
भवन भरत रिपुसूदन नाहीं। राउ वृद्ध मम दुख मन माहीं।।

श्लोक–

मयाद्य सह सौमित्रे त्वयि गच्छति तद् वनम्।
को भजिष्यति कौसल्यां सुमित्रां वा यशस्विनीम्।।
सौमित्रे भर कौसल्यामुक्रमर्थममुं चर।
एवं कुरुष्व सौमित्रे मत्कृते रघुनन्दन।।

भावार्थ–हे लक्ष्मण! यदि तुम भी मेरे साथ वन चलोगे तब फिर यशस्विनी जननी कौशल्या एवं सुमित्रा जी के प्रति पालन का भार कौन अपने सिर लेगा? माताओं का भरण पोषण करो। मेरा यह वचन पूरा करना तुम्हारे लिए उचित है। हे रघुनन्दन लक्ष्मण! हमारे कहने से हमारी माताओं के लालन-पोषण करने का भार ग्रहण करो।

टिप्पणी–यहाँ कैकेयी का नाम राम ने नहीं लिया? यह विचार करने का प्रश्न है। ऐसा क्यों हुआ? वाल्मीकि के इस अभाव को गोस्वामी जी ने सुधार दिया है। गोस्वामी जी कहते हैं, "करहु मातु पितु पद सेवकाई" इसमें पिता सहित सभी माताएँ आ गयी हैं। फिर आगे कहते हैं, भरत और शत्रुघ्न भी नहीं हैं। गोस्वामी जी ने राम के चरित्र के अनुकूल राम का वचन प्रयुक्त किया है। यही तुलसी की दृष्टि की व्यापकता है।

मैं बन जाउँ तुमहिं लै साथा। होइहै सब बिधि अवध अनाथा।।
गुरु पितु मातु प्रजा परिवारू। सब कहँ परइ दुसह दुख भारू।।

श्लोक–

एवं मयि च ते भक्तिर्भविष्यति सुदर्शिता।
धर्मज्ञ गुरुपूजायां धर्मश्चाप्यतुलो महान्।।

भावार्थ–हे धर्मज्ञ! इस प्रकार का कार्य करने से मेरे प्रति तुम्हारी परम भक्ति प्रकाशित होगी। यह जान रखो कि माता, पिता, गुरुजनों की सेवा करने से विशेष धर्म लाभ होता है।

टिप्पणी–गोस्वामी जी राम द्वारा आगे कहलवाते हैं–

रहहू करहु सब कर परितोष।

फिर आगे कहते हैं–

जासु राज प्रिय प्रजा दुखारी। सो नृप अवसि नरक अधिकारी।।

यही बात याज्ञवल्क्य स्मृति में भी कही गयी है। विष्णु संहिता में वर्णित है–

प्रजा सुखी सुखी राजा, तद् दुखे यत्श्च दुखितः।
स कीर्तियुक्तो लोकेऽस्मिन प्रेत्य स्वर्गे महीयने।

वैसे राजा लोक में भी पूजा जाता है और स्वर्ग में देवता उसकी पूजा करते हैं।

उतर न आवत प्रेमबश, गहे चरण अकुलाय।
नाथ दास मैं स्वामि तुम्ह, तजहु तौ काह बसाय।।
मैं सिसु प्रभु स्नेह प्रतिपाला। मंदर मेरु कि लेई मराला।।

श्लोक–

एवमुक्तस्तु रामेण लक्ष्मणः श्लक्ष्णया गिरा।।
प्रत्युवाद तदा रामं वाक्योज्ञो वाक्यकोविदम्।

भावार्थ–वाक्य विशारद रामचन्द्रजी ने इस प्रकार मधुर वचन लक्ष्मण जी से जब कहे तब समझदार लक्ष्मण जी विनीत भाव से बोले। गर्ग संहिता में लक्ष्मण के भाव को स्पष्ट करने वाला श्लोक है–

त्वमेव माता च पिता त्वमेव, त्वमेव बन्धुश्च सखा त्वमेव।
त्वमेव विद्र्या द्रविणं त्वमेव, त्वमेव सर्वं मम देव देव।।

गोस्वामी जी लक्ष्मण से कहलवाते हैं–

मोरे सवई एक तुम स्वामी। दीनबन्धु, उर, अन्तरयामी।

टिप्पणी–लक्ष्मण जी के प्रतिवादक वचन का आशय यह है कि आपकी शिक्षा तो उत्तम है पर मैं उसे पूरा करने में समर्थ नहीं हूँ। जो धर्म धुरन्धर हैं, वे ही वेदोक्त शिक्षा का पालन कर सकते हैं (महारामायण) गोस्वामी जी ने सुन्दर उपमा से कथन को स्पष्ट कराया है। कहीं हंस सुमेरु और मन्दराचल उठा सकने में समर्थ हो सकता है?

वशिष्ठ संहिता में प्रकारान्तर से कहा गया है–

हंसः किं मन्दरा द्रेश्च मेरोश्चाप्यधिकार भाक्

अर्थात् मैं बालक हूँ, आप ऐसे स्वामी के स्नेह से सदा रक्षित हूँ क्या हंस मन्दराचल और सुमेरु उठाने का अधिकारी हो सकता है?

माँगहु बिदा मातु सन जाई। आवहु बेगि चलहु बन भाई।।
मुदित भये सुनि रघुबर बानी। भयउ लाभ बड़ गइ बड़ि हानी।।

श्लोक–

रामस्त्वनेन वाक्येन सुप्रीतः प्रत्युवाच तम्।।
व्रजापृच्छस्व सौमित्रे सर्वमेव सुहृज्जनम्।

भावार्थ–राम इस बात से प्रसन्न हो लक्ष्मण से बोले–हे भाई! तुम माता सुमित्रा और सब सुहृदजनों से पूछपाछ कर हमारे संग वन को चलो।

टिप्पणी–यह वृत्तान्त पुलस्त्य संहिता, सनत्कुमार संहिता और सूत संहिता में वर्णित है।

धीरज धरेउ कुअवसर जानी। सहज सुहृद बोली मृदु बानी।।
तात तुम्हारि मात बैदेही। पिता राम सब भाँति सनेही।।
अवध तहाँ जहँ राम निवासू। तहइँ दिवसु जहँ भानु प्रकासू।।
जौ पै सीय राम बन जाहीं। अवध तुम्हार काज कछु नाहीं।।

श्लोक—

दृष्ट्वा सुमित्रा वचनं लक्ष्मणं प्राह दुःखिता।
रामं दशरथं विद्धि मां विद्धि जनकात्मजाम्।
अयोध्यामटवीं विद्धि गच्छ तात यथासुखम्।

भावार्थ—सुमित्रा जी ने लक्ष्मण को देखकर दुःखित होकर कहा—हे तात! तुम इस समय राम जी को ही अपने पिता दशरथ की तरह अभिभावक समझो और जानकी को मेरी तरह समझो और जिस वन में बसो, उसे ही अयोध्यापुरी समझो और स्वछन्दता से जंगल जाओ।

टिप्पणी—गोस्वामीजी कहते हैं—

पूजनीय प्रिय परम जहाँ ते। सब मानिये राम के नाते।।
अस जिय जानि संग बन जाहू। लेहू तात जग जीवन लाहू।।

श्लोक—

सृष्टस्त्वं वनवासाय स्वनुरक्तः सुहृज्जने।
रामे प्रमादं माकार्षि पुत्र भ्रातरि गच्छति।।

भावार्थ—हे वत्स! तुम सब सुहृद्र जनों के प्रिय हो तथापि रामचन्द्र जी वन जाते हैं, तब तुम सावधानी से प्रमाद रहित होकर उनकी सेवा करना।

टिप्पणी—सुमित्रा हृदय से लक्ष्मण को वन जाने की अनुमति देती है और बड़े भाई की सेवा की सीख देती है।

भूरि भाग भाजन भयउ। मोहिं समेत बलि जाउँ।
जो तुम्हरे मन छाँड़ि छल। कीन्ह राम पद ठाउँ।।

श्लोक—

अहो लक्ष्मण सिद्धार्थः सततं प्रियवादिनम्।
भ्रातरं देवसंकाशं यस्त्वं परिचरिष्यति।।
महत्येषा हि ते बुद्धिरेष चाभ्युदयो महान्।
एष स्वर्गस्य मार्गश्च यदेनमनुगच्छसि।।

भावार्थ—अहो लक्ष्मण! तुम्हारा अर्थ सिद्ध हो गया। तुम प्रियवादी देव तुल्य भ्राता राम की सेवा करोगे। निश्चय ही तुम्हारी यह बुद्धि महान है। यह तुम्हारा मार्ग स्वर्ग की ओर ले जाने वाला है। तुमने छल छोड़ भाई की सेवा करना पसन्द किया।

टिप्पणी—गोस्वामी जी लिखते हैं—

पुत्रवती जुवती जग सोई। रघुपति भक्त जासु सुत होई।।

वही माँ धन्य है, वह युवती धन्य है जिसका बेटा रघुनाथ जी का भक्त है। इसी को पद्म पुराण में कहा गया है—

मदवंशो वैष्णवः जातः सनोत्राता भविष्यति

स्वर्ग के पितृगण खुशी से क्षण क्षण नृत्य करते हैं कि मेरे वंश में वैष्णव ने जन्म लिया है। कुल का उद्धार करेगा।

कालिदास कुमारसम्भव में लिखते हैं—

सा भूमौ पुत्रिणी रामा हरिदासो हि यत्सुत

अर्थात् जिसका बेटा रामभक्त हो, वही संसार में पुत्रवती कहाने योग्य है।

सुमित्रा कहती है—**तुम्हरेहि भाग राम वन जाहीं**। यही बात महारामायण में भी कही गयी है।

राग रोष इरिषा मद मोहू। जनि सपनेहुँ इनि के बस होहू।।
सकल प्रकार बिकार बिहाई। मन क्रम बचन करेहु सेवकाई।।

श्लोक—

व्यसनी वा समृद्धो वा गतिरेष तवानध।
एष लोके सतां धर्मो यजूज्येष्ठवशगो भवेत्।।

भावार्थ—चाहे पापरहित रामचन्द्र के ऊपर दुःसमय हो अथवा सुसमय हो, चाहे वे ऐश्वर्य हो या विहीन हों, याद रखो तुम्हारी गति राम ही हैं। बड़े भाई के वश में रहना ही सत्य धर्म है। तुम्हें अधिक क्या समझाऊँ?

तुम कहँ बन सब भाँति सुपासू। संग पितु मातु राम सिय जासू।।
जेहि न राम बन लहहिं कलेसू। सुत सोइ करेहु इहै उपदेसू।।

श्लोक—

इदं हि वृत्तमुचितं कुलस्यास्य सनातनम्।
दानं दीक्षा च यज्ञेषु तनुत्यागो मृधेषु हि।।

भावार्थ—विशेष करके कुल की सनातन रीति अनुसार कार्य करना। दान, यज्ञानुष्ठान, रणभूमि में प्राण त्याग इत्यादि कार्य इस वंश में पारम्परिक हैं।

टिप्पणी—जब शुरुआती दौर में आबादी कम थी, जंगल ज़्यादा थे, आवश्यकताएँ प्रकृति पूर कर देती थी, खेतिहर समाज बनने की प्रक्रिया जारी थी तब यज्ञ ही सामूहिकता का माध्यम था और बलि भाग ही सरकार का राजस्व था। सरकारें कबीला सरदारों की होती थीं। मगर, जब खेती का प्रचलन बढ़ने लगा और प्रकृति सहायक भूमिका में प्रमुख से घटकर जीविका के लिए आ गयी, तब सरप्लस की खपत दान के रूप में करने का विधान आया। सतयुग कबाइली समाज का युग है। द्वापर खेतिहर समाज का युग है मगर त्रेता बीच का संक्रमण युग है। खेती की प्रधानता बुद्ध के बाद ही मुकम्मल हो पायी जब अग्नि और लोहा की पुराने बिहार में प्राप्ति प्रचुर और सुलभ हो गयी।

छन्द—

उपदेस यह जेहि जात तुम्हरे। राम सिय सुख पावहीं।
पितु मातु प्रिय परिवार पुर सुख। सुरति बन बिसरावहीं।।
तुलसी सुतहि सिष देइ आयसु, दीन्ह पुनि आसिष दई।
रति होउ अबिरल अमल सिय, रघुबीर पद नित नित नई।।

श्लोक—

लक्ष्मणं त्वेवमुक्त्वासौ संसिद्धं प्रियराघवम्।
सुमित्रा गच्छ गच्छेति पुनः पुनरुवाच तम्।।

भावार्थ—सुमित्रा लक्ष्मण जी को इस भाँति उपदेश कर और रघुनाथ जी का प्रिय जान तथा भली भाँति सिद्ध और परीक्षित जान शीघ्र राम के साथ वन जाने के लिए बारम्बार कहने लगी।

टिप्पणी—गोस्वामी जी सुमित्रा से कहलवाते हैं—

पितु, मातु, प्रिय, परिवार, पुत्र, सुख, सुरति वन विसरावहीं।

सो.—

मातु चरन सिर नाइ, चले तुरत संकित हृदय।
वागुर विषम तोराइ, मनहु भाग मृग भाग बस।।

श्लोक—

मात्रैव मुक्तो धर्मात्मा लक्ष्मणो भ्रातृवत्सलः।
नत्वा स्वमातरं शीघ्रमाजम्वामाथ लक्ष्मणः।।

भावार्थ—माता के ऐसा कहने पर भाई पर प्रेम रखने वाले धर्मात्मा लक्ष्मण माता को प्रणाम करके रामचन्द्र जी के पास शीघ्र आये।

टिप्पणी—गोस्वामी जी ने वागुर का प्रयोग किया है। अमरकोश के अनुसार वागुर का अर्थ रस्सी होता है जिससे हरिण को बाँधा जाता है। रस्सी टूटते ही जैसे हरिण भाग जाता है, वैसे ही वेग से लक्ष्मण खुशी-खुशी राम के पास आ जाते हैं। माता का प्रेम रस्सी है। लक्ष्मण रस्सी से बँधा मृग है। माता के प्रेम की रस्सी से मुक्त हो लक्ष्मण वैसे ही राम के पास आते हैं जैसे हरिण भाग जाता है। हरिण को भय है कि कहीं फिर रस्सी में न बाँध लिया जाऊँ। माँ और भाई के बीच के प्रेम के द्वन्द्व को गोस्वामी जी ने वाल्मीकि से भी अधिक निखारकर यहाँ रखा है। इसके ऊपर वाले दोहे में अनुप्रास अलंकार का प्रयोग गोस्वामी जी ने क्रिया है। "पितु, मातु, प्रिय, परिवार, पुत्र, सुख, सुरति वन विसरा वहीं।"

कहहिं परसपर पुर नर नारी। भलि बनाइ बिधि बात बिगारी।।
तन कृस मन दुख बदन मलीने। बिकल मनहुँ माषी मधु छीने।।
कर मीजहिं सिर धुनि पछिताहीं। जनु बिनु पंख बिहँग अकुलाहीं।।
भइ बड़ि भीर भूप दरबारा। बरनि न जाइ विषाद अपारा।।

श्लोक—

ततः सबालबृद्धा सा पुरी परमपीडिता।
राममेवाभिदुद्राव धर्मार्तः सलिलं यथा।।

भावार्थ—नगर के बाल, वृद्ध, वनिता सभी कातर हो गये। जैसे गर्मी के ताप से पीड़ित मनुष्य जल देखकर उसकी ओर बढ़ता है। सभी पुरवासी वैसे ही राम जी की ओर दौड़े।

टिप्पणी—गोस्वामी जी लिखते हैं—*वरनिन जाइ विषाद अपारा*। जैसे बिना पंख के पक्षी अकुलाते हैं। उसी तरह सभी पुरवासी विकल हो गये।

सचिव उठाइ राउ बैठारे। कहि प्रिय बचन राम पग धारे।।

श्लोक—

अयं स पुरुषव्याघ्रो द्वारि तिष्ठति ते सुतः।
स त्वां पश्यतु भद्रं ते रामः सत्यपराक्रमः।।

भावार्थ—हे सिंह पुरुष महाराज! आपके पुत्र सत्य पराक्रम राम द्वार पर खड़े हैं। वह आपको देखें। आपका कल्याण हो।

टिप्पणी—मन्त्री राजा को ज़मीन से उठा बैठा देते हैं और राजा को राम के आगमन की सूचना देते हैं। जानकी के साथ राम लक्ष्मण को देख राजा भारी व्याकुल हो गये। गोस्वामी जी कहानी की सिर्फ़ सपाटबयानी नहीं करते हैं। वे प्रत्येक पात्र के मनःस्थिति परिवेश और वस्तु का निरूपण भी बड़ी दक्षता से करते हैं। तभी तो गोस्वामी जी अतुलनीय बन गये। वस्तुनिरूपण बाणभट्ट में भी हमें प्राप्त होता है।

सीय सहित दोउ तनय निहारी। ब्याकुल भयउ भूमिपति भारी।।
सीय सहित सुत सुभग दोउ, देखि देखि अकुलाइ।
बारहिं बार सनेह बस, राउ लेइ उर लाउ।।
सकइ न बोलि बिकल नरनाहू। सोक जनित उर दारुन दाहू।।

श्लोक—

एवं स राजा व्यसनाभिपन्नस्तापेन दुःखेन च पीडयमानः।
आलिंग्य पुत्रं सुविनष्टसंज्ञो भूमिं गतो नैव विचष्ट किंचित्।।

भावार्थ—इस तरह राजा दशरथ मन के दुःख और प्रबल शोक से सताये जाकर राम जी को हृदय से लगा मूर्च्छित हो पृथ्वी पर गिर गये। उनका शरीर निश्चेष्ट हो गया।

टिप्पणी—नरनाथ दशरथ विकल हो कुछ कहने में भी असमर्थ हो गये।

नाइ सीस पद अति अनुरागा। उठि रघुबर बिदा तब माँगा।।
पितु असीस आयसु मोहिं दीजै। हरष समउ बिसमउ कत कीजै।।
तात किए प्रिय प्रेम प्रमादू। जसु जग जाइ होइ अपवादू।।

श्लोक—

अथ रामो मुहूर्तस्य लब्धसंज्ञ महीपतिम्।
उचाव प्रांजलिर्बाष्पशोकार्णवरिप्लुतम्।
आपृच्छे त्वां महाराज सर्वेषामीश्वरोसि नः।
प्रस्थितं दण्डकारण्ये पश्य त्वं कुशलेन माम्।।
अनुजानीहिं सर्वान् नः शोकमुत्सृज मानद।
लक्ष्मणं मां च सीतां च प्रजापतिरिवात्मजान्।।

भावार्थ—थोड़ी देर बाद राजा की मूर्च्छा टूटी। तब राम जी शोक के समुद्र में डूबे और रुदन करते राजा दशरथ से हाथ जोड़कर बोले कि हे महाराज! मैं वन जाने को प्रस्तुत हूँ

आप सबके मालिक हैं, हम आपसे विदा चाहते हैं, कृपा कर दृष्टि उठाकर हमें तप करने की आज्ञा दें जैसे प्रजापति ने सनकादिक पुत्रों को दी थी। आप शोक की अधीनता से मुक्त हो इसका त्याग करें।

टिप्पणी—गोस्वामी जी कहते हैं—

करै जो करम पाव फल सोई। निगम नीति अस कह सब कोई।

श्रीमद्भगवतगीता में भी कहा गया है—

कर्मण्येवाधिकारस्ते मा फलेषु कदाचन।

दशरथ जी मुनिवाणी उद्धृत करते हैं—

राम चराचर नायक अहहीं

इसे वशिष्ठ रामायण में भी कहा गया है—

रामश्चराचराणां च नायको स्त्यवधाधिपः

सुनि सनेह बस उठि नरहारा। बैठारे रघुपति गहिं बाँहा।।

श्लोक—

प्रतीक्षमाणमव्यग्रमनुज्ञां जगतीपतेः।
उवाच राजा सम्प्रेक्ष्य वनवासाय राघवम्।।

भावार्थ—राजा दशरथ वनवास के लिए व्यग्रता रहित प्रतीक्षारत रामचन्द्र जी से बोले।

राय राम राषन हित लागी। बहुत उपाय किए छल त्यागी।।
लषी राम रुष रहत न जाने। धरम धुरन्धर धीर सयाने।।

श्लोक—

वंचना या तु लब्धा मे तां त्वं निस्तर्तुमिच्छसि।
अनया वृत्तसादिन्या कैकेय्याभिप्रचोदितः।।
न चैतदाश्चर्यतमं यत् त्वं ज्येष्ठः सुतो मम्।
अपानृत कथं पुत्र पितरं कर्तुमिच्छसि।।

भावार्थ—मैं तो कुल कलंकिनी कैकेयी के माया जाल में पड़ा और हे वत्स, तुम इसका फल भोगने चले, कर्म कोई करे और फल दूसरा कोई भोगे। तुम क्यों इस दुष्टा के जाल में फँसते हो? तुम पुत्रों में सर्वश्रेष्ठ हो। तुम पिता वचन असत्य न होने दोंगे, इसमें क्या आश्चर्य है?

टिप्पणी—गोस्वामी जी इसके पहले दोहा में कहते हैं। गोस्वामी जी के कथन का आशय है, भगवान की लीला अति विचित्र है, इसे संसार में कौन जान सकता है।

और करै अपराध कोउ, और पाव फल भोग, अति विचित्र भगवन्त गति।

सीय सकुच बस उतर न देई। सो सुनि तमकि उठी कैकेई।।
मुनि पट भूषन भाजन आनी। आगे धरि बोली मृदु बानी।।

श्लोक—

अय चीराणि कैकेयी स्वयमाहृत्य राघवम्।।
प्रस्थानं श्रद्धाना सा त्वरयामास राघवम्।

भावार्थ—जब सीता जी ने संकोचवश उत्तर नहीं दिया, तब कैकेयी तमककर मुनि पट भूषण, चीर, वल्कल लाकर दी और वनगमन के लिए प्रेरित करने लगी।

टिप्पणी—पुरवासियों ने सीता से कहा—

तुम कहँ तौ न दीन्ह बनबासू। करहु जो कहहिं ससुर गुरु सासू।।

इसी का उत्तर सीता ने संकोचवश नहीं दिया। ससुर, सास, गुरु और पति के द्वन्द्व में भी सीता पति का साथ देने में दृढ़ निश्चयी है, वह अनिश्चय की शिकार नहीं है पर इसे स्पष्ट कहने में संकोच में है क्योंकि उसके पास सास, ससुर, गुरु का लिहाज है। वह शील वाली है, उन्हें वाणी से कमतर बताना अमर्यादित समझती है।

अस बिचारि सोइ करहु जो भावा। राम जननि सिष सुनि सुख पावा।
भूपहिं बचन बान सम लागे। कहहिं न प्रान पयान अभागे।।

श्लोक—

तव त्वहं क्षमं मन्ये नोत्सुकस्य विलम्बनम्।।
राम तस्मादितः शीघ्रं वनं त्वं गन्तुर्महसि।
व्रीडान्वितः स्वयं यच्च च नृपस्त्वां नाभिभाषते।।
नैतत् किंचिन् नरश्रेष्ठ मन्युरेषोपनीयताम्।

भावार्थ—हे राम! तुम वन जाने को उत्सुक हो! विलम्ब करना उचित नहीं है। ऐसा मानती हूँ। लज्जित राजा स्वयं तुमसे नहीं बोलते हैं, यह कुछ नहीं है। हे नरश्रेष्ठ! इस शोक को दूर करो। कैकेयी के ये वचन राजा को बाण समान लगे।

टिप्पणी—बाणभट्ट ने औरतों के हृदय को भेड़िया के समान कठोर कहा है। यहाँ तक कि लक्ष्मी का परिचय इस तरह दिया है—

"इस संसार में परिचय को ठुकराने वाली ऐसी कोई नहीं है, जैसी कि नीच लक्ष्मी।"

भरद्वाज रामायण में कहा गया है—

सुकृतं सुयशश्चापि, परलोकमथापि वा।
नश्यन्तु वक्तुं त्वां शक्रो न गन्तु विपिनं नृपः।।

कैकेयी कहती है—हे राम! तुम राजा के लिए प्राण से अधिक प्रिय हो, अतः चाहे यश, पुण्य सुकृत परलोक भले नष्ट हो जाये, वे तुम्हें वन जाने को कहने में समर्थ नहीं हैं। अर्थात् तुम स्वयं इसे स्वीकार कर वन चले जाओ।

लोग बिकल मुरुछित नर नाहू। काह करिय कछु सूझ न काहू।।
राम तुरत मुनि वेष बनाई। चले जनक जननी सिर नाई।।

श्लोक—

स चीरे पुरुषव्याघ्रः कैकेय्याः प्रतिगृह्य ते।
सूक्ष्मवस्त्रमवक्षिप्य मुनिवस्त्राण्यवस्तह।।
जननीं जनक चापि ममस्कृत्य पुनः पुनः।।
सीतालक्ष्मणरामश्च जगामविपिनं धनम्।

भावार्थ—राम ने सूक्ष्म वस्त्रों को उतार कैकेयी के द्वारा लाये गये वल्कल आदि को पहन मुनि वेश बना लिया। बार-बार माता और पिता को प्रणाम कर राम, लक्ष्मण, सीता संग वन की ओर प्रस्थान किये।

टिप्पणी—नृसिंह पुराण में वर्णन है कि इसके तदनन्तर मुनीश्वरों को भी प्रणाम कर सीता-लक्ष्मण सहित राम जी वन को प्रयाण किये। अध्यात्म रामायण में वर्णन है कि सम्पूर्ण द्रव्य, विविध वस्त्र, और गहने ब्राह्मणों को रामचन्द्र जी ने दान किये। सीता ने अपने गहने वशिष्ठ पत्नी अरुन्धती को दिये। राम ने माता के सेवक लोगों को भी अनेक प्रकार से धन दिया।

रामो मातुः सेवकेभ्यो ददौ धनमनेकधा

बारहिं बार जोरि जुगपानी। कहत राम सब सन मृदु बानी।।
सोइ सब भाँति मोर हितकारी। जेहि ते रहइ भुवाल सुखारी।।

श्लोक—

न सन्तप्येद् यथा चासौ वनवासं गते मयि।।
महाराजस्तथा कार्य मम प्रियचिकीर्षया।

भावार्थ—मेरे वनगमन बाद मेरी प्रसन्नता के लिए, मेरी भलाई के लिए, वह सब कुछ करना जिससे महाराज सन्तापित न हों, सुखी हों।

मातु सकल मोरे बिरह, जेहि न होहिं दुख दीन।
सोइ उपाय तुम करेहु सब, पुरजन परम प्रबीन।।

श्लोक—

इमां महेन्द्रोपमजातगर्धिनी तथा विधातुं जननीं ममार्हसि।
यथा वनस्थे मयि शोककर्षिता न जीवितं न्यस्य यमक्षयं ब्रजेता।।

भावार्थ—राम जी ने राजा दशरथ से कहा—हे इन्द्र के समान महाराज! आपके समीप रहने वाली कौशल्या कहीं मेरे वियोग में प्राण न त्याग दे, इस कारण इन्हें सम्मान से रखियेगा।

टिप्पणी—गोस्वामी जी वर्णन करते हैं—

यहि विधि राम सबहिं समुझावा, गुरुपद पदुम हरषि सिर नावा।

गणेश संहिता में वर्णन है—रघुनाथ जी ने समस्त प्रजा का समाधान कर वशिष्ठ मुनि की चरण वन्दना कर गणेश, दुर्गा, शंकर की वन्दना कर शुभ आशीष पाकर वन को चले।

चम्पू रामायण में वर्णन है—जैसे-जैसे अवधपुरी को छोड़कर सीता वन जाने को उत्कण्ठित हुईं, तैसे-तैसे राजा रावण के पास रहने वाली लक्ष्मी जाने की इच्छा करती हुई लंका को छोड़ने लगी।

गइ मुरछा तब भूपति जागे। बोलि सुमन्त्र कहन अस लागे।।
राम चले बन प्रान न जाहीं। केहि सुख लागि रहत तन माँही।।

श्लोक—

संज्ञां तु प्रतिलभ्यैव मुहूर्तात स महीपतिः।।
नेत्राभ्यामश्रुर्णाभ्यां सुमंत्रदिमब्रवीत्।

भावार्थ—मुहूर्त भर बाद चैतन्य लाभ कर अश्रुपूरित नेत्रों से मन्त्री सुमन्त्र को देखकर राजा बोले।

टिप्पणी—गोस्वामी जी ने इस प्रसंग को विस्तार से वर्णित किया है।

रथ चढ़ाई दिखराई वन, फिरहु गयो दिन चारि।

अध्यात्म रामायण में कहा गया है—हे सुमन्त्र! दिव्य अश्वों से शोभायमान दिव्य रथ में मुनिगण के प्रिय कुमार-कुमारी को रथ पर वन घुमाकर वापस ले आयें। गोस्वामी जी राजा से कहलाते हैं—

फेरिय प्रभु मिथिलेस कुमारी।

यदि कुमार राम न लौटें तब हाथ जोड़ कर विनय कर जानकी को लौटाने का आग्रह करना और कहना—

"रहेउ जहाँ रुचि होइ तुम्हारी।"

पुलस्त्य रामायण में कहा गया है—

कदापि च पितुर्गेहे श्वशुरस्य गृहे तथा।
भवत्या खलु वस्तव्यं रुचि पूर्वकमेव हि।।

अर्थात् जहाँ इच्छा हो, पिता घर या श्वसुर घर सीता रुचि अनुसार वास करे।

नाहित मोर मरन परिनामा। कछु न बसाय भये बिधि बामा।।
अस कहि मुरुछि परा महिराऊ। राम लषन हिय आनि देखाऊ।।

श्लोक—

अशोभनं योऽहमिहाद्य राघवं ढिदृक्षमाणो न लभे सलक्ष्मणम्।।
इतीव राजा विलपन् महायशाः पपात् तूर्ण शयने स मूर्छितः।

भावार्थ—दशरथ कहते हैं—मैं प्राण प्रिय राम लक्ष्मण को देखना चाहता हूँ, पर वह देखने को नहीं मिलते। यह मेरे महापाप का फल है। इस प्रकार विलाप करते-करते राजा पुनः मूर्च्छित हो गये। शय्या पर गिर गये।

पाइ रजायसु नाइ सिर, रथ अति बेग बनाइ।
गयउ जहाँ बाहिर नगर, सीय सहित दोउ भाइ।।

श्लोक—

राज्ञो वचनमाज्ञाय सुमंत्रः शीघ्रविक्रमः।।
योजयित्वा ययौ तत्र रथमश्वैरलंकृतम्।

भावार्थ—राजा की ऐसी आज्ञा सुन सुमन्त्र जी शीघ्र चलकर सुन्दर घोड़े जोत, रथ को सजा वहाँ गये, जहाँ राम, लक्ष्मण, सीता थे।

तब सुमन्त्र नृप वचन सुनाये। करि बिनती रथ राम चढ़ाये।।
चढ़ि रथ सीय सहित दोउ भाई। चले बनहिं अवधहिं सिर नाई।।

श्लोक—

तं रथं राजपुत्राय सूतः कनकभूषितम्।।
आचचक्षेऽजलि कृत्वा युक्तं परमवाजिभिः।
तं रथं सूर्यसंकाश सीता ह्रष्टेन चेतसा।।
आरुरोह वरारोह कृत्वालंकारमात्मनः।
अथो ज्वलनसंकाशं चामीकर विभूषितम्।।
तमारुरुहतुस्तूर्ण भ्रातरौ रामलक्ष्मणौ।

भावार्थ—हाथ जोड़ कर सारथी ने राम जी से कहा, सुवर्णमय रथ अच्छे घोड़ों सहित आपके लिए तैयार है। सुमुखि जानकी प्रफुल्ल मन से भूषण युक्त होकर सूर्य के समान उस रथ पर बैठी। तदनन्तर राम, लक्ष्मण उस अग्नि समान चमकते स्वर्ण रथ पर बैठे।

टिप्पणी—

चढ़ि रथ सीय सहित दोउ भाई। चले वनहि अवधहिं सिर नाई।

यह चौपाई यात्रा के समय आज भी पढ़ी जाती है।

चलत राम लषि अवध अनाथा। बिकल लोग लागे सब साथा।
कृपासिन्धु बहु बिधि समुझावहिं। फिरहिं प्रेमवश पुनि फिरि आवहिं।।

श्लोक—

सीतातृतीयानारूढान् दृष्टारथमचोदयत्।।
सुमन्त्रः संमतानश्वान् वायुवेगसमाञ्जवे।
प्रयाते तु महारण्यं चिररात्राय राघवे।।
बभूव नगरे मूर्च्छा बलमूर्छा जनस्य च।

भावार्थ—जब रथ पर राम, लक्ष्मण, सीता विराजमान हो गये तब सुमन्त्र जी ने वायु के समान वेगवान, घोड़े रोके। सभी पुरवासी मूर्च्छित हो गये।

टिप्पणी—

लागति अवध भयावनि भारी। मानहुँ काल राति अँधियारी

गोस्वामी जी ने यहाँ विचित्र रूपक बाँधा है। अवधपुरी काल रात्रि ऐसी भयावह हो गयी।

लागति अवध भयावनि भारी। मानहुँ काल राति अँधियारी।।
घोर जन्तु सम पुर नर नारी। डरपहिं एकहि एक निहारी।।
घर मसान परिजन जनु भूता। सुत हित भीत मनहुँ जमदूता।।
बागन्ह बिटप बेलि कुम्हिलाही। सरित सरोवर देखि न जाहीं।।

हय गय कोटिन्ह केलि मृग, पुर पशु चातक मोर।
पिक रथांग सुक सारिका, सारस हंस चकोर।।
राम बियोग बिकल सब ठाढ़े। जहँ तहँ मनहुँ चित्र लिखि काढ़े।।
नगर सकल बन गहबर भारी। खग मृग बिपुल सकल नरनारी।।
बिधि केकई किरातिन कीन्हीं। जेइ दव दुसर दसहुँ दिसि दीन्ही।।
सहि न सके रघुबर बिरहागी। चले लोग सब व्याकुल भारी।।

श्लोक—

रुदिताश्रुपरिघनं हाहाकृतमचेतनम्।।
प्रयाणे राघवस्यासीत् पुरं परमपीडितम्।
सुस्राव नयनैः स्त्रीणामस्रमायाससम्भवम्।।
मीनसंक्षोभचलितैः सलिलः पंकजैरिव।
तत्समाकुल सभ्रांतं मत्तसंकुपितद्विपम्।।
हयसिजिंतनिर्घोषं पुरमासीन्महास्वनम्।

भावार्थ—जब रघुनाथ जी महावन की ओर प्रस्थान किये तब अयोध्या रोने धोने से परिपूर्ण हो गयी। सभी पुरवासी अचेत हो गये। सभी पर कष्ट वरपा हुआ। नारियों के अश्रुपात से आँसुओं की निरन्तर धारा आँखों से प्रवाहित हो रही थी। सभी स्त्रियाँ फूट-फूटकर रो रही थीं। जैसे मछलियाँ खलबला कर जल को उछाल कर कमल के पत्तों पर छिटका देती हैं, वह जल पुनः पानी में गिरता है। इसी भाँति चारों ओर हाहाकार मचाया। हाथी कूदने-फाँदने लगे, थोड़े हिनहिनाने लगे, सब जगह भयंकर कोलाहल और कोहराम मच गया।

टिप्पणी—गोस्वामी जी का रूपक और ठीक से निरूपित है। पुरवासी कालरात्रि में एक-दूसरे को देख डर रहे थे। घर-द्वार मरघट बन गया। पुरवासी भूत नज़र आने लगे, बेटा सम्बन्धी भी यम के दूत नज़र आने लगे। हाथी, घोड़े, कोयल, हिरण, चकवा, सारस, हंस, चकोर, मैना, सुग्गा सब राम जी के बिछोह में व्याकुल हो गये। अवधपुरी जंगल जैसी हो गयी, स्तब्ध स्त्री-पुरुष पशु-पक्षी जैसे हो गये, कैकेयी किरातिनी बन गयी। सभी वियोग में घर छोड़ भाग गये। अवधपुरी मरघट जैसी हो गयी।

सबहि बिचार कीन्ह मन माहीं। राम लषन सिय बिन सुख नाहीं।।
जहाँ राम तहँ सबइ समाजू। बिनु रघुबीर अवध केहि काजू।।
चले साथ अस मन्त्र दृढ़ाई। सुर दुर्लभ सुख सदन बिहाई।।
राम चरण पंकज प्रिय जिनही। विषय भोग वश करहिं कि तिनहीं।।
बालक वृद्ध बिहाय गृह, लगे लोग सब साथ।
तमसा तीर निवास किय, प्रथम दिवस रघुनाथ।।

श्लोक—

रामस्तु तमसातीरं गत्वा तत्राबसत्सुखी।।
जलं प्राश्य निराहारो वृक्षमूलेऽस्वपद् विभुः।

भावार्थ—रामचन्द्र जी तमसा के तट पर जल पीकर निराहार होकर वृक्ष की जड़ के ऊपर सोये।

टिप्पणी—चम्पू रामायण में वृक्ष के नीचे पता के शय्या पर सोने का वर्णन है।

गंग सकल मुद मंगल मूला। सब सुख करनि हरनि सब सूला।।
कहि कहि कोटिक कथा प्रसंगा। राम बिलोकत गंग तरंगा।।

श्लोक—

तत्र त्रिपथगां दिव्यां शीततोयामशैवलाम्।।
ददर्श राघवो गंगा रम्यामृषिनिषेविताम्।
आश्रमैरविदूरस्थैः श्रीमद्भिः समलंकृताम्।।
कालेऽप्सरोभिर्हृष्याभिः सेवितांभोह्रदां शिवाम्।

टिप्पणी—अध्यात्म रामायण में वर्णन है कि पुरवासी भी इस निश्चय के साथ सोचे कि राम जी को अन्ततः वापस लौटा लेंगे। गोस्वामीजी लिखते हैं—

लोग प्रेमवश फिरहिं न फेरे।

राम जी सुमन्त्र से कहते हैं—

खोज मारि रथ हाँकहु ताता। आन उपाय वनहि नहीं वाता।।

राम जी ने सोचा—मैं तो वापस लौटूँगा नहीं, पुरवासी वृथा क्लेश पायेंगे। अतः सुमन्त्र से कहा कि रथ ले आइये, हम तुरन्त चलेंगे। पुरवासी को सोते छोड़ राम जी पुनः महावन की ओर बढ़े।

अध्यात्म रामायण में है—

इदानीमेव गच्छामः सुमन्त्र रथ मानव।

सुमन्त्र गंगा तट के शृंगवेरपुर नगर के पास पहुँचे। राम जी ने गंगा को प्रणाम किया (अध्यात्म)

पुरजन करि जोहार आए। रघुबर सन्ध्या करन सिधाए।।
गुह सवाँरि सायरी डसाई। कुस किसलय मय मृदुल सुहाई।।

श्लोक—

तत्र त्रिपथगां दिव्यां शीततोयाम शैवलाम...
ततश्चीरोत्तरासंगः संध्यामनवास्य पश्चिमाम्।

भावार्थ—श्री राम जी ने त्रिपथगा गंगाजी को देखा जिसका जल शिवार रहित शीतल, रमणीय, पवित्र था जिसके किनारे ऋषिगण बैठ गंगासेवन कर रहे थे। आगे बहुविध आश्रम और कुण्ड थे जिनमें स्वर्ग से आयी अप्सराएँ स्नान करती थीं।

रामचन्द्रजी ने वस्त्र उतार सन्ध्या उपासना की तैयारी की।

टिप्पणी—वशिष्ठ संहिता में है कि राम, लक्ष्मण, सीता के रूप देख गाँव के नर-नारी प्रसन्न हो गये। गोस्वामी जी अन्यत्र लिखते हैं—

अनुराग तड़ाग में भानुउदै विकसे मंजुल कंज कली तुलसी तेहि अवसर सबैं

जिस प्रकार सूर्य के उदय से कमल की कोमल कलियाँ खिल जाती हैं, उसी तरह प्रेम रूपी तालाब में राम रूपी सूर्य के उदय से वनवासी रूपी कमल प्रमुदित हो खिल गये।

तात कृपा करि कीजिय सोई। जाते अवध अनाथ न होई।।

श्लोक–

ध्रुवमद्य पुरी राम अयोध्या युधिनां वर।
निष्प्रभा त्वयि निष्क्रान्ते गतचन्द्रेव शर्वरी।।

भावार्थ–हे योद्धाओं में श्रेष्ठ रामचन्द्रजी! आपके अवधपुरी से निकल जाने से चन्द्रमा विहीन रात्रि की तरह अयोध्या प्रभाहीन हो गयी।

टिप्पणी–राम जी सुमन्त्र को समझाते हैं कि आप धर्म मर्मज्ञ हैं (वशिष्ठ संहिता)

गर्ग संहिता में भी है–

सत्य से बढ़कर दूसरा कोई धर्म नहीं है।

गोस्वामी जी कहते हैं–

धरम न दूसर सत्य समाना। आगम निगम पुरान बखाना।।

श्रीमद्‌भागवत में भी हरिश्चन्द्र रचित देव, शिवि की कथा है जो सत्य धर्म का पालन कर यशस्वी हुए।

राम प्रबोध कीन्ह बहु भाँती। तदपि होति नहिं सीतल छाती।।
जतन अनेक साथ हित कीन्हे। उचित उतर रघुनन्दन दीन्हे।।

श्लोक–

निवर्त्यमानो रामेण सुमन्त्रः प्रतिबोधितः।।
तत्सर्व वचनं श्रुत्वा स्नेहात्काकुत्स्थमब्रवीत्।
वनवासानुयानाय मामनुज्ञातुमर्हसि।।
एवं बहुविधं दीनं याचमानं पुनः पुनः।
रामो भृत्यानुकम्पी तु सुमंत्रमिदमब्रवीत्।
नगरी त्वां गतं दृष्ट्वा जननी मे यवीयसी।
कैकेयी प्रत्ययं गच्छेदिति रामो वनं गतः।।

भावार्थ–रामचन्द्रजी ने सुमन्त्र को सब विधि समझाकर सुमन्त्र प्रेम से राम जी से बोले–आप मुझे अपने साथ वन में ही जाने की आज्ञा दीजिए।

राम जी ने सुमन्त्र को समझाया–यदि आप न लौटोगे, तब कैकेयी माता विश्वास न करेगी कि राम जी वन गये हैं। उनकी प्रतीति के लिए आपका लौटना ज़रूरी है।

टिप्पणी–वाल्मीकि और गोस्वामी जी के प्रतिपादन में यही अन्तर है। राम जी गोस्वामी जी की नज़र को कभी कैकेयी के लिए अपशब्द, शंका या मालिन्य मन में भी नहीं रख सकते। मगर वाल्मीकि बेबाक हैं। शील और मर्यादा का ख़याल गोस्वामी जी ने यत्न से सर्वत्र किया है। गोस्वामी जी कहते हैं–**वरवस राम सुमन्त्र पठाये।**

अगस्त्य रामायण में है–

सुमन्त्र राघवो हठायात् प्रेषयामास।

सुरसरि तीर आप तब आये तदा भागीरथी तीरंस्वयमाययौ।

तेहि दिन भयउ बिटप तरबासू। लषन सखा सब कीन्ह सुपासू।।
प्रात प्रातकृत करि रघुराई। तीरथ राज दीख प्रभु जाई।।

श्लोक–

ते तु तस्मिन महावृक्षे उषित्वा रजनीं शुभाम्।।
विमले ऽभ्युदिते सूर्ये तस्माद् देशात्प्रतस्थिरे।
यत्र भागीरथी गंगा यमुनामभिवर्तते।।
जग्मुस्तं देशमुछिश्य बिगाह्या वनम्।।

भावार्थ–सीता, राम, लक्ष्मण और निषादराज गुह महावृक्ष के तले से प्रस्थान किये जहाँ भागीरथी गंगा और यमुना का संगम हुआ है।

टिप्पणी–इस प्रयाग का वर्णन महारामायण, वशिष्ठ रामायण, सनत्कुमार संहिता, अगस्त्य रामायण, अध्यात्म रामायण में भी है। अगस्त्य रामायण और तुलसी रामायण में संगम को त्रिवेणी कहा गया है पर वाल्मीकि ने सिर्फ दृष्टिगत गंगा और यमुना के संगम का ही यहाँ उल्लेख किया है। अध्यात्म रामायण में भरद्वाज आश्रम का भी उल्लेख है।

कुशल प्रश्न करि आसन दीन्हे। पूजि प्रेम परिपूरन कीन्हे।।
कन्द मूल फल अंकुर नीके। दिये आनि मुनि मनहुँ अमीके।।
सीय लषन जन सहित सुहाए। अति रुचि राम मूल फल खाए।।

श्लोक–

पित्रा नियुक्ता भगवन् प्रवेक्ष्यामस्तपोवनम्।
धर्म मेवा चरिष्यामस्तत्र मूलफलाशनाः।।
तस्य तद्वचनं श्रुत्वा राजपुत्रस्य धीमतः।
उपानयत धर्मात्मा गामहर्यमुदकं ततः।।
नानाविधानरसान् वन्यमूलफलाश्रयान्।
तेभ्यो ददौ तप्ततपा वासं चैवाभ्यकतपयत्।।

भावार्थ–हे भगवान्! श्री पिताजी की नियुक्ति से हम सब तपोवन में प्रवेश करेंगे। वहाँ कन्द मूल, फल खाकर धर्म का आचरण करेंगे। भरद्वाज जी राम का वचन सुन कन्द मूल, फल, रस राम के समीप लाये और उनके रहने के लिए स्थान भी निर्धारित कर दिया।

टिप्पणी–अध्यात्म रामायण में भरद्वाज जी राम से कहते हैं–

अद्र्याहं तपसः पारं गतोऽस्मि तव संगमात्

गोस्वामी जी इसे कहते हैं–

आज सुफल तप तीरथ त्यागू। आज सकल जप जोग विरागू।।
भए बिगत स्रम राम सुखारे। भरद्वाज मृदु बचन उचारे।।

श्लोक—

राममागतमभ्यर्च्य स्वागतेनागतं मुनिः।
भरद्वाजो ऽब्रवीद् वाक्यं धर्मयुक्रमिदं तदा।।

भावार्थ—भरद्वाज मुनि ने अतिथि राम का स्वागत कर धर्मयुक्त वचन कहा।

राम कीन्ह विश्राम निसि, प्रात प्रयाग नहाइ।
चले सहित सिय लषन जन, मुदित मुनिहि सिरनाइ।।

श्लोक—

उषित्वा रजनीं तत्र राजपुत्रावरिन्दमौ।
महर्षिमभिवाद्याथ जग्मतस्तुं गिरिं प्रति।।

भावार्थ—शत्रुओं के दमन करने वाले राजकुमार राम और लक्ष्मण वहाँ रात्रि विश्राम कर प्रातः प्रयाग नहाकर भरद्वाज जी की चरण वन्दना कर मंगलकारी वेद निहित चित्रकूट की ओर चले।

टिप्पणी—याज्ञवल्क्य रामायण में राम मुनि से चित्रकूट का सुगम मार्ग पूछते हैं। मुनि हँस कर कहते हैं : तुम्हारे लिए सब मार्ग सुगम है।

पुलस्त्य रामायण और कपिल रामायण में वर्णन है कि मुनि ने अपने शिष्यों को मार्ग दर्शन के लिए साथ कर दिया। सौमरि रामायण के अनुसार राम जी ने शिष्यों को लौटा दिया।

गोस्वामी जी कहते हैं—

"विदा किये बहु विनय करि फिरे पाइ मन काम।
उतरि नहाए जमुन जल, जो शरीर सम स्याम।।

राम जी ने यमुना जल में स्नान किया जो उनके शरीर के रंग की तरह श्याम वर्ण के जल वाली थी। यही वर्णन सौमरि रामायण में है।

पैठत नगर सचिव सकुचाई। जनु मारेसि गुरु ब्राह्मन गाई।।
बैठि बिटपतर दिवस गँवावा। साँझ समय तब अवसर पावा।।
अवध प्रवेस कीन्ह अँधियारे। पैठ भवन रथ राखि दुवारे।।
जिन्ह जिन्ह समाचार सुनि पाये। भूप द्वार रथ देखन आये।।
रथ पहिचानि बिकल लखि घोरे। गरहिं गात जिमि आतप ओरे।।
नगर नारि नर व्याकुल कैसे। निघटत नीर मीन गन जैसे।।

सचिव आगवन सुनत सब, बिकल भयउ रनिवास।।
भवन भयंकर लाग तेहि, मानहुँ प्रेतनिवास।।

श्लोक—

नगरद्वारमासाध त्वरितः प्रविवेश ह।।
सुमंत्रमभिधावन्तः शतशोऽथ सहस्रशः।
क राम इति पृच्छंतः सूतमभ्यद्रवन्नराः।।

भावार्थ—सुमन्त्र जी नगर द्वार में शीघ्रता से प्रवेश कर राज मन्दिर में पैठे। सैकड़ों नरनारि राम कहाँ हैं, यह पूछते हुए सुमन्त्र जी की ओर दौड़ पड़े।

अति आरत सब पूछहिं रानी। उतरु न आव बिकल भइ बानी।।
सुनइ न स्रवन नयन नहिं सूझा। कहहु कहाँ नृप जेहि तेहि बूझा।।
दासिन्ह दीष सचिव बिकलाई। कौशिल्या गृह गई लिवाई।।
जाइ सुमन्त्र दीष कस राजा। अमिय रहित जनु चन्द बिराजा।।
आसन सयन विभूषन हीना। परेउ भूमि तल निपट मलीना।।
लेइ उसाँस सोच यहि भाँती। सुर पुरते जनु खँसेउ जजाती।।
लेत सोच भरि छिन छिन छाती। जनु जरि पंष परेउ सम्पाती।।
राम राम कह राम सनेही। पुनि कह राम लषन बैदेही।।

श्लोक—

अतदर्ह महाराजं श्यानमतथोचितम्।
यायातिमिव पुण्यांते देवलोकात्परिच्युतम्।।

भावार्थ—सुमन्त्र ने महाराज दशरथ को इस हाल में देखा जैसे ययाति देवलोक से पुण्य के समाप्त होने पर पृथ्वी पर गिर गये।

टिप्पणी—अध्यात्म रामायण में राज भवन में विह्वल राजा ने सुमन्त्र से पूछा—

सुमन्त्र रामः कुलास्ते सीतया लक्ष्मणेन च।

गोस्वामी जी कहते हैं—

सुनत उठेउ, व्याकुल नृपति, कहु सुमन्त कहँ राम
कहँ रघुनाथ लषन बैदेही
सषा राम सिय लषन जहँ, तहाँ मोहिं पहुँचाउ।
नाहित चाहत चलन अब, प्रान कहौ सति भाउ।।

श्लोक—

सूत यधस्ति ते किंचिन मयापि सुकृतं कृतम्।।
त्वं प्रापयाशु मां रामं प्राणाः सन्त्वरयन्ति माम्।

भावार्थ—दशरथ जी कहते हैं, जो हुआ सो हुआ। यदि मैंने तुम पर कुछ भी उपकार किया हो तो शीघ्र मुझे राम के पास ले चलो। क्योंकि मेरे प्राण अब देह से निकलने वाले हैं।

पुनि पुनि पूछत मन्त्रिहि राऊ। प्रीतम सुअन सँदेस सुनाऊ।।
करहु सखा सोइ बेग उपाऊ। राम लषन सिय नैन दिषाऊ।।

श्लोक—

यद्यद्यापि ममैवाज्ञा निवर्तयतु राघवम्।।
न शक्ष्यामि विना रामं मुहूर्तमपि जीवितुम्।

भावार्थ—रामचन्द्र जी के बिना हम एक घड़ी भी जी नहीं सकेंगे। हमारे प्राण की रक्षा का कुछ भी प्रयोजन हो तो राम जी को वापस ले आओ।

राम सषा तब नाव मँगाई। प्रिया चढ़ाइ चढ़े रघुराई।।
लषन बान धनु धरे बनाई। आप चढ़े प्रभु आयसु पाई।।
बिकल बिलोकि मोहिं रघुबीरा। बोले मधुर बचन धरि धीरा।।
तात प्रनाम तात सन कहेहू। बारबार पद पंकज गहेहू।।

श्लोक—

अब्रवीन्मे महाराज धर्ममेवानुपालयन्।
अंजलिं राघवः कृत्वा शिरसाभिप्रणम्य च।।
सूत मद्वचनात्तस्य तातस्य विदितात्मनः।
शिरसा वन्दनीयस्य बंद्यौ पादौ महात्मनः।।

भावार्थ—हे महाराज! धर्म पालक राघव ने शिर नवा कर आपको प्रणाम कहा है और कहा है कि प्रथम वन्दनीय सर्वज्ञ पिताजी के चरणों में शिर झुकाकर प्रणाम कहना।

टिप्पणी—अध्यात्म रामायण में वर्णित है—

सुमन्त्र ब्रूहि राजानं शोकस्तेऽस्तुन मत्कृते

राजा को प्रणाम जना कर कहना, हमारे लिए शोक न करें।

पुरजन परिजन सकल निहोरी। तात सुनायह बिनती मोरी।।
सोइ सब भाँति मोर हितकारी। जाते रहै भुआल सुखारी।।

श्लोक—

सर्वमंतः पुरं वाच्यं सूत मद्वचनात्वया।
आरोग्यमविशेषेण यथार्हमभिवादनम्।।

भावार्थ—हे सुमन्त्र! तुम हमारी ओर से सब अन्तःपुरवासियों का कुशल पूछना और यथायोग्य प्रणाम आदि कहना।

टिप्पणी—पुलस्त्य रामायण में है कि गुरुजी के चरण पकड़कर कहना कि जैसे महाराज मुझे न सोचें, वैसा उपाय कीजिए।

अध्यात्म रामायण और गोस्वामी जी में माता कौशल्या को भी प्रणाम निवेदन का वर्णन है—

तुलसी करेहु सोइज तन, जेहि कुसली रहहिं कोसल धन

कहब सन्देस भरत के आये। नीति न जतिय राज पद पाये।।
पालेहु प्रजहिं करम मन बानी। सेएहु मातु सकल सम जानी।।

श्लोक—

भरतः कुशलं वाच्यो मद्रवचनेन च।
सर्वास्तेव यथान्यायं वृत्ति वर्तस्व मातृषु।।

भावार्थ—भरत जी को हमारी तरफ़ से कुशल जना कर फिर कहना कि तुम सब जननियों के प्रति धर्मानुसार बराबर व्यवहार करना।

और निबाहेहु भायप भाई। करि पितु मातु सुजन सेवकाई।।
तात भाँति तेहि राखेब राऊ। सोच मोर जेहि करहिं न काऊ।।

श्लोक—

वक्तव्यश्च महाबाहुरिक्ष्वाकुकुलनन्दनः।
पितरं यौवराज्यस्यो राज्यस्थमनुपालय।।
अतिक्रांतवया राजा मास्मैनं व्यपरोरुधः।
कुमार राज्ये जीवस्य तस्यैवाज्ञाप्रवर्तनात्।।

भावार्थ—तुम महाबाहु इच्छवाकुकुल नन्दन भरत जी से यह भी कहना कि तुम इस समय युवराज हो, अतः महाराजा की सहायता करना और उनकी आज्ञानुसार चलना।

लषन कहे कछु बचन कठोरा। बरजि राम पुनि मोहि निहोरा।।
बार बार निज सपथ देवाई। कहवि न तात लषन लरिकाई।।

श्लोक—

लक्ष्मणस्तु सुसंक्रुद्धो निःश्वसन् वाक्यमब्रवीत्।
केनायमपराधेन राजपुत्रो विवासितः।।

भावार्थ—तब लक्ष्मण जी ने बहुत ही क्रोधित होकर तथा लम्बा श्वास भरकर कहा कि राजपुत्र होकर ये किस अपराध से वन को भेजे गये?

कहि प्रनाम कछु कहन लिय, सिय भइ सिथिल सनेह।
थकित बचन लोचन सजल, पुलक पल्लवित देह।।

श्लोक—

जानकी तु महाराज निःश्वसन्ती तपस्विनी।
भूतोपहतचित्तेव विष्ठिता विस्मृता स्थिता।।
अदृष्टपूर्वव्यसना राजपुत्री यशस्विनी।
तेन दुःखेन रुदती नैव मां किंचिदब्रवीत्।।

भावार्थ—हे महाराज! जिस प्रकार भूत चढ़ने से किसी का भी मन घबरा जाता है और सब चौकड़ी भूल जाता है, तपस्विनी जानकी जी भी इसी भाँति बैठी रहकर ऊर्ध्व श्वास लेती हुई रोदन करने लगीं और मुख से कुछ न बोलीं।

सूत बचन सुनहिं नर नाहू। परेउ धरनि उर दारुन दाहू।।
तलफत विषम मोह मन मापा। माँजा मनहुँ मीन कहु ब्यापा।।

श्लोक—

अशोभनं योहमिहाद्य राघवं दिदृक्षमाणो न लभे सलक्ष्मणम्।
इतीव राजा विलपन महायशाः पपात तूर्ण शयने समूर्छितः।।

भावार्थ—यह अशोभित बात है कि मैं यहाँ राम लक्ष्मण को नहीं पा रहा हूँ। इस प्रकार राजा विलाप करते हुए मूर्च्छित हो शय्या पर गिर पड़े।

करि बिलाप सब रोवहिं रानी। महा बिपति किमि जाइ बषानी।।
सुनि बिलाप दुषहू दुख लागा। धीरजहू कर धीरज भागा।।
भयउ कोलाहल अवध अति। सुनि नृप राउर सोर।
बिपुल बिहँग बन परेउ निसि। मानहुँ कुलिस कठोर।।

श्लोक—

ततस्तमंतः पुरनादमुत्थितं समीक्ष्य वृद्धास्तरुणाश्च मानवाः।
स्त्रियश्च सर्वा रुरुदुः समंततः पुरं तदासीत्पुनरेव संकुलम्।।

भावार्थ—उन सबके रोने के शब्द से वहाँ युवा, वृद्ध सभी पुरुष और सभी स्त्रियाँ भी रुदन करने लगीं। पूरे निवास और पुर में रुदन होने लगा।

बिलपहिं बिकल दास अरु दासी। घर घर रुदन करहिं पुरबासी।।
अथयो आज भानु कुल भानू। धर्म अवधि गुन रूप निधानू।।
गारी सकल कैकइहिं देही। नयन बिहीन कीन जग जेहीं।।

श्लोक—

नराश्च नार्यश्च समेत्य संघशो विगर्ह्यमाणा भरतस्य मातरम्।
तदा नगर्य्या नरदेवसंक्षये बभूबुरार्ता न च शर्म लेभिरे।।

भावार्थ—दशरथ जी की मृत्यु के बाद अयोध्यावासी स्त्री-पुरुष सभी एकत्र होकर माता कैकेयी को कोसने लगे और सभी कातर हो सुखविहीन हो गये।

यहि बिधि बिलपन रैनि बिहानी। आये सकल महामुनि ज्ञानी।।

श्लोक—

ब्यतीतायां तु शर्वर्यामदित्यस्योदये ततः।
समेत्य राजकर्तारः सभामीयुर्द्विजातयः।।

भावार्थ—अनन्तर बड़े कष्ट से रात कटी, सवेरा हुआ और राजकाज में निर्वाहक ब्राह्मण लोग राज्यसभा में आये।

सुनि मुनि आयसु धावन धाये। चले बेगि बर बाजि लजाये।।

श्लोक—

ततः प्रास्थानिकं कृत्वा कार्यशेषमनंतरम्।।
वशिष्ठेनाभ्यनुज्ञाता दूताः संत्वरितं ययुः।

भावार्थ—यात्रा के लिए आवश्यक सब सामग्री लेकर वशिष्ठ जी की आज्ञानुसार सभी शीघ्रतापूर्वक यात्रा करने गये।

अनरथ अवध अरम्भेउ जबते। कुसगुन होहिं भरत कहँ तबते।।
देषहिं राति भयानक सपना। जागि करहिं कटु कोटि कलपना।।

बिप्र जेंबाइ देहिं दिन दाना। सिब अभिषेक करहिं बिधि नाना।।
भांगहि हृदय महेस मनाई। कुसल मातु पितु परिजन भाई।।

श्लोक—

यायेव रात्रिं ते दूताः प्रविशंतिस्म तां पुरीम्।।
भरतेनापि तां रात्रिं स्वप्नो दृष्टोयमप्रियः।

भावार्थ—जिस रात्रि को दूत उस पुरी में पहुँचे, भरत जी ने एक बड़ा बुरा स्वप्न देखा।

बिकल बिलोकी सुतहि समुझावति। मनहु जरे पर लोन लगावति।।
तात राउ नहिं सोचन जोगू। बिदइ सुकृत जस कीन्हेउ भोगू।।
जीवत सकल जनम फल पाए। अन्त अमर पति सदन सिधाए।
अस अनुमनि सोच परिहरहू। सहित समाज राज पुर करहू।।

श्लोक—

तं दृष्ट्वा दुःखिता तदा।।
कैकेयी पुनरप्याह वत्स शोकेन किं तव।
राज्ये महति सम्प्राप्ते दुःखस्याबसरः कुतः।।
दुःखे में दुःखयकरोर्व्रणे क्षारमिबाददाः।
राजानं प्रेत भावस्यं कृत्वा रामं च तापसम्।।

भावार्थ—तिस काल में भरत जी की ऐसी दशा देख कैकेयी दुःखी हो गयी और बोली, बेटा! तुम शोक क्यों करते हो? तुमने विशाल राज्य पाया है, क्या यह अवसर तुम्हारे दुःख करने का है?

सुनि सुठि सहमेउ राजकुमारू। पाके छत जनु लाग अँगारू।।
धीरज धरि भरि लेहिं उसाँसा। पापिन सबहिं भाँति कुल नासा।।
जौपे कुरुचि रही अति तोही। जनमत काहेन मारे मोही।।
पेड़ काटि तै पालव सींचा। मीन जियत हित बारि उलीचा।।

हंस बंस दसरथ जनक, राम लषन से भाइ।
जननी तू जननी भई, बिधिसन कछु न बसाइ।।

जबते कुमति कुमत जिय ठयऊ। षंड षंड होइ हृदय न भयऊ।।
बर माँगत मन भइ न पीरा। गरि न जीह मुँह परेउ न कीरा।।
भूप प्रतीति तोरि किमि कीन्ही। मरन काल विधि मति हरि लीन्ही।।

श्लोक—

अन्तकाले हि भूतानि मुह्यांतीति पुरा श्रुतिः।
राज्ञैवं कुर्वता लोके प्रत्यक्षा सा श्रुतिः कृता।।

टिप्पणी—अन्तकाल में प्राणी मोहित होते हैं, यह पुरानी श्रुति है। लोक में ऐसा करते हुए राजा ने यह श्रुति प्रत्यक्ष की।

बिधिहु न नारि हृदय गति जानी। सकल कपट अघ अवगुन षानी।।
सरल सुसील धर्मरत राऊ। सो किमि जानइ तीय सुभाऊ।।
अस को जीव जन्तु जग माहीं। जेहि रघुनाथ प्रान प्रिय नाहीं।।

श्लोक–

लोके न हि स विधेत यो न राममनुव्रतः।

भावार्थ–संसार में ऐसा कोई नहीं है, जो राम का प्रेमी न हो।

कौसिल्या के वचन सुनि, भरत सहित रविनास।
व्याकुल विलपत राजगृह, मानहुँ शोक निवास।।

श्लोक–

पपात चरणौ तस्यास्तदा संभ्रांतचेतनः।।
विलप्य बहुधा ऽसंज्ञो लब्धसंशस्तदाभवत्।

भावार्थ–उसी क्षण चेतना के लुप्त होने से भरत जी मूर्च्छित हो गये, फिर चैतन्य हुए और फिर भ्रान्त चित्त से बार-बार विलाप करके कौशल्या जी के चरण युगल पर गिर पड़े।

बिलपहिं बिकल भरत दोउ भाई। कौसल्या लिय हृदय लगाई।
भाँति अनेक भरत समुझाए। कहि विवेकमय वचन सुनाए।।
भरतहुँ मातु सकल समुझाई। कहि पुरान श्रुति कथा सुहाई।।
छलविहीन सुचि सरल सुबानी। बोले भरत जारि जुग पानी।।

श्लोक–

एवं विलपमानां तां प्रांजलिर्भरतस्तदा।।
कौसल्यां प्रत्युवाचेदं शोकैर्बहुभिरावृत्ताम्।

भावार्थ–फिर जब चैतन्य हुए तब महाशोक ग्रस्त होकर रोदन करते हुए हाथ जोड़ कर कौशल्याजी से कहने लगे।

जे अघ मात पिता सुत मारे। गाइ गोठ महि सुरपुर जारे।।
जे अघ तिय बालक वध कीन्हे। मीत महीपति माहुर दीन्हे।।
जे पातक उपपातक अहहीं। करम बचन मम भव कवि कहहीं।।
ते पातक मोहिं होउ बिधाता। जौं यह होइ मोर मत माता।।

श्लोक–

राजस्त्रीवालवृद्धानां वधे यत्पापमुच्यते।
भृत्यत्यागे च यत्पापं तत्पापं प्रतिपद्यताम्।।
कृतशास्त्रानुगा बुद्धिर्माभूत्तस्य कदाचन।।
सत्यसंघः सतां श्रेष्ठो यस्यायोंनुमते गतः।।

भावार्थ–जिनकी सलाह से राम जी वन को गये हो, उनको वह पाप हो जो राजा, स्त्री, बालक, और वृद्ध को वध करने और निरपराध सेवक को त्यागने से होता है।

बेचहिं बेद धरम दुहि लेही। पिसुन पराय पाप कहि देही।।
कपटी कुटिल कलह प्रिय क्रोधी। बेद बिदूषक विस्व बिरोधी।।
लोभी लंपट लोलुप चारा। जे ताकहिं परधन परदारा।।
पावउँ मैं तिनकी गत घोरा। जौं जननी यह संमत मोरा।।

श्लोक–

अकर्ता चाकृतज्ञश्च त्यक्तश्च निरपत्रपः।।
लोके भवतु विद्विष्टो यस्यार्थोनुभते गतः।
धर्मदारान्परित्यज्य परदारान्निषेवताम्।।
त्यक्तधर्मरतिमूढ़ो यस्यार्योनुमते गतः।

भावार्थ–जिसके मत से राम जी वन गये हों, उसको वह पाप जो कि उपकार न करने वाले भला न करने वाले सज्जनों द्वारा परित्याग करने वालों को और संसार भर के जीवों से बैर करने वालों को होता है। वह परायी स्त्री मैथुन करे और मोह को प्राप्त हो, धर्मच्युत हो जाये।

टिप्पणी–अध्यात्म रामायण में भी भरत के शपथ का वर्णन है।

मातु भरत के वचन सुनि, साँचे सरल सुभाय।
कहति राम प्रिय होहु तुम्हें, सदा बचन मम काय।।

श्लोक–

तदा तं शपथैः कष्टैः शपमानमचेतनम्।।
भरतं शोकसन्तप्त कौशल्या वाक्यमब्रवीत्।
दिष्टया न चलितो धर्मादात्मा ते सह लक्षणः।।
वत्स सत्यप्रतिज्ञो हि सतां लोकानवाप्स्यसि।

भावार्थ–भरत जी अति कठोर शपथ करते करते शोक से सन्तप्त व ज्ञान शून्य हो गये। कौशल्या जी ने कहा, "तुम्हारा मन शुभ लक्षणों से युक्त है और धर्म से विचलित न हुआ है। तुम्हारी प्रतिज्ञा यदि सत्य है तो निश्चय ही तुम सद्गति के अधिकारी हो।"

टिप्पणी–अध्यात्म रामायण में है–

कौशल्या ने भरत को छाती से लगाकर कहा–पुत्र! मैं सब जानती हूँ, शोक मत करो। अध्यात्म रामायण और गोस्वामी जी ने भरत की निष्ठा को सन्देह से परे रखा है।

करत बिलाप बहुत यहि भाँती। बैठेहि बीति गयी सब राती।।

श्लोक–

लालप्यमानस्य विचेनस्य प्रणष्टबुद्धेः पतितस्य भूमौ।
मुहुर्मुहुर्निःश्वसतश्च दीर्घ सा तस्य शोकेन जगाम रात्रिः।।

भावार्थ–भरत जी ने वह रात विलाप करते और चेतना बार-बार खोते बितायी।

टिप्पणी–गोस्वामी जी ने वाल्मीकि से भिन्न प्रसंग का निरूपण किया है।

राम प्रान ते मान तुम्हारे। तुम रघुपतिहिं प्रान ते प्यारे।।

कौशल्या भरत जी को आश्वस्त करती हैं कि तुम राम जी के प्राण समान प्यारे हो और तुम दोनों का प्रेम अटूट है। वाल्मीकि के विपरीत गोस्वामी जी की कौशल्या शंका विहीन है।

नृप तनु बेद बिहित अन्हवावा। परम विचित्र बिमान बनावा।।

श्लोक–

शिविकायामथारोप्य राजानं गतचेतनम्।
बाष्पकंठा बिमनसस्तमूहुः परिचारकाः।।
हिरण्यं च सुवर्णं च वासांसि विविधानि च।
प्रकिरंतो जना मार्गे नृपतेरग्रतो ययुः।।

भावार्थ–अनन्तर परिचारक लोग चेतनहीन राजा के शरीर को पालकी में चढ़ा कर नितान्त भग्न हृदय और भरे गले से उस पालकी को उठा लिये। हज़ारों मनुष्य पालकी के आगे चले। तरह-तरह के वस्त्र, स्वर्ण बाँटते गये।

गहि पद भरत मातु सब राखी। रहीं राम दरसन अभिलाखी।।
चन्दन अगर भार बहु आए। अमित अनेक सुगन्ध सुहाए।।
सरजुतीर रचि चिता बनाई। जनु सुरपुर सोपान सुहाई।।

श्लोक–

चन्दनागुरुनिर्यासान्सरलं पधकं तथा।
देवदारुणि चाहृत्य क्षेपयंति तथापरे।।
गंधानुच्चावचांश्चान्यांस्तत्र गत्वाथ भूमिपम।
तत्र संवेशयामासुश्चितामध्ये तमृत्विजः।।

भावार्थ–मार्ग में इस भाँति करते-कराते सरयू के किनारे पर पहुँचे। वहाँ चन्दन, मगर, गुग्गुल, सौखू, पद्मकाष्ट, देवदारु आदि लाकर उत्तम चिता बनायी। इस चिता में अनेक प्रकार के सुगन्धित पदार्थ डाले गये। अनन्तर ऋत्विक लोगों ने राजा का शरीर चिता पर रखा।

टिप्पणी–नृसिंह पुराण में वर्णन है कि भरत जी ने वेद विधि इष्ट कर्म से विधान से अग्निहोत्र द्वारा पिता के देह को भस्म किया और सरयू में स्नान कर जलांजलि दिया।

गोस्वामी जी कहते हैं–

यही विधि दाह क्रिया सब कीन्ही। विधिवत न्हाई तिलांजलि दीन्ही।।

हिन्दुओं में मुखाग्नि की यही विधि आज भी परम्परा से कायम है।

सोधि सुमृति सब वेद पुराना। कीन्ह भरत दसगात्र विधाना।।

श्लोक–

कृत्वोदकं ते भरतेन सार्ध नृपांगना मन्त्रिपुरोहिताश्च।
पुरं प्रविश्याश्रुपरीतनेत्रा भूमौ दशाहं व्यनयंत दुःखम्।।

भावार्थ–पुरोहित और भरत जी सहित सब लोग राजा के लिए तर्पण कर आँसू बहाते हुए नगर में आये। पृथ्वी पर दस दिन शयन कर अति कष्ट से दसगात्र विधान सम्पन्न किया।

जहँ जस मुनिवर आयसु दीन्हा। तहँ तस सहस भाँति सब कीन्हा।।
भए बिसुद्ध दिये सब दाना। धेनु बाजि गज बाहन नाना।।
सिंहासन भूषन बसन, अन्न धरनि धन धाम।
दिये भरत लहि भूमिसुर, भे परिपूरन काम।।

श्लोक–

ततो दशाहेतिगते कृतशौचो नृपात्मजः।
द्वादशेहनि सम्प्राप्ते श्राद्धकर्माण्यकारयत्।।
ब्राह्मणेभ्यो धनं रत्नं ददावन्नं च पुष्कलम्।
बास्तिकं बहु शुल्कं च गाश्चापि बहुशस्तदा।।
दासीर्दासांश्च यानानि वेश्मानि सुमहाति च।
ब्राह्मणेभ्यो ददौ पुत्रो राज्ञस्तस्यौर्ध्वदेहिकम्।।

भावार्थ–इस प्रकार दस दिन सब नियम कर एकादशाह किया और अब पवित्र हुए? बारहवाँ दिन सपिण्डादि श्राद्ध कर ब्राह्मणों को मंगलार्थ बहुत-सा रत्न, स्वर्ण, रजत, गायें, छाग आदि दान किये। बहुत दास, दासियाँ, सवारियाँ, ऊँट, हाथी, घोड़े आदि तम्बू, कनात, शामियाना सब सामग्री ब्राह्मणों को दान दिये।

टिप्पणी–इस ब्रह्म अग्रहार के कारण ब्राह्मणों में सम्पत्तिवान वर्ग का उदय हुआ और उनका पेशागत परिवर्तन हो गया। उनका एक हिस्सा राजत्व, खेती, व्यापार, युद्ध में प्रवृत्त हुआ। ब्राह्मणों में गैर-पुरोहित उपजाति की उत्पत्ति के अवशेष पंजाब में महीयाल, गुजरात में देसाई, महाराष्ट्र में चित्रपावन, बिहार में भूमिहार, बंगाल में वारीन्द्र राढ़ी रूप में आज भी विद्यमान हैं।

कहत राम गुन सील सुभाऊ। सजल नयन पुलके मुनिराऊ।।
बहुरि लषन सिय प्रीति बखानी। सोक सनेह मगन मुनि ज्ञानी।।
सुनहू भरत भावी प्रबल बिलखि कहेउ मुनिनाथ।
हानि लाभ जीवन मरन, जस अपजस विधि हाथ।।

श्लोक–

इति संस्मृत्य संस्मृत्य रामं साश्रुविलोचनः।।
आचचक्षेऽथ सद्भावं लक्ष्मणस्य महात्मनः।

भावार्थ–इस प्रकार रामचन्द्र जी का स्मरण करके मुनिराज ने आँखों में आँसू भर लिये। तदनन्तर लक्ष्मण जी का रामचन्द्रजी के प्रति प्रेम का वर्णन किया।

कुलगुरु वशिष्ठ जी ने कहा, सुख-दुःख, हानि-लाभ, जीवन-मरण, यश-अपयश सब विधि के हाथ प्राप्त होते हैं।

महाभारत में कहा गया है–

सुखं च दुखं च भवाभवौ च लाभा लाभौ मरणं जीवितं च
पर्यायतः सर्व मवाप्नुवंति तस्माद्धीरो नैव सुष्येन्न शोचेत

अर्थात् सुख-दुख, हानि-लाभ, जीवन-मरण, यश-अपयश सब क्रम से प्राप्त होते हैं। इस कारण ज्ञानी लोग न खुश होते हैं, न उदास होते हैं। यह सृष्टि का क्रम है। संसार परिवर्तनशील है। प्रतिक्षण स्थिति बदलती रहती है। अध्यात्म रामायण में भी वर्णित है—"शोक करना व्यर्थ है।"

यह सुनि समुझि सोच परिहरहू। सिर धरि राज रजायसु करहू।।
राम राजपद तुम्ह कह दीना। पितावचन फुर चाहिय कीन्हा।।
तजे राम जेहि बचनहि लागी। तनु परिहरेउ रामबिरहागी।।

श्लोक—

रामस्तु सह सौमित्रिः प्रोषितः सहसीतया।
तमपश्यन प्रियं पुत्रं महीपालो महायशाः।।
पुत्रशोकपरिधिनः पंचत्वमुपपेदिवान्।

भावार्थ—राजा ने रामचन्द्र जी को सीता और लक्ष्मण के साथ वन भेज दिया। महीपाल महायशस्वी राजा दशरथ पुत्र के शोक में महादुखित हो पंचत्व को प्राप्त हुए।

करहु सीस धरि भूपरजाई। है तुम्ह कहँ सब भाँति भलाई।।

श्लोक—

तात राजा दशरथः स्वर्गतो धर्ममाचरन्।
धनधान्यवतीं स्फीतां प्रदाय पृथिवीं तव।।
रामस्तथा सत्यवृत्तिः सतां धर्ममनुस्मरन्।
नाजहात् पितुरादेशं शशी ज्योत्स्नामिवोदितः।।
पित्रा भ्रात्रा च ते दत्तं राज्यं निहतकंटकम्।
तद्भुङ्क्ष्व मुदितामात्यः क्षिप्रमेवाभिषेचय।।

भावार्थ—हे भरत! राजा दशरथ सदा धर्म मार्ग में टिके रहे। धन्य धान्यवती विपुल रिद्धि सिद्धि युक्त यह पृथ्वी तुमको देकर स्वर्ग को चले गये हैं। सत्यव्रत रामचन्द्र जी ने भी साधु भाव से धर्म का स्मरण कर पिता आज्ञा को सिर माथे लिया जैसे चन्द्रमा चाँदनी को नहीं छोड़ सकता। इस समय तुम इन मन्त्रि आदिकों का आनन्दवर्धन करके पिता और भ्राता का दिया हुआ राज्य अकंटक भोगोगे और अपना शीघ्र अभिषेक करा लो।

टिप्पणी—महाभारत में वर्णन है—

जामदग्न्येन रामेण रेणुका जननी स्वयम्

गोस्वामी जी कहते हैं—

परशुराम पितु आज्ञा राखी। मारी मातु लोग सब साखी।

पितृसत्तात्मक समाज में पिता की आज्ञा सर्वोपरि होती है।

अवसि नरेस बचन फुर करहू। पालहु प्रजा सोक परिहरहू।।
सुरपुर नृप पाइहिं परितोषू। तुम कहँ सुकृत सुजस नहिं दोसू।

श्लोक—

त्वमद्य भव नो राजा राजपुत्र महायशः।
संगत्या नापराध्नोति राज्यमेतदनायकम्।।

भावार्थ—इस समय यह राज्य बिना राजा का है। अतएव आप इसे ग्रहण कीजिए। आप राजा के परम यशस्वी पुत्र हैं। पिता की आज्ञानुसार राज्य पद ग्रहण करने से बड़े भाई की मौजूदगी के बावजूद भी किसी प्रकार का दोष आपको नहीं लगेगा।

टिप्पणी—रघुवंश का वचन है—

"आज्ञा गुरुणां अविचारणीया।" गुरुओं की आज्ञा अविचारणीय है। इसे मानना चाहिए।

बेदबिहित संमत सबही का। जेहि पितु देइ सो पावइ टीका।।

श्लोक—

अभिषेकनिकं सर्वामिदमादाय राघव।
प्रतीक्षते त्वां स्वजनः श्रेणयश्च नृपात्मज।।

भावार्थ—हे रघुवंश नन्दन! केवल हम ही नहीं, वरन, सब बन्धु-बान्धव पुरवासी अभिषेक की राह ताक रहे हैं।

करहु राज परिहरहु गलानी। मानहु मोर बचन हित जानी।।

श्लोक—

राज्यं गृहाण भरत पितृपैतामहं ध्रुवम्।
अभिषेचय चात्मानं पाहि चास्मान्नरर्षभ।।

भावार्थ—हे नरश्रेष्ठ भरत जी! आप अपने पिता और पितामहादिकों का राज्य ग्रहण करके अपना अभिषेक कराइये और हम लोग का पालन करिये।

टिप्पणी—गोस्वामी जी ने वशिष्ठ जी से कहलवाया है—

जेहि पितु देइ सो पावइ टीका।

यह मत वेद विहित है और सभी की इससे सहमति है।

सुनि सुष लहब राम बैदेही। अनुचित कहब न पण्डित केही।
कौसल्यादि सकल महतारी। तेउ प्रजा सुष होहिं सुखारी।।

वाल्मीकि रामायण में है—

विपुला च मम प्रीतिं स्थितां जानासि राघवे।

रामचन्द्रजी के प्रति कैसा मेरा स्नेह है, यह आप जानती हैं।

टिप्पणी—वशिष्ठ मुनि भरत को समझाते हैं, कौशल्यादि सभी माताएँ प्रजा से सुखी होंगी। रामचन्द्र जी के आने पर राज्य समर्पण कर उनकी प्रेम से सुन्दर सेवा करना।

अध्यात्म रामायण में है—कौशल्या ने भी इसका समर्थन किया।

मा शुचः गुरुणां वचनं पथ्यम्

अर्थात् गुरुओं का वचन पथ्य है, आचरणीय है।

प्रेम तुम्हार राम कर जानिहिं। सो सब बिधि तुम्हसन भल मानिहिं।
सौंपेहु राज राम के आये। सेवा करेहु सनेह सुहाये।।

श्लोक—

विपुलां च मम प्रीतिं स्थितां जानासि राघवे।।

भावार्थ—रघुनाथ जी भी मेरी विपुल प्रीति को जानते हैं।

कीजिय गुरु आयसु अबसि, कहहिं सचिव करजोरि।
रघुपति आये उचित जस, तस तब करब बहोरि।।

मन्त्री लोग हाथ जोड़ कर कहते हैं, गुरुजी की आज्ञा अवश्य अनुपालित करिये। रामचन्द्र जी की वापसी पर जैसा उचित होगा, वैसा करियेगा।

टिप्पणी—अध्यात्म रामायण में वचन है—

अतः पितुर्वचः कार्यम्

पिताजी के वचन को क्रियान्वित कीजिए।

बन रघुपति सुरपुर नरनाहू। तुम यहि भाँति तात कदराहू।।

श्लोक—

गतो दशरथः स्वर्ग यो नो गुरुतरो गुरुः।
रामं प्रव्राज्य वै ज्येष्ठं लक्ष्मणं च महाबलम्।।

भावार्थ—जो हमारे गुरु के भी गुरु थे, वह राजा दशरथ जी ज्येष्ठ रामचन्द्र जी और महाबलवान लक्ष्मण जी को भेज स्वर्ग सिधार गये।

परिजन प्रजा सचिव सब अम्बा। तुमहीं सुत सब कहँ अवलम्बा।

श्लोक—

अस्य राजकुलस्याध त्वदधीनं हि जीवितम्।
त्वां दृष्ट्वा पुत्र जीवामि रामे सभ्रातृके गते।।
वृत्ते दशरथे राज्ञि नाथ एकस्त्वमध न!

भावार्थ—अब इस राजकुल में कोई न रहा। इस समय तुम ही इसके जीवन में एक सहारे हो। राम भाई सहित वन को चले गये हैं।

उत्तर देत छमव अपराधू। दुषित दोष गुन गनहिं न साधू।।
पितु सुरपुर सियराम बन, करन कहह मोहिं राज।
यहि ते जानहुँ मोर हित, कै आपने बड़ काज।।

श्लोक—

किं नु कार्य हतस्येह मम राज्येन शोचतः।
विहीनस्याथ पित्रा च भ्रात्रा पितृसमेन च।।
तच्छ्रुत्वा भरतो वाक्यं शोकेनाभिपरिप्लुतः।
जगाम मनसा रामं धर्मज्ञो धर्मकाक्षया।
स वाष्पकलया बाचा कलहंसस्वरो युवा।
विललाप सभामध्ये जगर्हे च पुरोहितम्।

चरितब्रह्मचर्यस्य विधास्नातस्य धीमतः।
धर्मे प्रयतमानस्य को राज्यं मद्विधो हरेत्।।

भावार्थ—भरत जी कहते हैं, पिता और पिता के समान भाई से विहीन हो हम मृतवत् हैं। अतएव इस शोचनीय दशा में राज्य लेकर हम क्या करेंगे? भरत जी ने गुरु का वचन श्रवण कर शोक में डूबे हुए धर्म की इच्छा से भाई राम जी का स्मरण किया। भरत जी सभा में अवरुद्ध कण्ठ से विलाप करने लगे। रामचन्द्र जी ब्रह्मचर्य धारण किये, धर्म से निष्ठा रखे, विद्या में कुशल हैं और वन में हैं। उनका राज्य मेरे सिवा (कौन नीच) हरण कर सकता है।

टिप्पणी—राम जी का राज्य लेने में भरत जी पूर्णतः अनिच्छुक हैं।

हित हमार सिय पति सेवकाई। सो हरि लीन्ह मातु कुटिलाई।।
मैं अनुमानि दीख मन माहीं। आन उपाय मोर हित नाहीं।।
सोक समाज राज केहि लेषे। लषन राम सिय पद बिनु देषे।।

श्लोक—

अहं हि पुरुषव्याघ्रावपश्यन्रामलक्ष्मणौ।
केन शक्तिप्रभावेण राज्यं रक्षितुमुत्सहे।।
ज्येष्ठः श्रेष्ठश्च धर्मात्मा दिलीपनहुषोपमः।।
लब्धुमर्हति काकुत्स्थो राज्यं दशरथो यथा।
अनार्यजुष्टमस्वर्ग्य कुर्या पापमहं यदि
इक्ष्वाकूणामहं लोके नाहं तदपि रोचये।
यद्धि भात्रा कृतं पापं नाहं तदपि रोचये।।
इहस्थो वनदुर्गस्थं नमस्यामि कृतांजलिः।
राममेवानुगच्छामि स राजा द्विपदां वरः।।
त्रयाणामपि लोकानां राघवो राज्यमर्हति।

भावार्थ—भरत जी कहते हैं, धिक्कार है हमारे इस राज्य को जहाँ पुरुष सिंह राम और लक्ष्मण दृष्टिगत नहीं हैं।

रामचन्द्र जी साक्षात् दिलीप और नहुष के समान हैं और वही दशरथ के राज्य के अधिकारी हैं, हम राज्य लेके इक्ष्वाकु वंश नाशक कहलायेंगे।

हम यहीं से हाथ जोड़कर वन में रह रहे रामचन्द्र जी को नमस्कार करते हैं।

पुरुषोत्तम राम ही इस राज्य के अधिकारी हैं। हम उन्हीं के अनुगत होंगे। वही त्रिभुवनपति होने के लायक हैं।

मोहि समान को पाप निवासी। जेहि लगि सीय राम बनवासी।

श्लोक—

स रामः सत्वसम्पन्नः स्त्रिया प्रन्नाजितो वनम्।

भावार्थ—मेरे ही कारण सत्व सम्पन्न राम स्त्री सहित वन भेजे गये।

टिप्पणी—अध्यात्म रामायण के अनुसार कैकेयी मूर्तिमान पाप राशि है। तुलसी रामायण में भरत अपने को पाप राशि समझ रहे हैं।

गोस्वामी जी कहते हैं–

मोहि समान को पाप निवासी। जेहि लगे सिय राम वनवासी।।

भरत जी कहते हैं–

मोहि राज हठि देहहु जबहीं। रसा रसातल जाइहिं तबहीं।।

इसे महाभारत में इस तरह कहा गया है–

एतदेव भविष्यति विदीयैत्सकला भूमिः

यदि ऐसा होगा तब भूमि फट जायेगी।

कैसा सादृश्य है?

तुम्ह पै पाँच मोर भलमानी। आयसु आसिष देहु सुबानी।।
जेहि सुनि बिनय मोहि जन जानी। आवहिं बहुरि राम रजधानी।।
जद्यपि जन्म कुमातु ते, मैं सठ सदा सदोस।
आपन जानि न त्यागिहैं, मोहिं रघुबीर भरोस।।

श्लोक–

दृष्टा एव हि नः शोकमपनेष्यति राघवः।

भावार्थ–रामचन्द्र जी देखते ही हमारे सब शोक हर लेंगे।

टिप्पणी–भरत जी कहते हैं–यद्यपि मेरा जन्म कुमाता से हुआ है, फिर भी मुझे रघुवीर का भरोसा है, वे अपना जान मेरा परित्याग न करेंगे।

लोग बियोग विषम बिष दागे। मन्त्र सबीज सुनत जनु रागे।।
मातु सचिव गुरु पुर नरनारी। सकल सनेह बिकल भए भारी।।

श्लोक–

तद्वाक्यं धर्मसंयुक्तं श्रुत्वा सर्वेसभासदः।
हर्षान्मुमुचुरश्रूणि रामे निहितचेतसः।।

भावार्थ–सब ही सभासद् लोग भरत जी का यह धर्मयुक्त वचन श्रवण करके राम में अपना चित्त लगा आनन्द के आँसू नेत्रों से गिराने लगे।

जौं पाँवरू अपनी जड़ताई। तुम्हहिं सुगार मातु कुटिलाई।।
सो सठ कोटिक पुरुष समेता। बसहिं कलप सत नरक निकेता।।
अहि अघ अवगुन नहिं मनि गहई। हरइ गरल दुष दारिद दहई।।

श्लोक–

एवं संभाषमाणं तं रामहेतोर्नृपात्मजम्।
प्रत्युवाच जनः सर्वः श्रीमद् वाक्यमनुत्तमम्।।
एवं ते भाषमाणस्य पधा श्रीरुपतिष्ठताम्।
यस्त्वं ज्येष्ठे नृपसुते पृथिवीं दातुमिच्छसि।।

भावार्थ–भूपनन्दन भरत जी ने जब रामचन्द्र जी के निमित्त इस प्रकार कहा तब सब लोग मनोहर अति उत्तम वचन बोले–आपने ज्येष्ठ पुत्र रामचन्द्र जी को पृथ्वी देने की अभिलाषा करके हम सबसे यह अभिप्राय कहा, इस कारण पद्मासना लक्ष्मी देवी आपको आश्रय करें।

अवसि चलिय बन राम पहँ। भरत मन्त्र भल कीन्ह।।
सोकसिंधु बूड़त सबहि। तुम अवलम्बन दीन्ह।।

श्लोक–

अनुत्तमं तद्वचनं नृपात्मजाः प्रभाषितं संश्रवणे निशम्य च।
प्रहर्षजास्तं प्रति वाष्पविन्दवो निपेतुरार्याननेत्रसम्भवा।।
ऊचुस्ते वचनमिदं निशम्य हृष्टाः सामात्याः सपरिषदो वियातशोक
पन्थानं नरवर भक्तिमाञ्जनश्च व्यादिष्टस्तव वचनान् च शिल्पिवर्गः।।

भावार्थ–राजकुमार भरत जी के कहे हुए अति उत्तम वचन श्रवण करके सबकी आँखों से आँसू गिरने लगे। यह वार्त्ता श्रवण कर सभी लोग शोक रहित होकर बोले, "मार्ग बनाने के लिए खनिकों और बेलदारों को पहले ही कह दिया गया है।"

धन्य भरत जीवन जग माही। सील सनेह सराहन जाही।।
कहहिं परस्पर भा बड़ काजू। सकल चलन कर साजहिं साजू।।

श्लोक–

ताः प्रहष्टाः प्रकृतयो बलाध्यक्षा वलस्य च।
श्रुत्वा यात्रां समाज्ञप्तां राघवस्य निवर्तने।।
ततौ योधांगनाः सर्वा भर्तृन्सर्बान्गृहे गृहे।
यात्रागममाज्ञाय त्वरयंतिस्म हर्षिताः।।

भावार्थ–रामचन्द्र जी को वन से लौटा लाने के लिए सब सेना को भी तैयार होने को कह दिया गया है। यह सुनकर सभी सेवक और सेनाध्यक्ष आनन्दित हुए। सभी वीर नारियाँ अपने वीर पति को राम जी को लौटाने के लिए वन के जाने को तैयार करने में शीघ्रता करने लगीं।

घर घर बाहन साजहिं नाना। हर्षत हृदय प्रभात पयाना।।

श्लोक–

ततः समुत्थाय कुले कुले ते राजन्यवैश्या वृषलाश्न विप्राः।
अयूयुजन्नुष्ट्ररथान खरांश्च नागान्हयांश्चैव कुलप्रसूतान्।।
ततौ योधांगनाः सर्वा भर्तृ-सर्वान गृहे गृहे।
यात्रागमनमाज्ञाय त्वरयंतिस्म हर्षिताः।।

भावार्थ–अनन्तर घर-घर में ब्राह्मण, वैश्य, शूद्र लोग तैयारी में लग गये।

टिप्पणी–पंचतन्त्र में कहा गया है–

सा सेवा या प्रभुहिता

वही सेवा है, जो प्रभु का हित करनेवाली है।

कहेउ लेहू सब तिलक समाजू। बनहिं देव मुनि रामहिं राजू।।
बेग चलहू सुनि सचिव जोहारे। तुरत तुरग रथ नाग सँवारे।।

श्लोक—

रामः पूर्वो हि नो भ्राता भविष्यति महीपतिः।
अहं त्वरष्ये वत्स्यामि वर्षाणि नव पंच च।
युज्यंता हती सेना चतुरंगमहाबला।
आनियिष्याम्यहं ज्येष्ठं भ्रातरं राघवं वानत्।।
अभिषेचनिकं चैव सर्वमेतदुपस्कृतम्।
पुरस्कृत्य गमिष्यामि रामहेतोर्वनं प्रति।
तत्रैव तं नरव्याघ्रमभिषिच्य पुरस्कृतम्।
आनयिष्यामि वै रामं हव्यवाहमिवाहवरात्।।

भावार्थ—आप लोग सब सूक्ष्मातिसूक्ष्म का विचार कर सकते हैं। रामचन्द्र जी हमारे बड़े भाई हैं, वही राजा होंगे। हम वन में जाकर चौदह वर्ष तक रहेंगे। हम चतुरंगी बलशाली सेना तैयार करके ज्येष्ठ भ्राता राम जी को वन से लौटा लायेंगे। अभिषेक की सामग्री साथ लेकर वन को चलेंगे। वहीं पुरुष सिंह रामचन्द्र जी का अभिषेक करके हम उनको वापस ले आयेंगे। जिस प्रकार यज्ञशाला में अग्नि को लाते हैं।

अरुन्धती अरु अगिनि समाजू। रथ चढ़ि चले प्रथम मुनिराजू।।
विप्रवृन्द चढ़ि बाहन नाना। चले सकल तप तेज निधाना।।

श्लोक—

समाहिता वेदविदो ब्राह्मण वृत्तसम्मताः।
गोरथैर्भरतं यांतमनुजग्मुः सहस्रशः।।

भावार्थ—सहस्रों सदाचार परायण ब्राह्मण गण बैल जुते हुए रथों पर बैठकर भरत जी के साथ चले।

सौंपि नगर सुचि सेवकनि, सादर सबहि चलाइ।
सुमिरि राम सिय चरन तब, चले भरत दोउ भाइ।

श्लोक—

ततः समुत्थितः कल्यमास्थाय स्यन्दनोत्तमम्।
प्रययौ भरतः शीघ्रं रामदर्शनकाम्याया।।
अग्रतः प्रययुस्तस्य सर्वे मन्त्रिपुरोहिताः।
अधिरुह्या हयैर्युक्तिान्रथान्सूर्यरथोपमान्।।
नवनागसहस्राणि कल्पितानि यथाविधि।
अन्वयुर्भरतं यांतमिक्ष्वाकुकुलनन्दनम्।।
षष्टीरथसहस्राणि धन्विनो विविधायुधाः।
अन्वयुर्भरतं यांतं राजपुत्रं यशस्विनम्।।
शतं सहस्राण्यश्वानां समारूढ़ानि राघवम्।

अन्वयुर्भरतं यांतं राजपुत्रं यशस्विनम्।।
कैकेयी च सुमित्रा च कौशल्या च यशस्विनी।
रामानयनसन्तुष्टा यथुर्यानेन भास्वता।।
प्रयाताश्चार्यसंघाता रामं द्रष्टुं सलक्ष्मणम्।
तस्यैव च कथाश्चित्राः कुर्वाणा हृष्टमानसाः।।

भावार्थ—सुमन्त्र को वस्त्र दिया और अवधपुरी को उनके अधीन किया। भरत जी प्रातः होते ही सुन्दर रथ पर सवार होकर राम जी के दर्शन की कामना कर शीघ्र चले। सब मन्त्री और पुरोहित रथ सहित धनुषधारी लोग, घोड़ों पर सवार एक लाख लोग भरत जी के साथ चले। राम जी की कथा कहते सुनते चले जाते थे। द्वादश विश्राम के बाद श्रृंगवेरपुर पहुँचे।

राम दरस बस सब नर नारी। जनु करि करिनि चले तकि बारी।।

श्लोक—

रामं प्रति ययुर्हृष्टाः सर्वाः प्रकृतय शुभाः।

भावार्थ—सभी प्रजाजन प्रफुल्लचित्त राम जी के दर्शनार्थ चले जैसे बनैल हाथी नर्मदा का जल पीने जाते हैं।

सई तीर बसि चले बिहाने। श्रृंगबेरपुर सब नियराने।।

श्लोक—

ते गत्वा दूरमह्वानं रथयानाश्वकुजरैः।
समासेदुस्ततो गंगां श्रृंगवेरपुरं प्रति।।

भावार्थ—सब रथयान, हाथी, घोड़ों पर चढ़ श्रृंगवेरपुर पहुँचे। यह गंगा किनारे अवस्थित था।

जानहिं सानुज रामहिं मारी। करौ अकंटक राज सुषारी।।

श्लोक—

सम्पन्ना श्रियमन्विच्छंस्तस्य राज्ञः सुदुर्लभाम्।।
भरतः केकयीपुत्रो हंतु समुपगच्छति।

भावार्थ—निषादराज ने सोचा, कैकेयी पुत्र भरत राजश्री सम्पन्न होकर उसे अधिकार में रखने की नीयत से राम जी के मार डालने के लिए सेना सहित आये हैं।

का आचरज भरत अस करहीं। नहि बिषबेलि अमिय फल परहीं।।

श्लोक—

नहिं निंबाल्स्रवेत् क्षौद्रं लोके निगदितं वचः।।

भावार्थ—नीम के पेड़ से शहद नहीं टपकता।

गोस्वामी जी कहते हैं—विष की लता से अमृत फल नहीं प्राप्त होता है।

अस बिचारी गुह ज्ञाति सन, कहेउ सजग सब होहु।
हथवासहु बोरहु तरनि, कीजिय घाटारोहु।।

होहु सजोइल रोकहु घाटा। ठाटह सकल मरइ के ठाटा।।
सनमुष लोह भरत सन लेहू। जियत न सुरसरि उतरन देहू।।

श्लोक—

भर्ता चैव सखा चैव रामो दाशरथिर्मम।
तस्यार्थकायाः सन्नद्धा गंगानूपेत्र तिष्ठत।
तिष्ठंतु सर्वदाशाश्च गंगामन्वाश्रिता नदीम्।
बलयुक्ता नदीरक्षा मांसमूलफलाशनाः।।
नावां शतानां पंचानां कैवर्त्तानां शतं शतम्।
सन्नद्धानां तथा यूनां तिष्ठंत्वित्यभ्यचोदयत्।।

भावार्थ—परन्तु वह दशरथ कुमार रामचन्द्रजी हमारे सखा, स्वामी, सबकुछ हैं। अतएव तुम लोग कवच, हथियार सहित कछार में तैयार रहना। यहाँ से कोई न हटे। यहाँ पाँच सौ नावें लगायी जायँ। एक-एक नाव पर एक सौ मल्लाह और सौ-सौ लड़ाके बख़्तर से लैस तैयार रहना और बैठ कर प्रतीक्षा करना।

टिप्पणी—निषादराज के पास इस तरह एक लाख की जल सेना थी।

राम यहाँ व्यापक जन उभार जनित जन क्रान्ति का नायक बनते दिखाई देते हैं। ग़रीब लोग भी संगठित होने पर एक शक्ति बन जाते हैं।

अस कहि भेंट सजोवन लागे। कन्द मूल फल षग मृग मांगे।
मीन पीन पाठीन पुराने। भरि भरि भार कहारन आने।।

श्लोक—

इत्युक्त्वोपायनं गृह्य मत्स्मांसमधूनि च।
अभिचक्राम भरतं निषादाधिपतिर्गुहः।।

भावार्थ—निषादराज गुह भरत जी का मन समझने के लिए मछली, मांस, शहद, कन्द मूल, फल, मृग लेकर भरत जी के पास चले।

टिप्पणी—अध्यात्म रामायण में वर्णित है कि निषादराज आयुधयुक्त सहयोगियों के साथ भेंट लेकर गया।

राम जनमि जग कीन्ह उजागर। रूप सील सुष सब गुनसागर।।
पुरजन परिजन गुरु पितु माता। राम सुभाव सबहिं सुषदाता।।
बैरिउ राम बड़ाई करहीं। बोलनि मिलनि बिनय मन हरहीं।।
सारद कोटि कोटि सत सेषा। करि न सकहिं प्रभु गुन गन लेषा।।

सुख सुरूप रघुबंस मनि, मंगल मोद निधान।
ते सोवत कुसडासि यहि, बिधि गति अति बलवान।।

राम सुना दुष कानन काऊ। जीवन तरु जिमि जुगवत राऊ।।
पलक नयन फनि मनि जेहि भाँती। जोगवहिं जननि सकल दिनराती।।

ते अब फिरत बिपिन पद चारी। कन्द मूल फल फूल अहारी।।
धिक कैकेयी अमंगल मूला। भइसि प्रान प्रियतम प्रतिकूला।।

श्लोक–

हा हतोस्मि नृशंसोस्मि यत्सभार्यः कृते साम।
ईदृशीं राघवः शय्यामधिशैते ह्यनायवत्।।
सार्वभौमकुले जातः सर्वलोकसुखावहः।
सर्वाप्रियकरस्त्यक्त्वा राज्यं प्रियमनुत्तमम्।।
कथमिन्दीवरश्यामो रक्ताक्षः प्रियदर्शनः।
सुखभागी न दुःखहिः शयितो भुवि राघवः।।

भावार्थ–हाय हम जीते ही मार दिये गये। रघुकुल नन्दन राम भूमि में शयन कर रहे हैं।

धिग कैकेइ अमंगल मूला। भइसि प्रान प्रियतम् प्रतिकूला।।

श्लोक–

अस्या पापेन पापाया मृतश्र स महीपतिः।

भावार्थ–इस पापिनी के पाप से पिताजी ने प्राण छोड़ दिया।
अध्यात्म रामायण में भी कैकेयी को पापमूलक कहा गया है।

राम तुम्हहिं प्रिय तुम्ह प्रिय रामहिं। यह निरदोष दोष बिधि बामहिं।।

छन्द–

बिधि बाम की करनी कठिन जेहि मातु कीन्हीं बावरी।
तेहि राति पुनि पुनि करहिं प्रभु सादर सराहन रावरी।।
तुलसी न तुम्ह सम राम प्रीतम कहत हौं सौहैं किए।।
परिनाम मंगल जानि अपने आनिए धीरज हिए।।

सो.–

अन्तरजामी राम, सकुच सप्रेम कृपायतन।
चलिय करिय विश्राम, यह बिचार दृढ़ आनि मन।।

भावार्थ–भरत जी से यह वार्ता सुनकर गुह का बदन प्रफुल्लित हो गया। वह हर्षित होकर भरत जी से बोला, "हे महाराज! आप ही धन्य हैं। आपके समान पृथ्वी पर कोई दूसरा नज़र नहीं आता। आप अनायास प्राप्त राज्य को त्याग करने को तैयार हैं। राम जी को लौटा लाने की आपकी अभिलाषा से आपकी कीर्ति सर्वत्र फैल जायेगी।"

श्लोक–

स तु संहृष्टवदनः श्रुत्वा भरतभाषितम्।
पुनरेवाब्रवीद् वाक्यं भरतंप्रति हर्षितः।।
धन्यस्त्वं न त्वया तुल्यं पश्यामि जगतीतले।
अयत्नादागतं राज्यं यस्त्व त्यक्तुभिहेच्छसि।।

शाश्वतीखलु ते कीर्तिर्लोकाननुचरिष्यति।
यस्त्वं कृच्छ्रगतं रामं प्रत्यानयितुमिच्छसि।।

भरि भरि बारि बिलोचन लेहीं। बाम बिधाताहिं दूषन देहीं।।
एक सराहहिं भरत सनेहू। कोउ कह नृपति निबाहेउ नेहू।।
निन्दहिं आपु सराहिं निषादहि। को कहि सकइ बिमोह विषादहि।।
यह बिधि राति लोग सब जागा। भा भिनुसार गुदारा लागा।।

श्लोक—

ये तु रामस्य सुहृदः सर्वे ते मूढ़चेतसः।
शोकभारेण चाक्रान्ताः शयनं नैव भेजिरे।।

भावार्थ—जो रामचन्द्र जी के मित्र और सगे थे, वे दुःख और शोक के मार से दब गये। उनका ज्ञान जाता रहा। इससे नींद नहीं आयी।

देषि भरत गति सुनि मृदु बानी। सब सेवक गन गरहिं गलानी।।
भरत तीसरे पहर कह, कीन्ह प्रबेस प्रयाग।
कहत राम सिय राम सिय उमगि उमगि अनुराग।।

श्लोक—

सापुण्या ध्वजिनी गंगां दाशैः सन्तारिता स्वयम्।
मैत्रेमुहूर्ते प्रययौ प्रयागवन मुत्तमम्।।

भावार्थ—मल्लाहों के यत्न से चतुरंगिनी सेना गंगा पार उतारी गयी। सूर्योदय की तीसरी घड़ी में प्रयाग के वन को कूच करना था।

षबरी लीन्ह सब लोग नहाये। कीन्ह प्रनाम त्रिबेनिहिं आये।।

श्लोक—

यत्रभागीरथीं गंगां यमुनाऽभिपवर्तते।
जग्मुस्तं देशं।।

भावार्थ—गंगा-यमुना के संगम पर गये।

अस जिय जानि सुजान सुदानी। सफल करहिं जग जाचक बानी।।

श्लोक—

अपिमेदेवताः कुर्युरिमं सत्यं मनोरथम्।।

भावार्थ—सब देवता हमारे इस मनोरथ को सफल करें।

तुम्ह ग्लानि जिय जनि करहु, समुझि मातु करतूती।।
तात कैकइहिं दोष नहिं, गयी गिरा मति धूति।।

श्लोक—

न दोषेणावगंतव्या कैकेयी भरत त्वया।।

भावार्थ—हे भरत! तुम कैकेयी को दोष भागिनी न जानना। भरद्वाज मुनि भरत जी को समझाते हैं।

यहउ कहत भल कहिहिं न कोऊ। लोक बेद बुध संमत दोऊ।।
तात तुम्हार बिमल जस गाई। पाइहिं लोकहुँ बेद बड़ाई।।
लोक बेद सम्मत सब कहई। जेहि पितु देइ राज सो लहई।।
राउ सत्य व्रत तुम्हहिं बोलाई। देत राजु सुख धरम बड़ाई।।
राम गबन बन अनरथ मूला। जो सुनि सकल बिस्व भइ सूला।।
सो भावी बस रानि अजानी। करि कुचाल अंतहु पछितानी।।
तहउँ तुम्हार अल्प अपराधू। कहइ सो अधम अजान असाधू।।
करतेउ राज तो तुम्हहिं न दोषू। रामहिं होत सुनत सन्तोषू।।

भावार्थ–लोकमत और वेदमत दोनों सम्मत यह विद्वानों की बात है कि पिता जिसको दे वही पाता है। राजा सत्यव्रती थे। तुमको राज देते, सुख मिलता, बड़ाई होती, सारे अनर्थ की जड़ राम जी का वनगमन है। समस्त संसार दुःखी है। यह भी भावीवश हुआ। बेसमझ रानी बस कुचाल कर पछताई। तुम्हारा तनिक भी अपराध नहीं है। अधम अज्ञानी और असाधु ही तुम्हें दोष देते। यदि तुम राज करते तो भी तुम्हें दोष न होता। राम जी को भी सन्तोष होता।

वाल्मीकीय रामायण-III

गोस्वामी जी लिखते हैं–हे भरत! माता की करतूत को याद करके हृदय से ग्लानि मत करो। माता का दोष नहीं है। उनकी बुद्धि भ्रष्ट की गयी थी। यहाँ इशारा सरस्वती की तरफ़ है।

तात कैकइहि दोष नहिं, गयी गिरा मति धूति...।।199।।

अब अति कीन्हेहु भरत भल, तुम्हहिं उचित मत एहु।
सकल सुमंगल भूल जग, रघुबर चरन सनेहु।।
राम गबन वन अनरथ मूला, जो सुनि सकल विस्वभइ सूला।

श्लोक–

त्रैलोक्य येन सम्भ्रान्त माता पितामिवा भवत्।

भावार्थ–राम जी का वनगमन सब अनर्थों का मूल है। जिसको सुनकर सारे संसार को दुःख हुआ। हे भरत जी! अब आपने बहुत ही अच्छा किया, यही उचित था। संसार के सब सुमंगल का मूल रामचरण में प्रेम है।

श्लोक–

न दोषणावगन्तव्या कैकेयी भरत त्वा ।।132।।

भावार्थ–भरद्वाज मुनि भरत से कहते हैं–हे भरत! तुम कैकेयी को दोष भागिनी न जानना।

रामचन्द्र जी के चरणों में प्रेम तुम्हारे प्राणों का जीवन धन है। तुम्हारे समान बहुत भाग्यवान कौन है? तुम्हारा यह आचरण दशरथ के पुत्र और राम के भाई के योग्य है, इसमें आश्चर्य नहीं है।

टिप्पणी–यह प्रसंग अध्यात्म रामायण के श्लोक 128 और 129 में भी वर्णित है। भरत जी को जटा वल्कलधारी देख भरद्वाज जी बड़े प्रसन्न हुए। नृसिंह पुराण (131) में भरद्वाज मुनि भरत जी को आश्वस्त करते हैं कि यह काल का दोष है।

प्रथमहिं बास दिये सब केही। सुन्दर सुषद जथा रुचि जेही।।

भावार्थ–भरद्वाज ऋषि ने सभी को यथायोग्य उनकी रुचि के अनुसार निवास स्थान दिया।

बहुरि सपरिजन भरत कहुँ, रिषि अस आयसु दीन्ह।
बिधि बिसमय दायक विभव, मुनिवर तपबल कीन्ह।।

भावार्थ—मुनि ने अपने तपबल से आश्रम में विस्मयदायक वैभव के सृजन और प्रस्तुति से ऐसी पहुनाई की, कि पुरोहित वशिष्ठ के साथ समस्त सेना दंग हो प्रसन्नचित्त हो गयी।

मुनि प्रभाव जब भरत बिलोका। सब लघु लगे लोक पति लोका।।
सुख समाज नहिं जाइ बखानी। देषत बिरति बिसारहिं ज्ञानी।।
आसन सयन सुबसन बिताना। बन बाटिका बिहंग मृग नाना।।
सुरभि फूल फल अमिय समाना। बिमल जलासय बिबिधि बिधाना।।
असन पान सुचि अमल अमीसे। देषि लोग सकुचात जमीसे।।
सुर सुरभि सुरतरु सब हीके। लषि अभिलाष सुरेष सचीके।।
ऋतु बसन्त बह त्रिबिधि बयारी। सब कह सुलभ पदारथ चारी।।
स्रक चन्दन बनितादिक भोगा। देषि हरष बिसमउ सब लोगा।

भावार्थ—नन्दन वन में देवता लोग जिस प्रकार विहार करते हैं, वैसा ही सुख समृद्धि, वातावरण रमणीयता, भरद्वाज मुनि ने अपने तप से उत्पन्न की।

सम्पति चकई भरत चक, मुनि आयसु खेलवार।
तेहि निसि आश्रम पींजरा, राषे भा भिनुसार।।208।।

भावार्थ—सम्पत्ति चकवी है, भरत जी चकवा हैं। मुनि की आज्ञा खेल है। आश्रम पिंजरा है। एक पिंजरा में बन्द करने पर चकवी-चकवा का संयोग नहीं होता। भरत जी को मुनि प्रदत्त ऐश्वर्य छू भी नहीं सका। अर्थात् भोग से दूर रहे।

श्लोक—

प्रविवेश महाबाहु रनुज्ञातो महर्षिणा।
बेश्म तद्रत्न सम्पूर्णभरतः कैकेयी सुतः।। 46।।
अनुजग्मुश्च ते सर्वे मन्त्रिणः सपुरोहिताः।
बभूवुश्च मुदा युक्ता स्तं दृष्ट्वा वेश्मसंविधिम्।। 47।।
व्यस्तयंत मनुष्यास्ते स्वप्नकल्पं तद्द्रभुतम्।
दृष्ट्वातिथ्यं कृतं तावद् भरद्वाज महर्षिणा।। 48।।
इत्येवं रममयाणानां देवानामिव नन्दने।
भरद्वाजाश्रमे रम्ये सा रात्रि र्व्यत्यवर्तत।। 49।।

भावार्थ—कैकेयी सुत भरत जी महर्षि भरद्वाज की आज्ञा से एक रत्न परिपूर्ण गृह में प्रवेश किये। सब मन्त्री लोग भी पुरोहित वशिष्ठ जी के साथ भरत जी के अनुगामी हुए और उस गृह की बनावट आदि देखकर परम प्रसन्न हुए। महर्षि भरद्वाज जी ने भरत जी की मेजबानी इस तरह की कि वह स्वप्नवत् लगा और सभी आश्चर्य करने लगे। जिस प्रकार देवता लोग नन्दन वन में विहार करते हैं वैसे ही भरद्वाज जी के आश्रम में रमणीय और आनन्द लेते हुए सेना सहित सभी लोगों ने रात व्यतीत की।

मिलहिं किरात कोल बन बासी। वैषानस बटु जती उदासी।।216।।
करि प्रनाम पूछहिं जेहिं तेही। केहि बन लषन राम बैदेही।।

श्लोक–

आश्रमं तस्य धर्मज्ञ धार्मिकस्य महात्मनः।।
आचक्ष्व कतमो मार्गः कियानिति च शंस में।।181।।

भावार्थ–हे धर्मज्ञ! मुझे बतलाइये कि महात्मा धर्मप्राण रघुनाथ जी का आश्रम कितनी दूर पर है और वहाँ जाने का मार्ग कौन-सा है? राम, लक्ष्मण सीता किस वन में हैं?

कुटिल कुबन्धु कुअवसर ताकी। जानि राम बनबास एकाकी।।
करि कुमन्त्र मन साजि समाजू। आये करइ अकंटक राजू।।
कोटि प्रकार कलपि कुटिलाई। आये दल बटोरि दोउ भाई।।
जौ जिय होति न कपट कुचाली। केहि सोहाति रथ बाजि गजाली।।219।।

श्लोक–

सम्पन्नं राज्यमिच्छंस्तु व्यक्तं प्राप्याभिषेचनम्।
आवां हन्तुं समभ्येति कैकेय्या भरतः सुतः।।197।।

भावार्थ–साफ़ नज़र आता है कि कैकेयी नन्दन भरत राज्य पाकर अब उसको निष्कंटक भोगने हेतु हम दोनों को मारने के लिए यहाँ आ रहे हैं। यदि मन में कुटिलता नहीं होती तो भरत-शत्रुघ्न सेना के साथ क्यों आये हैं?

टिप्पणी—सुभाषित वाणी है—**कोथार्न् प्राप्य न गर्वितः** अर्थात् राजगद्दी पाने से सभी लोग मदमस्त हो जाते हैं।

महाभारत में वर्णन आया है—चन्द्रमा ने गुरुपत्नी तारा से रमण किया और नहुष ने इन्द्र पद पाते ही ऋषियों से पालकी ढुलवायी और शचि से बलात्कार पर उतारू हो गया। त्रिशंकु को भी राजमद हो गया था। अतः लक्ष्मण जी ने सोचा—

निदरे राम जानि असहाई। एक कीन्ह नहिं भरत भलाई।।
उठि करजोरि रजायसु माँगा। मनहुँ बीररस सोवत जागा।।
बाँधि जटा सिर कसि कटि माथा। साजि सरासन सायक हाथा।।
आजु रामसेवक जस लेऊँ। भरतहिं समर सिषाबन देऊँ।।
राम निरादर कर फल पाई। सोवहु समरसेज दोउ भाई।।
आइ बना मल सकल समाजू। प्रगट करौं रिसि पाछिल आजू।।
जिमि करिनिकर दलइ मृगराजू। लेइ लपेटि लवा जिमि बाजू।।
तैसेहि भरतहिं सेन समेता। सानुज निदरि निपातउँ षेता।।
जौ सहाय कर संकर आई। तौ मारौं रन राम दुहाई।।
अति सरोष मषि लषन, लषि सुनि सपथ प्रमान।
सभय लोक सब लोकपति, चाहत भभरि भगान।।222।।

श्लोक—

सम्प्राप्तोयमरिवीरं भरतो वध्यएवहि।
भरतस्य वधे दोषं नाहं पश्यामि राघव।।
पूर्वापकारिणं हत्वा न ह्यधर्मेण युज्यते।
पूर्वापकारी भरतस्त्यागे धर्मश्च राघव।।
एतस्मित्रिहते कृत्स्ना मनुसाधि वसुंधराम्।
अघ पुत्रं हतं संख्ये कैकेयी राज्यकामुका।।
मया पश्येत्सुदुः खार्ता इस्तिभिन्नभिवद्रुमम्।
कैकेयीञ्य वधिष्यामि सानुवंधा सवांधवाम्।।203।।

भावार्थ—लक्ष्मण जी कहते हैं—हे वीर! इस समय वे ही परमशत्रु भरत यहाँ पर आये हैं। अतः उनको मार डालिये क्योंकि वे वध करने लायक हैं। मुझे तो भरत वध में कोई दोष नज़र नहीं आता। जो आदमी पहले अपकार करे, उसे मार डालने में कोई दोष नहीं है। भरत जी ने पहले अपकार किया है, अतः उनको छोड़ देने से अधर्म होगा। भरतवध बाद आप विघ्न रहित पृथ्वी का राज भोग कीजिए। राज पाने की इच्छा लिये कैकेयी आज भरत का मुँह देखेगी। हमारे हाथ से भरत वैसे ही मारे जायेंगे जैसे हाथी वृक्ष को तोड़ देता है। कैकेयी को भी उसके समर्थक बन्धु-बान्धव और कुबड़ी मन्थरा सहित मार डालो।

टिप्पणी—भर्तृहरि का वचन है—

उचितमनुचितं वा कुर्वता कार्यजातं परिणतिखधार्या यत्नतः पण्डितेन्

अर्थात योग्यविचार के साथ सम्पादित अनुचित काम भी पण्डित लोग द्वारा सराहा ही जाता है।

इसके विपरीत किरात अर्जुन में श्लोक है—जल्दबाजी में काम नहीं करना चाहिए। गोस्वामी जी भी मुनि सुर वचन के बहाने से कहते हैं—

सहसा करि पाछे पछिताहीं, कहहिं वेद बुध ते बुध नाहीं।

किरात अर्जुन ने भी जल्दबाजी की मनाही की है।

सुनि सुरबचन लषन सकुचाने। रामसीय सादर सनमाने।।

श्लोक—

लक्ष्मणः प्रविवेशेव स्वानि गात्राणि लज्जया।।

भावार्थ—लक्ष्मण जी आकाशवाणी सुनकर लज्जा से संकुचित हो ऐसे हो गये मानो अपने शरीर के अंगों में पैठ गये हों।

सुनहु लषन भल भरत सरीखा। बिधि प्रपंच महँ सुना न दीखा।।

भरत सरिस को राम स्नेही

भरत जी के समान राम का स्नेहपात्र दूसरा कोई नहीं है।

भरतहिं होइ न राजमद, बिधि हरि हर पद पाइ।।
कबहुँ कि कांजी सीकरनि, छीर सिन्धु बिनसाइ।।

श्लोक—

मन्येह मागतोऽयोध्यां भरतो भ्रातृवत्सलः।
मम प्राणैः प्रियतरः कुलधर्ममनुस्मरन्।।208।।
श्रुत्वा प्रव्राजितं मां हि जटावल्कल धारिणम्।
जानक्या सहितं वीर त्वया च पुरुषोत्तम।।209।।
स्नेहेनाक्रान्तहृदयः शोकेनाकुलितेन्द्रियः।
द्रष्टुमभ्यागतो ह्येष भरतो नान्यथागतः।।210।।
विकृतिंनैव गच्छन्ति संगदोषेण साधवः।
क्षीरोदधेस्तु नाधापि महतां विकृतिः कुतः।।211।।

भावार्थ—हे पुरुषोत्तम! मुझे ऐसा भासित होता है कि प्राण वल्लभ मातृ वत्सल भरत जी अयोध्या जब आये होंगे तब उन्होंने विचारा होगा कि कुल परम्परा के अनुसार ज्येष्ठ भाई ही राज पाता है पर जब उन्हें मालूम हुआ कि हमें जटा वल्कल में वनवास हुआ और संग में तुम और जानकी भी वन आयीं तब व्याकुल चित्त होकर वे वन में हम लोगों से स्नेहवश मुलाकात करने आये हैं और अन्य किसी कारण से उनका आना नहीं हुआ है। महात्मा जन संग दोष से विकार ग्रस्त नहीं होते हैं जैसे क्षीर सागर आज भी पवित्र है।

सरितसमीप राखि सब लोगा। माँगि मातु गुरु सचिव नियोगा।
चले भरत जहँ सियरघुराई। साथ निषादनाथ लघुभाई।।224।।

श्लोक–

सचित्रकूटे तु गिरौ निशम्य रामाश्रमं पुण्यजनोपपन्नम्।
गुहेन सार्ध त्वरितो जगाम पुनर्निविश्यैव चमूं महात्मा।।217।।

भावार्थ–इस प्रकार यह जानकर कि राम जी ऋषियों द्वारा सेवित पवित्र चित्रकूट पर आश्रम बना कर अवस्थित हैं, गुह के साथ महात्मा भरत जी शीघ्र रवाना हुए और सेना को यत्रतत्र टिका दिये।

समुझि मातु करतब सकुचाही। करत कुतर्क कोटि मनमाहीं।।
रामलषनसिय सुनि मम नाऊँ। उठि जनि अनत जाहिं तजि ठाऊँ।।
मातु मते यहँ मानि मोहिं, जो कछु कहहिं सो थोर।
अधअवगुन छमि आदरहिं, समुझि आपनी ओर।।225।।

श्लोक–

मत्कृते व्यसनं प्राप्तो लोकनायो महाधतिः।
सर्वान् कामान् परित्यज वने वसतिराघवः।।218।।

भावार्थ–भरत जी अपनी माता के करतूत को समझ लज्जित होते थे और अपने मन में अटपट सोचते थे कि कहीं राम जी अपना स्थान त्याग अन्य जगह न चले जायें। वे तो सब लोकों के नाथ हैं पर मेरे ही चलते दुख के शिकार हैं।

जौ परिहरहिं मलिन मनु जानी। जो सनमानहिं सेवक मानी।।
मोरे सरन राम की पनहीं। राम सुस्वामि दोष सब जनहीं।।

श्लोक–

इति लोकसमाकृष्टः पादेष्वध प्रसादयन।
रामन्तस्य पतिष्यामि सीताया लक्ष्मणस्य च।।219।।

भावार्थ–मेरी सब लोकों में निन्दा हुई है। उस कलंक को धोने के लिए मैं राम, लक्ष्मण और सीता जी के चरणों में गिर पड़ूँगा। मैं तो राम जी के पनही को ही प्रसाद समझता हूँ।

टिप्पणी–भरत जी को रघुनाथ जी का स्वभाव मालूम था। भरत जी पर्णकुटी को देख आनन्द के आँसुओं से अपनी छाती को सींचे और धीरे-धीरे आश्रम के निकट पहुँचे। यह वर्णन अध्यात्म रामायण (221) में है।

बैर बिहाय चरहिं एक संगा। जहँ तहँ मनहुँ सेन चतुरंगा।।
झरना झरहिं मत्तगज गाजहिं। मनहु निसान बिबिध बिधि बाजहिं।
चक चकोर चातक सुक पिकगन। कूजत मंजु मराल मुदित मन।।
आलिंगन गावत नाचत मोरा। जनु सुराज मंगल चहुँ ओरा।।
बेलि बिटप तृन सफल सफूला। सब समाज मुद मंगल मूला।।

राम सैल सोभा निरषि, भरत हृदय अतिप्रेम।
तापस तपफल पाइ जिमि, सुषी सिराने नेम।।228।।

श्लोक–

नाना मृगगणैं द्वींपितरक्ष्वृक्षगणैर्वृतः।
अदुष्टैर्भात्ययं शैलो बहुपक्षिसमाकुलं।।222।।
जलप्रयातै रुद्रेदैर्निष्पन्देश्च क्वचित् क्वचित्।
स्ववद्भिर्भात्ययं शैलः स्रवन्मद इव द्विपः।।223।।

भावार्थ–चित्रकूट में दुष्टता को छोड़कर शान्त स्वभाव वाले अनेक प्रकार के हरिण, सिंह, बाघ, चीता, रीछ व अनेक प्रकार के पक्षी होने से चित्रकूट की शोभा मनोहारिणी है। स्थान-स्थान पर झरने हैं, सोते हैं, जिनके चलते मद चूते हाथी समान पर्वत शोभायमान हैं। जैसे तप का फल प्राप्त कर तपस्वी प्रसन्न होता है, वैसे ही रामशैल देखकर श्री भरत जी प्रसन्न हुए।

टिप्पणी–श्रीमद्भागवत में इसे इस तरह कहा गया है। **यथैव काम्य तपस स्तनुः सम्प्राप्य तत्फलम्** अर्थात् जैसे काम्य तप का फल पाकर तपस्वी प्रसन्न होता है, वैसे ही राम शैल देखकर भरत जी प्रसन्न हो गये।

तब केवट ऊँचे चढ़ि धाई। कहेउ भरत सन भुजा उठाई।।
नाथ देषि यहि विटप बिसाला। पाकरि जंबु रसाल तमाला।।
तिन्ह तरुबरन्ह मध्य बटसोहा। मंजु बिसाल देषि मनमोहा।।

नील सघन पल्लव फल लाला। अबिचल छाँह सुषद सब काला।।
मानहु तिमिर अरुन भय रासी। बिरची बिधि सकेलि सुषमासी।।
तेतरू सरितसमीप गोसाँई। रघुबर परनकुटी जहँ छाँई।।
तुलसी तरुवर बिविधि सोहाए। कहुँ सिय पिय कहुँ लषन लगाए।।
बटछाया बेदिका बनाई। सिय निजपानि सरोज सुहाई।।
जहँ बैठे मुनिगन सहित, नित सियराम सुजान।
सुनहिं कथा इति हास सब, आगम निगम पुरान।।
सषा वचन सुनि बिटप निहारी। उमगे भरत बिलोचन बारी।।
करत प्रनाथ चले दोउ भाई। कहत प्रीति सारद सकुचाई।।

श्लोक–

सालतालाश्वकर्णाना पर्णैर्बहुभिरावृताम।
विशालां मृदुबिस्तीर्णा कुशैर्वेदिमिवोस्वरे।।

भावार्थ–राम जी की पर्णशाला साल, ताल, अश्वकर्णी इत्यादि पत्तो से छायी हुई थी, यह फूल कुश सहित यज्ञ वेदि समान लग रही थी। भरत जी ने राम जी के वल्कल, मृगछाल को नेत्रों में नीर भर कर देखा।

टिप्पणी–यह वर्णन अध्यात्म रामायण (225) में भी लगभग इसी तरह है।

हरषहिं निरषि रामपद अंका। मानहुँ पारस पाएउ रंका।।
रज सिर धरि हिय नयनन्हि लावहि। रघुबर मिलन सरिस सुख पावहिं।।

श्लोक–

सतत्र वज्रांकुशवारिजांचितध्वजादि चिन्हानि पदानि सर्वतः।
ददर्श रामस्य भुवोतिमंगलान्यचेष्ट यत्पादरजासु सानुजः।।
अहो सुघन्योहमभूनि रामपादारविन्दांकितभूतलानि।
पश्यामि यत्पादरजोविमृग्यं ब्रह्मादिदेवैः श्रुतिभिश्चनित्यम्।।226, 227।।

भावार्थ–शत्रुघ्न सहित भरत जी ने राम जी के आश्रम के समीप के स्थान को पाकर वज्र, अंकुश, कमल और ध्वजा आदि चिह्नों से युक्त श्रीराम जी के चरणों के मंगलकारी चिह्नों को देखा और पृथ्वी पर अंकित चिह्नों को देख पाने के लिए अपने को धन्य समझने लगे। ये चरणरज ब्रह्मा आदि देवगण तथा वेदों में भी खोजे जाने योग्य हैं।

टिप्पणी–वाल्मीकि रामायण (228) में वर्णन है कि भरत जी को पैदल देख वनवासी अत्यन्त प्रसन्न थे। देवता भी फूल रास्ते में बरसा भरत जी का मार्ग दर्शन कर रहे थे। प्रेम विवश निषादराज भी रास्ता भूल गये। देवताओं ने मार्ग दिखलाया।

देषि भरतगति अकथ अतीवा। प्रेम मगन पथ मृग जड़ जीवा।।
सखहिं सनेह बिबस मग भूला। कहि सुपन्थ सुर बरषहिं फूला।।
निरखि सिद्ध साधक अनुरागे। सहज सनेह सराहन लागे।।

श्लोक–

तान् पार्थिवान् वारण्यूयपार्हान् सभागतांस्तत्र महत्यरण्ये।
वनौकसस्तेभिसमीक्ष्यं सर्वे त्वश्रूष्यमुञ्चन् प्रविहाय हर्षना।।228।।

भावार्थ–हाथियों पर सवारी के उपयुक्त भरत शत्रुघ्न को पैदल देख वनवासी रोने लगे और निषाद भी प्रेम वश खो गया और मार्ग भूल गया पर देवताओं ने फूल बरसाकर मार्ग दिखा दिया।

टिप्पणी–गोस्वामी जी इस अनन्य प्रेम का वर्णन करते हैं–

होत न भूतल भाव भरत को, अचर सचर चर अचर करत को।।

आनन्द वृन्दावन के श्लोक का भाव भी यही है–

"यदि पृथ्वी के पृष्ठ पर भरत जी का प्रेमभाव न उमड़ता तो जड़ जीवों को चैतन्य और चैतन्य जीवों को कौन जड़ बनाता अर्थात् चराचर प्राणी मुग्ध हो जड़वत् हो गये अथवा मुखर हो गये।"

प्रेम अमिय मन्दर बिरह, भरत पयोधिगँभीर।
मथि प्रगटेउ सुर साधुहित, कृपासिंधुरघुबीर।।230।।
सखा समेत मनोहर जोटा। लषेउ न लषन सधन बन ओटा।।
भरत दीख प्रभुआश्रम पावन। सकल सुमंगलसदन सुहावन।।
करत प्रबेश मिटा दुष दावा। जनु जोगि परमारथ पावा।।
देखे भरत लषन प्रभु आगे। पृछत बचन कहत अनुरागे।।
सीसजटा कटि मुनि पट बाँधे। तून कसे कर सर धनु कांधे।।
बेदी पर मुनि साधु समाजू। सीय सहित राजत रघुराजू।।

श्लोक–

निरीक्ष्य स मुहूर्त तु ददर्श भरतो गुरुम्।
उटजे राममासीनं जटामण्डलधारिणम्।।
कृष्णाजिनधरन्तं तु चीरवल्कलवाससम्।
ददर्श राममासीनमभीतः पावकोपमम्।।
सिंहस्कन्धं महाबाहुं पुंडरीकनिभेक्षणम्।
पृथिव्याः सागरान्ताया भर्तारं धर्मचारिणम्।।
उपविष्टं महाबाहुं ब्रह्मणभिव शाश्वतम्।
स्थंडिले दर्भसँस्तीर्णे सीतया लक्ष्मणेन च।।

भावार्थ–क्षणभर पर्णशाला को देखते रहे। फिर जटाजूट बाँधे उस पर्णशाला में बैठे राम जी को देखा। सम्मुख जाकर देखा कि चीर वल्कल पहन मृगचर्म धारण किये अग्नि ऐसा दीप्त राम जी बैठे हैं। सिंह समान कन्धा वाले, आजानुबाहु कमल नयन आसमुद्र पर्यन्त पृथ्वी के

शासक धर्मधारी राम जी कुशासन बिछे चबूतरे पर सीता लक्ष्मण सहित साक्षात् सनातन ब्रह्म समान बैठे हैं।

गोस्वामी जी के अनुसार लक्ष्मण जी प्रभु राम के आगे खड़े हैं।

सानुज सखा समेत मगन मन। बिसरे हरष सोक सुख दुषगन।।
पाहि नाथ कहि पाहि गोसाई। भूतल परे लकुट की नाई।।231।।

श्लोक—

तं दृष्ट्वा भरतः श्रीमान् दुःखमोहपरिप्लुतः।
अभ्यधावत् धर्मात्मा भरतः केकयीसुतः।।234।।

भावार्थ—कैकेयी कुमार धर्मात्मा भरत जी दुःख मोह से व्याकुल होकर राम जी की ओर त्राहिनाथ त्राहिनाथ कहते हुए दौड़ पड़े और साष्टांग प्रणाम किये।

टिप्पणी—लक्ष्मण जी का क्रोध भरत जी के प्रेम भाव को देखकर ग़ायब हो गया। मन भरत जी को ओर खिंच गया पर सम्हाल कर प्रभु सेवा के धर्म का अवलम्बन कर स्थिर हो भरत जी की ओर बढ़ते क़दम को रोक लिया। अध्यात्म रामायण में वर्णन है—

लक्ष्मण जी ने हाथ जोड़ कर रघुनाथ ज़ी से कहा, भरत जी आपको प्रणाम कर रहे हैं। प्रेम में निमग्न रघुनाथ जी ने उठकर अपने लम्बे हाथों से भरत जी को खींच कर अपनी छाती से लगा लिया और प्रेमाश्रु से भरत जी को सींच दिया।

मिलनि बिलोकि भरत रघुबर की। सुरगन समय धकधकी धरकी।।
समुझाये सुर गुरु जड़ जागे। बरषि प्रसून प्रसंसन लागे।।
मिलि सप्रेम रिपुसूदनहिं, केवट भेंटेउ राम।
भूरि भाग भेंटे भरत, लछिमन करत प्रनाम।

श्लोक—

शत्रुघ्नश्चापि रामस्य ववन्दे चरणौ रुदन।
तावुभौ च समालिंग्य रामोऽप्यश्रूष्यवर्तयत्।।

भावार्थ—इसी समय रोते हुए शत्रुघ्न जी भी राम जी के चरणों में पड़ प्रणाम किये। राम जी दोनों को छाती से लगाकर अश्रुपात करने लगे। लक्ष्मण जी अपने भाग्य की सराहना करते भरत जी को प्रणाम किये।

टिप्पणी—आनन्द रामायण में वर्णन है—लक्ष्मण जी प्रेम से शत्रुघ्न और केवट से मिले। भरत और शत्रुघ्न ने मुनिमण्डली को प्रणाम कर अनुराग सहित श्री जानकी जी के चरण कमलों में प्रणाम किया और आशीर्वाद पाकर महामोद को प्राप्त हुए अर्थात् अपयश के डर से मुक्त हो गये (237-238) देवता घबरा गये। उनको भय हो गया कि कहीं भरत जी राम को वापस लौटाने में सफल न हो जायें। जब वशिष्ठ मुनि ने उन्हें समझाया तब उनकी धुकधुकी ठीक हुई और वे फूल ख़ुशी से बरसाने लगे।

प्रथम राम भेंटी कैकेयी। सरल सुभाय भगति मति भेई।।
पग परि कीन्ह प्रबोध बहोरी। काल करम बिधि सिरधरि खोरी।।

भेंटी रघुबर मातु सब, करि प्रबोध परितोष।
अम्ब ईस आधीन जग, काहु न देइय दोष।।231।।

श्लोक—

तासां रामः समुत्थाय जग्राह चरणाम्बुजम्।
मातृणां मनुजव्याघ्रः सर्वासां सत्यसंगरः।।244।।

भावार्थ—सत्य संघ राम जी ने उठकर सभी माताओं के चरण कमल छुए और प्रबल दैव की दुहाई दी। किसी को दोष नहीं देना चाहिए।

टिप्पणी—ब्रह्मवैवर्त पुराण में भी वर्णन है—

दैवाधीनञ्जगत्सर्व जन्म कर्म शुभाशुभम्
संयोगश्च वियोगश्च न च दैवात्पर बलम्

जन्म-कर्म, संयोग-वियोग, शुभ-अशुभ, सभी दैव के अधीन है। इसमें किसी का दोष नहीं है। ध्यातव्य है कि राम सबसे पहले कैकेयी माता से मिलकर उनकी निर्दोषिता सिद्ध करते हैं।

लागि लागि पग सबन सिय, भेंटति अति अनुराग।
हृदय असीसहिं प्रेम बस, रहिहहु भरी सोहाग।।238।।

श्लोक—

सीतापि चरणाँस्तासामुपसंगृह्या दुःखिता।
श्वश्रूणामश्रपूर्णाक्षी संबभूबाग्रतः स्थिता।।250।।

भावार्थ—सीता जी भी मन में अत्यन्त दुःखित हो रोने लगीं और सभी सासुओं के चरण में पड़कर तब खड़ी हुईं। सासें सौभाग्य चिह्न से रहित मलिन थीं। सीता जी ने दुःख से आँखें बन्द कर लीं। सीता जी विचारमग्न हो गयीं। विधाता ने ऐसा क्यों किया? उस समय उभय दल में प्रचण्ड दुःख की तरंगें उठ रही थीं।

टिप्पणी—इस प्रसंग का वर्णन महाभारत के 251 और चाणक्य नीति दर्पण के 252 में है। वशिष्ठ जी सभी विह्वल जनों को प्राणियों के मिलन और बिछुरन का मिलान पक्षियों के विभिन्न दिशाओं में अलग हो जाने से करते हुए सान्त्वनापूर्ण उपदेश कर शान्त करते हैं।

बिटप बेलि तृन अगनित जाती। फल प्रसून पल्लव बहुभाँती।।
सुन्दर सिला सुखद तरूछाहीं। जाइ बरनि बन छबि केहि पाहीं।।240।।

श्लोक—

मनोज्ञोऽयं गिरिः सौम्य नानाद्रुमलतायुतः।
कन्दमूलफलैरम्यो वटच्छायासमान्वितः।।266।।

भावार्थ—यह पर्वत मनोहारी है, सुरम्य है, नाना प्रजाति के द्रुम, लता, फलफूल, कन्दमूल युक्त, वटछाया से समन्वित शोभायमान हैं। अवर्णनीय है।

टिप्पणी—महाभारत में भी सादृश्य वर्णन है—

सरितो निर्झराश्चैव ददर्शाद्भुत दर्शनान्

अर्थात् अद्‌भुत मनोहारी सरिता, निर्झर वन आदि उस पर्वत पर दर्शनीय हैं। यह विविध ताप और पाप हरण करने वाले हैं।

सरन्हि सरोरुह जल बिहँग, कूजत गुंजत भृंग।
बैर, बिगत बिहरत बिपिन, मृग बिहँग बहुरंग।।241।।

श्लोक–

एषा प्रसन्नसलिला पद्मनीलोत्पला सुभा।
जले तरुणसर्याभैः षटपदाहत केसरैः।।
पंकजैः शोभते हृद्या सरसी सारसान्विता। 267।।

भावार्थ–यहाँ निर्मल जल से भरा तालाब, सुगन्धित नील कमल, सारस, हंस आदि जलचर पक्षी से भरा हुआ शोभायमान इसके स्वच्छ जल में कमल के फूल तरुण सूर्य की तरह शोभा फैला रहे हैं। कमल की पंखुड़ियों पर बैठे भौंरे गुंजार कर रहे हैं।

टिप्पणी–आनन्द रामायण (218) में भी यह प्रसंग वर्णित है।

सो गोसाइँ बिधि गति जेहि छेकी। सकै को टारि टेक जो टेकी।। 245।।

श्लोक–

दैवम्य्पुरुषकारेण निवर्तयितुमर्हसि।।288।।

भावार्थ–आपका प्रताप, असीस ऐसा है कि सकल दुःख निवारण करते हुए सम्पूर्ण मंगल प्रदान करता है। आपकी टेक दैवगति से भी प्रबल है।

टिप्पणी–भरत जी जानते थे कि रघुनाथ जी अपनी टेक से हटनेवाले नहीं हैं। इसीलिए वे पुनः कहते हैं–

सकुचो तात कहत एक वाता। अरध तजहिं जुध सरवस जाता।।

शुक्र नीति में भी आया है सर्वस्व का नाश होते देख पण्डित लोग आधा से काम चला लेते हैं। यहाँ भरत जी का आशय सीता जी को अयोध्या लौटा देने से है। सनक संहिता में भी (251) यही वर्णन है। उनकी जगह भरत जी स्वयं वन रहना चाहते थे।

कह मुनि राम सत्य तुम भाषा। भरत सनेह बिचार न राषा।
तेहिं ते कहउँ बहोरि बहोरी। भरत भगति बस मममति भोरी।।
मोरे जान भरतरुचि राषी। जो कीजिय सो सुभ सविसाषी।।248।।

श्लोक–

भरतस्य वचः कुर्वन् याचमानस्य राघव।
आत्मानत्रातिवर्तेस्त्वं सत्यधर्म पराक्रम।।300।।

भावार्थ–मुनि वसिष्ठ कहने लगे–हे राघव! आपका कथन सत्य है पर भरत प्रेमवश हम लोगों का चित्त स्थिर नहीं है। हे सत्यधर्म पालक पराक्रमी धर्मज्ञ! भरत का वचन मानने से आप सत्य से विचलित नहीं होंगे अर्थात् राज्य करने की भरत की बात आपको स्वीकार होनी चाहिए।

टिप्पणी—जमदग्नि संहिता में भी वर्णन है—

"पहले भरत जी की विनती सुन लीजिए, फिर उस पर विचार कीजिए"।।301।।

भूपतिमरन प्रेममन राखी। जननी कुमति जगत सब साखी।।
देखि न जाहीं बिकल महतारी। जरहिं दुसह जर पुर नर नारी।।252।।

श्लोक—

कौशल्या च सुमित्रा च याश्चान्या मम मातरः।
दुःखेन महता विष्टास्त्वां प्राप्य कुलदूषिणीम्।।316।।

भावार्थ—भरत जी कहते हैं—कौशल्या और सुमित्रा आदि की व्याकुलता देखी नहीं जाती। कुलदूषणी माता कैकेयी की कुबुद्धि सब पर उजागर हो गयी है। पिता मरण, माँ की कुबुद्धि से अन्य सभी माताएँ, नरनारि दुःसह ताप से जल रहे हैं।

सुनि वनगमन कीन्ह रघुनाथा। करि मुनिवेष लषन सियसराथा।।
विनु पानहिन्ह पयादेहिं पाये। संकट साषिरहेऊँ एहि धाये।।

श्लोक—

सहि राजसुतः पुत्र चीरवासा महावनम्।
दण्डकान् सदैव देस्या लक्ष्मणनुचरोगतः।।317।।

भावार्थ—सब सहा, जब सुना कि राम जी सीता, लक्ष्मण सहित पदत्राण विहीन हो मुनि वेश में पैदल दण्डक वन की ओर प्रयाण किये हैं।

टिप्पणी—स्कन्दपुराण में वर्णन आया है कि शिवजी साक्षी हैं कि ऐसी चोट भी सहकर रह गया अर्थात् प्राण नहीं छूटे। महेश्वर संहिता में भी "चापश्यञ्जीवन्नहम्पुनः" अर्थात् यह जीवन फिर भी कायम है और सब सह रहा है—वर्णन आया है।

जो सेवक साहिबहिं सँकोची। निजहित चहइ तासु मति पोची।।
सेवकहित साहिब सेवकाई। करइ सकल सुख लोभ बिहाई।।
स्वारथ नाथ फिरे सबहीका। किए रजाइ कोटि बिधि नीका।।
यह स्वारथ परमारथ सारू। सकल सुकृतफल सुगति सिंगारू।।
देव एक बिनती सुनि मोरी। उचित होइ तस करब बहोरी।।
तिलक समाज साजि सब आना। करिय सुफल प्रभु जो मनमाना।।

सानुज पठइय मोहि बन, कीजिय सबहिं सनाथ।
नतरु फेरियहि बन्धु दोउ, नाथ चलउँ मैं साथ।।

श्लोक—

तस्य मे दासभूतस्य प्रसादं कर्तुमर्हसि।
अभिषिंचस्व चाधैव राज्येन मधवानिव।।341।।

तथानुपूर्व्यायुक्तश्र युक्तं चात्मनि मानद।
राज्यं प्राप्नुहि धर्मेण सकामान् सुहृदः कुरु।।342।।
अघप्रभृति भूयौ तु शयिष्येहं तृणेषु वा।
फलमूलाशनो नित्यञ्जटाचीराणि धारयन्।।343।।
तस्याहमुत्तरंकालत्रिवत्स्यमि सुखम्वने।
तत्प्रतिश्रुतमार्यस्य नैव मिथ्या भविष्यति।।344।।
वसन्तं भ्रातुरर्थाय शत्रुघ्नो मानुवत्स्यति।।345।।

भावार्थ—मैं आपका दास हूँ। अतः आप हम पर प्रसन्न हों। आज ही आप इन्द्र के समान राज्य पर अभिषिक्त होवें। आप ज्येष्ठ हैं। आप ही राज्य के अधिकारी हैं। धर्मानुसार आप राज्य स्वीकार करें और बन्धु-बान्धव, इष्ट मित्र आदि की इच्छा पूर्ण करें। आप अवध को लौट जायें। मैं कन्दमूल फल खाकर जटावल्कल आदि धारण कर, तृण ज़मीन पर बिछा, सो कर, वनवास के शेष दिन बिताऊँगा जिससे आपकी 14 बरस वनगमन की प्रतिज्ञा पूरी हो। मैं शत्रुघ्न के साथ वनवास करूँगा। यदि आप न लौटें तो आप लक्ष्मण, शत्रुघ्न को लौटा दें। मैं आपके साथ चलूँगा। भरत जी सर्वस्व हाथ से जाते देख विकल्प के रूप में यह प्रस्ताव दे रहे हैं ताकि आधा बच जाये अर्थात् राम, लक्ष्मण, सीता लौट जायें, मैं शत्रुघ्न सहित वन में वास करूँ। एक और प्रस्ताव देते हैं : हम तीनों भाई जंगल में रहें, आप सीता सहित लौट जायें।

टिप्पणी—यहाँ विकल्प अलंकार है। भरत जी की बुद्धि समभाव में है। इससे उनको भगवान राम कल्पवृक्ष समान अभीष्ट के सिद्ध करने वाले नज़र आते हैं।

सत्य उपाख्यान में कहा गया है—

नहिं विषमता तस्य कल्पवृक्षोपमे हरिः

राउररीति सुबानि बड़ाई। जगत बिदित निगमागम गाई।।
कूर कुटिल खल कुमति कलंकी। नीच निसिल निरीस निसंकी।।
तेउ सुनि सरन सामुहे आए। सकृत प्रनाम किए अपनाए।। 288।।
देखि दोष कबहुँ न उर आने। सुनि गुन साधु समाज बखाने।।

श्लोक—

सकृदेव प्रपन्नाय तवास्मीति च याचते।
अभयं सर्वभूतेभ्यो ददाम्येतद व्रतं मम।।
तेषां दोष निरीक्ष्यापि नोरस्यानीतवानूपरम्।।429।।

भावार्थ—मेरा यह प्रण है—जो कोई भी शरण आये और कहे कि मैं आपका हूँ तब मैं उसे सब भूतों के भय से मुक्त कर देता हूँ। उनके दोष को देखकर भी हृदय में नहीं रखा। उनका गुण सुनकर साधु समाज में उसका बखान किया।

टिप्पणी–तुलसीदास कहते हैं–

को साहिब सेवकहिं नवाजू।

इसी का वर्णन भरद्वाज संहिता में है (431)–

एता दृशोन्यः कः स्वामी यः कृत्वा दास रक्षणम्।

देखि दोष कबहुँ न उर आने। सुनि गुन साधु समाज बखाने।।

श्लोक–

तेषां दोषं निरीक्ष्यापि नोरस्यानीतवानूपरम्।
आकर्ण्य वर्णयामास तद्गुणान् साधुसंसदि।।430।।

भावार्थ–उनके दोषों पर ध्यान नहीं दिया। उनके गुणों को याद किया और साधु संसद में उसका वर्णन किया।

टिप्पणी–भरत जी कहते हैं कि ऐसा स्वामी और दूसरा कौन है जो अपने दास की रक्षा करे और सेवकों को अपने ही तुल्य बना लेवे। भरद्वाज संहिता में भी यह वर्णित है–

कः स्वामी यः कृत्वा दास रक्षणम्

गोस्वामी जी कहते हैं–

को साहिब सेवकहिं नवाजू। आप समान साज सब साजू।।

रघुनाथ जी ने कालान्तर में गीध, जटायु, शबरी, निषाद को अपने ही समान समझ सम्मानित किया और अपने तुल्य बना लिया।

वर्ण आधारित समाज में परम्परा से हटकर राम का वनवासी जातियों, निम्न स्तर की जातियों के साथ यह सद्व्यवहार उन्हें जननायक बनाता है। यही लोक दृष्टि गोस्वामी जी को भी लोकनायक बनाती है। राम जी को ग़रीबनवाज कहा गया है। वे सभी से सेवक का व्यवहार नहीं करते, उन्हें बराबर का दर्जा देकर दोस्त बना लेते हैं।

अध्यात्म रामायण

कहेउ भुआल सुनिय मुनिनायक। भये राम सब बिधि सब लायक।।
सेवक सचिव सकल पुरवासी। जो हमरे अरि मित्र उदासी।।
सबहिं राम प्रिय जेहि बिधि मोहीं। प्रभु असीस जनु तनु धरि सोहीं।।
बिप्र सहित परिवार गोसाई। करहिं छोह सब रउरीह नाई।।

श्लोक—

भगवन् राममखिलाः प्रशंसन्ति मुहुर्मुहः।
पौराश्च नैगमा वृद्धा मन्त्रिणश्च विशेषतः।।

भावार्थ—दशरथ जी वशिष्ठ जी से कहने लगे—हे भगवन्! सब लोग, पुरवासी, वृद्ध, वेदज्ञ, मन्त्रिगण विशेषकर राम की क्षण-क्षण प्रशंसा करते हैं। राजा दशरथ वशिष्ठ मुनि से कह रहे हैं कि रामचन्द्र सब प्रकार से योग्य हो गये हैं, सभी को राम जी प्रिय हैं।

मुदित महीपति मन्दिर आये। सेवक सचिव सुमन्त्र बोलाये।।
कहि जय जीव सीस तिन्ह नाये। भूप सुमंगल बचन सुनाये।।

श्लोक—

सुमन्त्रः शनकैः प्रायाद्र यत्र राजऽवतिष्ठति।
वर्धयन् जयशब्देन प्राणमच् छिरसा नृपम्।।

भावार्थ—सुमन्त्र धीरे से जहाँ राजा उपस्थित थे, आये। राजा की जय कहते हुए उन्होंने राजा को शीश नबाकर प्रणाम किया। मन्दिर से यहाँ आशय राज दरबार है।

औषध मूल फूल फल पाना। कहे नाम गनि मंगल नाना।।
चामर चरन बसन बहु भांती। रोम पाट पट अगनित जाती।।
भनिगन मंगल वस्तु अनेका। जो जग जोगु भूप अभिषेका।।

श्लोक—

दिव्यमाल्यानि वस्त्राणि दिव्यान्याभरणानि च।
सुवर्णादीनि रत्नानि बलीन् सर्वोषधीरपि।।
यच्चान्यत् किंचिन्देष्टव्यं तत्सर्वमुपकल्प्यताम्।
चामरव्यजने चोभे व्याघ्रचर्माणिं चानय।।

भावार्थ–सुगन्धित युक्त हज़ारों दिव्य माला, दिव्य गहने, वस्त्र, स्वर्ण, दिव्य रत्न, समस्त औषधियाँ भी रखनी उचित हैं। और राज्य अभिषेक के लायक दूसरा अन्य पदार्थ भी एकत्रित करो। व्याघ्र चर्म लाओ, चामर, पंखे लाओ।

ध्वज पताक तोरन कलस, सजहु तुरग रथ नाग।।
सिर धरि मुनिवर बचन सब, निज निज काजहिं लाग।।

श्लोक–

उच्छीयन्तां पताकाश्च नानावर्णाः समंततः।
तोरणानि विचित्राणि स्वर्णमुक्तामयानि वै।।
हस्त्यश्वरथपादाता बहिस्तिष्ठन्तु सायुधाः।
नगरे यानि तिष्ठन्ति देवतायतनानि च।।
तेषु प्रवर्ततां पूजा नानाबलिभिराहता।

भावार्थ–अयोध्या नगरी में चारों ओर अनेक प्रकार के रंगों की पताका उड़ायी जायें। सुवर्ण और मुक्ता के तोरण बनाये जायें। इस नगरी को शोभा युक्त बनायें। हाथी दल, अश्व दल, रथ दल, पैदल, अस्त्र शस्त्र से सज्जित हो बाहर उपस्थित रहें। नगर के देवमन्दिर में नाना प्रकार के उपहारों से पूजा की जाय।

प्रथम जाय जिन्ह बचन सुनाये। भूषन बसन भूरि तिन्ह पाये।।

श्लोक–

यदा तदैव नगरे श्रुत्वा कश्चित् पुमान जागौ।
कौशल्यायै राममात्रे सुमित्रायै तथैव च।।
श्रुत्वातिहर्षसम्पूर्णे ददतुर्हारमुत्तमम्।
तस्मै ततः प्रीतमनाः कौशल्या पुत्र वत्सला।।

भावार्थ–तदुपरान्त नगर में यह वृत्तान्त सुनकर किसी पुरुष ने कौशल्या और सुमित्रा से कहा। दोनों रानियों ने सुनकर आनन्द से भर कर संवाद वाहक को हार दे दिया। पुत्रवत्सला और प्रीतमना कौशल्या हर्ष से भर गयी थीं।

आनँद मगन राम महतारी। दिये दान बहु बिप्र हँकारी।।

रांगेय राघव तुलसी की विप्र पूजा, जनभाषा की अन्तर्वस्तु से ब्राह्मण प्रेम पाया है जबकि ग्रियर्सन, मिश्रबन्धु, रामचन्द्र शुक्ल, मैथिलीशरण महाराज उन्हें लोकनायक मानते हैं।

श्लोक–

तस्मै ततः प्रीतमनाः कौशल्या पुत्रवत्सला।
लक्ष्मीं पर्यचरद् देवीं रामस्यार्थप्रसिद्धये।।

भावार्थ–प्रीतमना पुत्र वत्सला कौशल्या ने राम जी के लिए देवी लक्ष्मी जी की पूजा की और विप्र जनों को दान दिया। सारा रनिवास प्रसन्न हो गया।

मंगल परम सुनि, रहसेऊ रनिवास।

तब नर नाह बसिष्ठ बोलाये। राम धाम सिख देन पठाये।।

श्लोक—

रथमारूह भगवान् वशिष्ठो मुनिसत्तमः।
स्वयं जगाम भवनं राघवस्यातिशोभनम्।।

भावार्थ—मुनिवर भगवन् वशिष्ठ जी रथ पर चढ़कर राम जी के सुन्दर शोभायुक्त भवन को गये।

गुरु आगमन सुना रघुनाथा। द्वार आय पद नायउ माथा।।

श्लोक—

गुरुमागतमाज्ञाय शमस्तूर्ण कृतांजलिः।
प्रत्युद्गम्य नमस्कृत्य दण्डवद् भक्तिसंयुतः।

भावार्थ—गुरुजी का आगमन जानकर राम जी शीघ्रता से हाथ जोड़े हुए आगे बढ़कर उनको लिवा लाये और भक्ति युक्त होकर दण्डवत् प्रणाम किया। पौराणिक मतवाद की अपनी विचारधारा को गोस्वामी जी ने बड़ी कलात्मक कुशलता से लोकमत बनाकर जन भाषा में प्रस्तुत किया है। विप्र पूजा, गुरु पूजा आज भी ज्ञान पूजा के रूप में संसार भर में मान्य है।

सादर अरघ देइ घर आने। सोरह भाँति पूजि सन माने।।
गहे चरन सिय सहित बहोरी। बोले राम कमल कर जोरी।।

श्लोक—

रत्नासने समावेश्य पादौ प्रक्षाल्य भक्तितः।
तदपः शिरसा धृत्वा सीतया सह राघवः।।
धन्योऽस्मीत्यब्रवीद् रामस्तव पादाम्बुधारणात्।।

भावार्थ—फिर, राम जी ने सीता को साथ लेकर वशिष्ठ जी को रत्न सिंहासन पर बैठा कर पाद प्रक्षालन किया। उस चरणामृत को मस्तक पर धारण करके राम जी ने कहा कि आपका चरणकमल रज मस्तक पर धर कर मैं धन्य हो गया।

बरनि राम गुन सील सुभाऊ। बोले प्रेम पुलकि मुनिराऊ।।
भूप सजेउ अभिषेक समाजू। चाहत देन तुमहिं जुबराजू।।

श्लोक—

गुणान् प्रशस्य रामस्य प्रहसन् मुनिरब्रवीत्।।
राज्ञा दशरथेनाहं प्रेषितोऽस्मि रघूद्भव।
त्वामामन्त्रयितु राज्ये श्वोऽभिषेक्ष्यति राघव।।

भावार्थ—श्री राम जी के गुणों की प्रशंसा कर वशिष्ठ जी ने हँसकर कहा—हे राघव! कल राजा दशरथ तुमको राज्य पर अभिषिक्त करेंगे। तुम्हें जनाने के लिए राजा ने मुझे यहाँ भेजा है।

राम करहु सब संजम आजू। जौं बिधि कुशल निबाहइ काजू।।

श्लोक—

अघ त्वं सीतया सार्धमुपवासं यथाविधि।
कृत्वा शुचिर्भूमिशापी भव राम जितेन्द्रियः।।

भावार्थ—हे राम! आज तुम सीता सहित विधि-विधान से उपवास करके जितेन्द्रिय होकर भूमिशायी होना।

गुरु सिष देइ राउ पहँ गयऊ। राम हृदय अस बिसमय भयऊ।

श्लोक—

गच्छामि राजसान्निध्यं त्वं तु प्रातर्गमिष्यसि।
इत्युक्त्वा रथमारूह्य ययौ राजगुरुर्द्रुतम्।।

भावार्थ—मैं इस समय राजा के निकट जा रहा हूँ। तुम कल प्रातः जाना। राजगुरु वशिष्ठ जी यह कहकर रथ आरूढ़ हो शीघ्रता से चले गये।

तेहि अवसर आये लषन, मगन प्रेम आनन्द।
सनमाने प्रिय बचन कहि, रघुकुल कैरव चन्द।।

श्लोक—

रामोऽपि लक्ष्मणं दृष्ट्वा प्रहसन्निदमब्रवीत्।।
सौमित्रे यौवराज्ये मे श्वोऽभिषेको भविष्यति।
निमित्तमात्रमेवाहं कर्ता भोक्ता त्वमेव हि।।

भावार्थ—उसी समय लक्ष्मण जी आये। तब रामचन्द्र जी भी लक्ष्मण जी की ओर देखकर हँसते-हँसते यह बोले—

हे लक्ष्मण! कुल गुरु वशिष्ठ जी से सुना है कि कल मुझे युवराज पद पर अभिषिक्त किया जायेगा। मैं तो सिर्फ़ निमित्त ही रहूँगा—तुम ही राज्य के भोक्ता और कर्त्ता होगे।

सारद बोलि बिनय सुर करहीं। बारहिं बार पाय लै परहीं।।
बिपति हमारि बिलोकि बड़ि, मातु करिअ सोइ आज।
राम जाहिं बन राज तजि, होइ सकल सुर काज।।
सुनि सुर बचन ठाढ़ि पछिताती। भइउँ सरोज बिपिन हिय राती।।
देखि देव पुनि कहहिं निहोरी। मातु तोहिं नहिं थोरिउ खोरी।।
बिसमय हरष रहित रघुराऊ। तुम्ह जानहु सब राम प्रभाऊ।।
जीव करम बस सुख दुख भागी। जाइअ अवध देव हित लागी।।
बार-बार गहि चरन सकोची। चली बिचारि बिबुध मति पोची।।

श्लोक—

एतस्मिन्नन्तरे देवा देवीं वाणीमचोदयन्।।
गच्छ देवि भुवो लोकमयोध्यायां प्रयत्नतः।
रामाभिषेकविघ्नार्थ यतस्व ब्रह्मावाक्यतः।।

मन्थरां प्रविशस्वादौ कैकेयीं च ततः परम्।
ततो विघ्ने समुत्पन्ने पुनरेहि दिवं शुभे।।

भावार्थ—इसी अवसर पर देवताओं ने सरस्वती देवी को प्रेरणा दी कि हे देवि! पृथ्वी के अयोध्या नगर में अति यत्न से जाओ। ब्रह्मा जी की आज्ञा से राम अभिषेक में विघ्न के लिए यत्न करो, प्रथम मन्थरा में प्रवेश करना, फिर कैकेयी पर टिकना। हे शुभे! उसके तदनन्तर विघ्न हो जाने पर स्वर्ग को आना।

बड़े लोगों की करतूति नीच होती है। सन्त तुलसी यह सूत्रीकरण कर प्रचलित सामन्ती मूल्यों पर चोट करते हैं। मुक्तिबोध, राहुल सांकृत्यायन आदि वामपन्थी तुलसी की महानता का अन्दाज़ा न लगा पाये। यह उन लोगों का अतिवाद है।

ऊँच निवास नीचि करतूती। देखि न सकहिं पराय बिभूति।।
आगिल काज बिचारि बहोरी। करिहहिं चाह कुशल कवि भोरी।।
हरषि हृदय दसरथ पुर आई। जनु ग्रह दसा दुसह दुखदाई।।

नाम मन्थरा मन्दमति, चेरि कैकेई केरि।
अजस पेथरी ताहि करि, गइ गिरा मति फेरि।।

श्लोक—

तथेत्युक्त्वा तथा चक्रे प्रविवेशाथ मन्थराम्।।

भावार्थ—सरस्वती ने कहा कि वैसा ही करूँगी और मन्थरा में प्रवेश किया

देखि मन्थरा नगर बनावा। मंजुल मंगल बाज बधावा।।

श्लोक—

सापि कुब्जा त्रिवक्रा तु प्रासादाग्रमथारुहत्।
नगरं परितो दृष्ट्वा सर्वतः समलंकृतम्।।

भावार्थ—तदनन्तर तीन जगह से टेढ़ी त्रिवक्रा कुबड़ी मन्थरा प्रासाद में चढ़कर गयी और सब ओर चारों तरफ़ अलंकृत नगर को देखकर धाई से पूछा—

पून्देसि लोगन्ह काह उछाहू। राम तिलक सुनि भा उर दाहू।।

श्लोक—

धात्रीं पप्रच्छ मातः किं नगरं समलंकृतम्।
तामुवाच तदा धात्री रामचन्द्राभिषेचनम्।।
तच्छुत्वा विमना भूत्वा।

भावार्थ—धाई से पूछा, माई नगर क्यों अलंकृत किया जा रहा है? धाई बोली—रामचन्द्र का अभिषेक हो रहा है। यह सुनकर मन्थरा अनमनी हो गयी।

करइ विचार कुबुद्धि कुजाती। होइ अकाज कविन विधि राती।।
देषि लागि मधु कुटिल किराती। जिमि गवँ तकइ लेउँ केहि भाँती।।
भरत मातुपहि गइ बिलखानी। का अनमनि हँसि हँसि कह रानी।।

श्लोक—

कैकेयी निकटं गता।
कैकेयी त्वब्रवीत् कुब्जां कच्चित् क्षेमं न मंथरे।।

भावार्थ—कैकेयी के निकट गयी।
कैकेयी ने कुब्जा से पूछा—“क्या मेरी क्षेम कुशल नहीं है, मन्थरे।”

नींद बहुत प्रिय सेज तुराई। लखहु न भूप कपट चतुराई।।

श्लोक—

किं शेषे दुर्भगे मूढ़े महद् भयमुपस्थितम्।।
त्वां तोषयन सदा राजा प्रियवाक्यानि भाषते।
कामुकोऽतथ्यवादी च त्वां वाचा परितोषयन्।।

भावार्थ—अरी कुभागिन! मूढ़! क्या लेटी है? बड़ा भारी भय आन पहुँचा है।

तुलसी साहित्य में सामन्त विरोधी मूल्य का अभाव नहीं है। दासी मन्थरा द्वारा रानी कैकेयी को डपटना, विवाह पूर्व राम-सीता प्रेम, केवट-निषाद-शवरी-जटायु प्रेम, किसान चेतना, सामाजिक यथार्थ वर्णन, राजघाट पर सहस्नान इत्यादि सामन्त विरोधी मूल्य हैं। मन्थरा पुनः कहती है–

राजा सदा तुमको परितोष देने के लिए प्रिय वचन बोलते हैं। कामुक और मिथ्यावादी राजा तुमको वचन से सन्तुष्ट करते हैं।

जौं बिधि देइ जनम करि छोहू। होहू राम सिय पूत पतोहू।।
प्रान ते अधिक राम प्रिय मोरे। तिन्ह के तिलक छोभ कस तोरे।।
भरत सपथ तोहिं सत्य कहु, परिहरि कपट दुराव।
हरष समय बिसमउ करसि, कारण मोहिं सुनाव।।

श्लोक–

भरतदधिको रामः प्रियकृन्मे प्रियंवदः।।
कौशल्या मां समं पश्यन् सदा शुश्रूषते हि माम्।
रामाद् भयं किमापन्नं तव मूढ़े वदस्व मम्।।

भावार्थ–प्रियवादी! रामचन्द्र जी भरत से ज़्यादा मेरे प्रिय हैं। वे कौशल्या और मुझको समान भाव से देखते हैं, मेरी सेवा करते हैं। मूढ़े! तुम्हें राम से कौन सा भय व्याप्त हुआ है। मुझसे कहो।

चतुर गँभीर राम महतारी। बीच पाइ निज बात सँवारी।।
पठये भरत भूप ननि औरे। राम मातु मत जानब रौरे।।

श्लोक–

कामुकोऽतथ्यवादी च त्वां वाचा परितोषयन्।
कार्यकरोति तस्या वै राममातुः सुपुष्कलम्।।
मनस्येतान्निधायैव प्रेषयामास ते सुतम्।
भरतं मातुलकुले प्रेषयामास सानुजम्।।

भावार्थ–कामी और मिथ्यावादी राजा केवल तुमको बात से परितोष कर राम की माता कौशल्या का कार्य करते हैं। यह मन में रखकर राजा ने अभिप्राय से अनुज सहित तुम्हारे बेटे भरत को मातुल कुल में भेज दिया है।

रेख खँचाइ कहउँ बल भाषी। भामिनि भइहु दूध की भाषी।।
जो सुत सहित करहु सेवकाई। तौ घर रहहु न आन उपाई।।
कद्र बिनतहिं दीन्ह दुख, तुमहिं कौसिला देब।
भरत बंदि गृह सेइहहिं, लषन राम के नेब।।

मन्थरा कहतीं है–राम के राजा होने पर भरत जेल जायेंगे और लक्ष्मण नायव, कर्त्ता, धर्त्ता बनेंगे।

श्लोक—

भरतो राघवस्याग्रे किंकरो ब भविष्यति।
विवास्यते वा नगरात् प्राणैर्वा हास्यतेऽचिरात्।।
त्वं तु दासीव कौशल्यां नित्यं परिचरिष्यति।।

भावार्थ—भविष्य में भरत राम के किंकर होंगे अथवा नगर से निर्वासित होंगे अथवा प्राणों से रहित किये जायेंगे और तुम तो दासी बनकर कौशल्या की नित्य सेवा करोगी।

कद्रु ने अपनी सौतन विनिता को बहुत दुख दिया था।

नैहर जनम भरब बरु जाई। जियत न करब सवति सेवकाई।
अरि बस दैव जियावत जाहीं। मरन नीक तेहिं जीव न चाहीं।।

श्लोक—

ततोऽपि मरणं श्रेयो यत्सपत्न्याः पराभवः।।

भावार्थ—सपत्नी के हाथ अपमानित होने से कहीं अच्छा है कि मृत्यु हो जाये।

भूपति राम सपथ जब करई। तब मागेहु जेहि बचन न टरई।।
होइ अकाज आज निसि बीते। वचन मोर प्रिय मानहु जीते।।
बड़ कुघात करि पातकिनि, कहेउ कोप गृह जाहु।
काज सँवारेहु सजग सब, सहसा जनि पतियाहु।।

श्लोक—

अतः शीघ्रं प्रविश्याद्य क्रोधागारं रूषान्विता।
विमुच्य सर्वाभरणं सर्वतो विनिकीर्यच।।
भूभावेव शयाना त्वं तूष्णीमातिष्ठ भामिनि।
या वत्सल्यं प्रतिज्ञाय राजऽभीष्टं करोति ते।।

भावार्थ—हे भामिनी! इस कारण आज तुम शीघ्र क्रोध सहित कोप भवन में जाओ। सब आवरण उतार कर और चारों ओर फेंक कर भूमि में पड़ रहना और जब तक राजा तुम्हारे अभीष्ट को पूरा करने हेतु सत्य प्रतिज्ञा न करें तब तक उनसे न बोलना।

कुबरहिं रानि प्रान प्रिय जानी। बार बार बड़ि बुद्धि बखानी।।
तोहिं सम हित न मोर संसारा। बहे जात कइ भइसि अधारा।।
जौ बिधि पुरब मनोरथ काली। करउँ तोहिं चख पूतरि आली।
बहु बिधि चेरिहिं आदर देई। कोप भवन गवनी कैकेयी।।

श्लोक—

तामाह कैकेयी दुष्टा कुतस्ते बुद्धिरीदृशी।
एवं त्वां बुद्धिसम्पन्नां न जाने वक्रसुन्दरि।।
भरतोयदि राजा मे भविष्यति सुतः प्रियः।

ग्रामाञ्छतं प्रदास्यामि मम त्वम प्राणवल्लभा।
इत्युक्त्वा कोपभवनं प्रविश्य सहसा रूषा।

भावार्थ—दुष्ट कैकेयी उससे बोली—तुझमें ऐसी बुद्धि आयी कहाँ से? हे वक्र सुन्दरि! मैं नहीं जानती थी कि तुम इतनी बुद्धि सम्पन्न हो। यदि प्रिय भरत राजा होंगे तो मैं तुझे एक शतक गाँव दूँगी। तू मेरी प्राण वल्लभा है। यह कहकर सहसा रुष्ट हो कैकेयी कोपभवन में प्रविष्ट हो गयी।

अस अभिलाष नगर सब काहू। केकय सुता हृदय अति दाहू।।
को न कुसंगति पाइ नसाई। रहइ न नीच मचे चतुराई।।

श्लोक—

धीरोऽत्यन्तदयान्वितोऽपि सुगुणाचारान्वितो वाथवा।
नीतिज्ञो विधिवाददेशिकपरी विद्याविवेकोऽथवा।।
दुष्टानामतिपापभावितधियां संगं सदा चेद्‌ भजेत्‌।
तद्‌बुद्ध्या परिभावितो व्रजति तत्साम्यं क्रमेण स्फुटम्‌।।

भावार्थ—अत्यन्त धीर, दयावन्त गुणवान, आचार युक्तनीति के जानकार, विधि निषेध के मर्म को समझाने वाले, विद्यायुक्त ज्ञानवान भी यदि पाप युक्त हृदय वाले दुष्टों का सदा संग करे वो दुष्ट बुद्धि से घिर कर फिर धीरे-धीरे क्रमिक रूप से वैसा ही हो जाता है। यह बात साफ़-साफ़ देखी गयी है।

कदली बेर प्रसंग ते छिदही कंटक पात।
साँझ समय सानन्द नृप, गयेउ केकेयी गेह।
गवन निठुरता निकट किय, जनु धरि देह सनेह।।

श्लोक—

ततो दशरथो राजा रामाभ्युदयकारणात्।
आदिश्य मन्त्रिप्रकृतीः सानन्दो गृहमाविशत्।।

भावार्थ—तब राजा दशरथ राम के अभ्युदय निमित्त मन्त्री और प्रजा को आदेशित कर आनन्द सहित गृह में पधारे। राजा स्नेह के प्रतीक हैं, कैकेयी निष्ठुरता का प्रतीक है।

कोप भवन सुनि सकुचेउ राऊ। भय बस आगे परइ न पाऊ।।

श्लोक—

पप्रच्छ दासीनिकरं तत्रादृष्ट्वा प्रियां नृपः।
ता ऊचुः क्रोधभवनं प्रविष्टा नैव विद्महे।।

भावार्थ—वहाँ प्रिया कैकेयी को न देख राजा ने दासी निकर से पूछा तो वे बोलीं—"वह कोप भवन गयी हैं, कारण हमें नहीं मालूम।"

छन्द—

केहि हेतु रानि रिसानी परसत पानि पानि पतिहिं निवारई।
मानहु सरोष भुअंग भामिनि विषम भाँति निहारई।
दोउ बासना रसना दसन बर भरम ठाहर देखई।
तुलसी नृपति भवितव्यता वस काम कौतुक लेखई।।

श्लोक—

इत्युक्तो भयसंत्रस्तो राजा तस्या समीपगः।
उपविश्य शनैर्देहं स्पृशन् वै पाणिनाब्रवीत्।।

भावार्थ—दासियों के ऐसा कहने पर भय त्रस्त राजा कैकेयी के समीप जाकर बैठ गये। धीरे-धीरे उसके शरीर को स्पर्श करते हुए बोले—"हे रानी! बोलो क्यों क्रोध में हो?"

सो.—

बार बार कह राउ, सुमुखि सुलोचनि पिकबचनि।
कारन मोहिं सुनाउ, गज गामिनि निज कोप कर।।

श्लोक—

किं शेषे वसुधापृष्ठे पर्यकादनि विहाय च।
मा त्वं खेदयसे यतो मां नावभाषते।।

भावार्थ—हे भीरु! पलँग छोड़कर वसुधा तल पर क्यों लेटी हो? यदि तुम मुझसे नहीं बोलती हो तो इससे हमको क्यों दुःखित करती हो? राजा कैकेयी को सुमुखी, सुलोचनी, कोकिलवचनी, गजगामिनी कह क्रोध का कारण पूछते हैं।

अनहित तोर प्रिया केइ कीन्हा। केहि दुइ सिर केहि जम चह लीन्हा।।

श्लोक—

को वा तवाहितं कर्ता नारी वा पुरुषोऽपि वा।
स मे दण्ड्यश्च वध्यश्च भविष्य न संशयः।।

भावार्थ—वह कौन नारि अथवा पुरुष है जिसने तुम्हारा अनहित किया है? वह मुझसे दण्ड पाने के योग्य है, अथवा वह वध्य के योग्य है, इसमें कुछ भी संशय नहीं है।

सकउँ तोर अरि अमरउ भारी। काह कीट बपुरे नरनारी।।
जानसि मोर सुभाव बरोरू। मन तव आनन चन्द चकोरू।।

श्लोक—

जानासि त्वं मम स्वातं प्रियं मां स्ववशे स्थितम्।।

भावार्थ—तुम मेरे अन्तर्मन स्वान्तः को जानती हो और अपने प्रिय के वश में स्थित मुझे भी जानती हो। मैं तुम्हारा दुश्मन यदि देवता हो तो उसे भी मार सकता हूँ। मैं चकोर ऐसा तुम्हारे मुख चन्द्र की चाहना रखता हूँ।

प्रिया प्रान सुत सरबसु मोरे। परिजन प्रजा सकल बस तोरे।।
जौ कछु कहउँ कपट करि तोही। भामिनि राम सपथ सत मोही।।
बिहसि माँगु मन भावति बाता। भूषन साजु मनोहर गाता।।
घरी कुघरी समुझि जिय देषू। बेगि प्रिया परिहरहि कुबेषू।।

श्लोक—

मम् प्राणात् प्रियतरो रामो राजीवलोचनः।
तस्योपरि शपे ब्रूहि त्वद्धितं तत्करोम्यहम्।।

भावार्थ—कमल नेत्र रामचन्द्र हमको प्राण से भी अधिक प्रियतर हैं। उनकी शपथ लेकर कहता हूँ, जो कहो, तुम्हारे हित में वैसा ही मैं करूँगा। मेरी प्रजा, कुटुम्बी, कुल, सम्पत्ति, मेरे प्राण सब तेरे अधीन हैं।

कमल नेत्र रामचन्द्र हमको प्राण से भी अधिक प्रियतर हैं। उनकी शपथ लेकर कहता हूँ, जो कहो, तुम्हारे हित में वैसा ही मैं करूँगा।

कपट सनेह बढ़ाइ बहोरी। बोली बिहसि नयन मुह मोरी।।

श्लोक—

इति ब्रुवन्तं राजानं शपतं राघवोपरि।
शनैर्विमृज्य नेत्रे सा राजानं प्रत्यभाषत।।

भावार्थ—यह कहकर राजा से वह रानी ऊपरी कपट के तहत धीरे से आँख से आँसू पोंछकर आँख और मुँह घुमाकर बोली।

मागु मागु पै कहहु पिय कबहुँ न देहु न लेहु।
देन कहेउ वरदान दुइ, तेउ पावत सन्देहु।।

श्लोक—

पूर्व देवासुरे युद्धे मया त्वं परिरक्षितः
तदा वरद्वयं दतं त्वया मे तुष्ट चेतसा
तद् द्वयं न्यासभूतं मे स्थापितं त्वयि सुव्रत

भावार्थ—पूर्वकाल में देवासुर संग्राम में मैंने तुम्हारी रक्षा की थी। उस समय आपने प्रसन्न मन से मुझे दो वरदान दिये थे। हे सुब्रत! वे दोनों वर धरोहर रूप में मैंने आप ही के पास स्थापित किये थे, अब मुझे उनके पाने में भी शंका है।

सुनहु प्रान पतिभावत जी का। देहु एक बर भरतहिं टीका।।

श्लोक—

तत्रैकेन वरेणाशु भरतं मे प्रियं सुतम्।
एभिः संभृतसंभारैर्यौवराज्येऽभिषेचय।।

भावार्थ—उनमें से एक वर से तुम हमारे प्यारे पुत्र भरत को इन सब सामग्री द्वारा शीघ्र युवराज पद पर अभिषिक्त करो।

माँगउँ दूसर बर कर जोरी। पुरवहु नाथ मनोरथ मोरी।।
तापस बेष विसेष उदासी। चौदह वर्ष राम बनवासी।।

श्लोक—

द्वितीयेन वरेणाशु रामो गच्छतु दण्डकान्।
मुनिवेषधरः श्रीमान् जटावल्कभूषणः।।
चतुर्दशसमास्तत्र कन्दमूलफलाशनः।

भावार्थ—दूसरे वर से राम शीघ्र दण्डक वन को जायें। रामचन्द्रजी जटा बढ़ाये, वल्कल पहने कन्दमूल फल खाते मुनि वेश धारण किये चौदह वर्ष तक वहाँ टिके रहें।

धरम धुरन्धर धीर धरि, नयन उधाये राम।
सिर धरि लीन्ह उसास असि, मारेसि मोहिं कुठाँय।।
आगे देखि जरत रिस भारी। मनहुँ रोष तरवार उघारी।।
मूढ़ि कुबुद्धि धार निठुराई। घरहीं कूबरी सान बनाई।।
लषि महीप कराल कठोरा। सत्य कि जीवन लेइहिं मोरा।।
बोलेउ राउ कठिन करि छाती। बानी सविनय तासु सुहाती।।

श्लोक—

शनैरुन्मील्य नयने विमृज्य परया भिया।
दुःस्वप्नो वा मया दृष्टो ह्यथवा चित्तविभ्रमः।।

इत्यालोक्य पुरः पत्नीं व्याघ्रीमिव पुरः स्थिताम्।
किमिदं भाषसे भद्रे मम प्राणहरं वचः।

भावार्थ—इसके उपरान्त हमने क्या दुःस्वप्न देखा या हमारी मति में भ्रम आ गया, यह विचार कर राजा ने आँसू पोंछ कर परम भय से धीरे-धीरे नेत्र खोला, और सामने बाघिन के समान बैठी हुई अपनी स्त्री को देखकर बोले—

"भद्रे! यह क्या कहती हो? यह वचन मेरे प्राणों का हरण करने वाला है।"

तुहूँ सराहसि करसि सनेहू। अब सुनि मोहि भयउ सन्देहू।।
जासु सुभाव अरिहु अनुकूला। सो किमि करिहि मातु प्रतिकूला।।

श्लोक—

ममाग्रे राघवगुणान् वर्णयस्यनिशं शुभान्।
कौशल्यां मां समं पश्यन् शुश्रूषां कुरुते सदा।।
इति ब्रुक्ती त्वं पूर्वमिदानीं भाषसेऽन्यथा।

भावार्थ—तुम तो सदा ही हमारे सामने राघव के सुन्दर गुणों का वर्णन किया करती थीं और कहती थीं कि राम हमेशा मेरी और कौशल्या की समान रूप से सेवा करते हैं। तुम पूर्व में सदा ही ऐसा कहती थीं और अब क्यों अन्यथा कहती हो?

प्रिया हांस रिस परिहरहिं, मांगु बिचार बिबेक।
जेहि देखउ अब नयन भरि, भरत राज अभिषेक।।

श्लोक—

अनुगृहीष्व मां वामे रामान्नास्ति भयं तव।
राज्यं गृहाण पुत्राय रामस्तिष्ठतु मन्दिरे।।

भावार्थ—हे प्यारी! मेरे ऊपर अनुग्रह कर! राम से तुझको कोई भय नहीं है। अपने पुत्र के लिए राज्य ग्रहण कर मगर राम हमारे घर में ही रहें।

होत प्रात मुनि वेष धरि, जो न राम बन जाहिं।
मोर मरन राउर अजस, नृप समुझिय मन माहिं।।

श्लोक—

वनं न गच्छेद यदि रामचन्द्रः प्रभातकालेऽजिनचीरयुक्तः।
उद्रबन्धनं वा विषभक्षणं वा कृत्वा मरिष्ये पुरतस्तवाऽहम्।।
सत्यप्रतिज्ञोऽहमितीह लोके विडम्बसे सर्वसभान्तरेषु।
रामोपरि त्वं शपथं च कृत्वा मिथ्याप्रतिज्ञो नरकं प्रयाहि।।

भावार्थ—जो राम प्रातः होते ही चीर वस्त्र पहन कर वन को नहीं जायेंगे तो मैं विष ग्रहण कर या उद्रबन्धन कर तुम्हारे समक्ष ही प्राण त्याग दूँगी। तुम लोक में, सब सभा में अपने को सत्यप्रतिज्ञ कह बड़ाई करते हो परन्तु तुमने राम की शपथ लेकर जो प्रतिज्ञा की, उसको भी पूरा न किया। अब तुम नरक जाओगे। तुम्हें अयश होगा।

देखि व्याधि असाधि नृप, परेउ धरनि धुनि नाथ।
कहत परम आरत बचन, राम राम रघुनाथ।।

श्लोक–

श्रुत्वैतद्र दारुणं वाक्यं कैकेय्या रोमहर्षणम्।।
निपपात महीपालो बज्राहत इवाचलः।
रामेत्युक्त्वा तु वचनं वाष्पपर्याकुलेक्षणः।
शशाक नृपतिदीनो नेक्षितुं नाभिभाषितुम्।

भावार्थ–कैकेयी के यह दारुण रोम हर्षण वचन सुनकर राजा वज्र प्रहार से गिरे पर्वत की तरह पृथ्वी पर गिर पड़े। राम कहकर उनकी आँखों में आँसू आ गये। ऐसे दुःखी राजा कुछ देखने, कुछ कहने में असमर्थ हो गये। वे आर्त्त हो राम, राम बोलने लगे।

बिलपत नृपहिं भयउ भिनुसारा। बीना बेनु संख धुनि हारा।।
पढ़हिं भाँट गुन गावहिं गायक। सुनत नृपहिं जनु लागहिं सायक।।

श्लोक–

एवं रात्रिर्गता तस्य दुःखात्सम्वत्सरोपमा।
अरुणोदयकाले तु वन्दिनो गायका जगुः।।

भावार्थ–इस प्रकार से महाराज दशरथ को वह कालरात्रि अतिकष्ट से एक वर्ष के समान व्यतीत हुआ। सूर्योदय होने के समय नन्दीजन विरुदावलि वर्णन करने लगे, गवैये तान छेड़ने लगे, परन्तु ये शब्द राजा के कानों में तीर समान चुभते थे।

सोच बिकल बिबरन महि परेऊ। मानहु कमल फूल परिहरेऊ।।
सचिव सभीत सकै नहिं पूछी। बोली असुभ भरी सुभ छूछी।।
परी न राजहिं नींद निसि, हेतु जान जगदीस।
राम राम रटि भोर किय, कहइ न मरम महीस।।

श्लोक–

अतिखिन्नं नृपं दृष्ट्वा कैकेयीं समपृच्छत।।
तमाह कैकेयी राजा रात्रो निद्रां न लब्धवान्।
राम रामेति रामेति राममेवानुचिन्तयन्।।
प्रजागरेण वै राजा ह्यास्वस्थ इव लक्ष्यते।

भावार्थ–सुमन्त्र ने राजा को अति व्याकुल देखकर कैकेयी से पूछा, तब कैकेयी ने उनसे कहा कि राजा को रात में नींद नहीं आयी है। राम राम राम ऐसा कहते हुए राम ही की चिन्ता करते रहे हैं। जागने के कारण ही राजा अस्वस्थ समान दिख रहे हैं।

तदपि धीर धरि समउ बिचारी। पूछा मधुर वचन महतारी।।
मोहि कहु मात तात दुख कारन। करिय जतन जेहि होइ निवारन।।

श्लोक—

रामः पप्रच्छ किमिदं राज्ञो दुःखस्य कारणम्।।

भावार्थ—रामचन्द्र जी ने पूछा—"राजा के दुःख का कारण क्या है?"

सुनहु राम सब कारन एहू। राजहि तुम्ह पर बहुत सनेहू।।

श्लोक—

एवं पृच्छति रामे सा कैकेयी राममब्रवीत्।
त्वमेव कारणं ह्यत्र राज्ञो दुःखोपशान्तये।।

भावार्थ—राम जी के ऐसा पृच्छा करने पर कैकेयी राम से बोलीं—
"हे राम! यहाँ निश्चय राजा के दुःख की शान्ति के लिए कारण तुम ही हो।"

देन कहेन्हि मोहि दुइ बरदाना। माँगेउ जो कुछ मोहि सुहाना।।
सो सुनि भयेउ भूप उर सोचू। छड़ि न सकहिं तुम्हार सँकोचू।।

श्लोक—

राज्ञा वरद्वयं दत्तं मम सन्तुष्टचेतसा।
त्वदधीनं तु तत्सर्व वक्तुं त्वां लज्जते नृपः।।
सत्यपाशेन सम्बद्धं पितरं त्रातुमर्हसि।

भावार्थ—राजा ने प्रसन्नचित्त होकर मुझको दो वर दिये हैं परन्तु वह सब तुम्हारे अधीन है। राजा उसको तुमसे कहते हुए लजाते हैं। अतएव सत्य पाश से बँधे पिता का नाश करना तुम्हारे हाथ है (उचित है)।

गइ मुरछा रामहिं सुमिरि, नृप फिरि करवट लीन्ह।
सचिव राम आगमन कहि, विनय समउ सम कीन्ह।।

श्लोक—

हा राम हा जगन्नाथ हा राम प्राणवल्लभ।
मां विसृज्य कथं घोरं विपिनं गन्तुमर्हसि।।

भावार्थ—हा राम! हा जगन्नाथ! हा राम! प्राणवल्लभ! मुझे छोड़कर किस प्रकार घोर वन में तुम जाने योग्य हो?

रघुपति पितहिं प्रेम बस जानी। पुनि कछु कहहिं मातु अनुमानी।।
देस काल अवसर अनुसारी। बोले बचन बिनीत बिचारी।।
तात कहौ कछु करौ ढिठाई। अनुचित छमव जानि लरिकाई।।
अति लघुबात लागि दुख पावा। काहु न मोहि कहि प्रथम जनावा।।
देखि गोसाइहिं पूछेउ माता। सुनि प्रसंग भे सीतल गाता।।

श्लोक—

विभृज्य नयने रामः पितुः सजलपाणिना।
आश्वासयामास नृपं शनैः सनयकोविदः।
किमत्र दुःखेन विभो राज्यं शासतु मेऽनुजः।
अहं प्रतिज्ञां निस्तीर्य पुनर्यास्वामि ते पुरम्।।

भावार्थ—वह नीति निपुण राम जी जल हाथ में लेकर पिता के दोनों नेत्र पोंछ धीरे-धीरे उनको समझाने-बुझाने लगे—तुलसी लोकमत के साथ शास्त्रसम्मत थे। वे परम्परा के सकारात्मक मूल्यों का त्याग नहीं करते हैं। तुलसी समाज की पुनर्रचना में परम्परा का त्याग नहीं करते हैं।

प्रभो! इससे दुःख क्यों करते हैं। हमारे छोटे भाई भरत राज्य शासन करें। मैं प्रतिज्ञा पालन कर के फिर आपके पुरी में पुनः लौट आऊँगा।

विदा मातु सन आवौ माँगी। चलिहौं बनहिं बहुरि पग लागी।।

श्लोक—

मातरं च समाश्वास्य अनुनीय च जानकीम्।
आगत्य पादौ वंदित्वा सुखं यास्ये ततौ वनम्।।

भावार्थ—माता कौशल्या को सावधान कर ढाढ़स बँधा कर, जानकी से अनुनय कर मैं फिर यहाँ आकर आपकी पद वन्दना कर सुखपूर्वक वन को चला जाऊँगा।

सत्य कहहिं कबि नारि सुभाऊ। सब बिधि अगम अगाध दुराऊ।।
निज प्रतिबिम्ब करुक गहि जाई। जानि न जाइ नारि गति भाई।।

तुलसी नारि के सम्बन्ध में आधुनिक नहीं हैं। सन्त तुलसी के राम सबको समान समझते हैं। मगर विप्र तुलसी का राम राज्य गाँधी जैसा सामन्ती आधार और मूल्य पर आश्रित है।

श्लोक—

अग्राहां हृदयं तथैव वदनं यद्र दर्पणान्तर्गतं भावः।
पर्वतसूक्ष्ममार्गाविषमः स्त्रीणां न विज्ञायते।।

अन्तः क्रूराः सौम्यमुखा अगाधहृदयाः स्त्रियः।
अन्तर्विषा बहिः सौमया भक्ष्या विषकृता इव।।
यदन्तस्तन्न जिह्वायां यत्र जिह्वायां न तद्र बहिः।
यद्र बहिस्तन्न कुर्वन्ति विचित्रचरिताः स्त्रियः।।

भावार्थ—दूसरे लोग कैकेयी को धिक्कार कर कहने लगे—

स्त्रियों के हृदय का भाव समझ के परे है जैसे बदन का भाव दर्पण में नहीं आता कारण औरतों का भाव ऐसा अटपट रहता है जैसे पर्वत क्षेत्र में अटपट पगडण्डी। स्त्रियों का हृदय अथाह होता है, बाहर से सौम्य पर अन्दर से कपटिन, विष सना उत्तम भोजन जैसा होता है। स्त्रियों के जो भी हृदय में रहता है वह जीभ पर नहीं और जो जीभ पर रहता है, सो वे प्रकट नहीं करती हैं और जो कहे सो करती नहीं—ऐसा विचित्र चरित्र स्त्रियों का होता है। **देवो न जानाति कुतो मनुष्यः।**

भरत न मोहि प्रिय राम समाना। सदा कहहु यहु सब जग जाना।।
करहु राम पर सहज सनेहू। केहि अपराध आज वन देहू।।

श्लोक—

भरताधिको रामः प्रियकृन् मे पियंवदः।।
इत्थं ब्रवीषि जानाति सर्वदा सकलं जगत्।
करोषि रामे सुप्रेम बनं कस्माद् ददासि च।।

भावार्थ—प्रियवादी राम जी मुझे भरत से अधिक प्रिय हैं। ऐसा तुम कहा करती थीं। यह सकल जगत् जानता है। अब क्यों राम को वन भेजती हो जब कि तुम्हारा राम पर सुप्रेम है।

बार-बार मुख चुम्बति माता। नयन नेह जल पुलकित गाता।।
गोद राखि पुनि हृदय लगाये। श्रवत प्रेम रस पयद सुहाये।।

श्लोक—

रामं दृष्ट्वा विशालाक्षमालिंग्यांके न्यवेशयत्।
मूर्ध्न्यवघ्राय परस्पर्श गात्रं नीलोत्पलच्छवि।।

भावार्थ—श्री कौशल्या जी ने बड़ी-बड़ी आँखों वाले राम जी को देखकर हृदय से लगा कर गोद में बैठाया और फिर माथा सूँघकर नील कमल के समान कान्तिवाले उनके शरीर का स्पर्श किया।

तात जाउँ बलि बेगि नहाहू। जो मन भाव मधुर कुछ खाहू।।
पितु समीप जब जायहु भैया। भइ बड़ि बार जाय बलि मैया।।

श्लोक—

भुंक्ष्व पुत्रेति च प्राह मिष्टमन्नं क्षुधार्दितः।

भावार्थ—बेटा कल उपवास किया है। निश्चय क्षुधा लगी होगी। कुछ मिष्टान्न खा लो तब पिताजी के पास जाना। माता ने ऐसा पुत्र राम से कहा।

पिता दीन्ह मोहिं कानन राजू। जहँ सब भाँति भोर बड़ काजू।।

श्लोक—

रामः प्राह न मे मात भोंजनावसरः कृतः।।
दण्डकागमने शीघ्रं मम कालोऽघ निश्चितः।
कैकेयीवरदानेन सत्संघः पिता मम।।
भरताय ददौ राज्यं ममाऽप्यारण्यमुत्तमम्।

भावार्थ—राम जी बोले—माता! मुझे भोजन का अवसर नहीं है। आज अतिशीघ्र मुझे दण्डकवन में जाने का समय नियत है। मेरे सत्य संध पिताजी ने कैकेयी को दो वर दिये हैं जिसमें एक वर से भरत को राज्य और दूसरे वर से मुझे उत्तम वन दिया है।

आयसु देहि मुदित मन माता। जेहि मुद मंगल कानन जाता।।
जनि सनेह बस डर पसि भोरे। आनँद अब अनुग्रह तोरे।।

श्लोक—

अनुमन्यस्व मामम्ब दुःखं संत्यज्य दूरतः।।
एवं चेत्सुखसंबासो भविष्यति वने मम्।

भावार्थ—माता! हृदय से दुःख त्याग कर मुझे दूर वन जाने की आज्ञा दे दो। तुम्हारी आज्ञा पाने से वन में जाकर भी मुझे कुछ भी कष्ट नहीं होगा। राम कहते हैं, **सुनु जननी सोई सुत बड़भागी जो पितु मातु वचन अनुरागी** माता-पिता की आज्ञा पालन करने वाला पुत्र दुर्लभ है। तुलसी सामाजिक यथार्थ को स्पष्ट ढंग से व्यक्त कर रहे हैं।

बरष चारि दस विपिन बरसि, करि पितु बचन प्रमान।
आइ पाय पुनि देखिहौं, मन जनि करसि मलान।।

श्लोक—

चतुर्दशसमास्तत्र ह्युषित्वा मुनिवेषधृक्।।
आगमिष्ये पुनः शीघ्रं न चिन्तां कर्तुमर्हसि।

भावार्थ—मुनियों का सावेश धारण कर चौदह साल रहकर बस फिर आता हूँ। तुम चिन्ता नहीं करने के योग्य हो।

राज देन कहुँ सुभ दिन साधा। कहेउ जान बन केहि अपराधा।।
तात सुनावहु मोहि निदानू। को दिनकर कुल भयउ कृसानू।।

श्लोक—

किमर्थ वनवासाय त्वामाज्ञापयति प्रियम्।।
त्वया किमपराद्धं हि कैकेव्या वा नृपस्य वा।

भावार्थ—हमारे प्रिय पुत्र! वह तुमको किस कारण से वन में जाने की आज्ञा देते हैं। कैकेयी का, राजा का, तुमने क्या अपराध किया है?

भूमि सयन बलकल वसन, असन कन्द फल मूल।
ते कि सदा सब दिन मिलहिं, समय समय अनुकूल।।

श्लोक—

काले काले फलं वापि विघते विघते कुत्र सुन्दरि।।
कट्वम्लफलमूलानि भोजनार्थं सुमध्यये।

भावार्थ—हे श्रेष्ठ कमरवाली सुन्दरी! वहाँ पर कड़वे, खट्टे काले-काले फल मूल भोजन करने पड़ते हैं। सर्वत्र समय-समय पर वहाँ पर फल भी नहीं पाये जाते हैं।

नर अहार रजनीचर करहीं। कपट वेष विधि कोटिक धरहीं।।

श्लोक—

राक्षसादीन् वने दृष्ट्वा जीवितं हास्यसेऽचिरात्।

भावार्थ—वन में राक्षस आदि को देखकर निश्चय ही प्राण त्याग दोगी। कौशल्या पुत्रवधू को साथ रखना चाहती है। वह जंगल जीवन की भयावहता का बखान करती है। पर सीता दृढ़ निश्चयी है। यहाँ गोस्वामी जी की सीता परतन्त्र नहीं है, सास, पति के सिखावन के बावजूद दृढ़ निश्चयी है।

बन देबी बन देब उदारा। करिहैं सास ससुर सम सारा।।
कुस किसलय साथरी सुहाई। प्रभु संग मंजु मनोज तुराई।।

श्लोक—

त्वया सह चरंत्या मे कुशाः काशाश्च कंटकाः।।
पुष्पास्तरणतुल्या मे भविष्यन्ति न संशयः।

भावार्थ—तुम्हारे साथ विचरण करते रहने से कुश काँटे मुझे फूलों की तरह लगेंगे—इसमें संशय नहीं है।

दासी दास बोलाय बहोरी। गुरुहिं सौंपि बोले करजोरी।।
सबकै सार सँभार गोसाई। करब जनक जननी की नाई।।

श्लोक—

अरुंधत्यै ददौ सीता मुख्यान्याभरणानि च।।
रामो मातुः सेवकेभ्यो ददौ धनमनेकधा।

भावार्थ—अरुन्धती गुरु पत्नी हैं। बड़े और अच्छे गहने जानकी जी ने अरुन्धती को दान किये। माता के सेवकों को भी राम जी ने अनेक प्रकार से धन प्रदान किये।

एहिते कबन व्यथा बलवाना। जो दुख पाइ तजिहिं तनु प्राना।।
पुनि धरि धीर कहइ नरनाहू। लै रथ संग सखा तुम जाहू।।
सुठि सुकुमार कुमार दोउ, जनक सुता सुकुमारि।
रथ चढ़ाइ दिखाराइ बन, फिरेहू गये दिन चारि।।

श्लोक—

दिव्यं दिव्यैर्हर्युक्तं सुमन्त्र रथमानय।।
रथमारूह्य गच्छन्तु वनं वनचरप्रियाः।।

भावार्थ—हे सुमन्त्र! दिव्य अश्व युक्त रथ ले आओ। मुनिगण के प्रिय कुमार, कुमारी रथ पर सवार होकर वन जायेंगे।

सचिवहिं अनुजहिं प्रियहिं सुनाई। बिबुध नदी महिमा अधिकाई।।
मंजनु कीन्ह पन्थ स्रम गयऊ। सुचि जल पियत मुदित मन भयऊ।।
सुमिरत जाहि मिटइ स्रभभारू। तेहि स्रम यह लौकिक व्यवहारू।।

सुद्ध सच्चिदानन्दमय, कन्द भानु कुल केतु।
चरित करत नर अनुहरत, संसृति सागर सेतु।।

श्लोक–

राम रामेति मे नित्यं जपंति मनुजा भुवि।।
तेषां मृत्युभयादीनि न भवन्ति कदाचन।
का पुनस्तस्य रामस्य दुःखशंका महात्मनः।।
रामनाम्नैव भुक्तिः स्यात् कलौ नान्येत् केनचित्।
मायाभानुषरूपेण विडंबयति लोककृत।।

भावार्थ–पृथ्वी पर जो मनुष्य सदा राम राम जपते हैं, उनको कदापि भी मृत्यु का भय नहीं होता। महात्मा राम को दुःख शंका कैसे हो सकती है? कलियुग में केवल राम नाम से ही मुक्ति होती है। अन्य किसी प्रकार से नहीं होती। राम जी लोककृत के लिए ही अपनी माया से मानुष रूप धरकर विडम्बना करते हैं।

गोस्वामी ने अपने राम को सिर्फ़ विष्णु का अवतार नहीं कहा है–करोड़ों विष्णु रुद्र से ऊपर माना है–

विष्णु कोटि सम पालन करता। रुद्र कोटि सत सम संहरता।।

फिर अन्य जगह कहते हैं–

जासु अंश ते उपजहि नाना, अगणित ब्रह्मा विष्णु भगवाना।।

पद्मपुराण में आया है–

राघवस्य गुणो दिव्यो महाविष्णु स्वरूपमान्
वासुदेव घनीभूतो, तनुतेजो महाशिवः

अर्थात् रघुनाथ जी के दिव्य गुण से महाविष्णु स्वरूपमान हैं। हर लोक के अलग-अलग कार्यरूप ब्रह्मा, विष्णु, शिव हैं और उनके कारण महाविष्णु हैं।

राम जी के चेहरे की घनीभूत श्यामता वासुदेव हैं और तन के तेज महाशिव हैं।

अन्यत्र पद्म पुराण में आया है–

यस्यांशे च नैव ब्रह्मा विष्णु महेश्वराः
अपि जाता महाविष्णु यस्य दिव्य गुणाश्च
कार्य कारणो परे परम पुरुषो
रामो दाशरथि वभूवः

जिन राम के अंश से कार्य रूप ब्रह्मा, विष्णु, महेश उत्पन्न होते हैं, जिनके दिव्य गुण से महाविष्णु उत्पन्न होते हैं वे राम जी कार्य कारण से परे दशरथ पुत्र राम हैं।

राम के दशरथ पुत्र पर ज़ोर देने का क्या उद्देश्य है।

सब कर परम प्रकाशक जोई, राम अवधपति दशरथ सुत सोई।

स्पष्ट है गोस्वामी जी की दार्शनिक अवधारणा में अगुण और सगुण में कुछ भेद नहीं है—**अगुनहि सगुनहि नहि कछु भेदा** परन्तु बिना सगुण के, बिना अज्ञान के निर्गुण का ज्ञान का प्रकाश सम्भाव नहीं है। हमारा ज्ञान भी अज्ञान सापेक्ष है। हमारी निर्गुण भावना भी सगुण भावना की अपेक्षा रखती है जैसे प्रकाश का अस्तित्व बगैर अन्धकार के सम्भव नहीं है।

ग्यान कहे अग्यान बिनु तम बिनु कहे प्रकाश।
निरगुन कहे जो सगुन बिनु, सो गुरु तुलसीदास।।

तुलसीदास ललकारकर कहते हैं, ईश्वर अंश जीव अविनाशी...सो मायावश भयऊँ गोसाई अर्थात् चित्र, अचित्र, ब्रह्म तीनों सत्ता अस्तित्वमान् हैं। कुछ लोग तुलसी के समानान्तर कबीर को खड़ा करते हैं। वे यह भूल जाते हैं कि दोनों रामानन्द की परम्परा के हैं। तुलसी के राम भी अगुन हैं मगर ज़रूरत पड़ने पर सगुण अस्थायी तौर पर हैं। इसी तरह तुलसी के राम चित्रकूट की सभा में ब्राह्मण, मल्लाह सब के साथ बैठते हैं। वहाँ सब भक्त हैं, बराबर हैं, जातिपाँति नहीं है। यह बराबरी भक्ति के धरातल पर है, सामाजिक व्यवस्था में गाँधी की तरह तुलसी वर्ण मानते हैं। पर छुआछूत नहीं मानते।

तब निषाद पति उर अनुमाना। तरु सिंसपा मनोहर जाना।।
लै रघुनाथहिं ठाँव दिखावा। कहेउ राम सब भाँति सुहावा।।

श्लोक—

शिंशपावृक्षमूले स निषसाद रघूत्तमः।।

भावार्थ—रघुत्तम राम जी रघुवंशियों में शीशम वृक्ष के मूल की तरह श्रेष्ठ हैं।

सुचि फल मूल मधुर मृदु जानी। दोना भरि भरि राखेसि आनी।।

सिय सुमन्त भ्राता सहित, कन्द मूल सब खाइ।
सयन कीन्ह रघुबंस मनि, पाय पलोटत भाइ।।

श्लोक—

जलमात्रं तु सम्प्राश्य सीतया सह राघव।
आस्तृतं कुशपर्णाथैः शयने लक्ष्मणेन हि।।
उवास तत्र नगरप्रासादाग्रे यथा पुरा।
सुष्वाप तत्र वैदेहना पर्यक इव संस्कृते।।

भावार्थ—लक्ष्मण जी ने कुश और पत्तों का बिछौना बिछा दिया। राम जी केवल जल ग्रहण कर अयोध्या नगर के प्रासाद की तरह उस बिछौने पर सीता की तरह विराजमान हुए और वैदेही सहित उस बिस्तर पर सजे हुए पलँग की तरह सो कर नींद के वश हो गये।

टिप्पणी—वनगमन का प्रसंग तुलसीदास ने वाल्मीकि से अलग भिन्न तरह से प्रस्तुत किया है। वाल्मीकि की सीता वनगमन के समय राम को डाँटती है "किस नपुंसक से मेरे पिता ने मुझे व्याह दिया है जो बाघ, राक्षस का भय मुझे दिखला रहा है।"

लंकाकाण्ड की सीता नारीत्व को अपमानित करने वाले रावण का वध राम को ललकार कर सम्पन्न कर दण्डित करती है।

लवकुश काण्ड की सीता पत्नीत्व का हरण करने वाले पति राम को पुत्रों को तैयार कर पराजय का दण्ड देती है। वह राम को पत्नी सुख नहीं देती है और अयोध्या लौटने से इनकार करती है। वाल्मीकि की सीता राम से अधिक प्रखर, तेजस्विनी, महिमामयी, गरिमामयी, स्वाभिमानिनी, दृढ़ निश्चयी, उत्कट जीवट वाली है।

अध्यात्म रामायण

आध्यात्मिक विचारों के दृष्टिकोण से रामचरितमानस पर अध्यात्म रामायण का प्रभाव सर्वाधिक है। रामचरितमानस में संवाद के माध्यम से कथा कहने की शैली अध्यात्म रामायण की है। शिव-पार्वती संवाद, भरद्वाज संवाद, कागभुशुण्डि संवाद, गुरुसंवाद, नारद-ब्रह्मा संवाद उल्लेखनीय हैं।

अध्यात्म रामायण का प्रभाव निम्न वृत्तान्त से स्पष्ट है–

1. अवतारवाद–जय विजय की कथा, वृन्दा का शाप, नारद का शाप, मनु शतरूपा की तपस्या, प्रतापभानु का शाप।
2. विराट् रूप–राम अपनी माता को विराट् रूप दिखलाते हैं। यह प्रसंग गीता और भागवत में भी आया है।
3. पुष्प वाटिका में राम-सीता दर्शन
4. मिथिला में परशुराम का तेजो भंग
5. नारद का अयोध्या, पम्पा तट आगमन
6. सरस्वती की राम वनवास में भूमिका
7. केवट वृत्तान्त
8. राम की चित्रकूट मार्ग पर तापस वन्दना
9. भरत-राम मिलाप में चित्रकूट में जनक आगमन
10. माया सीता वृत्तान्त
11. सेतु बन्ध के समय शिव पूजा
12. कालनेमि वध और भरत-हनुमान भेंट
13. रावण-होम कथा
14. भुशुण्डि चरित्र
15. सीता अनुमति से अशोक वन उजाड़ना
16. हनुमान का सीता को चूड़ामणि देना
17. अंगद द्वारा रावण यज्ञ भंग
18. स्वर्ग के लालच में रावण द्वारा सीता हरण

रघुवंश

स्रवन समीप भये सित केसा। मनहुँ जरठपन अस उपदेसा।।
नृप युवराज राम कहँ देहू। जीवन जनम सफल करि लेहू।।

भावार्थ–भरत सरिस प्रिय को जग माहीं राम जी भरत से सर्वाधिक प्यार करते हैं, मगर भरत ननिहाल में हैं। वे अपने मामा युधाजित के साथ कैकेय प्रदेश गये हैं। यह क्षेत्र पाकिस्तान के पंचनद में है। राम के अभिषेक समय उनका न रहना, सबको खल रहा है।

भरत आगमन सकल मनावहिं। आवहु वेगि नयन फल पावहिं।।

श्लोक–

तं कर्णमूलमागत्य रामे श्रीर्न्यस्यतामिति।
कैकेयीशंकयेवाह पलितच्छझना जरा।।

भावार्थ–कान के जड़ के पास कुछ सफेद बाल दशरथ जी ने देखा। मानो बुढ़ापा कैकेयी के डर से दशरथ जी को याद दिला रहा है कि वक़्त आ गया है, मन में पालित इच्छानुसार राम जी को युवराज पद दे दीजिए। अपने जन्म को जीते जी सार्थक कर लीजिए। अर्थात् सफेद बाल बुढ़ापे की पदचापवत् थे।

नव गयन्द रघुवंश मनि, राज अलान समान।
छूट जानि वन गबन सुनि, उर अनन्द अधिकान।।

श्लोक–

पित्रा दत्तां रुदन् रामः प्राङ महीं प्रत्यपघत।
पश्चाद् वनाय गच्छेति तदाज्ञों मुदितोऽग्रहीत्।

भावार्थ–राम जी ने पिता की आज्ञा का उत्साह और ख़ुशी से पालन किया। जब राम जी युवराज बनाये जा रहे थे, पृथ्वी विहँस रही थी, अब वह भी रो रही थी। राम की प्रसन्नता का राज वाल्मीकि खोलते हैं–"वन में जाकर राक्षस आदि को मारेंगे।"

गोस्वामी जी कहते हैं–

अनुचित उचित विचार तजि, जे पालहि पितु वचन।

रघुवंश में है–

आज्ञा गुरुणा ध्यविचारणीया।

अर्थात् गुरुओं की आज्ञा अविचारणीय है। ययाति ने, परशुराम ने पिता की आज्ञा का पालन किया।

गुरुपितु मातु हितवानी।

राम जी ने रोते हुए पिता प्रदत्त पृथ्वी को ग्रहण किया था और तदनन्तर वनगमन पिता की आज्ञा से मुदित हो ग्रहण किया।

मिलि केवटहिं उमगि अनुरागा। पुरजन सकल सराहहिं भागा।।
देषी राम दुषित महतारी। जनु सुबेलि अबली हिम भारी।।

भावार्थ—वृक्ष पर लता टिकी रहती है। वृक्ष के कट जाने पर लता मुरझा जाती है। पति दशरथ के अवसान, दो पुत्र के वनगमन के कारण माताएँ मुरझा गयी थीं।

श्लोक—

अपश्यतां दाशरथी जनन्यौ छेदादिवोपघ्नतरोर्व्रतत्यो।।

भावार्थ—दाशरथी राम-लक्ष्मण ने अपनी माताओं को देखा तो जान पड़ा मानो अवलम्ब देनेवाले वृक्ष के कट जाने पर मुरझायी लता समान हों।

लषि सियसहित सरल दोउ भाई। कुटिलरानि पछितात अघाई।
अब निज मन जाँचति कैकेई। महि न बीच बिधि मीच न देई।।

भावार्थ—कैकेयी तो शोक से अभिभूत थी ही, लज्जा से गड़ी जा रही थी, भरत जी सोच के मारे रात की नींद, दिन की भूख भुला चुके थे।

निसि न नींद नहिं भूषदिन, भरत विकल सुठि सोच।

श्लोक—

तथा विश्वम्भरे दवि मामन्तर्धातुमर्हसि।।

भावार्थ—दोनों भाइयों को सीता समेत देखकर कुचाली कैकेयी मन-ही-मन कहती थी कि—"हे विश्वम्भरा सरल स्वभाव भगवती पृथ्वी मुझे अपने में लीन कर ले।"

कहहिं भरत मुनि कहा सो कीन्हे। फल जग जीवन अभिमत दीन्हे।।
कानन करौं जनम भरि बासू। यहि ते अधिक न मोर सुपासू।।
अन्तरजामी रामसिय, तुम्ह सरबज्ञ सुजान।
जो फुर कहहु तो नाथ निज, कीजिय बचन प्रमान।।

भावार्थ—भरत जी निष्काम हैं। वे आजीवन वनवास में भी रह सकते हैं, उसी में सुविधा, प्रसन्नता पाते हैं। राम तो सबके दिल का हाल जानते हैं। भरत जी कहते हैं—

सपनेहुँ दोष कलेश न काहू, किसी का दोष नहीं है, मेरे पाप इसके कारण हैं।

कल्याण बुद्धेरथवा तवायं न कामचोरो मयि शकनीयः।
ममैव जन्मान्तर पातकानां विपाक विस्फूर्जथर प्रसह्य।।

भरत जी इसे अपने ही जन्म-जन्मान्तर के पापों का विषाद मानते हैं। यह वज्रपात ऐसा असह्य है। आप तो सर्वज्ञ और हृदय की बात जानने वाले हैं।

श्लोक—

अन्तर्गतम्प्राणभृतां हि वेद सर्व्वम्भवान् भावमतोऽभिधास्ये।।

भावार्थ—भरत जी ने कहा—महाराज! मैं तो आजन्म वनवास में ही प्रसन्न हूँ। इसी में सुविधा भी है। राम जी तथा आप भी समस्त प्राणधारियों के हृदय की बात जानते हैं। इसी

से मैं कहता हूँ कि आप ही के अधीन सभी कुछ है। यदि ठीक कहते हैं तो अपनी बातों का प्रमाण दीजिए।

गुह बुलाई पाहरू प्रतीती। ठाँव-ठाँव राखे अतिप्रीती।।
आपु लषण पहँ बैठेउ जाई। कटि माथा सर चाप चढ़ाई।।

भावार्थ–निषादराज गुह राम जी के मित्रवत् उनके सहयोगी हो जाते हैं। लक्ष्मण पहरा के लिए उन्हें संगी बना लेते हैं।

श्लोक–

ततो विदूरे परिगृह्य चापं सवाणतुणीर धनुः सलक्ष्मणः।
रक्ष रामपरितो विपश्यन् गुहेन सार्ध सशरासनेन।।

भावार्थ–धनुषधारी निषादराज गुह के साथ लक्ष्मणजी धनुष वाण तुणीर लिये हुए धनुष उठाकर राम के निकट चारों तरफ़ देखते हुए पहरा देने लगे।

सोवत प्रभुहिं निहारि निषादू। भयउ प्रेमवस हृदय विषादू।।
तनु पुलकित लोचन जल बहई। बचन सप्रेम लषन सन कहई।।

भावार्थ–उपदेश को गीता कहा जाता है। यह गाने लायक होता है। जैसे भीष्म गीता, विदुर गीता, कृष्ण गीता, अष्टावक्र गीता आदि। इसी तरह लक्ष्मण जी के वचन संग्रह को लक्ष्मण गीता कहते हैं।

श्लोक–

सुप्तं रामं समालोक्य गुहः सोऽश्रुपरिप्लुतः।
लक्ष्मणं प्राह विनयाद् भ्रातः पश्यसि राघवम्।।

भावार्थ–आँसुओं की धार बहाते हुए लक्ष्मण से विनय सहित राम जी को शयन करते देख गुह बोला–भैया! राम जी को देखो।

भूपति भवन सुभाय सुहावा। सुरपति सदन न पटतर पावा।।
मनि मय रचित चारु चौबारे। जनु रतिपति निज हाथ सँवारे।

....

रामचन्द्र पति सो वैदेही। सोवति महि विधिवाम न केही।।
सिय रघुवीर कि कानन जोगू। करम प्रधान सत्य कह लोगू।।

भावार्थ–विधाता का खेल निराला होता है। वशिष्ठ मुनि अति गुनि नागर थे। रच-रच के लगन, मुहूर्त निकालकर शादी-ब्याह, नामकरण, यज्ञोपवीत, अक्षर ज्ञान आदि सभी संस्कार किये थे। फिर भी सीता हरण, दशरथ मरन, वनगमन सभी विपत्तियाँ आयीं।

गुरु वशिष्ठ गुनि मुनिनागर रचि-रचि लगन धरो।
सीताहरण, मरण दशरथ को विपत्ति पर विपत्ति परो।।

श्लोक–

शयानं कुश पत्रौध संस्तरे सीतया सह
यः शेते स्वर्ण पर्यंके स्वास्तीणौ भवनोत्तमे

भावार्थ–उत्तम महल में सुवर्ण के पलँग पर उत्तम शय्या पर शयन करने का जिनको अभ्यास है, वे राम जी आज सीता जी के सहित कुश के बिछौने पर शयन कर रहे हैं।

टिप्पणी–वाल्मीकि रामायण में इस प्रसंग का निम्न निरूपण है–

जातः सूर्यकुले पिता दशरथः क्षोणी भुजाम ग्रणी;
सीता सत्यपरायणा प्रणयिनी, चस्यानुजो लक्ष्मणः
दो दण्डेन समो न चारित्त भुवने प्रत्यक्ष विष्णु
स्वयं रामो येन विडंबितोऽपि विधिना चान्ये जने

अर्थात् सूर्यवंश में जिनका जन्म हुआ, जिनके पिता राजाओं के अग्रणी दशरथ थे, जिनकी प्रणयिनी पतिपरायणा सीता थी, जिनके भाई लक्ष्मण थे, जिनके भुजदण्ड के बराबर तीनों लोक में कोई नहीं था, और जो स्वयं विष्णु थे, ऐसे राम जी की भी विधाता ने जब विडम्बना की तो अन्य जनों की क्या बात है।

कैकय नन्दिनी मन्दमति, कठिन कुटिल पनु कीन्ह।
जेहि रघुनन्दन जानकिहि, सुख अवसर दुख दीन्ह।।

भावार्थ–गोस्वामी जी लिखते हैं–

अरिहुँक अनभल कीन्ह न रामा

रघुवंश में वर्णन है–

न च सपत्न जनेष्वपि तेन वागपरुषा परुषा क्षरमीरिता।

अर्थात् क्रोध रहित राजा ने शत्रुओं को भी कठोर वचन नहीं कहा, अनभल नहीं किया। कैकेय की बेटी मति मन्द है, समझ कच्ची है।

श्लोक–

कैकेयी राम दुखस्य कारण विधिना कृता।
मन्थरा बुद्धिमास्थाय कैकेयी पापमाचरत्।।

भावार्थ–विधाता ने कैकेयी को राम जी के दुख का कारण किया है, जो मन्थरा की बुद्धि पाकर ऐसे पाप का आचरण किया।

बोले लषन, मधुर मृदु बानी। ज्ञान विराग भगति रस सानी।
काहु न कोउ सुख दुख कर दाता। निज कृत करम भोग सब भ्राता।।

भावार्थ–तुलसीदास जी का व्यक्ति दो भाग में विभाजित है। एक वे ब्राह्मण हैं, दूसरे सन्त हैं। ब्राह्मण होते हुए बहुत दुख भोगे जनमते बाप बिछुड़ गये। मूल नक्षत्र में जन्म होने के कारण पितृघाती कहलाये। कूड़ा पर फेंक दिये गये। किसी दलित बूढ़ी महिला ने पालन-पोषण किया। उसके मरने पर शेष सनातन आदि सन्त की कुटिया में बन्दर से लड़कर उनको दिये गये चना छीनकर खाकर ज़िन्दा रहे। यह तुलसी का कथन सन्त ऐसा जाति की परिधि के बाहर है।

धूत कहौ अवधूत कहौ, जुलहा कहौ, रजपूत कह कोई।
काहू के बेटी से बेटा न ब्याहव, माँग के खाइव, मस्जिद में सोइव।।

यह तुलसी जाति से ऊपर है।

बन्दऊ सीता राम पद, जिन्हें परम प्रिय खिन्न।

इस सीताराम के प्रिय ग़रीब लोग हैं, मगर ब्राह्मण तुलसी कर्मकाण्ड को मानते हैं, भाग्य को मानते हैं, पुनर्जन्म मानते हैं, कर्मफल मानते हैं। सन्त तुलसी पुरुषार्थ मानते हैं, पराक्रम मानते हैं। तभी रामचरितमानस के बाद पुरुषार्थी शिवाजी, छत्रसाल, गुरुगोविन्द सिंह, बाजीराव, बलवन्त सिंह (काशी), सूरजमल (भरतपुर), सुन्दर सिंह (टिकारी), बख्तावर सिंह (साम्हो, बेगूसराय), हंसराज भट्ट (गिरिडीह), जैसे पराक्रमी मुग़ल की ईंट से ईंट बजा दिये।

श्लोक–

तच्छुत्वा लक्ष्मण प्राह सरवशृणु वचो मम।
का कस्य हेतुर्दुखस्य कश्च हेतुः सुखस्य वा
...स्वकर्म सूत्र ग्रथितो हि लोकः

भावार्थ–यह सुनकर लक्ष्मण जी बोले–सखे! हमारी बात सुनो! कौन किसको दुःख सुख दे सकता है? ...संसार अपने कर्मसूत्र में बँधा हुआ है।

जोग वियोग भोग भलमन्दा। हित अनहित मध्यम भ्रम फन्दा।
जनमु मरनु जहँ लगि जग जालू। सम्पति विपत्ति करम अरु कालू।।

भावार्थ–इसमें भी कर्मफल को प्रतिष्ठित किया गया। यहाँ भाग्य का महत्त्व है। मगर दूसरी जगह दूसरे प्रसंग में गोस्वामी जी कहते हैं–

कर्म प्रधान विश्व करि राखा। जो जस करे सो तस फल चाखा।

यहाँ कर्म प्रधान, पुरुषार्थ प्रधान उक्ति है। यह कर्मफल अगले जन्म नहीं, इसी जन्म में प्राप्त होगा। तुलसी दोलायमान हैं। ये पुरुषार्थ, पहलकदमी के साथ भाग्य भी मानते हैं। वे द्विचित्ता है। दो चित्त वाले हैं।

श्लोक–

स्वयमेवा चरन् कर्म तथा तत्र विभाष्यते।
सुख वा यदि दुखं स्वकर्मवशगो नरः।।

भावार्थ–अपने कर्म के वश मनुष्य सुख या दुःख पाता है।

सपने होय भिखारि नृप, रंक नाक पति होय।
जागे लाभ न हानि कछु, तिमि प्रपंच जिय जोय।।

भावार्थ—व्यवहार जगत् और स्वप्न जगत् में अन्तर है। जीव की चार अवस्था हैं : स्वप्न, जाग्रत, सुषुप्ति, तुरीय इसके चार विभु हैं। व्यवहार जगत् में लोक सत्य के रूप में संसार अस्तित्वमान् है और शंकर, तुलसी, स्वामी सहजानन्द इसे लोक सत्य के रूप में सुन्दर बनाना चाहते हैं मगर परमार्थ जगत् में संसार असत्य है, माया है, यह शंकर का मत है। जो पण्डित इसे समझते हैं, उन पर माया नहीं व्यापती है। माया अज्ञान, अविद्या जनित है। ज्ञान प्राप्त होते ही जीव शुद्ध सत्व हो जाता है।

ईश्वर अंश जीव अविनाशी। चेतन अमल सहज सुख राशि।

चार विभु हैं—विश्व, तेजस, पराग, अन्तर्यामी।

चार क्रिया हैं—श्रद्धा, सेवा, तप और भक्ति।

चार फल हैं—धर्म, अर्थ, काम, मोक्ष।

श्लोक—

तस्माद्वैयेण विद्वांस इष्टा निष्टोपपत्तिषु।
न हृदयन्ति न मुस्यन्ति सर्व मायेति भावनात्।।

जिस प्रकार इन्द्रजाल विद्या से इष्ट-अनिष्ट की प्राप्ति से किसी को हर्ष या विषाद वास्तव में नहीं होता, वैसे ही पण्डित लोग सब ही माया है, ऐसा समझकर धीर बनकर हर्षित या मोहित नहीं होते हैं।

अस विचारि नहिं कीजिय रोषू। काहुहि बादि न देइय दोषू।

भावार्थ—विधि प्रपंच समझ किसी को दोषी समझना, उसपर क्रोधित होना उचित नहीं है। अतः अपना गुस्सा त्याग दीजिए।

श्लोक—

अलं हर्ष विषादाम्यां शुभाशुभ फलोदय।
विधात्रा विहितं यद्र यत्तदत्यंध्यं सुरासुरैः।।

भावार्थ—शुभ-अशुभ फल के प्राप्त होने से विषाद करना ठीक नहीं है। विधाता के विधान का लंघन सुर-असुर कोई नहीं कर सकता।

कहत राम गुन भा भिनुसार। जागे जग मंगल सुख दारा।।
सकल सौच करि राम नहाये। सुचि सुजान वट छीर मँगाये।।
अनुज सहित सिर जटा बनाये। देखि सुमन्त नैन जल छाये।।

भावार्थ—कैकेयी राम से कहती है—

तुम सम सुअन सुकृत जेहि दीन्हे, उचित न तासु निरादर कीन्हे।

फिर आगे कहती है—**चौथेपन जेहि अजस न होई।**

राम जी का सहज वचन है—"जो मैं पिता की आज्ञा रूपी कल्पवृक्ष को छोड़कर रेंड़ के पौधा जैसा राज्य चाहूँ तो मेरे जैसा मूर्ख कौन है?"

राम का गुण सभी गाते हैं—जननी, जनक, बन्धु सुखदाता हैं। मगर कैकेयी के निन्दित मुख से राम की प्रशंसा की सुन्दर वाणी वैसा ही है जैसे निन्दित, अपवित्र मगह क्षेत्र में गया तीर्थ है।

लागहिं कुमुख वचन शुभ कैसे। मगह गयादिक तीरथ जैसे।

राम जी भाई सहित सिर के बालों का जटा बना लेते हैं। सुमन्त्र की आँख भर जाती हैं।

भावार्थ—सकल सौच का वर्णन मनुस्मृति में है—अर्थात् शरीर जल से शुद्ध होता है, मन सत्य से शुद्ध होता है, आत्मा की शुद्धि विद्या और तप से होती है, बुद्धि की शुद्धि ज्ञान से होती है।

श्लोक—

गृह लक्ष्मण योरेवं भाषतोर्विमलं नभः।
वभूव रामः सलिलं स्पृष्टा प्रातः समाहितः।।
वटक्षीरं समानाय्य जटामुकुटमादरात्।
बवंध लक्ष्मणोनाथ सहितो रघुनन्दनः।।

भावार्थ—इस प्रकार गुह और लक्ष्मण के बीच बातचीत होते-होते आकाश साफ़ हो गया। राम जी ने सावधानीपूर्वक जल स्पशंकर प्रातः क्रिया सम्पन्न किया। बरगद का दूध मँगाकर जटाजूट का मुकुट लक्ष्मण सहित बाँधा। निषाद और लक्ष्मण की इस बातचीत में कर्म और कर्म फल तथा विधि-विधान का सुन्दर विवेचन किया गया है। लक्ष्मण का कथ्य लक्ष्मण गीता के नाम से जाना गया।

माँगी नाव न केवट आना। कहै तुम्हार मरम मैं जाना।।

भावार्थ—चतुर नाविक राम जी का आग्रह नहीं ठुकरा रहा है। वह राम जी की प्रीति पाने के लिए हीला हवाला का स्वाँग कर रहा है। राम जी समझ जाते हैं। उसे कृतार्थ करते हैं। इसका परिणाम निषादराज से उनकी दोस्ती में रूपान्तरित हो जाता है।

बरवस राम सुमन्त पठाये। सुरसरि तीर आप तब आये।

नाविक का उत्तर है—

चरन कमल रज कहै सब कहई। मानुष करन मूरिकु कछु अहई।

आपकी चरण धूलि से पत्थर मनुष्य हो जाता है।

श्लोक—

उवाच शीघ्रं सुदृढ़ा नाथ मानय मे सखे।
तस्मिन् काले नाविकेन निषिद्धौ रघुनन्दन।।

भावार्थ—गंगा तट पहुँचकर राम जी केवट से बोले—

शीघ्र हमारे लिए सुदृढ़ नाव ले आओ! उस समय नाविक ने रघुनन्दन को व्यवधानित किया। प्रश्न यह है जब नाव माँगी गयी तब केवट शीघ्र क्यों नहीं लाया? राम जी का कौन सा मरम केवट जानता था? वह राम जी से उतराई क्यों नहीं लिया? क्या राम लीक से हटकर थे? अगतानुगतिक पन्थी थे?

धर्म शास्त्र का वचन है कि नाऊ नाऊ से, मल्लाह मल्लाह से सेवा मूल्य न ग्रहण करे—यह सनातन परम्परा है। राम जी भवसागर के पार करने वाले मल्लाह हैं। राम जी के अमर्यादित पुरुषोत्तम रूप को मल्लाह जानता था, जब अहिल्या का उद्धार राम जी ने स्वयं लोकधर्म निर्वहन हेतु अपनी मरजी से किया था। अहिल्या उद्धार के पूर्व किसी गुरुजन की

आज्ञा की ज़रूरत न समझी थी। नारी की गरिमा की वापसी, समाजच्युत अहिल्या को पुनः गौरवमयी स्थान समाज में दिलाना लोकधर्मी अमर्यादित अपरम्परागत राम का पुरुषार्थ है। राम अगतानुगतिक पथिक यहाँ हैं।

सिय सुरसरिहिं कहेउ करजोरी। मातु मनोरथ पुरउवि मोरी।।
पति देवर संग कुशल बहोरी। आइ करऊँ जेहि पूजा तोरी।।

भावार्थ—गोस्वामी जी कहते हैं—"जिमि सुरसरि गत सलिल सुहाये।"

गंगा सबको पवित्र कर देती है। सीता जी भी वैसी ही हैं।

गिरा अर्थ जल वीचि सम कहियत भिन्न न भिन्न।

सीता जी वस्तुतः राम से अभिन्न हैं—

गंग सकल मुद मंगल मूला। सब सुख करनि हरनि सब सूला।।

गंगा को इसी कारण सुरसरि कहा गया है। सीता, गंगा को देवि मान पूजा करती हैं और मनौती मानती हैं। तुलसीदास नाना प्रकार के बलि देने की मनौती का वर्णन करते हैं, रघुवंश में मांस और सुरा भी बलि में शुमारित हैं।

तुलसी सन्त हैं, वैष्णव हैं, विशिष्टाद्वैत मतावलम्बी हैं, अतः सुरा, मांस की बलि की जगह नाना उपहार का वर्णन करते हैं। कालिदास स्वतन्त्र मत के हैं।

श्लोक—

गंगा मध्ये गता गंगा प्रार्थयामास जानकी।
देवि गंगे नमस्तुभ्यं निवृता वनवासतः।।
रामेण सहिताऽहं त्वां लक्ष्मणेन् च पूजये।
सुरा मांसो पहारैश्च नाना वलि भिरादृता।।

भावार्थ—गंगा जी के बीच धार में जाकर जानकी ने प्रार्थना की—

हे देवि गंगे! तुमको नमस्कार है। मैं वनवास से निवृत्त होकर राम-लक्ष्मण सहित आपकी पूजा करूँगी। मैं बड़े आदर से अनेक प्रकार का उपहार तथा नाना प्रकार की बलि प्रदान करूँगी।

टिप्पणी—तुलसीदास जी ने सीता जी के हृदय की कोमलता, अभिमानशून्यता, शीलता और पवित्रता का व्यंजन ज़्यादा अच्छी तरह से किया है। सीता की पूजा सात्विक है। आशीर्वाद की याचना में ज़्यादा चातुरी है। सकुशल वन से लौट कर पूजा करने की आश्वस्ति में गंगा माँ से मनौती का भाव भी अन्तर्निहित है। छोटे-छोटे संचारी भावों की स्वतन्त्र व्यंजना गोस्वामी जी की विशेषता है। सीता की मर्यादापूर्ण याचना में गृहस्थ पत्नी का गौरवपूर्ण माधुर्य व्याप्त है। तुलसीदास जी की सीता सात्विक शीलता का उदाहरण है। उसकी पूजा की सामग्री में अभक्ष्य परिगणित नहीं है। तुलसीदास जी की सीता में गाम्भीर्य है। सीता की पूजा का भाव रागात्मिका वृत्ति का है। सीता की दृष्टि गोस्वामी जी ने विश्व दृष्टि—लोकदर्शा की रखी है। सदाचार को भक्ति का आवश्यक अंग बनाया। अतः सुरा, मांस गोस्वामी जी की सीता पूजा में अकल्पनीय है।

नाथ साथ रहि पन्थ देखाई। करि दिन चारि चरन सेवकाई।।
जेहि वन जाई रहव रघुराई। परन कुटी मैं करवि सुहाई।।

भावार्थ–वाल्मीकि रामायण में सीता क्रोधित हो जाती है, जब राम वनवास में साथ ले जाने से मना कर देते हैं। वह कहती हैं–

"किस नपुंसक से मेरे पिता ने ब्याह दिया है?"

सीता निर्भय है। बाघ, भालू, राक्षस जंगल में पराक्रमी राम के साथ रहते क्या बिगाड़ कर सकते हैं? सीता का यह आशय है।

श्लोक–

गुहोऽपि राघवं प्राह गमिष्यामि त्वया सह।
अनुज्ञां देहि राजेन्द्र नो चेत्प्राणान् व्यजाम्यहम्।।

भावार्थ–गुह ने राम जी से कहा–हे राजेन्द्र! मैं भी आपके साथ चलूँगा, आज्ञा दीजिए नहीं तो प्राण त्याग दूँगा।

तब प्रभु भरद्वाज पहँ आये। करत दण्डवत मुनि उर लाये।।

भावार्थ–राम, लक्ष्मण, सीता सहित भरद्वाज के आश्रम में पहुँचते हैं। भरद्वाज को दण्डवत प्रणाम करते हैं।

श्लोक–

ततो रामस्तु वैदेह्या लक्ष्मणेन समन्वितः
भरद्वाजाश्रम पदं गत्वा वहिरूपस्थितः।।

भावार्थ–इसके उपरान्त, जानकी और लक्ष्मण सहित राम जी भरद्वाज आश्रम के समीप पहुँचकर बाहर खड़े हो गये।

टिप्पणी–मानस कथा के चार वक्ता हैं, शिव, काकभुशुण्डि, याज्ञवल्क्य, तुलसी एवं चार श्रोता हैं, पार्वती, गरुड़, भरद्वाज, पाठक। चारों वक्ता और श्रोता क्रमशः देव, पक्षी, ऋषि और मानव चार प्रवर्ग या योनि के हैं। चार दर्शनों की विवेचना है, द्वैत, अद्वैत, विशिष्टाद्वैत, द्वैताद्वैत। चार पन्थ हैं, ज्ञान, कर्म, योग, भक्ति। चार रावण हैं, जय, हिरण्यकशिपु, प्रतापभानु इत्यादि। चार कुम्भकर्ण हैं, विजय, हिरण्याक्ष, अरिमर्दन इत्यादि। चार अवस्थाएँ हैं, स्वप्न, जाग्रत, सुषुप्ति, तुरीय। चार आश्रम हैं! चार जीव की कोटियाँ हैं–स्वेदज, उद्भिज, अण्डज, जरायुज। मुक्ति भी चार है–सामीप्य, सायुज्य, सालोक, सारूप। जीव की दशा भी चार है–अविनाशी, चेतन, अमल, सहज सुख राशि। चार विभु हैं, विश्व, तेजस पराग, अन्तर्यामी। बहुत थोड़े लोग राम के अवतारी स्वरूप को समझते थे, उनमें भरद्वाज मुनि भी एक थे। रामायण में भरद्वाज आश्रम एवम् अत्रि आश्रम का वर्णन विशद् रूप से है। भरद्वाज मुनि को कैकेयी की निर्दोषिता एवं देवताओं के षड्यन्त्र की भी जानकारी थी। उन्होंने राम को संक्षिप्त पर सटीक ढंग से इसकी जानकारी दी थी। भरद्वाज मुनि के पूर्वज भरद्वाज थे।

तव रघुबीर अनेक विधि, सखहिं सिखावन दीन्ह।
राम रजायसु सीस चरि, भवन गवन तेइ कीन्ह।।

भावार्थ–निषादराज राम की मित्रता पाकर उनको छोड़कर घर आना नहीं चाहते थे। मित्र का अर्थ दुःख, सुख में साथ रहना होता है। निषादराज राम के दुःख को जंगल में साथ रहकर बाँटना चाहते हैं।

श्लोक–

इत्युक्त्वालिंग्य तं भक्तं समाश्वास्य पुनः पुनः।
निवर्त्तयामास गुहं सोऽपि कृच्छाद् ययौ गृहम्।।

भावार्थ–रामचन्द्र जी ने ऐसा कहकर, निषाद भक्त का आलिंगन कर, बार-बार आश्वस्त कर घर लौटा दिया। वह भी कष्ट से घर वापस लौटा।

आगे राम लषन पुनि पाछे। तापस वेष विराजत काछे।
उभय बीच सिय सोहति कैसे। ब्रह्म जीव विच माया जैसे।।

भावार्थ–तुलसीदास विशिष्टाद्वैत के हैं। इसी मत के राम प्रिया निवास के मैथिलीशरण जी महाराज (अयोध्या) भी थे जिन्होंने मुझे रामायण मनोयोग से पढ़ाया था। विशिष्टाद्वैत में चित्, अचित्, ब्रह्म तीन का अस्तित्व है। चित्त अर्थात् जीव, ब्रह्म अर्थात् ईश्वर सत्य है पर संसार न के बराबर सत्य है, पर लोक सत्य में अस्तित्वमान है। यह संसार माया है जो जीव और ईश्वर के बीच है। यहाँ सीता जी बीच मेंहैं।

श्लोक–

अग्रे यास्याम्यहं पश्चात् त्वमन्थेहि धनुर्धरः।
आव योर्मध्यगा सीता मोयेवात्म परात्मणोः।।

राम जी ने लक्ष्मण से कहा–आगे मैं चलूँगा और धनुष धारण कर तुम पीछे चलो। हमारे तुम्हारे बीच सीता चलेंगी। सीता जी यहाँ महामाया समान परमात्मा और आत्मा के बीच हैं। गोस्वामी जी अद्वैत वाक्यों की पारमार्थिकता में विश्वास रखते हुए भी माया का अस्तित्व मानते थे। यथा–**सोऽहमस्मि इति वृति अखण्डा**

माया को जीव और ईश्वर के बीच व्यावहारिकता के अनुसार रखते हैं–

ईश्वर अंश जीव अविनासी, चेतन, अमल, सहज, सुख राशि।
सो मायाबस भयउ गोसाई। बँधेऽ कीर मरकट की नाई।।

काकभुशुण्डि जी गरुड़ जी को ईश्वर और जीव का भेद बतलाते हैं–

माया वस्य जीव अभिमानी, ईस वस्य माया गुन खानी।
परवस जीव स्ववस भगवन्ता, जीव अनेक एक श्रीकन्ता।।

अर्थात् जीव और ईश्वर का भेद परमार्थतः सही नहीं है पर है और वह माया के कारण है। यह भेद "विनु हरिजाई न कोटि उपाया"। इस तरह ज्ञान मार्ग पर भक्ति मार्ग को गोस्वामी जी प्रतिष्ठापित करते हैं और समन्वय भी करते हैं।

मुनिवर अतिथि प्रान प्रिय पाये। कन्द मूल फल मधुर मँगाये।।
सिय सौमित्रि राम फल खाये। तब मुनि आसन दिये सुहाये।।

भावार्थ–राम जी प्रयाग में भरद्वाज आश्रम गये। यह गंगा किनारे था। इसके पहले गंगा की सहायक नदी तमसा किनारे वाल्मीकि जी का आश्रम था। इसके आगे चित्रकूट में अनसूया आश्रम था। वाल्मीकि जी ने राम जी को अपना प्रेम समर्पित किया।

"प्रथम वास तमसा भयऊ, दूसरि सुरसरि तीर।"

श्लोक–

दृष्ट्वा रामं रमानाथं वाल्मीकि लोक सुन्दरम्।
जानकी लक्ष्मणोपेतं जटा मुकुट मंडितम्।
फलमूलैः स मधुरै भोर्जयित्वा च लालितः।।

भावार्थ–वाल्मीकि ने लोक सुन्दर जानकी लक्ष्मण सहित जटामुकुट मंडित राम जी को देखा और उन्हें मीठे फलमूल का भोजन कराया और उनको प्रेम दिया।

अस जिय जानि कहिय सोइ ठाऊँ। सिय सौमित्रि सहित जहँ जाऊँ।
तहँ रुचि रुचिर परन तृन साला। वास करौ कछु काल कृपाला।।

भावार्थ–वाल्मीकि जानते हैं कि राम साधारण मनुष्य नहीं हैं, फिर भी प्रश्न करते हैं, मैं कहाँ वास करूँ। सर्वज्ञ राम को वाल्मीकि क्या जानकारी दे सकते हैं, यह वाल्मीकि की दुविधा है।

श्लोक–

यत्र मे सुखवासाय भवेत् स्थानं वदस्वतत्।
सीतया सहितः कालं किंचित् तत् नयाम्यहम्।।

भावार्थ–सुख से रहने के लिए जहाँ पर स्थान हो, वह आप कहें। वहाँ सीता सहित मैं कुछ काल व्यतीत करूँगा। राम का यह प्रश्न वाल्मीकि जी को संकोच में डाल दिया। राम अवतारी हैं इसे भरद्वाज, विश्वामित्र, वाल्मीकि, कौशल्या, रावण जैसे व्यक्ति जानते थे। अध्यात्म रामायण में कौशल्या भरत जी से कहती हैं–

हा राम, हा मे रघुवंशनाथ जातोऽसि मे त्वं परतः परात्मा

अर्थात् हे राम! हे रघुवंशनाथ! तुम परे से भी परे परमात्मा स्वयं मेरे गर्भ से उत्पन्न हुए हो...

अध्यात्म रामायण में राम के विष्णु का अवतार होने का वर्णन है। यह वर्णन भागवत पुराण और वृहद् धर्म पुराण में भी है। यह बात विष्णु धर्मोत्तर पुराण और नारद पुराण में भी है। नृसिंह पुराण, देवीभागवत में भी वह वर्णन है। हरिवंश, विष्णु पुराण, लिंग पुराण, कृतिवास रामायण, आनन्द रामायण में भी अवतार प्रसंग है। स्वयं वाल्मीकि रामायण के दे. 6 सर्ग 117-27 में देवताओं द्वारा राम जी की विष्णुरूप में स्तुति का वर्णन है। पद्मपुराण में मनु शतरूपा को विष्णु का वर प्राप्त है कि वे पुत्र बन कर जन्म लेंगे।

अतः जवाब देने में वाल्मीकि जी संकोच अनुभव करते हैं कि रहस्य को कैसे और कब तक परदा में रखा जायेगा।

पूछेहु मोहिं कि रहऊँ कहँ, मैं पूछत सकुचाई।
जहँ न होहु तहँ देहु कहि, तुम्हहिं देखावउँ ठाउँ।।

भावार्थ–राम, ब्रह्म होते हुए भी मनुष्य रूप में हैं। इसी अनुसार राम और वाल्मीकि दोनों को व्यवहार करना है।

श्लोक–

त्वमेव सर्वलोकानां निवासस्थान मुत्तमम्।
तथापि सर्वभूतानि निवास सदनानि हि।।

वाल्मीकि जी बोले–हे राम! आप ही सब प्राणियों के निवास स्थान हैं फिर भी सम्पूर्ण प्राणी आपके निवास स्थान हैं।

टिप्पणी–वेदान्त दर्शन के तीन महावाक्य हैं–

1. सर्वखल्विदं ब्रह्म
2. तत्त्वमसि
3. सोऽहमस्मि

मानस पर वेद का प्रभाव निर्विवाद है। तुलसीदास ने वेद सम्मत आचरण के लिए मानस में प्रेरित किया है। तुलसीदास ने धर्म के आध्यात्मिक रूप को अभिव्यक्ति देने के लिए वेद, उपनिषद्, अध्यात्म रामायण को आधार बनाया है। तुलसीदास के परमात्मत्व, ब्रह्मत्व, शैव-वैष्णव समन्वय, अवतारत्व अध्यात्म रामायण से लिया है। राम में पूरी सृष्टि लय है और पूरी सृष्टि के ज़र्रा-ज़र्रा में राम व्याप्त हैं–ऐसी दृष्टि मानस की, अध्यात्म की प्रतिच्छाया ही है। वाल्मीकि मुनि का उत्तर राम जी के प्रश्न पर है कि मैं कहाँ रहूँ?

वाल्मीकि जी ने तत्काल कहा–तुम कहाँ नहीं हो? वाल्मीकि जी का उत्तर अध्यात्म में बेलाग है पर मानस में संकोचवश है। राम भी अपनी व्यापकता सुन सकुचा रहे हैं और वाल्मीकि भी व्यापकता का परदा हटाने में सकुचा रहे हैं। दोनों स्थिति को शीघ्र सम्हाल लेते हैं और व्यवहार सामान्य कर लेते हैं।

सुनहु राम अब कहौं निकेता, बसहु जहाँ सिय लषन समेता।
जिनके स्रवन समुद्र समाना, कथा तुम्हरि सुभग सरि नाना।
भरहिं निरन्तर होहिं न पूरे, तिनके हृदय सदन तव रूरे।

भावार्थ–यहाँ मन्दिर से आशय वास स्थान है। राम के रहने से पर्णकुटी भी मन्दिर समान है।

श्लोक–

तद् वक्ष्यामि रघुश्रेष्ठ यत् ते नियतमन्दिरम्।
शान्तानां समदृष्टीनाम देष्ट्रणां च जंतुषु।।732।।
त्वामेव भजतां नित्यं हृदयं तेऽधिमन्दिरम्।।733।।
सीतया सह ते राम तस्य हृत्सुख मन्दिरम्।।734।।

भावार्थ–हे रघुनन्दन! आपके नियत मन्दिर के बारे में मैं कहूँगा। शान्त, समदर्शी, वैर रहित प्राणियों में जो नित्य आपको भजता है, उसके हृदय में आपका वास-मन्दिर है। उनका हृदय आपका और सीता जी का वास स्थान, सुख मन्दिर है।

धर्म धर्मान् परित्यज त्वामेव भजतोऽनिशम्।

जो धर्म-अधर्म को छोड़ कर निरन्तर आप का ही भजन करते हैं। हे राम! सीता सहित उसी का हृदय आपका सुख दाता मन्दिर है। तुलसीदास को धर्म-अधर्म, गति-अगति, सद्गति-दुर्गति, सत्-असत्, सुमति-कुमति, सज्जन-दुर्जन, अगुण-सगुण, कर्त्तव्य-अकर्त्तव्य की

द्वन्द्व युक्त चिन्तन शैली अध्यात्म रामायण से प्राप्त हुई है। तुलसी की अन्तर्दृष्टि और स्वाध्याय ने इस प्रतिच्छाया को जीवन्त कर मौलिक रूप दे दिया। यह दृष्टि सिर्फ़ प्रतिच्छाया नहीं है। ज्ञान, तप, योग पर भक्ति की स्थापना और वरीयता तुलसीदास की अपनी मौलिकता है जिसके आवेग, आयाम अचम्भित कर देने वाले हैं।

जननी सम जानहिं परनारी, धन पराव विष ते विष भारी।
जे हरषहिं पर सम्पति देखी, दूषित होंहि पर विपत्ति विसेषी।
जिन्हहिं राम तुम्ह प्रान पियारे, तिन्ह के उर सुभ सदन तुम्हारे।
स्वामि सखा पितु मातु गुरु, जिन्हके सब तुम्ह तात।
तिन्हके मन मन्दिर वसहु, सीय सहित दोउ भ्रात।।

भावार्थ—गीता में इसी स्थिति को स्थितप्रज्ञ, समत्व बुद्धि कहा गया है। समत्वबुद्धि का व्यक्ति जय-पराजय, सिद्धि-असिद्धि में एक समान रहता है। उसे कर्म की चिन्ता होती है। वह न तो कर्म में आसक्ति रखता है न कर्मफल में। इस स्थिति को ही गीता 'योगारूढ़' मानती है। स्वामी सहजानन्द के अनुसार गीता का परार्थ कर्म, लोकसंग्रह ही संन्यास का आशय है। संसार में रहकर भी अपना हित नहीं, संसार का हित देखना, संन्यासी का काम है और वही संन्यासी है।

श्लोक—

निरहंकारिण शांता ये रागद्वेष वर्जिताः
समालोष्टाश्मकनकास् तेषां ते हृदयं गृहम।।744।।

भावार्थ—जो निरहंकारी है, जो शान्त, रागद्वेष शून्य, स्वर्ण-पत्थर में समभाव रखने वाला है, उनका हृदय आपका घर है।

टिप्पणी—गर्ग संहिता का श्लोक है—

त्वमेव माता च पिता त्वमेव
त्वमेव बन्धुश्च सखा त्वमेव
त्वमेव विद्या द्रविणं त्वमेव
येषां हृदित्व बस राम तेषाम्

स्थितप्रज्ञ, समदर्शी, समत्वबुद्धि, निष्कामकर्मी, समभाव का भाव भक्ति में आपादमस्तक निमज्जित तुलसीदास ने निश्चय ही भगवद्गीता से ग्रहण किया है। सभी धर्मों, सभी तृष्णाओं, सभी भेदभाव से दूर जाने की प्रेरणा गीता धर्म में है। भागवत पुराण के रामोपाख्यान से भक्ति की सर्वोपरिता गोस्वामी जी ने ग्रहण की है। उन्होंने निगम-आगम के अलावा अन्य लोक धर्मों से भी ग्राह्य को ग्रहण किया है। दोहावली में तुलसीदास ने राम को ही एकमात्र अवलम्ब माना है—

एक भरोसौ, एक बल, एक आस विश्वास।
एक राम घनश्याम हित, चातक तुलसीदास।।

तुलसी ने अत्यन्त विनम्रता के साथ आराध्य राम पर अटूट भक्ति दर्शायी है।

गोस्वामीजी को अपने इष्ट पर पूरा भरोसा है, वही उनके सम्बल हैं, उन्हीं से आशा है, उन्हीं पर विश्वास है। वे धनुषधारी, असत्य को दण्डित करने वाले राम के पुजारी हैं–

तुलसी मस्तक तब नवै धनुष वाण लो हाथ।

तुलसी के देवता अहिंसा के नाम पर असत्य के साथ सहअस्तिव में न रहने वाले हैं और न समझौता करने वाले हैं। वे असत्य को हिंसा-अहिंसा के पचड़ा से अलग यथायोग्य दण्डित करने वाले हैं।

सुनत उठेउ व्याकुल नृपति, कहु सुमन्त्र कहँ राम।

भावार्थ–राजा दशरथ सुमन्त्र का आगमन जान व्याकुल हो राम, सीता, लक्ष्मण की अवस्थिति जानना चाहते हैं, वे कहाँ, किस प्रकार हैं? लौटे या नहीं? ययाति ऐसा पराक्रमी राजा पुण्य समाप्त होने पर देवलोक से बाहर कर दिया गया और वह निस्तेज हो गया, वही हाल दशरथ का था।

श्लोक–

सुमन्तं रामः कुत्रास्ते सीतया लक्ष्मेणन च

भावार्थ–दशरथ जी सुमन्त्र जी से बोले–

हे सुमन्त्र! सीता और लक्ष्मण सहित हमारे राम कहाँ हैं?

टिप्पणी–सुमन्त्र जब वापस लौटकर अयोध्या आये और रनिवास में गये जहाँ दशरथ कोप भवन में पृथ्वी पर पड़े हुए अर्धमूर्च्छा की स्थिति में विलाप कर रहे थे तब उन्हें दशरथ वैसे ही नज़र आये जैसे ययाति पुण्य क्षीण होने पर भूमिसात् हो गये थे, देवलोक से च्युत होकर।

वाल्मीकि ने वर्णन निम्न तरह से किया है–

ययातिमिव पुण्यांते देवलोकात्परिच्युत्तम्।

प्रथम वास तमसा भयऊ, दूसरि सुरसरि तीर।
न्हाई रहे जलपान करि, सिय समेत दोउ वीर।।

भावार्थ–तमसा गंगा की सहायक नदी है। इसी किनारे वाल्मीकि मुनि का आश्रम है।

श्लोक–

एवं मन्त्री रुदंतं तं प्रांजलिवार्क्यमन्नब्रीत्।।
रामः सीता च सौमित्रिर्मया नीता रथेन ते।
श्रृंगवेरपुराभ्याशे गंगाकूले व्यवस्थिताः।।

भावार्थ–दशरथ जी से इस प्रकार सुमन्त्र ने हाथ जोड़कर रोते हुए कहा–राम, सीता, सुमित्रानन्दन को मैं रथ पर चढ़ाकर ले गया, वे श्रृंगवेरपुर के निकट गंगा के तीर पर विराजमान हुए।

केवट कीन्ह बहुत सेवकाई। सो जामनि सिंगरौर गँवाई।
होत प्रात वटछीर मँगावा। जटामुकुट निज सीस बनावा।।

भावार्थ–मल्लाहों के राजा ने श्रृंगवेरपुर में राम की सेवकाई मन से की।

श्लोक—

गुहेन किंचिदानीतं फलमूलादिकं चयत्।
स्पृष्ट्वा हस्तेन सम्प्रीत्या नागहीद विससर्ज तत्।।
वट क्षीरं समानाय्य गुहेन रघुनन्दनः।
जटामुकुटमावद्ध्य मामाह नृपते स्वयम्।।

भावार्थ—इसी समय परमभक्ति से युक्त हो निषादों का राजा गुह फलमूल आदि लाकर अर्पित किया। रामचन्द्र जी ने उन्हें हाथ से स्पर्श कर दिया पर ग्रहण नहीं किया, सभी लौटा दिये। इसके उपरान्त गुह से वट का दूध मँगाकर जटा मुकुट लक्ष्मण सहित बाँधे और मुझे आज्ञा दी।

टिप्पणी—श्री राम जी ने सुमन्त्र के माध्यम से पिताश्री को प्रणाम प्रेषित किया।

करवि पाय परि विनय वहोरी, तात करयि जनि चिन्ता मोरी।
वन मग मंगल कुसल हमारे, कृपा अनुग्रह पुण्य तुम्हारे।।

श्लोक—

सुमन्त्र ब्रूहि राजान शोकस्तेऽस्तु न मत्कृते।
साकेतादधिकं सौख्यं विपिने नो भविष्यति।।

भावार्थ—हे सुमन्त्र! राजा से हमारा प्रणाम कहना, और कहना कि वे हमारे लिए शोक न करें। साकेत से अधिक सुख हमको जंगल में रहने से होगा।

जननी सकल परितोषि परिपरि, पायकरि विनती घनी।
तुलसी करेहु सोई जतन, जेहि कुसली रहहि कोसल धनी।।

भावार्थ—राम जी ने सभी माताओं को परितोष देने को कहा।

श्लोक—

मातुर्मे वन्दनं श्रूहि शोकं त्यजतु मत्कृते।
आश्वासयतु राजानं वृद्धं शोकपरिप्लुतम्।।

भावार्थ—हे सुमन्त्र! माता कौशल्या जी से हमारा प्रणाम कहकर कहना—वे हमारे लिए शोक न करें और शोकग्रस्त वृद्ध राजा को आश्वस्त कर ढाढस बँधायें।

तेहि अवसर रघुवर रूष पाई। केवट पारहि नाव चलाई।
रघुकुल तिलक चले एहि भाँति। देखेउँ ढाढ़ कुलिस धरि छाती।।

भावार्थ—छाती पर पत्थर रख मन्त्री सुमन्त्र ने राम, लक्ष्मण, सीता को नाव पर सवार होकर पार जाते देखा।

श्लोक—

ततस्तेश्रुपरीताक्षा नावमारूरूहुस्तदा।
यावद् गंगा समुत्तीर्य गनास्तावदहं स्थितः।।
ततो दुःखेन महता पुनरेवाहमागतः।।

भावार्थ—इसके पश्चात् वे तीनों जन अश्रुपात करते नाव पर आरूढ़ हुए। मैं तब तक वहाँ खड़ा रहा और एकटक देखता रहा जब तक वे नयनों से ओझल न हो गये।

तेलय नाव भरि नृप तनु राषा। दूत बोलाय बहुरि अस भाषा।।
धावहु बेगि भरत पहँ जाहू। नृप सुधि कतहुँ कहहु जनिकाहू।।
एतनेइ कहेउ भरत सन जाई। गुरु बोलाइ पठए दोउ भाई।।

भावार्थ—राम-लक्ष्मण वन में हैं। भरत-शत्रुघ्न ननिहाल में हैं। भरत के लौटने में विलम्ब की सम्भावना है। अयोध्या से कैकेय प्रदेश की दूरी कम-से-कम दो हज़ार कि.मी. है। राजा का मृत देह ख़राब न हो, वसिष्ठ जी इसकी व्यवस्था करते हैं।

श्लोक—

वसष्ठितः प्रययौ तत्र प्रातर्मत्रिभिरावृतः।
तैल द्रोण्यां दशरथं क्षिप्त्वा दूतानथाब्रवीत।।
गच्छत त्वरितं साश्वा युधाजिगरं प्रति।
तत्रास्ते भरतः श्रीमातन्छत्रुघ्न सहितः प्रभु।।
उच्यता भरतः शीघ्रमागच्छेति ममाज्ञया।।

भावार्थ—प्रातःकाल होते ही मन्त्री सहित वसिष्ठ जी वहाँ आये और राजा दशरथ के मृतक शरीर को तेल भरी द्रोणि में रखकर दूतों से कहा—दूतो! तुम शीघ्र घोड़ों पर सवार होकर युधाजित राजा के नगर में जाकर प्रभु भरत-शत्रुघ्न वहाँ हैं, उनसे कहना कि शीघ्र अयोध्या आइये।

राम विरोधी हृदय ते, प्रगट कीन्ह विधि मोहि
मो समान को पातकी, बादि कहौं कछु तोहि।।

भावार्थ—भरत भी अपने को पातकी कह कोसते हैं। उन्हें अपने कोख पर धिक्कार है जो राम विरोधी हैं।

गोस्वामी जी पुनः कहते हैं—

कैकेयी जठर जननि जग माँही। यह मोहि कहँ कछु अनुचित नाहीं।।

श्लोक—

पापे त्वद्गर्भजातोऽहं पापवानस्मि साम्प्रतम।

भावार्थ—रे पापे! मैं तेरे हृदय से उत्पन्न हुआ हूँ, अतः मैं भी पापी हूँ।

कोसिल्या पहिंगे दोउ भाई

श्लोक—

कौशल्या भवनं ययौ

भावार्थ—दोनों भाई कौशल्या के भवन में गये।

माता भरत गोद बैठारे, आँसू पोंछि मृदु वचन उचारे।

श्लोक—

आलिंग्य भरतं साध्वी राममाता यशस्विनी
कृशातिदीन वदना सासश्रुनेत्रेदमब्रवीत।।

भावार्थ—साध्वी सयशस्विनी राम माता कौशल्या ने भरत को हृदय से लगा लिया। कौशल्या दुर्बल दीन बदन हो गयी थी। वह आँखों में आँसू भर कर बोली।

देखत भरत विकल भयभारी, परे चरन तन दसा विसारी।।

भावार्थ—कौशल्या जी भरत को देख प्रेमवश अकुला गयीं। अब उनका दुःख बाँटने, शरीक होने वांछित पुत्र आ गया।

श्लोक—

पादयोः पतितस्तस्या भरतोऽपि तदारुदत्

भावार्थ—कौशल्याजी भरत जी को देखकर ज़ोर से रोयीं। भरत जी रोते हुए कौशल्या जी के चरणों पर गिर पड़े।

राम लषन सिय वनहिं सिधाये। गयऊँ न संग न प्रान पठाये।।

भावार्थ—कौशल्या का दुःख है कि इस दुःखियारी को छोड़ तीनों वन चल गये।

श्लोक—

पुत्रः सभार्यो वनमेव भ्राता सलक्ष्मणो में रघुरामचन्द्रः।

भावार्थ—हमारे पुत्र राम, भार्या सीता और लक्ष्मण सहित मुझ दुखिया को छोड़ वन गये हैं।

तिनकी गति मोहिं संकर देऊ। जननी जौं यह जानऊँ भेऊ।।

भावार्थ—भरत जी को कुछ मालूम न था। वे शपथ लेते हैं कि यदि मेरी जानकारी में यह सब सम्पन्न हुआ, तो मुझे सबका पाप लगे। मुझे शंकर भगवान दण्डित करें। यह भरत की आर्त्त वाणी है।

श्लोक—

भूयात्तत्पापमखिलं मम जानानि यद्यहम्।
इत्येवं शपथं कृत्वा रूरोद भरतस्तदा।।

भावार्थ—यदि इस बात का होना कुछ भी मुझे मालूम रहा हो तो यह सब पाप मुझको लगे—ऐसा कहकर भरत जी कौशल्या जी के पल्लू में रोने लगे।

वामदेव वसिष्ठ तब आये। सचिव महाजन सकल बुलाये।।

भावार्थ—वामदेव, वशिष्ठ ने सुमन्त्र जी को ज़रूरी कर्मकाण्ड करने कहा।

श्लोक—

एतस्मिन्नन्तरे श्रुत्वा भरतस्य समागमम्।
वसिष्ठो मन्त्रिभिः सार्ध प्रययौ राजमन्दिरम्।।

भावार्थ—इसके उपरान्त भरत जी का आगमन सुनकर मन्त्रि सहित वसिष्ठ जी राजभवन में आये और आदर सहित बोले—

तात हृदय धीरज धरहु, करहु जो अवसर आज।
उठे भरत गुरुवचन सुनि, करन कहेउ सब काज।।

भावार्थ—गुरु वशिष्ठ के समझाने पर भरत जी आवश्यक क्रिया कर्म पूरा करने के लिए धैर्य्य धारण कर प्रस्तुत हुए और सब उपक्रम करने का आदेश जारी किया।

श्लोक—

इत्यात्मानं दृढ़ ज्ञात्वा त्यक्त्वा शोकं कुरु क्रियाम्।

भावार्थ—आत्मा में इस प्रकार दृढ़ ज्ञान कर, भरत जी शोक त्याग, आवश्यक क्रिया कर्म करो—गुरु वशिष्ठ ने ऐसा वचन कहा।

प्रथम कथा सब मुनिवर बरनी। कैकेयी कुटिल कीन्हि जस करनी।
भूप धर्म व्रत सत्य सराहा। जेह तनु परिहरि प्रेम निवाहा।।

श्लोक—

केकेय्या याचितं राज्यं त्वदर्थे पुरुषर्षभ।
सत्यसंधो दशरथः प्रतिज्ञाय ददौ किल।।

भावार्थ—हे पुरुष श्रेष्ठ! केकैयी ने तुम्हारे लिए राज्य की याचना की और सत्य प्रतिज्ञ राजा दशरथ ने तुमको यह राज्य दिया है। उनकी दो वर देने की पूर्व की प्रतिज्ञा थी।

राजा वृद्धावस्था में पुत्रों पर अत्यधिक निर्भरशील थे, और अत्यधिक स्नेह से सिक्त थे पर, इससे भी अधिक छोटी रानी के वश में थे। वे कहते हैं—

प्रिया! प्रान, सुत, सरवस मोरे, परिजन, प्रजा, सकल वस तोरे।

कैकेयी के समक्ष राजा का न्याय और विवेक थोड़े काल के लिए मुल्तवी हो जाता था। तभी तो वे सबकुछ कैकेयी के वश में मानते थे। दशरथ प्रौढ़ थे, वे अपने से कम उम्र छोटी रानी के वश में थे, पर छोटी रानी उनके वश में न थी। यह बेमेल ब्याह का कुपरिणाम था। दशरथ जी यहाँ पतिधर्म का निर्वाह अतिगामी हद तक समर्पण में जाकर करते हैं। दशरथ जी के सामने एक ओर पत्नीव्रत धर्म था, दूसरी ओर सत्य पालन का कठोर राजधर्म था, तीसरी ओर प्राण से अधिक प्रिय पुत्र का स्नेह। उन्होंने सत्य की रक्षा पत्नी का मान रखकर की और स्नेह की रक्षा दुःख की चरम अवस्था में प्राण तज कर की। इस प्रकार सत्य और स्नेह, नियम और शील दोनों की रक्षा हो गयी। राम जी आगे चलकर भरत जी को समझाते हैं—

राखेउ राउ सत्य मोहि त्यागी। तनु परिहरेउ प्रेम पनु लागी।।
कहत राम गुन सील सुभाऊ। सजल नयन पुलके मुनि राऊ।।

भावार्थ—मुनि शरीर से पुलकित हो गये। फिर, लक्ष्मण जी और सीता जी के प्रेम व्यवहार की बड़ाई करते हुए ज्ञानी मुनि भी शोक और स्नेह में मग्न हो गये, खो गये, विस्मृति में चले गये।

श्लोक—

इति संस्मृत्य राम साश्रु विलोचनः।

भावार्थ—इस प्रकार राम का स्मरण कर करके मुनिराज जी की आँखें भर आयीं।

कौशल्या धरि धीरज कहई। पूत पश्य गुरु आयसु अहई।
सो आदरिय करिय हित मानी। तजिय विषाद कालगति जानी।।

भावार्थ—कौशल्या धैर्य्य धारण कर भरत जी को समझा रही हैं। गुरु का आदेश पथ्य है। ऐसा समझ उनके आदेश का आदरपूर्वक सम्मान करो और हितकारी जानकर पालन करो। काल की गति समझ विषाद का त्याग करो।

श्लोक—

कौशल्या तमथालिंग्य पुत्र जानामि मा शुचः।
गुरुणां वचनं पथ्यम्।।

भावार्थ—हृदय से लगाकर कौशल्या जी बोलीं—पुत्र! मैं जानती हूँ। शोक मत करो। गुरुजी का वचन पथ्य है।

जाय जीव बिनुदेह सुहाई। बादि मोरि सब बिनु रघुराई।।

भावार्थ–धैर्य की धुरी भरत जी कमल के समान हाथों को जोड़कर मुनिराज से वचनों को मानो अमृत में डुबोकर बोले।

श्लोक–

मम राज्येन किं स्वामिन् रामे तिष्ठति राजनि।

भरत जी कहते हैं–हे मुनिराज! राम जी के राजा रहते मुझे राज्य से क्या प्रयोजन?

देषे बिन रघुनाथ पद, जियकी जरनि न जाई।

भावार्थ–भरत जी कहते हैं–

मोहि समान को पाप निवासू। जेहि लगि सीय राम वनवासू।।

भरत जी अपने को राम वनवास का कारण मान पाप का घर बताते हैं और राम जी की सेवा कर प्रायश्चित्त करना चाहते हैं।

अरथ न धरम न काम रुचि गति न चहऊँ निरवान।
जनम-जनम रति राम पद यह बरदान न आन।।

भरत जी राम के प्रति समर्पित हैं।

श्लोक–

राम सीता समेतं स्मितरुचिर मुखं नित्य मेवानु सेवे।

भावार्थ–मैं ख़ुशी-ख़ुशी प्रसन्न मुख से विहँसते हुए सीता जी समेत राम जी की नित्य सेवा करूँगा।

एकहि आँक इहै मन माहीं। प्रातकाल चलिहौं प्रभु पाहीं।।

भावार्थ–आँक का अर्थ यहाँ निश्चय है, संकल्प है। भरत जी निश्चय के साथ कहते हैं राम जी को लौटाने हेतु सुबह चल दूँगा।

श्लोक–

श्वः प्रभाते गमिष्यामो राम मानेतुमंजसा

भावार्थ–कल प्रभात में राम जी को मनाने और वापस लौटाने हेतु जाऊँगा।

तदपि सरन सनमुष मोहि देषी। क्षमि सब करिहहि कृपा बिसेषी।।

श्लोक–

भारते न स्मरन्त्य पराधानि स्मरन्ति सृकृतान्यदि।

भावार्थ–साधु पुरुष किसी के अपराधों का स्मरण नहीं करते–वे केवल सुकृत का ही स्मरण करते हैं। अपनी शरण में आया देख, मुझे अवश्य ही कृपा सागर क्षमा कर देंगे।

भरतहि कहहिं सराही सराही। राम प्रेम मूरति जनु आही।।

भावार्थ–गोस्वामी जी लिखते हैं–**भरत वचन मुनिवर मन भाए।** सभी भरत जी की सराहना करते हैं। वे राम प्रेम की प्रतिमूर्ति हैं।

श्लोक–

साधु साध्विति तं सर्वे प्रशंशसुर्मुदान्विताः

भावार्थ–भरत जी की धर्मयुक्त गुणभरी बातों को सुनकर सभी साधुवाद देने लगे और प्रशंसा करने लगे। रामचरितमानस की यह खूबी है कि इसमें शील और विधान, आत्मपक्ष और लोकपक्ष दोनों का समन्वय द्वारा अच्छा निर्वहन किया गया है।

वन सिय राम समुझि मन माहीं। सानुज भरत पयोदहिं जाहीं।।

श्लोक–

तच्छूवोभूते गमिष्यामि पादचारेण दण्डकान्।
शत्रुघ्न सहित स्तूर्णम।।

भावार्थ–प्रातःकाल शीघ्र अनुज शत्रुघ्न सहित मैं पैदल दण्डकवन जाऊँगा।

मिलन साज सजि मिलन सिधाये। मंगल मूल सगुन सुभ पाये।।

भावार्थ–निषादराज भेंट का सामान लेकर भरत जी से मिलने के लिए प्रस्थान किये।

श्लोक–

इति सर्वान्समादिश्य गुहो भरतमागतः।
उपायनानि संगृह्य विविधानि बहून्यपि।।

भावार्थ–इस प्रकार सबको आदेशित कर गुह अपनी जाति वाले समाज के साथ भरत जी के पास गया।

राम राम कहिजे जमुहाहीं। तिन्हहिं न पाप पुंज समुहाहीं।।

भावार्थ–आलस्य से भी जिनके मुख से राम का नाम निकलता है उनके सामने कोई पाप टिक नहीं पाता निषादराज को राम जी ने छाती से लगा लिया।

श्लोक–

राम रामेति ये नित्यं जपंति मनुजा भुवि।
तेषां मृत्युभयादीनि न भवंति कदाचन्।।

भावार्थ–पृथ्वी पर जो मनुज सदा राम राम कर जप करते हैं, उनको कदापि मृत्यु के भय आदि नहीं होते।

लालन जोग लषन लघु लोने। भे न भाई असं अहहि न होने।
ते वन सहहिं विपत्ति सब भाँती। निदरे कोटि कुलिस यह छाती।।

भावार्थ–राम जी लखन जी की प्रशंसा कर कहते हैं कि लखन जैसा भाई न किसी के थे, न हैं, न होंगे। ये अवध के प्यारे माता-पिता के दुलारे, मेरे प्राण प्यारे हैं। ये वन की विपत्ति सह रहे हैं। मेरी छाती करोड़ों वज्र से भी कठोर है जो फट नहीं रही है।

श्लोक–

अहोति सफलं जन्म लक्ष्मणस्य महात्मनः।
राममेव सदान्वेति वनस्थमपि हृष्टधीः।।

भावार्थ–लक्ष्मण जी का जन्म सफल है। वे प्रसन्नचित्त सदा राम के अनुगामी हैं वन में भी वैसे ही हैं।...

गुरुहिं सुनाव चढ़ाई सुहाई। नई नाव सब मातु चढ़ाई।।
...आगे किये निषाद गन, दीन्हेउ कटक चलाई।।

भावार्थ–रात भर सब लोग जागते रहे। सवेरा होने पर खेवा लगा। सुन्दर नाव पर गुरुजी को चढ़ा पर नयी नाव पर माताओं को चढ़ाया।

श्लोक–

इत्युक्त्वा त्वरितं गत्वा नावः पंचशतानिहि।
समानयत्स सैन्यस्य तर्तु गंगामहानदीम्।।

भावार्थ—यह कहकर सेना सहित भरत जी को गंगा पार करने हेतु गुह शीघ्र जाकर पाँच सौ नाव मँगवाया। सत्य उपाख्यान में वर्णन आया है—

अग्रे गुहः प्रयातिस्म वन निर्णय कोविदः

अर्थात् सब वन के जानकार निषाद आगे-आगे चले।

गोस्वामी जी लिखते हैं—

कियउ निषाद नाथ अगुआई। मातु पालकी सकल चलाई।।
सिरधरिआयसु करिय तुम्हारा। परम धरम यह नाथ हमारा।।

भावार्थ—निषादराज आगे थे। गंगा पार कर माताओं को पालकी पर बैठाया। शत्रुघ्न जी पालकी के साथ हो गये। फिर ब्राह्मणों सहित गुरुजी ने प्रस्थान, गमन किया।

श्लोक—

यथा नापयति भवां स्वयेति भरतोऽब्रवीत्।

भावार्थ—यह सुनकर भरत जी ने भरद्वाज मुनि से कहा—"आप जैसी आज्ञा करते हैं, वैसा ही होगा" भरद्वाज शास्त्र और शस्त्र दोनों में निपुण थे जैसे द्रोणाचार्य, अश्वत्थामा, पुष्यमित्र, सुन्दरसिंह आदि।

करि प्रबोध मुनि वर कहेउ, अतिथि प्रेम प्रिय होहु।
कन्द मूल फल फूल हम, देहिं लेहु कर छोहु।।

भावार्थ—मुनि श्रेष्ठ भरद्वाज मुनि ने समाधान करके कहा—अब आप लोग हमारे प्रेम प्रिय अतिथि बनिये और कृपा कर हमारा आतिथ्य, जो हमसे बन सके, स्वीकार करें।

श्लोक—

आतिथ्यं कर्त्तुमिच्छामि ससैन्यस्य तवानघ।

भावार्थ—भरत जी को भरद्वाज मुनि ने कहा—आज सेना सहित तुम्हारी मेहमाननवाजी करने की इच्छा है। यहाँ भरद्वाज आश्रम का भव्य वर्णन है। भरद्वाज की सामर्थ्य सेना सहित, प्रजा सहित सबकी पहुनाई का भारत उठाने का है। भरद्वाजों का यह पराक्रम ऐतिहासिक दौर में भी शुंगवंश, वाकाटक वंश, पल्लव वंश, गंगवंश, कदम्ब वंश, टेकारी महाराज के दौर में देखा गया है।

सब समाज सजि सिधि पलमाहीं। जे सुष सुरपुर सपनेहुँ नाहीं।।

भावार्थ—जो सुख के सामान स्वर्ग में प्राप्त नहीं हैं वो सब सामान ऐश्वर्य ठाठ-बाट देख देवता भी तरस गये। असन, वसन, वासन की व्यवस्था सब हेतु कर दी गयी। भरद्वाज मुनि वैदिक युग के भरद्वाज के वंशज थे।

श्लोक—

असृजत्कामनधुक् सर्व यथाकामम लौकिकम्।
उषित्वा दिन मेकं तु आश्रमे स्वर्ग सन्नियेे।।

भावार्थ—भरद्वाज जी की इच्छानुसार अलौकिक पदार्थ उपस्थित हो गये। यह आश्रम स्वर्ग सदृश्य था।

रिषि आयसु असीसस सिर राषी। कदि दण्डवत विनय बहुभाषी।

भावार्थ–भरत जी ने तीर्थराज प्रयाग में गंगाजी में स्नान किया। समाज सहित मुनि को सिर नवाकर ऋषि आज्ञा को सिर माथे पर लेकर दण्डवत् करते हुए विनती किया।

श्लोक–

अभिवाद्य पुनः प्रात भर्रद्वाजं सहानुजः।

भावार्थ–भरत जी ने सुबह अनुज सहित भरद्वाज मुनि को प्रणाम कर चित्रकूट के लिए प्रस्थान किया।

आगे मुनिवर वाहन आछे। राज समाज जाहिं सब पाछे।।
तेहि पाछे दोउ बन्धु पयादे। भूषण, वसन वेष सुठि सादे।।

श्लोक–

कौसल्याद्या राजदारा वसिष्ठ्मुखाद्विजाः।
छादयन्तो भुवं सर्ब्वे पृष्टतः पार्श्वतोऽग्रतः।।
पादचारेण गच्छन्तं भरतं सर्वसैनिकाः अनुजग्मुः।

भावार्थ–कौसल्या आदि राज रानियाँ, वसिष्ठ आदि विप्र वृन्द आगे पीछे पृथ्वी पर छाते हुए अगल बगल यथा उचित ढंग से जा रहे थे। इनके पीछे दोनों भाई बिल्कुल सादे ढंग से पैदल जा रहे थे। सभी सैनिक अनुगमन कर रहे थे।

सेवक वचन सत्य सब जाने। आश्रम निकट जाय नियराने

भावार्थ–भरत जी रो रहे हैं, वे राम के सेवक हैं।

श्लोक–

इत्यद्भुत प्रेमरस। प्लुतशियो विगाह चेता रघुनाथ भावने।
आनन्दजाश्रुस्नपितस्तनान्तरः शनैरवापाश्रम सन्निधिं हरे।।

भावार्थ–भरत जी ने वन के बीच पश्चात्ताप करते हुए परमपवित्र विचित्र मनोहारिण ी पर्णकुटी को देखा। भरत जी का हृदय अन्तस्थल अद्भुत प्रेमरस से आप्लावित था और भावना राम जी में लगी थी, भरत जी आनन्द अश्रु बहाते हुए अपनी छाती को सींचते हुए धीरे-धीरे आश्रम के निकट पहुँचे।

रज सिर धरि हिय नयनन्हि लावा।

भावार्थ–सिर पर चरन धूलि चढ़ा, हृदय में नाम स्मरण कर राम पद चिह्न का अवलोकन करते हैं।

श्लोक–

पश्यामि यत्पाद रजो विमृम्य।

भावार्थ–भरत जी राम जी के चरण रज, राम पद के ज़मीन पर अंकन देखते हैं।

बरबस लिए उठाई उर, लाये कृपानिधान।

भावार्थ–बरबस प्रेम बस छाती से लगा लिये।

श्लोक–

रामस्तमाकृष्य सुदीर्घबाहुर्दोर्भ्यां परिष्वज्य सिषिंच नेत्र जैः।

भावार्थ–भरत जी राम जी को प्रणाम कर रहे हैं। राम जी ने उठकर लम्बे हाथों से अपनी ओर खींच कर भरत जी को हृदय से लगाकर आँखों के आँसू से तर कर दिया।

नृपकर सुरपुर गमन सुनावा। सुनि रघुनाथ दुसह दुख पावा।।
मरन हेतु निज नेह विचारी। भये अतिविकल धीर धुरधारी।।
कुलिस कठोर सुनत कटुवानी। विलपत लषन सीय सब रानी।।
सोक विकल अति सकल समाजू। मानहु राज अकाजेउ आजू।।

भावार्थ–वशिष्ठ मुनि ने राजा दशरथ के स्वर्ग गमन का वृत्तान्त सुनाया।

श्लोक–

वसिष्ठस्तमुवाचेदं पिता ते रघुनन्दन।
त्वद्वियोगाभिप्रात्मा त्वामेव परिचिन्तयन।।
राम रामेति सीतेति लक्ष्मणेति ममारह।
श्रुत्वा तत्कर्णशूलाभं गुरोर्वचनमंजसा।।
हाह तोऽस्मीति पतितोरुदन् रामः सलक्ष्मणः।
ततोनुरूरूदुः सर्वा मातरश्च तथापरे।।
हा तात मां परित्यज्य क्व गतोसि घृणाकर।
अनाथोस्मि महावाहो मां को वा लालयेदितः।।
सीता च लक्ष्मणोश्चैव विलेपतुरतो भृशम्।

भावार्थ–वसिष्ठ बोले–हे रघुनन्दन! दशरथ जी तुम्हारे वियोग में अति दुखित हो, हा राम! हा सीता! हा लक्ष्मण! का विलाप करते हुए काल धर्म को प्राप्त हो गये। कानों में शूल समान लगनेवाले इन गुरु वचनों को सुनकर राम लक्ष्मण गिर कर रोने लगे। राम जी के रुदन को सुनकर सब माताएँ और सब कोई भी रोने लगे। हा पिता! हा दया सागर! हम लोग का परित्याग कर कहाँ विलुप्त हो गये।

अरध तजहि बुध सरवस जाता।

भावार्थ–गोस्वामी जी लिखते हैं–

पुलक गात हिय सिय रघुवीर। जीह नाम जप लोचन नीर।
भरत रहनि, समुझनि, करतूती। भगति विरति गुन विमल विभूति।।

शुक्रनीति–

सर्वनाशे समुत्पन्ने अर्ध व्यजति पण्डितः।
अर्धेन कुरुते कार्य सर्वनाशो हि दुस्तरः।।

तुम कानन गबनहु दोउ भाई। फेरिय लषन सीय रघुराई।।

भावार्थ–यह भरत-शत्रुघ्न के वनगमन के प्रसंग में है।

सनकसंहिता–

गच्छताम्भ्रातरौ द्वौ तु प्रियानुजतोवनम्।
रामो गच्छतु साकेतं श्रुत्वा हृष्टो वभूवतः।।

सम दुख सब रोवहि रानी। बहुत लाभ लोगन लघुहानी।।

भावार्थ–भरत जी ने वही किया जिसका आदेश मुनि श्रेष्ठ ने दिया।

गोस्वामी जी लिखते हैं–

तात भरत तुम धरम धुरीना। लोक वेद विद प्रेम प्रवीन।।
भरत प्रीति नति, विनय, बड़ाई। सुनत सुखद वरनत कठिनाई।

सनक संहिता श्लोक–

समदुःखसुखा राज्यः परिदिष्यन्ति ने तरो।
कहहिं भरत मुनि कहा सो कीन्हे। फलजग जीवन अभिमत दीन्हे।।

अध्यात्म रामायण–

त्वद्धीन्तु तत्सर्व कुरु सत्यं निजम्वचः

भावार्थ–वसिष्ठ मुनि ने भरत जी से कहा–हे भरत! जब कोई पदार्थ सर्वनाश होता दीखता है तब पण्डित लोग उसका आधा त्याग देते हैं और आधे से ही अपना काम चला लेते हैं क्योंकि समूचा का नाश दुस्तर होता है। तुम और शत्रुघ्न दोनों भाई वन को जाओ और श्रीराम, लक्ष्मण, सीता जी को लौटा दो। इन शुभवचनों को सुन भरत-शत्रुघ्न दोनों भाई प्रसन्न हो गये। शरीर आनन्द से भर गया। नगरवासियों को बहुत लाभ और थोड़ी हानि समझ पड़ी मगर माताओं को सुख-दुःख बराबर हुआ अर्थात् दो पुत्रों का बिछोह तो बना ही रहा। वे सब इस कारण रोने लगीं।

भरत जी ने कहा–

कानन करौ जनम भरि वासू। यही ते अधिक न मोर सुपासू।।

मैं तो आजन्म वनवास को तैयार हूँ। इससे अधिक सुविधाजनक और कुछ मेरे लिए नहीं है। हे मुनि! आप ही के अधीन सभी कुछ है। अब कृपापूर्वक अपने वचनों को अमली जामा देकर लागू कराकर सत्य करिये।

और करहि को भरत बड़ाई। सर सीपी की सिंधु समाई।।

सनन्दन संहिता–

प्रभाव भरतस्येशः समर्थो न कथंचन।
वक्तुं फणीशो ब्रह्मा च शारदा नारदस्तथा।।

भरत जी के साधु वचन सुनकर सभी लोग उनको साधुवाद देने लगे। भरत जी की प्रशंसा करने में ब्रह्मा, शिव, सरस्वती, नारद भी किसी तरह समर्थ नहीं हैं।

बिनु समुझे निज अथ परिपाकू। जारेऊँ जाय जननि कहि काकू।।

श्लोक–

ममैव जन्मान्तर पातकानां विपाक विस्फूर्ज थुर प्रसध्य।

भरत जी कहते हैं किसी का दोष नहीं है, यह मेरे जन्म-जन्मान्तर के पापों का विपाक है।

रघुवंश और रामचरितमानस, अन्यान्य प्रसंग

रघुवंश महाकाव्य का मानस पर प्रभाव प्रचुर है।

(क) रघुवंश के प्रथम अध्याय के प्रथम श्लोक से प्रभावित होकर गोस्वामी जी लिखते हैं–

जगत मातु पितु सम्भु भवानी। तोहि सिगारू न कहऊ भवानी।।

कालिदास ने वाक् और अर्थ को अभिन्न कहा है, तुलसी ने गिरा और अर्थ कहा है।

(ख) रघुवंश में शृंगी ऋषि पुत्रेष्टि यज्ञ करते हैं, यही वर्णन मानस में है। तीनों रानियाँ पायस से गर्भ धारण करती हैं।

(ग) रघुवंश में वर्णन है रघुवंशी किसी को निराश नहीं करते, गोस्वामी जी लिखते हैं–**प्राण जाय वरु वचन न जाई।**

(घ) रघुवंश के ग्यारहवें अध्याय के छठे श्लोक में दशरथ दोनों भाई विश्वामित्र को सौंपते हैं। यही वर्णन मानस में है। दशरथ के बाल पकने का वर्णन रघुवंश और मानस दोनों में है।

(च) वनगमन प्रसंग में राम, रघुवंश और मानस दोनों में स्थितप्रज्ञ है।

(छ) जयन्त की कथा रघुवंश के 12, 22, 23 श्लोक में है। मानस में भी है।

(ज) सूर्पणखा का वर्णन रघुवंश के 12.32 और मानस में एक समान है।

(झ) स्त्री की काम कामना और मानस की काम कामना एक सा है। (रघुवंश 12.33)

(ञ) सीता द्वारा चूड़ामणि हनुमान को देने का वर्णन समान है।

(ट) राम द्वारा कैकेयी का लज्जा निवारण एक समान वर्णित है (14.16 रघुवंश)

(ठ) राम का सुमन्त्र द्वारा भरत को सन्देह प्रेषण एक सा है।

(ड) सुग्रीव द्वारा सुवेल पर्वत पर चन्द्र वर्णन समान है।

तुलसीदास भरत के पराक्रम को हनुमान से कई गुणा ज़्यादा बतलाते हैं–

भरत बाहु भर बल

हनुमान जी का बल सिर्फ भरत जी के बाहु भर है।

भरत जी का ज्ञान, बल, तप, भक्ति सभी अपरम्पार है।

अगस्त्य रामायण

टिप्पणी–दोहा और श्लोक का उभयनिष्ठ अर्थ भावार्थ में निहित है।

सब के उर अभिलाष अस, कहहिं मनाइ महेश।
आप अछत युवराज पद, रामहिं देहिं नरेश।।

भावार्थ–सब के हृदय में ऐसी अभिलाषा है और सभी महादेव से विनती कर रहे हैं कि नरेश युवराज पद रामचन्द्र को दें।

श्लोक–

सर्वेषां हृदये ह्यासीदेष एव मनोरथः।
स्वजीवने सुदयया तव शङ्कर बुद्धिमान्।।
युवराजपदं राजा रामचन्द्राय यच्छतु।

भावार्थ–सबके हृदय में यह मनोरथ था और सभी बुद्धिमान महादेव से प्रार्थना कर रहे थे कि आपकी दया से राजा युवराज पद रामचन्द्र जी को प्रदान करें।

तिन्हहि सोहाइ न अवध बधावा। चोरहि चाँदिनि राति न भावा।।

भावार्थ–देवताओं को अवध के बधावे अच्छे नहीं लगते हैं। जैसे चोर को चाँदनी रात अच्छी नहीं लगती है। सरस्वती के पैर पकड़कर देवता विनय कर रहे हैं। सरस्वती विचारती है, ओछी बुद्धि के देवता दूसरे की विभूति नहीं देख सकते। कुटिल देवता विघ्न चाहते थे।

श्लोक–

विघ्नमिच्छन्ति कुटिला देवास्तानवधोत्सवः।
नैवाभूत्सुखदो रात्रिं चन्द्रिकासंयुतामिव।।
चौरा दुष्यन्ति कुटिलाः प्रशंसन्ति च सज्जनाः।

भावार्थ–कुटिल देवता विघ्न ही चाहते थे क्योंकि उनको अवध का उत्सव सुखप्रद नहीं जँचा जैसे कुटिल चोर चाँदनी रात की निन्दा करता है पर सज्जन उसकी प्रशंसा करता है।

जिअइ मीन बरु वारि बिहीना। मनि बिनु फनिक जिअइ दुख दीना।।
कहउँ सुभाउ न छल मन माँहीं। जीवन मोर राम बिन नाहीं।।

भावार्थ–दशरथ जी कैकेयी से कहते हैं, मछली जल बिना रह सकती है, साँप मणि बिना रह सकता है, मैं निश्छल होकर कहता हूँ, मैं राम बिना ज़िन्दा नहीं रह सकता।

श्लोक–

कदाचिद् धारयेन् मीनो जीवनं जीवनं विना।।
निरुपायः फणी जीवेन् मणिहीनोऽतिदुःखितः।।

जीवितं धारष्यति नैव श्रीराघवं विना।।
चेतसा निश्छलेनैव व दामीदं वचः प्रिये।

भावार्थ—कदाचित् मछली जल के बिना प्राण धारण कर सके, चाहे मणि हीन साँप अति दुःखित हो निरुपाय हो जीवित रहे परन्तु हे प्रिय! मैं कहता हूँ कि रघुनाथ जी के बिना मैं जीवित नहीं रह सकता।

राखि न सकइ न कहि सक जाहू। दुहुँ भाँति उर दारुन दाहू।।
लिखत सुधाकर गां लिखि राहू। बिधि गति वाम सदा सब काहू।।

भावार्थ—कौशल्या किंकर्त्तव्यविमूढ़ है। कुछ कहते नहीं बनता।

श्लोक—

कौशल्या राघवं किंचिद् न वक्तुं कुशलाभवत्।।

भावार्थ—कौशल्या रामचन्द्र जी से कुछ भी कह पाने में कुशल, समर्थ न हुई। अर्थात् वह सुमन्त्र पुत्र अभिनन्दन से सब वृत्तान्त सुनकर अत्यन्त दुःखित हुई और गूँगे की तरह कुछ न बोल सकी।

श्लोक—

यदि त्वं मदीयं सुवाक्य श्रृणोषि न दिव्यं सुखं लप्स्येस राज राज्ञि।
यदा चैव हास्यं कृतं हास्यशीले तदायद्यतूर्ण वद स्वस्वभावम्।।

भावार्थ—हे राज रानी! यदि तुम मेरी शुभप्रद बात को ध्यानपूर्वक नहीं सुनोगी तो तुम्हें दिव्य सुख नहीं सुलभ होगा। तुम्हारा स्वभाव हास्य परिहास का है। यदि हँसी ही की हो तो उसे शीघ्र अपने स्वभाव वाला कहो। अर्थात् बात हास परिहास की है।

जौ नहीं लगिहहु कहे हमारे। नहिं लागिही कुछ हाथ तुम्हारे।।
जौ परिहास कीन्ह कछु होई। तौ कहि प्रकट जनावहु सोई।।
सुरसर सुभग वनज बनचारी। डाबर योग कि हंस कुमारी।।
अस बिचारि जस आयसु होई। यै सिष देउँ जानकिहि सोई।।

भावार्थ—राम नहीं चाहते सीता बन जाये। वह अयोध्या ही में रहे। अतः वे हंस का उदाहरण पेश करते हैं।

श्लोक—

आनन्द लभते हंसी यथा सरसि मानसे।।
तथा शिक्षां हि सीतायै दधामाज्ञा प्रदीयताम्।।

भावार्थ—जैसे मान सरोवर के जल में मादा हंस आनन्दमग्न रहती है ऐसा विचार कर जैसी आज्ञा दीजिए, वैसी ही शिक्षा मैं सीता जी को दे सकूँ। अर्थात् सीता का स्थान वनवास नहीं हो सकता।

सोच हृदय विधि कह होनिहारा। सब सुख सुकृत सिरान हमारा।

भावार्थ—लक्ष्मण जी की सोच का कारण यह प्रश्न है कि राम जी मुझे साथ ले जायेंगे अथवा अयोध्या में रहने को कहेंगे।

श्लोक—

चिन्ता चकार हृदये विधातः किं भविष्यति।
अस्माकं सुकृतं सर्व सुख चापि क्षयं गतम्।।

भावार्थ—लक्ष्मण जी सोच-विचार में डूब गये। हे विधाता! क्या होने वाला है? हम लोगों का समस्त सुकृत और सुख का क्षय हो गया।

अगम पन्थ वन भूमि पहारा। करि केहरि सर सरित अपारा।
कोल किरात कुरंग बिहंगा। मोहिं सब सुखद प्रानपति संगा।।

भावार्थ—सीता राम का बिछोह सुखद नहीं मान रही हैं।

श्लोक—

दुर्गो मार्गो वनान्ताद्रिः करी सिंहः सरो नदी।
कोलः किरातः सारंगो बिहंगो निखिलः सुखम्।
दास्यन्ति प्राणनाथस्य संगान्मन्त्रिवरोत्तम।

भावार्थ—हे मन्त्रीवर उत्तम दुर्गम मार्ग, वनभूमि, पहाड़, हाथी, सिंह, ताल, नदी, कोल किरात, कुरंग, विहंग सब प्राणनाथ राम जी के संग रहने से सुख देंगे।

ससुर चक्कवइ कोसल राऊ। भुवन चारि दस प्रगट प्रभाऊ।।
आगे होइ जेहि सुरपति लेई। अरध सिंहासन आसन देई।।

ससुर एतादृस अवध निवासू। प्रिय परिवारु मातु सब सासू।।
बिन रघुपति पद पदुम परागा। मोहिं कोउ सपनेहूँ सुखद न लागा।।

भावार्थ—यहाँ सीता और कौशल्या का आपसी विमर्श है। कौशल्या की इच्छा है, सीता साथ रहे। सीता विनम्रता से आग्रह नकारती है। वाल्मीकि रामायण में कौशल्या राम से कहती हैं—हे कमल लोचन! तुम्हें हम धार्मिक और सत्य प्रतिज्ञा करने वाला जानती हैं। हम तुमसे ऐसी आशा नहीं करते कि तुम हमारे कहने से वन न जाओ, परन्तु प्रार्थना है सीता यहीं रहे। इतना कहने पर भी सीता पति संग रहना उचित समझी।

श्लोक—

श्वशुरश्चक्रवर्ती मे साकेताधिपतिर्महान्।।
श्वश्रुर्मातृसमाना च प्रियः परिजनस्तथा।
स्वप्नेऽपि सुखदानैते विना रामपदांबुजम्।।

भावार्थ—मेरे श्वसुर अयोध्या नरेश महान चक्रवर्ती हैं। सास माता के समानहैं। परिवार के लोग मेरे अत्यन्त प्रिय हैं। स्वप्न में भी राम पद के धूलि बिना मुझे सुख नहीं है।

बरबस राम सुमन्त पठाये। सुरसरि तीर आप तब आये।।

भावार्थ—सुमन्त्र राम के साथ जाना चाहते हैं। राम चाहते हैं, सुमन्त्र पिता की सेवा में रहें। अतः उन्हें वरजोरी लौटा दिये।

श्लोक—

अयोध्यां प्रेषयामास सुमन्त्रं राघवो हठात्।।
तदा भागीरथीतीरं पवित्रं स्वयभाययौ।।

भावार्थ—श्री रामचन्द्र जी ने हठपूर्वक सुमन्त्र को अयोध्या वापस लौटा दिया। स्वयं उसी समय गंगा तट पर पधारे।

सुनि केवट के बैन, प्रेम लपेटे अटपटे।
बिहँसे करुणा ऐन, चितइ जानकी लषन तन।

भावार्थ—राम जी नाव में आते हैं। केवट नाव नहीं लाता है। केवट चतुर है। वह राम के पैर धोना चाहता है। राम सम्भवतः ऐसा न करने दें। अतः केवट कहता है, आपके चरण रज में पत्थर को नारी बनाने की कौशल है। मेरी नाव लकड़ी की है। यह जल्दी औरत बन जायेगी। मैं ग़रीब दो औरत का भरण पोषण कैसे कर सकता हूँ। केवट की चतुराई भरी वाणी सुन रघुनाथ जी हँस देते हैं।

रामचन्द्र जी ने बहुत प्रकार से केवट को पार कराई का भाड़ा देना चाहा पर केवट ने न लिया। करुणा की खान राम जी ने उसे विमल भक्ति का वरदान दिया।

श्लोक—

निषादवाक्यभाकर्ण्यासम्बद्धं प्रेमपूरितम्।
लक्ष्मणं वीक्ष्य सीतां च जहास करुणाकरः।।

भावार्थ—निषाद की प्रेमभरी और असम्बद्ध अटपटी वाणी सुनकर सीता और लक्ष्मण की ओर ताक कर करुणा कर राम जी हँसे।

नाथ आज मैं काह न पावा। मिटे दोष दुष दारिद दाबा।।
बहुत काल मैं कीन्हि मजूरी। आज दीन्ह बिधि बनि भलि भूरी।
अब कछु नाथ न चाहिय मोरे। दीन दयाल अनुग्रह तोरे।
फिरती बार मोहिं जो देवा। सो प्रसाद मैं सिर धरि लेवा।

श्लोक–

किं न प्राप्तं मया स्वामिन्नध श्रीपाददर्शनात्।
नापरा हृदये वांक्षा विहायैकां कृपां तव।।

भावार्थ–हे नाथ! आज श्री चरण के दर्शन से मैं क्या न पा लिया हूँ। हे प्रभो! आपकी एक कृपा को छोड़ कर मेरे हृदय में दूसरी इच्छा नहीं है। अर्थात् केवट ने नाव का भाड़ा लेने में असमर्थता जतायी।

बहुत कीन्ह प्रभु लषन सिय, नहिं कछु केवट लेइ।
बिदा कीन्ह करुणायतन, भगति बिमल बर देइ।।

भावार्थ–केवट पैसों का भूखा नहीं था। वह राम कृपा चाहता था। राम जी ने उसे मित्र बनाया। यह राम जी की जन पक्षधरता है। राम लोक के दबे-कुचले वर्ग जाति के भी आराध्य हैं। वे लोकशक्ति से प्रेरक हैं।

श्लोक–

उक्तवान बहुधा रामो निषादो न गृहीतवान्।
पुण्यभक्तिवरं दत्वा प्रेषयामास तं गृहम्।।

भावार्थ–रामचन्द्र जी ने बहुत तरह से कहा पर केवट ने उतराई नहीं ली। तब भगवान ने उसे पवित्र भक्ति का वरदान देकर उसको अपने घर भेज दिया।

तब मंजन करि रघुकुल नाथा। पूजि पारथिव नायउ माथा।।

श्लोक–

तदा गंगाजले स्नात्वा रघुवंशपतिर्महान्।
समर्च्य पार्थिव देवं शिरसा प्रणनाम च।

भावार्थ–तब महान रघुवंशपति ने गंगाजल में स्नान कर और पार्थिव देव की पूजा कर सिर से प्रणाम किया।

गंगा वचन सुनि मंगल मूला। मुदित सीय सुरसरि अनुकूला।।

भावार्थ–गंगा सीता को आशीर्वचन देती है। हे जनक दुलारी! आप पति और देवर सहित सकुशल लौट कर चिरकाल अभिलषित शुभ कार्य करोगी। आपकी कीर्ति शुभ होगी। ऐसा ही हुआ।

श्लोक–

मंगलानन्ददं श्रुत्वा गंगावचनमुत्तमम्।।
जानकी मुदितात्यन्तं दृष्ट्वा गंगानुकूलताम्।

भावार्थ–मंगलानन्द प्रदायिनी गंगाजी का वचन सुनकर और उनको अनुकूल जानकर सीता जी बहुत हर्षित हुईं।

पुनि गुह ज्ञाति बोलि सब लीन्हे। करि परितोष बिदा तब कीन्हे।।

भावार्थ–रामचन्द्र जी ने निषादराज गुह को मित्र बनाकर साथ ले लिया। निषादराज के अन्य परिजन, पुरजन लौट गये।

श्लोक–

आह्यू सर्वानाश्वास्य गुहः सम्बन्धिबान्धवान्।।
कृत्वा तेषां परीतोषं प्रेषयामास तान् गृहम्।

भावार्थ–निषादराज गुह ने समस्त सम्बन्धियों और बान्धवों को बुलाकर समझाया और उनका परितोष कर उनको घर भेज दिया।

यह बिधि जाय बिलोकी बेनी। सुमिरत सकल सुमंगल देनी।।
मुदित नहाइ कीन्ह शिव सेवा। पूजि यथा विधि तीरथ देवा।।

भावार्थ–यह प्रसंग तीर्थराज प्रयाग का है। राम जी यहीं गंगा पार कर भरद्वाज आश्रम पधारे थे।

श्लोक–

एवमागत्य रामस्तु त्रिवेर्णी दृष्टवान् प्रभुः।
या वै स्मरणमात्रेणाखिलमंगलदायिका।।
तत्र स्नात्वा मुदा सेवां महेशस्य चकार सः।
चकार तीर्थराजस्य पूजां चापि यथाविधि।।

भावार्थ—स्मरण से ही सकल मंगलदायिनी त्रिवेणी का दर्शन कर राम जी ने प्रसन्नतापूर्वक स्नान कर महादेव महेश की पूजा की और यथाविधि तीर्थराज प्रयाग की भी पूजा की।

यह सुधि पाय प्रयाग निवासी। बटु तापस मुनि सिद्ध उदासी।।
भरद्वाज आश्रम सब आये। देखन दसरथ सुवन सुहाये।।

भावार्थ—भरद्वाज मुनि और रामचन्द्र जी परस्पर एक-दूसरे का अभिवादन करते हैं। समस्त जंगल के सिद्धमुनि, बटुक सूर्यवंशी राम को देखने के लिए उमड़ पड़े। उन्हें आशा थी, राम वनस्थली को राक्षस विहीन करेंगे। गंगा तट पर भरद्वाज आश्रम और नर्मदा पार अगस्त्य आश्रम था। राक्षसों का उत्पात बक्सर तक था। कैमूर पर्वत श्रेणी विन्ध्य का ही हिस्सा है।

श्लोक—

रामागमनमाकर्ण्य तीर्थराजनिवासिनः।
योगसिद्धमुनिब्रह्माचारिणश्च तपस्विनः।
भरद्वाजाश्रमं सर्वे समाजग्मु दहस्रशः।।
श्रीराम लक्ष्मणौ द्रष्टं शुभौ दशरथात्यजौ।।

भावार्थ—राम जी का आगमन सुनकर तीर्थराज प्रयागवासी हज़ारों वेदपाठी, तपस्वी, मुनि, सिद्ध, योगी सभी दशरथनन्दन राम, लक्ष्मण को देखने हेतु भरद्वाज मुनि के आश्रम में आये।

राम प्रनाम कीन्ह सब काहू। मुदित भए लिह लोचन लाहू।।
देहिं असीस परम सुख पाई। फिरे सराहत सुन्दरताई।।

भावार्थ—भरद्वाज मूल ऋषि हैं जो सप्तसिन्धु क्षेत्र के थे। उनके वंशज भरद्वाज थे जो गंगा यमुना घाटी में आश्रम बनाये। मूल गोत्र भरद्वाज है। भरद्वाज प्रवर हैं।

श्लोक—

रामो ननाम तान् सर्वान् बभूवुमुदिताश्च ते।
सम्प्राप्तसुमहानन्द दत्वा चार्शीवचः शुभम्।।
शंसन्तो राममाधुर्य निवृत्तास्ते स्वमाश्रमम्।

भावार्थ—रामचन्द्र जी ने उन सब लोगों को प्रणाम किया और वे सब के सब अपने नेत्रों को सफल जान प्रसन्न हुए। बड़े आनन्द को प्राप्त कर वे लोग अत्यन्त शुभ आशीर्वाद देकर राम जी के स्वरूप की बड़ाई करते हुए अपने आश्रम को लौटे।

सुनत तीरवासी नर नारी। धाये निज निज काज बिसारी।।
लषन राम सिय सुन्दरताई। देखि करहिं निज भाग्य बड़ाई।।

भावार्थ—गौर करने वाली बात है कि केवल योगी और बटुक ही राम जी को देखने नहीं आये, गंगा, यमुना तट के रहनेवाले भी आये। राम जी की यही सहजता, सुलभता उन्हें जन शक्ति का नेता राम-रावण युद्ध में बनाती है।

श्लोक–

रामगमनमाकर्ण्य यमुनातीरंवासिनः।
स्वस्वकार्याणि सन्तयज्य अधावन् पुरुषा स्त्रियः।।
श्रीरामसीतासौमित्रिसौन्दर्य वीक्ष्य हर्षिताः।
स्वस्वभाग्यप्रशंसां च प्रकुर्वन्ति परस्परम्।।

भावार्थ–रामचन्द्र जी का शुभ आगमन सुन यमुना तीरवासी लोग अपना-अपना काम छोड़ कर दौड़े और राम, सीता, लक्ष्मण का सौन्दर्य देख हर्ष प्रकट किया और अपने भाग्य की सराहना करने लगे।

पुनि सिय राम लषन कर जोरी। जमुनहिं कीन्ह प्रनाथ बहोरी।।
चले ससीय मुदित दोउ भाई। रबि तनुजा कै करत बड़ाई।।

भावार्थ–इसमें पहले तपस्वी राम से मिलने आते हैं। वह तपस्वी सम्भवतः साक्षात् शिव थे। तुलसीदास शैव और वैष्णव के बीच एक भी मौक़ा उनको अभिन्न करने का नहीं चूकते हैं। तापस के जाते ही राम जी मित्रवर निषादराज को वापस लौटा देते हैं। यमुना जी को प्रणाम कर वनप्रान्तर की ओर चल पड़े।

श्लोक–

रामः सीता च सौमित्रिः प्रणेमुर्यमुनां पुनः।
हस्तौ बद्धवा ससीतौ च मुद्रितौ भ्रातरावुभौ।।
सूर्यात्मजाप्रशंसां तु कुर्वन्तौ प्रस्थितौ पथि।

भावार्थ–राम जी, सीता जी और सुमित्रानन्दन लक्ष्मण ने हाथ जोड़ यमुना जी को प्रणाम किया। फिर सीता सहित दोनों भाई यमुना जी की बड़ाई करते हुए प्रस्थान किये।

जे पुर गाँव बसहिं मग माँही। तिन्हहि नाग सुर नगर सिहाहीं।।
केहि सुकृती केहि घरी बसाये। धन्य पुन्यमय परम सुहाये।।

भावार्थ–विचारणीय बात यह है कि यमुना तट पर बसे वे कौन लोग थे जिनके गाँव देवताओं और नागों के नगर से भी अच्छे थे? इतिहास को जवाब की अपेक्षा है।

श्लोक–

ग्रामा वसन्ति ये मार्गे तान्निरीक्ष्यातिलज्जितम्।
भवत्यमरनागानां नगरं लोकमाहनम्।।
धर्मात्मा वासयाभास कस्यां घटयां तु कः पुमान्।
ग्रामानिमान् शुभान् रम्यान् पवित्रान् परमोत्सवान्।।

भावार्थ–राम जी के राह में बसने वाले गाँव और नगर को देख देवों और नागों द्वारा बसाये गये नगर भी लज्जित होते हैं। किस धर्मात्मा पुरुष ने किस घड़ी में शुभ, रमणीक, पवित्र, परम उत्सवान् इन सम्पन्न ग्रामों को बसाया होगा?

सरग नरक अपवर्ग समाना। जहँ तहँ देख धरे धनुबाना।।
करम बचन मन राउर चेरा। राम करहु तेहिके उर डेरा।।

भावार्थ—यह प्रसंग ऋषि-मुनि और राम जी के बीच का है। यहाँ तुलसीदास जाति, पाँति, धन, धर्म, राग, द्वेष से परे सर्वप्रिय, निष्काम कर्मव्रती राम की स्तुति कराते हैं। यह गीता के लोकसंग्रह और निष्काम कर्म योग की प्रस्तुति के अनुरूप प्रतिपादन है।

श्लोक—

स्वर्गाषबर्गनरकान् मन्यन्ते ये समान् जनाः।
त्वां सर्वत्रैव पश्यंति धनुर्बाणधरं सदा।।
कर्म्मणा मनसा वाचा दासास्ते रघुनन्दन।
तेषां त्व हृदये वासं कुरु सीतापते हरे।।

भावार्थ—हे रघुनन्दन, सीतापति! जो लोग स्वर्ग, नरक या बैकुण्ठ को समान मानते हैं और सभी जगह सदा आप ही को धनुष बाण धारण किये हुए देखते हैं और जो मनसा, वाचा, कर्मणा आपके दास हैं, आप उन्हीं के हृदय में वास करें!

कह मुनि सुनहू भानुकुल नायक। आश्रम कहौ समौ सुखदायक।।
चित्रकूट गिरि करहु निवासू। तहँ तुम्हार सब भाँति सुपासू।।

भावार्थ—वाल्मीकि मुनि राम जी के मन्दाकिनी किनारे चित्रकूट में पर्णकुटी बनाने की सलाह देते हैं जहाँ फल, कन्द, मूल, मौसम सभी अनुकूल हैं।

श्लोक—

कालानुकूलं शुभमाश्रमं ते वदामि मार्तण्डकुलप्रदीप।
श्रीचित्रकूटे वस पर्वतेन्द्रे सुखावहे पाह मुनिर्महात्मा।।

भावार्थ—वाल्मीकि मुनि ने कहा हे सूर्य कुल दीपक! आपको मैं समय अनुकूल सुन्दर आश्रम बतलाता हूँ। सब ऋतु में सुखप्रद गिरिराज चित्रकूट में आप वास करें।

अस कहि लषन ठाँव दिखरावा। थल बिलोकि रघुबर सुख पावा।
रमेउ राम मन देवन्ह जाना। चले सहित सुर थपति प्रधाना।।

भावार्थ—जब लक्ष्मण जी ने राम जी को वह स्थान दिखाया और राम जी को पसन्द आया तब देवगण गौंड भील का वेश बनाकर वहाँ आये और फूँस पत्ते से दो सुन्दर कुटियाँ वहाँ बनायीं, एक छोटी, दूसरी बड़ी। दोनों सुहावनी थीं।

श्लोक—

एवमुक्त्वा स्थलं रामं दर्शयामास लक्ष्मणः।
प्राप्तवांश्च सुखं रामो दृष्ट्वा तत् सुन्दरं स्थलम्।।
रामचन्द्रमनस् तुष्टं ज्ञात्वा तत्र समागताः।
विश्वकर्मप्रधानास्तं देवा द्रष्टुं रघुत्तमम्।।

भावार्थ—ऐसा कहकर लक्ष्मण जी ने रामचन्द्र जी को वह स्थान दिखलाया। उस सुन्दर सुखप्रद स्थान को देखकर राम जी ने सुख पाया। वहाँ राम जी का मन सन्तुष्ट हो गया। वहाँ विश्वकर्मा आदि देवता रघुकुल उत्तम राम जी को देखने आये।

रामहिं केवल प्रेम पियारा। जानि लेउ जो जाननि हारा।।
राम सकल बनचर तब तोषे। कहि मृदु वचन प्रेम परिपोषे।।

भावार्थ—जो राम वेद वाक्य और मुनि के लिए अगम्य, अबूझ हैं वे करुणा की खान प्रभु किरातों के वचनों को उसी तरह ध्यानपूर्वक सुनते हैं जैसे पिता अपने पुत्र के वचनों को सुनता है। राम सदा प्रेम के भूखे हैं। राम के मीठे वचन से वनवासी मनुष्य सन्तुष्ट हो जाते हैं (शंकर संहिता में भी यही प्रसंग है)।

श्लोक—

प्रेमप्रियः सदा रामो विज्ञा जानन्तु सेवकाः।।
रामः कोमलया वाण्या तानू प्रसन्नांश्चकार ह।

भावार्थ—जानने वाले सेवक जानते हैं कि राम सदा प्रेम प्रिय हैं। राम जी की कोमल वाणी से किरात जन प्रसन्न हो गये।

नयनवन्त रघुबरहिं बिलोकी। पाइ जनम फल होहिं बिसोकी।।
परसि चरण रज अचर सुखारी। भये परम पद के अधिकारी।।

भावार्थ—मार्कण्डेय संहिता में है कि जहाँ आनन्द सागर राम ने निवास किया उस चित्रकूट की महिमा वर्णन करने में चतुरानन समर्थ नहीं हैं। कश्यप संहिता में है कि चित्रकूट के

घास-फूँस, पशु, पक्षी, मनुष्य सब धन्य हैं। जिन्हें आँख थी, वे भी राम का दर्शन पाकर प्रसन्नचित्त हो गये और जो स्थावर थे वे भी स्वर्ग के अधिकारी हो गये।

श्लोक–

नेत्रवन्तो रघुश्रेष्ठं प्रेक्ष्य जन्मफलं शुचा।
स्पृष्ट्वा विरहिताः प्राप्य भवंत्यंघ्रिरजोऽचराः।।
जाता वैकुण्ठनाथस्य श्रीवैकुण्ठाधिकारिणः।

भावार्थ–जिनके नेत्र थे, वे रघुकुल श्रेष्ठ राम जी के दर्शन पर संसार में जन्म लेने का फल पाकर शोक रहित हो जाते थे। जो अचल थे वे स्पर्श कर बैकुण्ठ नाथ का चरण रज पाकर बैकुण्ठ के अधिकारी हो जाते थे।

राम राम सिय लषन पुकारी। परेउ धरनितल व्याकुल भारी।।
देखि दषिन दिसि हय हिहिनाहीं। जिमी बिनु पंख बिहंग अकुलाहीं।

भावार्थ–जब निषादराज राम को विदा कर लौटे तब गंगा तट पर मन्त्री को व्याकुल देखा। मन्त्री सुमन्त्र पछाड़ खाकर ज़मीन पर व्याकुल थे। पुलस्त्य संहिता में वर्णित है कि घोड़े भी खाना छोड़ दक्षिण दिशा की ओर ताक रहे थे। उनकी आँखों से जल बह रहा था। निषादराज ने मन्त्री को बहुत तरह से सान्त्वना दी (आनन्द रामायण)।

श्लोक–

पृथिव्यां पतितो मन्त्री हा राम रघुनायक।।
हा हा लक्ष्मण हा सीते वदतीत्यं मुहुर्वचः।
हया हेषंति वै दृष्ट्वा दक्षिणां हरितं यथा।।
भवन्ति व्याकुला राजन् पक्षहीना विहंगमाः।

भावार्थ–मन्त्री पृथ्वी पर शोक से गिर कर अभिभूत था। वह हा राम! हा रघुनायक! हा सीता! हा सीता! बोल हाहाकार कर रहा था। रथ के घोड़े भी दक्षिण दिशा (जिधर राम जी बन गये थे) को देखकर हिनहिना रहे थे जैसे बिना पंख के पक्षी व्याकुल होते हैं।

कैकेयी भव तनु अनुरागे। पामर प्रान अघाइँ अभागे।।
जो प्रिय बिरह प्रान प्रियलागे। देषब सुनव बहुत अब आगे।।

भावार्थ–भरत जी कहते हैं, हे सन्तजनो, मुझ मन्दभागी का हृदय वास्तव में लोहा का बना है। यह रामचन्द्र जी को न देख भी विदीर्ण नहीं हो रहा है। मेरा शरीर कैकेयी से उत्पन्न हुआ है, इसी कारण इसे प्राण प्यारा है। यही बात महाभारतकार ने भी कही है।

श्लोक–

कैकेयी भवदेहे तु कृतस्नेहा अभागिनः।
प्राणा भवन्तु सन्तुष्टा वियोगो यदि वै प्रियः।।
प्राणप्रियस्य रामस्य पुरो जातस्तदा पुनः।
बहु द्रक्ष्यन्ति वै प्राणाः श्रोष्यंति करुणाकरः।।

भावार्थ—कैकेयी से उत्पन्न हुए शरीर से प्रीति लगाये अभागी मन्दप्राण सन्तुष्ट हो जाये। प्राणों के समान प्रिय रामचन्द्र जी का बिछोह यदि इन्हें अच्छा लगा है तो इस प्राण को आगे बहुत कुछ देखना होगा, सुनना होगा (भुगतना होगा)।

सत्यसंघ प्रभु सुरहितकारी। भरत राम आयसु अनुसारी।।
स्वारथबिबस बिकल तुम्ह होहू। भरत दोष नहिं राउर मोहू।।

श्लोक—

गुरुरिन्द्रं शुभैर्वाक्यैर्बोधमासायाभास सादरम्।
प्रशंसा भरतस्यापि चकार बहुलां मुदा।।

भावार्थ—वृहस्पति जी ने सुन्दर वचनों से सुरनाथ इन्द्र को आदरपूर्वक समझाया और बड़ी प्रसन्नता से भरत जी की स्तुति की।

एक कीन्ह नहिं भरत भलाई। निदरे राम जानि असहाई।।
समुझि परिह सो आज विसेषी। समर सरोष राम मुख पेषी।।

भावार्थ—निषादराज को भरत की सेना देख गलतफहमी हो जाती है कि भरत, राम से लड़ने आ रहे हैं। पर भरत के शील, स्नेह को देख खुशी से बेसुध हो गये। निषादराज मछलियाँ, पाठी, कन्द, मूल, फल लेकर भरत जी से मिले। "मीन पीन पाठीन पुराने।" इससे पता चलता है कि सेना में मांस-मछली का प्रचलन था। खेती का प्रचलन कम था। यहाँ भी कन्द, मूल, फल लगने का वर्णन तुलसी और वाल्मीकि दोनों ने किया है।

श्लोक—

एकाकिनं प्रभुं ज्ञात्वा नारदरम्भरतो व्याघात्।
अनौचित्य फलं शीघ्रं लप्स्येतऽघ न संशयः।।

भावार्थ—परन्तु, एक काम भरत ने अच्छा नहीं किया। उन्होंने असहाय जान आपका आदर नहीं किया। जब युद्ध में आपका रोषयुक्त मुँह देखेंगे तब भरत को उनके अनौचित्य का फल प्राप्त हो जायेगा।

बहुरि सोच बस ये सियरमनू। कारन कवन भरत आगमनू।।

भावार्थ—कोल, भील आकर राम जी को सूचित करते हैं कि भरत जी आ रहे हैं। यह सुन राम जी आनन्द से भर गये। यह वर्णन उसी कालखण्ड का है (अत्रि संहिता)।

श्लोक—

पश्चात्तापं रघुश्रेष्ठः कथमत्र चकार ह।
आगतो भरतो भ्रात्रा त्यक्त्वायोध्यां मनोहराम्।।

भावार्थ—फिर रघुनाथ जी ने विचार किया कि मनोहर अवध नगर को छोड़कर भाई भरत यहाँ क्यों आये हैं।

जो न होत जग जनम भरत को। सकल धरमधुर धरनि धरत को।।
कविकुल अगम भरत गुन गाथा। को जानइ तुम बिनु रघुनाथा।।

भावार्थ—राम जी इस प्रकार भरत के शील, स्वभाव का वर्णन करते-करते स्नेह में डूब गये।

भरत हंस रविवंश तड़ागा।

सूर्यकुल के तालाब में भरत हंस हैं जो नीर, क्षीर विवेक बुद्धि द्वारा गुण-दोष का विलगाव करते हैं। महाभारत में भी भरत के गुण का वर्णन इसी तरह है।

श्लोक—

अपिचेज्जननमस्यात् भरतस्य महात्मनः।
विभृयात्को भरं कृत्स्नं धर्मस्य जगशीतले।।

भावार्थ—यदि जगत् में भरत जी का जन्म न हुआ होता तो पृथ्वी पर सम्पूर्ण धर्मों की मर्यादा को कौन रखता?

कहत भरतगुनसील सुभाऊ। प्रेमपयोधि मगन रघुराऊ।।
सुनि रघुबरबानी बिबुध, देखि भरत पर हेतु।
सकल सराहत राम सों, प्रभु को कृपानिकेतु।।

श्लोक—

आकर्ण्य वाणीं रघुनन्दस्य स्नेहं च दृष्ट्वा भरते तु लेखाः।
सर्वे प्रशंसन्ति प्रभोः स्वभावं श्रीरामचन्द्रस्य कृपाकरस्य।।

भावार्थ—इस प्रकार भरत जी के अच्छे गुण और शान्त स्वभाव का वर्णन करते-करते श्री राम जी प्रेम सागर में डूब गये। कृपा के खान राम जी का स्वभाव देखकर सब देवता प्रभु की प्रशंसा करने लगे।

श्लोक—

न च मातृत्रयं स्वामिन् गच्छेमन्विपिनन्त्वहम्।
जानक्या सहितोऽयोध्यान्निर्वेतेत भवानितः।।

टिप्पणी—न तो, हे रघुनाथ जी! हम तीनों भाई वन को जायें और आप सीता सहित लौट जाइये। हे दयासागर! जिस प्रकार आपका चित्त प्रसन्न हो वही कीजिए।

नतरू जाहिं वन तीनिहुँ भाई। बहुरिय सीतसहित रघुराई।।
जेहि विधि प्रभु प्रसन्न मन होई। करुणासागर कीजिय खोई।।
चुपहि रहे रघुनाथ सकोची। प्रभुगति देषि सभा सब सोची।।

भावार्थ—वाल्मीकि रामायण में वर्णन है, भरत जी ने अपने को राम का दास कहा और राम जी से विनती की कि आज ही राज्य अभिषेक स्वीकार करें। देवताओं ने फूल बरसाकर भरत जी का अभिनन्दन किया।

श्लोक—

किंचिन्नोवाच राजेन्द्रो रामचन्द्रः प्रतापवान्।
दृष्ट्वा रामगतिं सभ्याः शुशुचुर्मनसि स्वके।।

भावार्थ—प्रतापी राजेन्द्र रामचन्द्र जी कुछ भी न बोले। राम की गति देखकर सभी सभासद् अपने मन में विचार करने लगे।

जासु ज्ञानरबि भवनिसि नासा। बचन किरन मुनिकमल बिकासा।।
तेहि कि मोह ममता नियराई। यह सिय राम सनेह बड़ाई।।
बिषयी साधक सिद्ध सयाने। त्रिबिधि जीव जग बेद वषाने।।
राम सनेह सरस मन जासू। साधू सभा बड़ आदर तासू।।
सोह न राम प्रेम बिनु ज्ञानू। करनधार बिनु जिमि जलजानू।।
मुनि बहुबिधि बिदेह समुझाए। रामघाट सब लोग नहाए।।

भावार्थ—वशिष्ठ जी ने अनेक कथा कहकर जनक जी और अन्य लोगों को समझाया (महाभारत)। "साधु वही है जो राम से प्रेम करता है।"

यहाँ तुलसीदास अपने राम पन्थी विशिष्टाद्वैत मत का प्रतिपादन करते दिखते हैं।

श्लोक—

वसिष्ठो जनकं प्रेम्णा बोधयामास पण्डितम्।
रामे प्रेम च यस्यास्ति स साधुः कथितो बुधैः।।

भावार्थ—वसिष्ठ जी ने ज्ञानवान् जनक जी को प्रेम से समझाया कि जिसे राम में प्रेम है, पण्डित उसको ही साधु कहते हैं।

बार बार मिलि भेंटि सिय, बिदा कीन्हि सनमानि।
कही समय सिर भरत गति, रानि सुबानि सयानि।।

सुनि भूपाल भरत व्यवहारू। सोन सुगन्ध सुधा ससि सारू।।
मूँदे सजल नयन पुलके तन। सुजस सहारन लगे मुदित मन।।
सावधान सुनु सुमुषि सुलोचनि। भरत कथा भवबंध विमोचनि।।
धर्मराज नय ब्रह्म बिचारू। इहाँ जथा मति मोर प्रचारू।।
सो मति मोरि भरत महिमाहीं। कहौं कहा छल छुअति न छाहीं।
बिधि गनपति अति पति सिव सारद। कवि कोविद बुध बुद्धि बिसारद।।
भरत चरित कीरति करतूती। धर्मसील गुन बिमल बिभूती।।
समुझत सुनत सुषद सब काहू। सुचि सुरसरि रुचि निदरि सुधाहू।।

भावार्थ—सीता जी जनक जी और माताजी के स्नेह से व्याकुल हो गयी। मगर, वह पृथ्वी की पुत्री थी। अतः धीरज धारण कर सभी से मिली। भरत का चरित्र ब्रह्मा, महेश, गणेश सभी गाते हैं। तुलसीदास के राम विष्णु के अवतार नहीं हैं।

जासु अंश के उपनहिं नाना, अगणित, ब्रह्मा विष्णु भगवाना

पद्‌म पुराण का श्लोक है—

राघवस्य गुणो दिव्यो महा विष्णु स्वरूपवान्
वासुदेव घनीभूतो, तनु तेजो महाशिव

अर्थात रघुनाथ से महाविष्णु, महाशिव, वासुदेव उत्पन्न होते हैं। महाविष्णु कारण है, ब्रह्मा, विष्णु, महेश कार्य है। रामचन्द्र जी कार्य, कारण से परे हैं जिनके अंश से सभी उत्पन्न होते हैं।

पद्‌म पुराण का श्लोक है।

यस्यांशे च, अपिजातः महाविष्णु चस्यदिव्य गुणाश्च
स यो कार्य, कारण, परे, रामचन्द्र स्वरूपवान्।

तुलसी के आराध्य राम मनु-शतरूपा के अवतार से जन्मे हैं, रावण भी प्रतापभानु है, कुम्भकरण अहिमर्दन है। अन्य रामावतार विष्णु से हैं, माता कश्यप अदिति हैं, जय-विजय, रावण और कुम्भकरण हैं।

श्लोक—

ब्रह्मा गणेशः शेषश्च शंकरश्च सरस्वती।
कविस्ये चरित्रं च ये केचित सन्ति बुद्धि बिशारदाः।।
भरतस्य चरित्रं च सर्वे गायन्ति सुन्दरम्।

भावार्थ—ब्रह्मा, गणेश, शेष, शंकर, सरस्वती और पण्डित कवि जो कोई भी बुद्धि विशारद माने जाते हैं, सभी भरत जी के सुन्दर चरित्र का गायन करते हैं।

भरत वचन सुनि देखि सुभाऊ। सहित समाज सराहत राऊ।।
सुगम अगम मृदु मंजु कठोरे। अर्थ अमित अति आखर थोरे।।

भरत जी के अगाध ज्ञान, अपार शील, अतिशय विनय, निर्लोभ चरित्र देख जनक जी उनकी प्रशंसा करने लगे। सारा समाज साधु-साधु कह भरत जी का सत्कार किया। भरत जी के कथन का मर्म, आशय, हृदय बहुत बड़ा था, मगर शब्द थोड़े थे। अर्थात्, भरत वचन गागर में सागर था।

श्लोक—

भरतस्य वचः श्रुत्वा स्वभावमवलोक्य च।
समाजसहितो राजा जनकः प्रशशंच।।
नम्रं मनोहरं वाक्यं कठिनं सुगमं तथा।
अगमं वह्याभिप्रायं स्तोकाक्षरयतं च तत्।।

भावार्थ—भरत जी के वचन सुनकर और स्वभाव का अवलोकन कर समाज सहित राजा जनक प्रशंसा करने लगे। वे वचन सुगम भी थे और अगम भी थे, नम्र भी थे और कठोर भी थे जिनका आशय बहुत बड़ा था मगर अक्षर थोड़े थे।

ज्यो मुख मुकुर मुकुर निज पानी। गहि न जाइ असि अदभुत्बानी।।

भावार्थ—भरत जी ने अपनी बात भी रखी, पिता वचन की मर्यादा को न लाँघे, राम जी के प्रण का उल्लंघन भी न किया, ऐसी अगम उनकी प्रस्तुति थी। अब निर्णय विद्वानों, मुनियों, बड़ों को करना था। भरत जी ने सबकी मर्यादा बचाने का आह्वान किया।

श्लोक—

यथा मुखप्रतिच्छाया दर्पणे दर्पणः करे।
तिष्ठति प्रतिबिम्बं च नायाति ग्रहणे तथा।।
भरतस्याद्भुता वाणी गूढ़ःभाव समन्विता।

भावार्थ—जिस प्रकार मुख का प्रतिबिम्ब दर्पणों में और दर्पण हाथ में रहता है, उसी तरह भरत जी की बात अबूझ थी।

अस कहि प्रेम बिबस भये भारी। पुलक सरीर बिलोचन बारी।।
प्रभुपद कमल गहे अकुलाई। समउ सनेह न सो कहि जाई।।

भावार्थ—भरत जी भुजा उठाकर घोषित करते हैं कि राम से बढ़कर दूसरा देवता नहीं है। उनके शरीर के रोम खड़े हो गये, आँख भर आयी, प्रभु पद पकड़ रोने लगे। (सुतीक्ष्ण रामायण, गरुड़ पुराण)

श्लोक—

एवमुक्त्वा बहुप्रेमवशः पुलकितं वपुः।
वारिपूरितनेत्रश्च संभ्रमाद्रामपदयोः।।
पतितोऽवर्णनीयं च प्रेमतात्कालिकं बुधैः।

भावार्थ—ऐसा कहते ही प्रेम से शरीर के रोम खड़े हो गये, नेत्रों में आँसू भर आये और घबराकर रामभद्र का पद कमल पकड़ लिया। उस काल के प्रेम का वर्णन नहीं हो सकता।

भये उचाट बश मनथिर नाहीं। छन बनरुचि छन सदन सोहाहीं।।
दुबिध मनोगत प्रजा दुखारी। सरित सिंधु संगम जिमि बारी।।

भावार्थ—भरत जी, जनक जी, मुनि वृन्द और पहुँचे हुए साधुओं भक्तियों को छोड़कर देवताओं की माया शेष मनुष्यों को यथायोग्य जा लगी (वशिष्ठ संहिता)। राम जी ने इन्द्र के छल को भी देखा और भरत जी के दुःख को भी देखा। इन्द्र ने उच्चाटन किया। देवता का स्वार्थ राम-रावण युद्ध में था। जिसके लिए कैकेयी को माध्यम बनाये थे।

श्लोक—

उच्चाटनवशाः सर्वे जाताश्चास्थिरमानसाः।
क्षणे वनरुचिस्तेषां क्षणे गृहरुचिस्तथा।।
प्रजाश्च दुःखिता जाता असामंजस्य कारणात्।।

भावार्थ—सब लोग उच्चाटन के वश हो गये। इस हेतु उनका मन स्थिर न रहा। कभी उन्हें वन अच्छा लगता था, कभी घर। मन में दुविधा थी। प्रजा दुःखित थी। मन भ्रम में था। जैसे नदी और सागर के संगम पर यह देखा जाता है कि कभी नदी का प्रवाह सागर की ओर भाटा के समय होता है कभी ज्वार आने पर सागर का जल नदी की ओर चढ़ता है। इसी तरह उच्चाटन से प्रजा भ्रमित हो रही थी।

जासु बिलोकि भगति लवलेसू। प्रेम मगन मुनिगन मिथिलेसू।।
महिमा तासु कहै किमि तुलसी। भगति सुभाय सुमति हिय हुलसी।।
आपु छोटि महिमा बड़ि जानी। कबिकुल कानि भानि सकुचानी।।
कहि न सकति गुन रुचि अधिकाई। मति गति बालबचन कीनाई।।

भावार्थ—भरत जी राम जी को एकटक निहार रहे हैं। भरत जी का आर्त्तनाद शिव आदि देवता भी समझने में असमर्थ हैं। रामचन्द्र जी के सामने देश, काल, परिस्थिति, गुरुजन, बड़जन

का आदेश, विद्वत् समाज का निर्णय, रघुकुल की रीति सभी कुछ था और उसी अनुसार निर्णय करना था। यह तलवार के धार पर सवार होना था और शरीर को ऐसा साधना था कि धार से स्पर्श भी न छूटे और शरीर कटे भी नहीं (स्वामी सहजानन्द सरस्वती, गीता हृदय की भूमिका)।

भरत बिमलजस बिमलबिधु, सुमति चकोरकुमारि।
उदित बिमलजन हृदय नभ, एकटक रही निहारि।।

भरत सुभाव न सुगम निगमहू। लघुमति चापलता कवि छमहू।।
कहत सुनत सतिभाउ भरत को। सीयराम पद होइ न रत को।।
सुमिरन भरतहिं प्रेम राम को। जेहि न सुलभ तेहि ससिस बाम को।।
देखि दयाल दसा सबहीं की। राम सुजान जानि जन जीकी।।
धरमधुरीन धीर नयनागर। सत्य सनेह सील सुखसागर।।
देस काल लखि समउ समाजू। नीति प्रीति पालक रघुराजू।।
बोले बचन बानि सरबसु से। हित परिनाम सुनत सरिरस से।।

श्लोक—

दयालुर्ज्ञानवान रामो दशां दृष्ट्वा जनस्य च।
नीतिज्ञोधर्मनिष्ठश्च सत्यस्नेहः सुशीलवान्।।
सुखार्णवो रघुश्रेष्ठः कालं देशं निरीक्ष्य च।
परिणामहितां वाणीं प्राह पीयूषसन्निभाम्।।

भावार्थ—दयालु, ज्ञानवान् नीतिज्ञ, धर्मात्मा, स्नेही, सुशील, सुखसागर रामचन्द्रजी लोगों की दशा, देश, काल, परिणाम देख, समझ विचार कर अमृत सरीखी वाणी में बोले।

जो बिन अवसर अथव दिनेसू। जग महँ काहे न होइ कलेसू।।
तस उत्पात तात बिधि कीन्हा। मुनि मिथिलेस राखि सब लीन्हा।।

भावार्थ—राजा जनक और वशिष्ठ मुनि ने सबको धर्म संकट से उबार दिया। राजा जनक धर्म, धरती, धन, धाम के संरक्षक थे और गुरु वशिष्ठ का प्रभाव सबका पालनहार था। अतः अन्तिम परिणाम अच्छा होना ही था, ऐसी आशा सबों की थी (पुलस्त्य संहिता)।

श्लोक—

अकाले यदि चेदस्तं गच्छेत्सूर्यः कथं क्षितौ।
ल्केशो नस्यात्प्रियोत्पातं तादृश कृतवान्विधिः।।
रक्षणं कृतवान सर्व मुनिश्च मिथिलेश्वरः।

भावार्थ—अकाल में यदि सूर्य अस्त हो जाय तो पृथ्वी में क्लेश क्यों न होगा? हे प्रिय! विधाता ने भी वैसा ही उत्पात किया है। परन्तु, मिथिलेश और मुनि (वसिष्ठ) ने सब को बचा लिया।

सो तुम कहहु कराबहु मोहू। तात तरनिकुल पालक होहू।।
साधन एक सकल सिधि देनी। कीरति सुगति भूतिमय बेनी।।

भावार्थ—राम जी भरत को समझाते हैं। तुम पिता की वचन अनुसार चौदह साल राज करो और मुझे भी पिता आज्ञा का पालन करने दो। पिता का आज्ञा पालन सम्पूर्ण सिद्धियों को देनेवाला है।

श्लोक—

अतस्त्वं जनकस्याज्ञां कुरु कारय मामपि।
तातेश्यं त्वं भवादित्यकुलपालश्च साधनम्।।
सर्वसिद्धप्रदं चैकं त्रिवेणीसदृशं फले।

भावार्थ—इस हेतु पिता की आज्ञा का तुम पालन करो। हे भाई। तुम सूर्य कुल के रक्षक हो। यही साधना सम्पूर्ण सिद्धियों को देने वाली है और यही आदेश पालन मुक्ति और ऐश्वर्य देने वाली त्रिवेणी है।

सेवक कर पद नयन से, मुख सो साहिब होइ।
तुलसी प्रीति कि रीति, सुकबि सराहहिं सोइ।।

भावार्थ—मैं जानता हूँ तुम्हारा (भरत) स्वभाव नम्र है, फिर भी कठोर बात कहता हूँ। समय विपरीत होने पर अच्छे भाई ही मदद करते हैं। "मुखिया मुखसा चाहिए" स्वामी मुख ऐसा खाता स्वयं है पर सकल अंग का पालन करता है। ऐसी सुन्दरवाणी सुन सारा समाज मन्त्र मुग्ध हो गया। सरस्वती भी चुप हो गयी अर्थात् कवि के पास कहने को शब्द नहीं हैं (अग्नि पुराण)।

श्लोक—

हस्तांघ्रिनेत्रवद्दासो मुखवन्नायको भवेत्।
श्रुत्वा चैतादृशीं प्रीतिं प्रशंसन्ति च पण्डिताः।।

भावार्थ—सेवक ऐसा होना चाहिए जैसे हाथ, पाँव और नेत्र और स्वामी मुख के समान होना चाहिए। ऐसी प्रीति और व्यवहार की प्रशंसा सभी पण्डित करते हैं।

रिषिनायक जहँ आयसु देहीं। राखेउ तीरथजल थल तेहीं।।
सुनि प्रभु बचन परम सुखपावा। मुनिपदकमल मुदित सिरनावा।।

भावार्थ—चित्रकूट में ही अत्रि अनसूया जी का आश्रम था। राम जी ने भरत जी से कहा ऋषि श्रेष्ठ अत्रि जी की कृपा से चित्रकूट का वन सुखदायक है। वन को देखो।

श्लोक—

यत्राज्ञा स्याहषेस्तत्र स्थाप्यं तीर्थजलं त्वया।
प्रभोर्वचनमाकर्ण्य भरतः प्राप्तवान् खुखम्।।

भावार्थ—ऋषि की जहाँ आज्ञा हो, उसी स्थान पर तुम तीर्थजल रखना स्वामी के वचन सुन भरत जी सुखी हुए। उन्होंने अत्रि जी के चरण कमल पर हर्षपूर्वक शीश नवाया।

कोमल चरन चलत बिनु पनहीं। भइ मृदु भूमि सकुचि मन मनहीं।।
कुस कंटक कांकरी कुराई। कटुक कठोर कुबस्तु दराई।।

महिं मंजुल मृदु मारग कीन्हे। बहत समीर त्रिबिध सुख लीन्हे।।
सुमन बरषि सुर घन करि छाहीं। बिपट फूलि फल तृन मृदु ताहीं।।
मृग बिलोकि खग बोलि सुबानी। सेबहिं सकल रामप्रिय जानी।।

भावार्थ—जंगल का वन प्रान्तर कठिन है मगर हवा सुखदायक है। रामचन्द्र जी के भरत प्रिय हैं अतः कुछ भी दुर्लभ नहीं है और न इसमें आश्चर्य है। भरत जी के लिए पृथ्वी भी मृदु हो गयी।

सुलभ सिद्धि सब प्राकृतहुँ, राम कहत जमुहात।
राम प्रानप्रिय भरत कहँ, यह न होइ बड़िबात।।

श्लोक—

श्रीरामं स्मरतां पुसां सुलभाः सर्वसिद्धयः।
भरतो रामचन्द्रस्य प्रियाश्चित्रं न विद्यते।।

भावार्थ—श्री राम जी के स्मरण से उन पुरुषों को सब सिद्धियाँ सुलभ हैं। भरत जी राम जी के लिए प्राणों से भी अधिक प्रिय हैं। अतः उनके लिए कुछ आश्चर्य नहींहै।

देखे थल तीरथ सकल, भरत पाँच दिन माँझ।
कहत सुनत हरि हर सुयश, गयेउ दिवस भइ साँझ।।

भावार्थ—वन देवता भरत को आशीर्वाद देते हैं। भरत जी घूम-फिरकर राम जी का चरण निहारते हैं। भरत जी पाँच दिन में सभी तीर्थ दर्शन कर लिये।

श्लोक—

तीर्थस्थलानि सर्वाणि दृष्टानि पंचबासरैः।
भरतेन यशः शृष्वत्यद्भुतं शिवरामयो।
वदत्यपि गतोघस्त्रः सायंकालो वभूव च।

भावार्थ—भरत जी ने पाँच दिनों में सब तीर्थ स्थलों का भ्रमण किया, दर्शन किया और हरिहर कथा कहते सुनते वह दिन भी बीता और अब सन्ध्या हो गयी।

भोर न्हाइ सब जुरा समाजू। भरत भूमि सुर तिरहुतिराजू।।
भल दिन आज जानि मन माहीं। रामकृपाल कहत सकुचाहीं।।

श्लोक—

प्रातः स्नात्वा समाजश्चैकत्रितोभून्महीसुराः।
भरतो मिथिलाधीशः स्वातेज्ञात्वाशुभं दिनम्।।
रामचन्द्रः कृपालुश्चं संकुचत्येव भाषितुम्।।

भावार्थ—प्रातःकाल स्नान कर के सब समाज इकट्ठा हुए। वहाँ ब्राह्मणगण, भरत जी और मिथिलेश भी आये। आज सुदिन जान कर भी कृपालु रामचन्द्र जी कुछ कहने में सकुचा रहे हैं।

गुरु नृप भरत सभा अवलोकी। सकुचि राम फिरि अवनि बिलोकी।।
सील सराहिं सभा सब सोची। कहुँ न राम सम स्वामि सँकोची।।

भावार्थ—राम जी प्रगल्भ नहीं हैं। उनमें शील है, संकोच है। वहाँ उनके वृद्धजन हैं, गुरुजन हैं, अतः विनय का साथ कभी नहीं छोड़ते। भरत जी ने राम जी से कहा "आपके ऐसा स्वामी नहीं है।" आप मेरी सभी इच्छा पूर्ण करने वाले हैं।

श्लोक—

गुरुं नृपं च भरतं सभां वीक्ष्य रघूत्तमः।
भूमिं ददर्श संकोचाच्छुशोच सकला सभा।।
शीलं प्रशस्य कुत्रापि नास्ति रामसमः प्रभुः।

भावार्थ—राम जी गुरु जी, राजा जनक, भरत और सभा की ओर देख संकोच के मारे पृथ्वी ताकने लगे। राम जी के शील को देख सभी उनकी प्रशंसा करने लगे और सोचने लगे—"कहीं राम के समान स्वामी नहीं हैं।"

देस कोस पुरजन परिवारू। गुरुपदरजहिं लाग छरभारू।।
तुम मुनि मातु सचिव सिख मानी। पालहु पुहुमि प्रजा रजधानी।।

भावार्थ—राम जी भरत जी को उपदेशित करते हैं कि राजा को कैसा होना चाहिए और किन पर निर्भर रहना चाहिए।

मुखिया मुख सा चाहिए, खान-पान को एक।
पाले पोसे सकल अंग तुलसी सहित विवेक।।

यही बात शिव संहिता में कही गयी है। भरत जी को प्रजा, राजधानी, कोष की रक्षा गुरु वशिष्ठ से परामर्श करनी है।

श्लोक—

देशस्य कोषस्य पुरस्यरक्षा भविष्यति श्रीगुरुपादधूतया
मुनेश्चमातुः सचिवस्य शिक्षां मत्वा प्रजाः पालय राजधानीम्।।

भावार्थ—देश, कोष और पुर की रक्षा गुरुजी के चरण से होगी और तुम भाई भरत! मुनि, माता, मन्त्री की शिक्षा मानकर प्रजा और राजधानी का पालन करना।

सो कुचालि सब कहँ भइ नीकी। अवधि आश सब जीवनि जीकी।।
नतरु लषन सियराम बियोगा। हहरि भरत सब लोग कुरोगा।।
रामकृपा अबरेब सुधारी। बिबुध धारि भइ गुनद गोहारी।।

भावार्थ—देवता चाहते थे राम वन जायें। उन्होंने सरस्वती के माध्यम से मन्थरा और कैकेयी की मत मारी या अपनी योजना में शरीक किया। यदि इन्द्र चित्रकूट में उच्चाटन द्वारा सबको मोहित न करते तो सभी प्राण तज देते। यहाँ कैकेयी की निर्दोषिता की तरफ़ गोस्वामीजी ध्यान संकेत से आकृष्ट कर रहे हैं। फ़ैसला वे रामचरितमानस के पाठक के विवेक पर छोड़ते हैं।

श्लोक—

उच्चाटनं सर्वहिताय जातं न चेज्जनादुः रवयुताः समस्ताः।
श्रीरामरामानुजविप्रयोगे प्राणैर्विहीनाश्च भवन्तु नूनम्।।

भावार्थ—देवताओं द्वारा किया गया उच्चाटन सबके हितार्थ ही हुआ। नहीं तो सीता, राम, लक्ष्मण के वियोग में दुःखित प्रजा अपना प्राण तज देती।

परिजन मातु पितहिं मिलि सीता। फिरी प्रानप्रिय प्रेम पुनीता।।
करि प्रनाम भेंटी सब सासू। प्रीति कहत कबि हिय हुलासू।।

भावार्थ—गोस्वामी जी यहाँ स्पष्ट करते हैं कि सीता के मन में माता कैकेयी के लिए कुछ भी विरोधी भाव नहीं है। वे सभी सास को समान रूप से सम्मान दे रही हैं। राम जी भरत से प्रेम से भेंट करते हैं।

भेटत भुज भरि भाई भरत सो।

पुलस्त्य संहिता में भी यही वर्णन है। सीता बचपन से ही बुद्धिमान, धैर्यशील एवं ममता की प्रतिमूर्ति थी। वह भूमिजा थी।

श्लोक—

सीता प्रणम्य पितरौ निवृत्ता चाश्रमं प्रति।
श्वश्रूगणान्ससाश्लिष्य प्रेमवक्तुमलनकः।।

भावार्थ—सीता जी अपने माता-पिता और सभी सास को प्रणाम कर, भेंटकर अपने आश्रम को लौटीं। उस समय के प्रेम का वर्णन ब्रह्मा भी नहीं कर सकते।

तुलसीदास का सपना—तुलसीदास विकल्प की भी बात करते हैं और सपना भी देखते हैं। रामराज्य सपना है। जनभाषा में तुलसी राम को जनता के बीच जन पक्षधर बनाते हैं। तुलसीदास ने हनुमान चालीसा लिखकर हनुमान को इतना महत्त्व दिया कि घर-घर, चौराहा-चौराहा हनुमान पूजित हो गये। सूरदास निर्गुण का खण्डन करते हैं (भ्रमरगीत, उद्धव-गोपी प्रसंग) मगर, तुलसीदास कहते हैं—

अगुणहि सगुनहि नहि कछु भेदा।

मण्डन करने वाला बड़ा होता है, खण्डन करने वाला नहीं। कबीर इसी जगह छोटे हो जाते हैं। किसी रचनाकार को उसके देश काल के परिप्रेक्ष्य में देखना चाहिए। तुलसीदास ने जनभाषा में मध्यकाल में पौराणिक काल के रामराज्य का वर्णन किया है। तुलसीदास में अतीत का बोध है, मध्यकाल का चित्रण है और भविष्य की परिकल्पना है।

कवितावली के उत्तरकाण्ड में तत्कालीन सामाजिक यथार्थ है, भूख है, ग़रीबी है, बेरोज़गारी है। विनय पत्रिका में आत्म निवेदन और आत्म समर्पण है। रामलला नहछू में लोकशैली में लोक जीवन है। रामचरितमानस में प्रबन्ध शैली है। तुलसीदास का लोकपक्ष अत्यन्त सशक्त है। तुलसीदास ने स्त्री उपेक्षिता का प्रश्न उठाया है।

पराधीन सपनेहूँ सुख नाहीं। कत विधि सृजी नारि जग माहीं।

वन हज़ार अयोध्या से ज़्यादा प्रिय है—

सहस अवध सम वनप्रिय लागा।

दलितों के दुःख का एहसास तुलसीदास को है—

यद्यपि जग दारुण दुःख नाना। सब ते कठिन जाति अपमाना।।

तुलसीदास प्रचण्ड बौद्धिक हैं, शास्त्रज्ञ हैं। रामचरितमानस उनकी श्रेष्ठ रचना है और इसमें ज्ञान का भण्डार है। उत्तरकाण्ड में ज्ञान और भक्ति का द्वन्द्व वर्णित है। बालकाण्ड में कथा की भूमिका है। अयोध्याकाण्ड में रस की धारा है। एक कवि के रूप में, बहुपठिष्ठ के रूप में, शास्त्रज्ञ के रूप में, जनकवि के रूप में तुलसी अप्रतिम हैं, अद्वितीय हैं। तुलसीदास द्वार ललात, विललात भीख माँग युवा हुए।

वारे ते ललात विललात द्वार द्वार दीन।

तुलसी से बड़ा कोई कवि नहीं है।

मार्क्स का वाद ख़त्म हो गया मगर सपना ज़िन्दा है। मार्क्स का सोवियत छाप वाद ख़त्म हुआ, मार्क्स का जनवाद ख़त्म नहीं हुआ है।

स्वामी सहजानन्द ने ग़रीब किसान की राजसत्ता में दखल देकर एक सपना देखा था और महारुद्र किसान के प्रलयकारी उथल-पुथल का ताना-बाना रचा था, वह अधूरा रह गया। दिनकर ने उसी को बढ़ाते हुए लिखा था—

सिंहासन खाली करो कि जनता आती है।

जनता की यह घर्घर नाद कई बार विपथगामिनी हुई। फ़ैज़ ने सहजानन्द के सपने को शायरी में शब्दबद्ध किया था—

हम देखेंगे
सब तख़्त उठाए जाएँगे
सब ताज उछाले जायेंगे
जब राज करेगी जनता

जो सपना तुलसी ने देखा, मार्क्स ने देखा, स्वामी सहजानन्द ने देखा वह पूरा नहीं हुआ। मगर तुलसी के बाद छोटे-छोटे राम, शिवाजी, छत्रसाल बुन्देला, गुरुगोविन्द सिंह, सूरजमल, काशी राजा बलवन्त सिंह, टिकारी राजा सुन्दर सिंह, साम्हो राजा बख़्तावर सिंह, चेरो राजा मेदिनी राय के रूप में आया और मुग़ल राज तहस-नहस हो गया। सपना कभी मरता नहीं है।

वशिष्ठ रामायण

एक समय सब सहित समाजा। राज-सभा रघुराज बिराजा।।

भावार्थ–रघुकुल भूषण दशरथ जी सभी सभासदों के साथ राजदरबार में बैठे थे। रूप, गुण, शील से सम्पन्न राम को देखकर वशिष्ठ मुनि और राजा मुदित हो रहे थे। (वाल्मीकि रामायण) सभी की यही इच्छा थी और भगवान शंकर से विनती कर रहे थे कि राजा दशरथ अपने जीते जी रामचन्द्र जी को युवराज पद प्रदान करें। (अगस्त्य रामायण)

श्लोक–

एकदा राजगोष्ठ्यांतु ससभ्यः संस्थितो नृपः।।

भावार्थ–एक समय राजगोष्ठी में सभी सभासद सहित राजा दशरथ संस्थित थे।

सकल सुकृत मूरति नर नाहू। राम सुजस सुनि अतिहि उछाहू।।

भावार्थ–राजा दशरथ महायशस्वी थे, सम्यक् विचारक थे। सभी लोगों की इच्छा थी–

आप अछत युवराज पद, रामहि देहिं नरेश।

राजा की भी यही इच्छा थी कि स्वस्थ रहते राम को युवराज पद पर अभिषिक्त कर दिया जाये। भारत में ज्येष्ठ पुत्र को ही यह पद परम्परा से प्राप्त होता था।

श्लोक–

पुण्यमूर्तिनरेन्द्रोऽसौ श्रुत्वा रामयशोऽमलम्।
जनेभ्यः परमानन्दं प्राप धीमान् महायशाः।।

भावार्थ–राजा दशरथ बुद्धिमान थे, पुण्यमूर्ति थे, महायशस्वी थे। रामयश सुनकर परमानन्द को प्राप्त हुए।

नृप सब रहहिं कृपा अभिलाषे। लोकप रहहिं प्रीति रुख राखे।।

भावार्थ–राजा दशरथ राजाओं में सिरमौर थे। अतः स्वाभाविक था कि सभी अन्य राजा उनसे कृपा की अभिलाषा रखें। शम्बर युद्ध में इन्द्र की मदद किये थे। कृतज्ञ देवता और दसों दिशा के लोकपाल देवता उनसे प्रेम रखते थे।

श्लोक–

यस्य राज्ञः कृपादृष्टि वांक्षन्तिस्य नरेश्वराः।
लोकपालाश्चं यत्प्रेम वांक्षन्तिस्म दिवानिशम्।।

भावार्थ–जिनकी कृपादृष्टि की इच्छा सभी राजा रखते थे, लोकपाल भी जिनके प्रेम को दिन-रात चाहते थे...

त्रिभुवन तीनि काल जग माहीं। भूरि भाग दशरथ सम नाहीं।।
मंगल-मूल राम सुत जासू। जो कछु कहिय थोर सब तासू।।

भावार्थ—धरती, पाताल, आकाश ये त्रिलोक हैं। भूत, वर्तमान, भविष्य ये त्रिकाल हैं। तीनों लोकों में और तीनों कालों में दशरथ ऐसा राजा न हुआ, न है, न होगा। राजा अद्वितीय इसी कारण थे कि इनका राम जी ऐसा मंगल मूर्ति पुत्र था। अन्यथा इसी वंश में रघु ऐसा पराक्रमी राजा दशरथ के बाबा थे।

श्लोक—

त्रिलोक्यां त्रिकाले दशस्यन्दनेन समो नैव राजाऽस्तिनाऽभून न भावी।
सुतो यस्य सन्मंगलानां हि मूलं स्वयं रामचन्द्रो ह्यतश्चाधिकं किम्।।

भावार्थ—तीनों लोक और तीनों काल में दशरथ के समान कोई राजा नहीं है, न हुआ था, न होगा—जिनके पुत्र स्वयं सुन्दर मंगल के मूल रामचन्द्र जी हैं, उनका इससे अधिक क्या वर्णन हो सकता है।

राय सुभाय मुकुर कर लीन्हा। बदन बिलोकि मुकुट सम कीन्हा।।

भावार्थ—राय का अर्थ राजा है। सम का अर्थ सीधा करना यहाँ है।

श्लोक—

गृहीत्वा दर्पत्वां श्रीमानं स्वभावादेव सत्करे।
विलोक्य चाननं राजा किरीटं कृतवान् समम्।।

भावार्थ—श्रीमान् राजा दशरथ जी ने अपने सुन्दर हाथ में सहज स्वभाव से दर्पण लेकर और उसमें प्रतिबिम्ब देखकर किरीट को ठीक किया।

यह विचार उर आनि नृप सुदिन सुअवसर पाय।
प्रेम पुलकि तन मुदित मन गुरुहि सुनायउ जाय।।

भावार्थ—राजा दशरथ दर्पण देखते हैं कि कान के पास कुछ बाल सफेद हो गये हैं। राजा के मन में भाव आया कि समय आ गया है, राम को युवराज पद दे दूँ। (रघुवंश)

श्लोक—

राजा स्वान्तोत्थितान् कस्मिन् विचारान् सुदिनेऽखिलान्।
श्रीगुरोरन्तिकं गत्वा श्रावयामास तं मुदा।।

भावार्थ—राजा ने मन में उठे हुए समस्त विचारों को किसी शुभ दिन में गुरु के पास जाकर प्रसन्न होकर सुनाया।

जे गुरु चरन रेनु सिर धरहीं। ते जनु सकल विभव बस करहीं।।
मोहि सम यहु अनभयउ न दूजे। सब पायेउ रज पावनि पूजे।।

भावार्थ—गुरु की सेवा करनेवाला धनधान्य, सुख से सम्पन्न हो जाता है। वशिष्ठ मुनि की कृपा से राजा को यह प्राप्त था। ब्राह्मण ज्ञान का स्वामी था और राजा बल का, वैश्य धन का। बल और धन से ज्ञान हमेशा श्रेष्ठ रहा है। भारत अतीत में गौरवशाली ज्ञान के बल था। आज यह स्थान अमरीका, चीन, जापान, जर्मनी, इंग्लैंड, फ्रांस को प्राप्त है। इसका कारण उनका ज्ञान है। वहाँ वैज्ञानिक, इंजीनियर, अध्यापक को सम्मान प्राप्त है। भारत की दशा उल्टी है। यहाँ कलक्टर को अर्थात् बल को यह सम्मान प्राप्त है और ज्ञान उपेक्षित है। इसी कारण भारत ग़रीब है। दौलत और ताक़त दोनों का स्रोत ज्ञान है। इसी बलबूते रघुवंश अतीत में अद्वितीय था, कारण वशिष्ठ इस वंश के परम्परा से पुरोहित थे। वशिष्ठ परम्परा है। यह पदवाचक है जैसे पोप, दलाई लामा, इन्द्र का पद माना जाता है।

श्लोक—

ये धारयन्ति गुरुपादरजः स्वशीर्षे ते कौ विभूतिमखिलां वशयन्तिनूनम्।
नो मादृशोभुवि बभूव नृपस्तु कश्चित् यः प्राप्तवान् बहुसुखं भवतोऽर्हणदवै।।

भावार्थ—भूमण्डल में जो जीव गुरुपद रज कण को धारण करते हैं वे सभी विभूतियों को वश में कर लेते हैं। दशरथ जी वशिष्ठ जी से कहते हैं—"पृथ्वी में मेरे बराबर कोई दूसरा नृप नहीं हुआ, निश्चय जिसने आपकी सेवा से बहुत से सुखों को प्राप्त किया।"

मुनि प्रसन्न लखि सहज सनेहू। कहेउ नरेस रजायसु देहू।।

भावार्थ—राजा के मन में अभिलाषा है, कब पुत्र को राज पद पर बैठा देखूँ (वाल्मीकि)। राजा प्रसन्न मन हैं, यह समझकर वशिष्ठ मुनि ने राजा से कहा, "साधारण महापुरुष के

अभिप्राय के अनुरूप वाणी की रचना होती है मगर आद्य ऋषियों की वाणी के पीछे अर्थ सिद्धि दौड़ती है। राजा ने अपना अभिप्राय प्रकट किया (उत्तर रामचरित)।

श्लोक–

राजानं मुदितं वीक्ष्य तत्प्रेम सहजं तथा।
वशिष्ठो मधुरं प्राह स्वाशयं वद भूपते।।

भावार्थ–वशिष्ठ मुनि जी ने राजा दशरथ को प्रसन्न देख तथा उनके सहज स्वाभाविक प्रेम को भाँप कर मधुर वचन में कहा–"हे राजन्! अपना आशय कहिये!"

सुनि मुनि दसरथ बचन सुहाये। मंगल मोद मूल मन भाये।।

भावार्थ–राजा का अभिप्राय जान वशिष्ठ मुनि ने प्रसन्नचित होकर राजा से गूढ़ बातें कहीं।

श्लोक–

नरेन्द्रस्य वचः श्रुत्वा मंगलानन्ददं मुनिः।
प्रहसन् प्राह राजेन्द्रं सत्यं सुखकरं वचः।।

भावार्थ–राजा से मुनि ने मंगल और आनन्दप्रद वचन सुनकर बिहँसते हुए सत्य और सुखकर वचन राजाओं के सिरमौर दशरथ से कहा।

सुनु नृप जासु बिमुख पछिताहीं। जासु भजन बिन जरनि न जाहीं।।
भयउ तुम्हार तनय सो स्वामी। राम पुनीत प्रेम अनुगामी।।

भावार्थ–यह गूढ़ बात थी कि राम साधारण मनुष्य नहीं हैं साक्षात् ईश्वर राम रूप में आपको पुत्र रूप में प्राप्त हुआ है।

श्लोक–

पश्चात्तापं प्रकर्वन्ति सदा यस्य विरोधिनः।
विना यत्स्मरणं चिन्ता दूरीभवति नो नृपं।।
स एव व्यापकः श्रीशो जातस्त्वक्तनयो हरिः।
साक्षाद् राघवरूपेण पवित्रप्रेमसागरः।।

भावार्थ–हे राजन्! जिसका विरोध कर जीव सदा पछताते हैं, जिसका स्मरण न करने से चिन्ता नहीं दूर होती, वही व्यापक, श्रीपति हरि साक्षात् प्रेमसागर राघव रूप से आपके पुत्र हुए हैं।

हरषि मुनीस कहेउ मृदु बानी। आनहु सकल सुतीरथ पानी।।

भावार्थ–अभिषेक हेतु सभी तीर्थों का जल एवं सामग्री लाने की सलाह हर्षित होकर मुनिराज ने दी। गणपति की पूजा करें और भूमिसुर (ब्राह्मण) की सब विधि सेवा करें।

सब विधि करहू भूमिसुर सेवा

श्लोक–

मुनीशः प्राह सन्तुष्टः सुन्दरं मधुरं वचः।
प्रसिद्धाखिलतीर्थानां जलमानीयतां द्रुतम्।।

भावार्थ–सन्तुष्ट मुनिराज सुन्दर, मधुर वचन बोले कि सम्पूर्ण प्रसिद्ध तीर्थों का जल शीघ्र लाओ।

बिप्र साधु सुर पूजत राजा। करत राम हित मंगल साजा।।

भावार्थ–वर्णाश्रम धर्म में ब्राह्मण क्षत्रिय से श्रेष्ठ होता है। अतः राजा ब्राह्मण की पूजा करते थे। साधु का स्थान सभी जातियों से ऊपर है, अतः वे भी पूज्य हैं। जीव से ऊपर देवता का स्थान है। वशिष्ठ मुनि की आज्ञा से राजा ने विप्र, साधु, देव की पूजा की।

श्लोक–

साधुब्राह्मणदेवानां करोत्यर्चा महीपतिः।
कल्याणार्थ हि रामस्य शुभकर्म करोतिं च।।

भावार्थ–राजा, ब्राह्मण, साधु और देवताओं की पूजा करते हैं और राम जी के कल्याण हेतु शुभ काम करते हैं।

तदपि उचित अस बोलि सप्रीती। पठइय नाथ काज अस नीती।।

भावार्थ–राम और सीता दोनों मिलकर वशिष्ठ मुनि को रत्नसिंहासन पर बिठाकर चरण धोकर अपने को दास और मुनि को स्वामी रूप से चित्रित सम्बोधित करते हैं और गुरु आगमन का आभार मानते हैं और आज्ञा की प्रतीक्षा करते हैं। (अध्यात्म रामायण, सुतीक्ष्ण रामायण)।

श्लोक–

तथापि नाथ सप्रेम कार्ये महत्यपि।
आह्वानकरणं योग्यं दासस्य हितकारिणः।।

भावार्थ–तथापि हे नाथ! बड़े कार्य में भी योग्य दास का सप्रेम आह्वान करना हितकारी होता है।

सुनि सनेह साने बचन, मुनि रघुबरहिं प्रसंस।
राम कस न तुम्ह कहहु अस, हंस वंस अवतंस।।

भावार्थ–"वरनि राम गुन सील सुभाउन, बोले प्रेम पुलकि मुनिराऊ।" राम जी के विनीत वचन सुन उनकी प्रशंसा करते हुए वशिष्ठ जी ने उनको रघुकुल दीपक कहा (अध्यात्म रामायण)।

श्लोक–

प्रेमपूर्ण वचचेत्थं श्रुत्वा रामं प्रशस्य च।।
कथं स्यान्न मुनिः प्राह राम त्वं कुलदीपकः।।

भावार्थ–इस प्रकार प्रेमपूर्ण वचन सुनकर वशिष्ठ मुनि राम जी की प्रशंसा करने लगे और कहने लगे–"हे राम! आपने उचित कहा! आप सूर्यवंश के दीपक हैं।"

काने खोरे कूबरे, कुटिल कुचाली जानि।
तिय बिसेषि पुनि चेरि कहि, भरत मातु मुसुकानि।।

भावार्थ–मन्थरा के बारे में मन्थरा को देखकर पटरानी कैकेयी ने ऐसा कहा। मन्थरा कुब्जा थी, कुटिल थी, कुचाली थी। यह दोषारोपण होना चाहिए था व्यक्तिगत मगर, गोस्वामी जी ने इसका सामान्यीकरण परम्परा से प्रभावित होकर किया। यह गोस्वामी जी की सीमाबद्धता थी। कभी-कभी परम्परा उन्हें जकड़ लेती है पर उनका सन्त पक्ष प्रायः परम्परा की परिधि पार कर जाता है।

श्लोक–

काणाः कुब्जाः पंगुजनाः भवन्ति कुटिलाः सदा।
विशेषतः स्त्रियो दास्यः कैकेयी च जहास ह।।

भावार्थ–काना, कुबड़ा और लँगड़ा माना जाता है कि कुटिल होते हैं। इसमें सामान्य स्त्री विशेषकर, स्त्रियों में भी दासी, विशेषकर। इतना कहकर कैकेयी ने मन्थरा से हँस कर कहा।

प्रिय बादिनि सिख दीन्हिउ तोहीं। सपनेहू तोपर कोप न मोहीं।।
सुदिन सुमंगल दायक सोई। तोर कहा फुर जेहि दिन होई।।

भावार्थ–इसमें कैकेयी मन्थरा को कुचाली कहने के बाद प्रियवादिनी कहती है। कैकेयी अपनी दासी को शिक्षा दे रही है। क्रोध नहीं कर रही है और राम अभिषेक की चाह रखती है। कैकेयी मानती है कि सूर्यवंश की उत्तम रीति अनुसार ज्येष्ठ को राजगद्दी और कनिष्ठ को सेवा का अधिकार है (वाल्मीकि)।

श्लोक–

शोभनं दिनमेव स्यात् प्रियवादिनि मंगलम्।
यदा रामाभिषेकश्च भविष्यति सुखावहः।।

भावार्थ–हे प्रियवादिनी! सुन्दर, मंगलमय दिन वही होगा, जिस दिन राम का सुखद अभिषेक होगा।

प्रमुदित पुर नर नारि सब, सजहिं सुमंगल चार।
एक प्रविशहिं एक निर्गमीह, भीर भूप दरबार।।

भावार्थ–ऊपर के दोहा से कैकेयी की निर्दोषिता सिद्ध होती है। कैकेयी का बाहरी कुचाली रूप देव इच्छा का परिणाम है। अन्तर्वस्तु में वह राम अभिषेक की अभिलाषी है। गोस्वामी जी ने कैकेयी को उस पर लगे अभियोग से बरी कर दिया है। वशिष्ठ रामायण इसकी पुष्टि करता है।

श्लोक–

अयोध्यावासिनः सर्वे मंगलाचारसंयुताः।
प्रविश्य मन्दिरं राज्ञो निर्गच्छन्ति मुदान्विताः।।

भावार्थ–मंगलाचार सम्पन्न सब अयोध्यावासिन राज मन्दिर में प्रवेश कर प्रसन्न हो बाहर निकलते हैं अर्थात् कैकेयी के कुचाल को बाहर कोई न जानता था। चारों तरफ़ अभिषेक हेतु आनन्द की धूमधाम मची थी।

जेहि जेहि योनिकरम वश भ्रहरी। तहं तहं ईस देहि यह हमरी।।
हम सेवक स्वामी सियनाहू। होउ नात यहि ओर निबाहू।।

भावार्थ–गोस्वामी जी कर्मफल वाद मानते थे और पुनर्जन्म भी मानते थे।

को न कुसंगत पायी नसाई

अयोध्या की प्रजा की इच्छा है कि अच्छा कर्म कर फिर जन्म ले, राम जी के सेवक बनें।

श्लोक–

कर्माधीनं यत्र कुत्रापि जीवकोटौ जन्मास्माकमत्यद्भुतं स्यात्।
स्वामी सीतानायकः सेवकाः स्मः सर्वत्रेत्यं शंकरं प्रार्थयन्ते।।

भावार्थ–सभी लोग शंकर जी से प्रार्थना करते हैं–"हम लोगों का जन्म किसी भी जीव कोटि में अति अद्भुत योनि में होवे, वहाँ भी सर्वत्र हमारे स्वामी सीतानायक राम जी हों और हमलोग उनके सेवक होवें।"

उदय करहु जनि रवि रघुकुल गुर। अवध बिलोकि सूल होइहिं उर।।
भूप प्रीति कैकेइ कठिनाई। उभय अवधि बिधि रची बनाई।।

भावार्थ–वाल्मीकि रामायण में है कि राजा रात्रि में रानी से प्रार्थना करते हैं कि हे भद्रे! मेरे ऊपर दया कर! तू बनी रहे। सूर्य नारायण उदित ही न हो। राजा राम को वन भेजने से परहेज चाहते थे। वे सुबह को अपना बैरी मान रहे थे।

श्लोक–

सहस्रांशूदयो माभूद्र राजा चिन्तां चकार सः।
राज्ञः प्रीतिस्तथा राज्ञयाः काठिन्यं ब्राह्मणा कृतम्।।

भावार्थ–राजा ने चिन्तातुर होकर विचारा–सूर्य उदय हो ही नहीं। राजा की प्रीति तथा रानी की कठोरता की रचना ब्रह्मा ने ही की है।

धरि धीरज सुत बदन निहारी। गद्गद बचन कहति महतारी।।
तात पितहिं तुम्ह प्रान पियारे। देखि मुदित नित चरित तुम्हारे।।

भावार्थ–यहाँ कौशल्या चकित है कि राजा ने किस कारण प्रिय पुत्र को वनवास दिया और कैकेयी का राम ने कौन-सा अपराध किया है? मगर, फिर भी वह धीरज के साथ राम से बात की (अध्यात्म रामायण)।

श्लोक–

धृत्वा धैर्यं मुखं दृष्ट्वा माता प्राह वचः शुभम्।।
पितुः प्राणप्रियस्तान सर्वदुःख विनाशकः।।

भावार्थ–धीरज धरकर पुत्र का मुँह देखकर माता कौशल्या शुभ वचन बोली–"हे पुत्र! तुम सब दुःखों के विनाशक थे और अपने पिता के प्राणप्रिय थे।"

राज देन कहि दीन्ह वन, मोहिं न सो दुख लेस।
तुम बिन भरतहिं भूपतहि, प्रजहि प्रचंड कलेस।।

भावार्थ–कौशल्या की पीड़ा यह नहीं है कि राम का वनवास हुआ, पीड़ा है कि राम के बिना राजा, भाई भरत, प्रजा किस प्रकार क्लेश से अति पीड़ित रहेंगे।

श्लोक–

राज्यं वदातुं वचश्चोक्त्वा दत्तवान काननं तव।
तस्य दुखं न शोकश्र्र विधते ह्रदये मम।।
त्वां विना भरतश्चापि राजा सर्वाः प्रजास्तथा।
तकेशेन महतात्याती भविष्यति जगाद सा।।

भावार्थ–कौशल्या जी ने कहा–"तुमको राज्य देने का वचन देकर राजा ने वनवास दिया–उसका दुःख शोक मेरे ह्रदय में नहीं विद्यमान है। तुम्हारे बिना राजा भरत और सम्पूर्ण प्रजा बड़े क्लेश के कारण अति पीड़ित भविष्य में होंगे"।

जौ केवल पितु आयसु ताता। तौ जनि जाहु जानि बड़ि माता।।
जौ पितु मातु कहेउ बन जाना। तौ कानन सत अवध समाना।।

भावार्थ–कौशल्या माता पुत्र को उपदेश करती है। पिता से दस गुणा अधिक गौरव माता को है और माता से दस गुणा अधिक गौरव सौतेली माँ का है। विमाता सर्वाधिक मान्य है। कौशल्या आगे कहती है–

जंगल में वन देवता तुम्हारे पिता हैं और वन देवी माता है, वन के खग-मृग सेवक हैं। वानप्रस्थ में सभी राजाओं को वनवास करना चाहिए पर तुम्हारी सुकुमार अवस्था देख चित्त दुखित होता है (पुलस्त्य संहिता)।

श्लोक–

पितुर्दशगुणा माता गौरवेणातिरिच्यते।
मातुर्दशगुणा मान्या विमाता धर्मभीरुणा।।

भावार्थ–पिता से माता का गौरव दस गुणा अधिक है। धर्मात्मा पुत्र के लायक है कि वह माता से दस गुणा अधिक मान्या विमाता को समझे और धर्मपूर्वक पालन करे।

अवधि अंबु प्रिय परिजन मीना। तुम करुणाकर धर्म धुरीना।।
अस विचारि सोइ करहु उपाई। सबहि जियत जेहि भेंटहु आई।।

भावार्थ—कौशल्या कहती हैं, तुम आनन्द से वन जाओ। जैसे जल में मछली रहती है, उसी प्रकार 14 साल की अवधि में आम जन का पालन करना। आम जनता मछली समान है। 14 साल का वनवास, उनका साथ जल है। इस जल में वनवासी तो मगन रहेंगे मगर अवधवासी अनाथ हो जायेंगे। अतः अवधि बीतते उन्हें बिना विलम्ब दर्शन देना (आदिशक्ति संहिता)।

श्लोक—

चतुर्दशाब्दावधिरंबु मीनाः प्रिया प्रजास्त्वं करुणासमुद्रः।
विचार्य चेत्थं भुवि धर्मधुर्यः करोषि यत्नं तव दर्शनं स्यात्।।

भावार्थ—चौदह वर्षों की अवधि जल है, प्रजा मछली है, तुम करुणासागर हो और भुवन में धर्म धुरन्धर हो, ऐसा यत्न करना विचार कर कि हम लोग तुम्हारे दर्शन पाते रहें।

राम उठाइ मातु उर लाई। कहि मृदु बचन बहुरि समुझाई।।

भावार्थ—माँ-पुत्र का बिछोह, इस विलाप का कलाप कवि के लिए अवर्णनीय है। राम माता को उठाकर गले लगाकर सान्त्वना देते हैं और कोमल वाणी से कहते हैं (सनक संहिता)।

श्लोक—

उत्थाप्य मातरं रामो हृदयेनालिंगिय ताम्।
पुनराश्वासयामास कथित्वा वचनं मृदु।।

भावार्थ—रामचन्द्र जी ने माता कौशल्या को उठाकर हृदय से लगाया फिर, मृदु वचन कहकर पुनः आश्वस्त किया।

पिता जनक भूपाल मनि, ससुर भानु कुल भानु।
पति रवि कुल कैरव विपिन, बिधु गुन रूप निधानु।।

भावार्थ—कौशल्या सीता को अति दुःखी देख सान्त्वना देती है। राम से कहती है, सीता के पिता राजाओं में सिरमौर हैं, सूर्यवंश के भी सूर्य हैं। तुम खुद शील, रूप, गुण के सागर हो। सीता भी रूप, शील, युक्त प्यारी पतोहु है। मैं अबतक प्राण समान इसकी रक्षा करती रही हूँ (याज्ञवल्क्य संहिता)।

श्लोक—

श्रृणु पुत्रातिबालास्ति सीता परिजनप्रिया।
जनको जनकश्चास्याः सूर्यवंशशिरोमणिः।।
श्वशुरश्च तथाभर्ता शीलरूपगुणार्णवः।

भावार्थ—कौशल्या जी ने राम जी से कहा—"हे पुत्र! परिजन प्रिया सीता अति कुमारी है, इनके पैदा करने वाले जनक हैं, श्वसुर सूर्यवंश शिरोमणि हैं और स्वामी रूप में आप शील, रूप, गुण के सागर हो।"

मैं पुनि करि प्रमान पितु बानी। बेगि फिरब सुनु सुमुखि सयानी।
दिवस जात नहिं लागत बारा। सुन्दरि सिखवन सुनहु हमारा।।

भावार्थ–राम जी सीता को आश्वस्त करते हैं, पिता वचन को निभाकर शीघ्र आऊँगा। वन जाने के विचार का त्याग करो (वाल्मीकि)।

श्लोक–

आगमिष्यामहं शीघ्रं पुनः कृत्वा पितुर्वचः।
शिक्षां शृणु मदीयां तवं तूर्ण गच्छन्ति वासराः।।

भावार्थ–मैं पिता वचन पालन कर शीघ्र पुनः आऊँगा। हे प्यारी! तुम मेरी शिक्षा को सुनो। दिन शीघ्र बीत जाते हैं। राम जी ने सीता से कहा।

लागइ अति पहार कै पानी। बिपिन बिपति नहिं जाइ बखानी।।

भावार्थ–राम जी सीता जी को जंगल की विभीषिका का वर्णन कर वन जाने के हठ से विरत करने की चेष्टा करते हैं। जंगल के नाना दुःखों का वर्णन करते हैं। (वाल्मीकि) मगर सीता अडिग रहती है। वाल्मीकि रामायण में तो वर्णन है कि मेरे पिता ने वीर पुरुष से मेरा ब्याह किया है, नपुंसक से नहीं। इसके बाद राम को उलाहना देती है जिसमें फटकार निहित है। तुलसी इसे शिष्टाचार के दायरे में बाँध प्रस्तुत करते हैं।

राम हरेक तरह से जंगल में होने वाले कष्ट का वर्णन करते हैं। अनभ्यस्त व्यक्ति के लिए पहाड़ का जल भी हानिकारक है (अध्यात्म और वाल्मीकि में भी यही वर्णन है)।

श्लोक–

शैलस्य सलिलं बाले सर्वथा हानिकारकम्।
विपिनस्य विपत्तिर्हि वर्णनीया न भामिनि।।

भावार्थ–हे बाले! शैल जल सर्वथा हानिकारक है। हे भामिनि! वन का विपत्ति का वर्णन नहीं किया जा सकता।

फिरिहि दसा बिधि बहुरि कि मोरी। देखिहौं नयन मनोहर जोरी।।
सुदिन सुधरी तात कब होइहिं। जननी जियत बदन बिधु जोइहिं।।

भावार्थ–कौशल्या राम को बुलाकर छाती से लगाकर उनके गात को देखती है (पुलस्त्य संहिता)।

श्लोक–

किं विधे परिवृत्ता मे भविष्यति दशा त्वरम।
यल्लोचनाभ्यां द्रक्ष्यामि त्वां जन्मोहनं सुतम्।।
कदा भविष्यति दिनं शोभनं सुघटी तथा।।
यद्र द्रक्ष्यति मखाब्जं ते जीवन्ति जननी सुत।।

भावार्थ–माता कौशल्या कहने लगीं–"हे विधाता। क्या मेरी दशा शीघ्र फिर जायेगी? क्या मैं अपने नयनों से तुम विश्व मोहने वाले बेटा को देख सकूँगी? कब वह सुन्दर दिन और सुन्दर घड़ी आयेगी? मैं जीवित रहते जब तुम्हारे मुख कमल को देख सकूँगी?

सेवा समउ दैव बन दीन्हा। मोर मनोरथ सुफल न कीन्हा।।

भावार्थ–सीता जी सास के पैर छूकर कहती हैं, मैं तो परम अभागिन हूँ। सेवा करने के समय वन जा रही हूँ। कौशल्या शुद्ध सत्व की थीं, अतः एक ओर वियोग का दुःख, दूसरी

तरफ सेवाव्रती पतोहू का कोमल वचन, ऐसी बहू पाकर धन्य होने का हर्ष होने से हृदय दग्ध हो गया और हर्ष दुःख के आँसू एक साथ गिरने लगे।

श्लोक–

पतित्वा पादयोः श्वश्रूवाः सीता प्राह वचः शुभम्।
अहं च परमाभाग्याः सेवाकाले वनं ददौ।
मनोरथं न सफलं मदीयं कृतवान् विधिः।

भावार्थ–सास के चरण कमल में गिरकर सीता बोली–"हे माता! मैं परम अभागिनी हूँ। सेवा करने के समय में वन मिला और मेरी मनोकामना सफल न हुई–ऐसा विधाता ने विधान रचा।

मैं सिसु प्रभु सनेह प्रतिपाला। मन्दर मेरु कि लेइ मराला।।

भावार्थ–लक्ष्मण जी को राम कहते हैं–

रहहु तात अस नीति विचारी।

लक्ष्मण जी व्याकुल हो जाते हैं। सीता की तरह वन जाने पर वह भी अडिग हैं। वे कहते हैं, स्वामी आपकी शिक्षा सही है मगर सिर्फ़ वेद धुरन्धर ही उसका पालन कर सकते हैं, मैं समर्थ नहीं हूँ। मैं हंस हूँ, आप मन्दराचल हैं, सुमेरु हैं। क्या हंस उन अचल, अडिग, विशाल पहाड़ों को उठा सकता है। यह जवाब अत्यन्त चतुराई भरा है।

श्लोक–

बालोऽहं स्वामिनं स्नेहाद रक्षितः सर्वदा तव।।
हंसः कि मन्दरोद्रेश्च मैरोश्चाप्याधिकारभाक्।

लक्ष्मण जी विनीत भाव से राम जी से बोले–"मैं बालक हूँ। आप ऐसे स्वामी से सर्वदा रक्षित हूँ। क्या हंस मन्दराचल और मेरु पर्वत उठाने का अधिकारी हो सकता है।"

धरम नीति उपदेसिय ताही। कीरति भूति सुगति प्रिय जाही।।
मन क्रम बचन चरन रत होई। कृपा सिन्धु परिहरिय कि सोई।।

भावार्थ–लक्ष्मण अपने बड़े भाई के अकिंचन सेवक हैं। उन्हें धन, स्वर्ग, ऐश्वर्य की चाह नहीं है। वे सिर्फ़ सेवा के अवसर से ही मग्न रहनेवाले हैं। उन्हें उपदेश नहीं, भाई के साथ रह सेवा का मौक़ा चाहिए।

श्लोक–

यः कीर्तिभूतिसुगतीः सततं हि वाछेत् तस्मै सुनीतिशुभधर्मकथोपदेश
कार्यः कृपाजलधिना मनसा च वाचायः कर्मणाषि च भवेत खलु सेवको नो।।

भावार्थ–जो यश, विभूति, सद्गति की निरन्तर इच्छा करे, उसके लिए सुन्दर नीति, शुभ धर्म कथा का उपदेश करना चाहिए। मन, वचन कर्म और अनेक प्रकार से जो सेवक कार्यशील हो उसका परित्याग कृपा सागर को कभी नहीं करना चाहिए।

करुना सिन्धु सुबन्ध के, सुनि मृदु बचन बिनीत।
समुझाये उर लाइ प्रभु, जानि सनेह सभीत।।

भावार्थ–राम जी करुणा सागर हैं। प्रिय भाई के आर्त्तवचन सुनकर उन्हें माता सुमित्रा का आदेश लेने की सलाह देते हैं। अर्थात् वन साथ ले चलने के आग्रह को स्वीकार कर लेते हैं। यहाँ प्रश्न उठ सकता है, गोस्वामी जी उर्मिला को याद करना कैसे भूल गये?

श्लोक–

कोमलं वचनं श्रुत्वा सुबन्धो रघुनन्दनः।।
आश्वासयामास मुदा तं वाक्यैर्हृदयंगमैः।

भावार्थ–प्रिय भाई के कोमल वचन सुनकर प्रसन्न हो रघुनन्दन ने हृदयंगम वाक्यों से उनको आश्वस्त किया।

सुनहु तात तुम्ह कहँ मुनि कहहीं। राम चराचर नायक अहहीं।।

भावार्थ–दशरथ जी राम जी से कहते हैं कि आप चर, अचर के नायक अवध के अधिपति हैं। यह मुनिगण कहते हैं। दशरथ जी आज्ञा की प्रतीक्षा में खड़े राम को बाँह पकड़कर निकट बैठाकर कहते हैं। अपराध कोई करता है, दण्ड कोई भुगतता है। दशरथ जी का आशय है कि मेरी गलती से आपको वन जाना पड़ रहा है। "और करे अपराध कोऊ और पाव फल भोग।"

श्लोक–

शृणु तात वदन्ति त्वां मुनयो ब्रह्मादर्शिनः।
रामश्चराचराणां च नायकोस्त्यवधाधिपः।।

भावार्थ–पुत्र सुनो! मुनिगण जो ब्रह्म दर्शन हैं कहते हैं कि राम चर, अचर के नायक हैं और अवधपति हैं।

सचिव नारि गुरु नारि सयानी। सहित सनेह कहहिं मृदु बानी।।
तुम कहँ तौ न दीन्ह बनबासू। कहहु जो कहहिं ससुर गुरु सासू।।

भावार्थ–सीता जी को मन्त्री पत्नियाँ, गुरु पत्नियाँ समझाती हैं, "सास, ससुर, गुरुजन जो कहते हैं उसका पालन करो। तुम्हें तो वनवास नहीं दिया गया है।" यह बात सीता जी को अच्छी नहीं लगी जैसे चन्द्रमा की चाँदनी जब बादल में छिप जाती है, चकई अकुला जाती है (पुलस्त्य रामायण)।

श्लोक–

सस्नेहं मृदुभारत्या मन्त्रिपत्न्यो गुरुस्त्रियः।
वदन्ति काननं दत्तं न ते केनापि सुन्दरि।।
श्वशुरौ च गुरुश्चापि यद्र वदन्ति कुरुष्व तत्।

भावार्थ–मन्त्रियों की स्त्रियाँ और गुरु पत्नियाँ प्रेम सहित मृदु वाणी बोलीं–"हे सुन्दरी! तुमको तो किसी ने वनवास नहीं दिया, अतः सास, श्वसुर और गुरुजन जो कुछ कहते हैं वैसा ही करो।"

जौ नहिं फिरहिं धीर दोउ भाई। सत्य संघ दृढ़ब्रत रघुराई।।
तौ तुम बिनय करेहू करजोरी। फेरिय प्रभु मिथिलेस किसोरी।।

भावार्थ—दशरथ जी सुमन्त्र से कहते हैं यदि प्रतिज्ञ दृढ़ दोनों भाई न लौटे तो आग्रह करना कि सीता को तो लौटा दें। जब सीता जी वन की भयावहता से डर जायें तब कहना कि सास ससुर ने लौट जाने का सन्देश दिया है। (भरद्वाज रामायण)।

श्लोक—

धीरौ द्वो भ्रातरौ चेन् नो निवृत्तौ भवतां कुतः।।
अटलप्रणधारी च सत्यसंघो रघूत्तमः।
तत त्वं कृतांजलिर्भूत्वा, विनयं कुरु यत्नतः।।
मिथिलेशसूता तात भवनं याति सुन्दरी।

भावार्थ—यदि दोनों धीर भाई न लौटें क्योंकि रामचन्द्र जी सत्य प्रतिज्ञ और अटल प्रणधारी हैं तो तुम हाथ जोड़ कर विनयपूर्वक यत्न करना कि कम-से-कम जनकसुता सुन्दरी सीता को तो घर लौटा दीजिए।

राम लषण सिय रूप निहारी। कहहिं सप्रेम ग्राम नरनारी।।
ते पितु मातु कहहु सखि कैसे। जिन्ह पठए वन बालक ऐसे।।
एक कहहिं भल भूपति कीन्हा। लोचन लाभ हमहिं विधि दीन्हा।।

भावार्थ—गोस्वामी जी कहते हैं—

अनुराग तड़ाग में भानु उदै, तुलसी तेहि अवसर सोहहिं सवै।
निकसे मृदु मंजुल मोद कली।

सूर्यरूपी राम जी जब वन जाते हैं तब सभी नर-नारी कमल की तरह खिल जाते हैं। सभी गद्‌गद हैं, आँख इसी दृश्य को देखने के लिए थीं। लेकिन ऐसे सुकुमार बालक को माता-पिता जंगल क्यों भेजे? सीता से पूछती है—

कहो सावरे से सखि रावरे को हैं

सीता नारि सुलभ लज्जा से कुछ नहीं बोलती हैं।

तिरछे करि नैन, दे सैन तिन्हे
कुछ समुझाइ चली, मुस्काइ चली।

ग्राम वधुएँ समझ जाती हैं कि वे सीता के पति हैं। एक कहने लगी कि राजा ने अच्छा काम किया कि हमको इनका दर्शन प्राप्त हो गया, आँख का रहना सार्थक हो गया। आँख इसी दिन को देखने के लिए थीं।

श्रीरामलक्ष्मणविदेहसुतासुरूपं ग्राम्या नराश्च ललना जगदुर्विलोक्य।
कथं हि पितरौ विपिन च याभ्यां सम्प्रेषितौ शुभसुतौ शुभलक्ष्मणौ च।।

भावार्थ—श्रीराम, लक्ष्मण, जानकी के सुन्दर रूप देखकर सांसारिक लोग कहने लगे कि हे सखि! माता-पिता कैसे हैं जिन्होंने सुन्दर लक्षण सम्पन्न सुन्दर पुत्रों को जंगल में भेज दिया।

श्लोक—

एको जगाद्र कृतवान शुभकर्म महीपतिः।
नयने सफले जाते दृष्टेभौ रामलक्ष्मणौ।।

भावार्थ–एक बोला कि राजा ने शुभ कर्म किया है।

राम लक्ष्मण को देखकर हमारी आँखें जुड़ा गयी, सफल हो गयीं।

बन दिखाय सुरसरि अन्हवाई। आनेहु फेरि बेगि दोउ भाई।।
लषन राम सिय आनहु फेरी। संसय सकल सकोच निवेरी।।

भावार्थ–सुमन्त्र जी राम जी से कहते हैं कि राजा का आदेश है कि जंगल दिखाकर लौटाकर वापस ले आना। सुमन्त्र कहते हैं योद्धाओं में श्रेष्ठ रामचन्द्र जी! जैसे चन्द्रमा विहीन रात्रि सूनी हो जाती है, आपके न रहने से अयोध्या की गति वही है (शिव संहिता, वाल्मीकि रामायण)।

श्लोक–

दर्शयित्वा वनं गंगा स्नानं सर्वमलापहम्।
कारयित्वा ह्युभौ बन्धु शीघ्रमानय कोसलाम्।।
लक्ष्मणं चापि रामं च सीतां जनकनन्दिनीम्।
शीघ्रमानय संकोचं शंकां त्यक्त्वा वनात् प्रिय।।

भावार्थ–वन दिखा कर और सभी मल के नाशक गंगा जी में स्नान कराकर दोनों भाइयों को शीघ्र कोसल ले आना। प्यारे राम, लक्ष्मण, जनकसुता को शंका और संकोच छोड़कर वन से शीघ्र लौटा लाना।

मन्त्रिहि राम उठाय प्रबोधा। तात धरम मग तुम सब सोधा।।

भावार्थ–मन्त्री सुमन्त्र धर्मज्ञ, धर्मवेत्ता, धर्मधुरन्धर हैं। उन्हें धर्म, अधर्म, कर्त्तव्य, अकर्त्तव्य, करणीय, अकरणीय का ज्ञान है। राम जी उन्हें भावना में न बह धर्म पर दृढ़ रह आग्रह करने की याद दिलाते हैं।

श्लोक–

उत्थाय मन्त्रिणं रामो बोधयामास धर्मवित्।
धर्ममार्गस्त्वया ज्ञातः सकलो मन्त्रिसत्तम।।

भावार्थ–धर्मज्ञ रामचन्द्र जी ने मन्त्री को उठाकर बोध किया कि समस्त धर्म मार्ग आपको ज्ञात हैं।

बिनती भूप कीन्ह जेहि भाँती। आरति प्रीति न सो कहि जाती।।
पितु सँदेस सुनि कृपा निधाना। सियहिं दीन्हि सिष कोटिक नाना।।

भावार्थ–दशरथ जी ने सुमन्त्र के जरिये रामचन्द्र को सन्देश दिया कि सीता अपनी रुचि से अयोध्या, मिथिला जहाँ चाहेगी रहेगी। दशरथ जी के विनययुक्त सन्देश को सुनकर रामचन्द्र जी ने सीता जी को उपदेशित किया।

श्लोक–

आर्तो यथा महाराजः कृतवान प्रार्थनां शुभाम्।
प्रेम्णा सावर्णनीयास्ति ब्रह्मणा शंकरेण च।।
सन्देशं पितुराकर्ण्य रघुवीरो दयाकरः।
सीतायै सुन्दरीं शिक्षा प्रददौ बहुलां मुदा।।

भावार्थ—आर्त महाराज ने जिस तरह शुभ प्रार्थना की, वह ब्रह्मा और शंकर के लिए भी वर्णनातीत है। पिता का सन्देश सुनकर दयानिधान राम जी ने मुदित होकर सीता जी को बहुत सुन्दर शिक्षा दी।

पतिहिं प्रेममय बिनय सुनाई। कहत सचिव सन गिरा सुहाई।।
तुम्ह पितु ससुर सरिस हितकारी। उतरू देउँ फिरि अनुचित भारी।।

भावार्थ—रघुवंश में कालिदास ने लिखा है—चन्द्रमा के साथ चन्द्रिका रहती है। मेघ के साथ बिजली अन्तर्लिप्त रहती है। इसी तरह स्त्रियाँ पति की अनुगामिनी होती हैं। सीता मन्त्री सुमन्त्र से संकोच सहित कहती है कि आर्य पुत्र के चरण कमल के अलावे और कहीं मेरा ठौर नहीं है।

आरत बस सनमुख भयऊँ, बिलगु न मानव तात।।
आरज सुत पद कमल बिनु, बादि जहाँ लगि नात।।

श्लोक—

आश्रव्य वचनं रामं जानकी प्रेमपूरितम्।
सचिवं प्रत्युवाच त्वं पित्रा च श्वशुरेण च।
सदृशो हितकर्ता मे तस्माद्र वक्तं न चोल्सहे।
सन्मुखभवैन तात दुखमेव हिं कारणम्।।
विद्धर्यायापुत्रपादाब्जं विना सर्व वृथा जगत्।

भावार्थ—जानकी जी राम जी को प्रेमपूरित विनय युक्त वचन सुनाकर मन्त्री से बोलीं—तुम पिता और श्वसुर के समान मेरे हितकर्त्ता हो, अतः उत्साहपूर्वक कुछ भी कहने में समर्थ नहीं हूँ। हे तात! आपके सम्मुख होने में केवल दुःख ही कारण है और आर्यपुत्र के चरण कमल के बिना सारा जगत् वृथा है।

प्राननाथ प्रिय देवर साथा। बीर धुरीन धरे धनु माथा।।
नहिं मग श्रम भ्रम मन दुख मोरे। मोहिं लगि सोच करिय जनि भोरे।।

भावार्थ—मन्त्री सुमन्त्र ने पहले दोनों भाई को लौटने का राजा दशरथ का सन्देश दिया। जब वे दोनों लौटने को तैयार हों तब सीता को लौटाने का सन्देश दिया। सीता बोली, वीर शिरोमणि प्राण प्रिय पति मेरे साथ हैं, धनुष बाण सहित देवर साथ हैं, मुझे कोई दुख नहीं है तब सुमन्त्र जी स्वयं वन साथ चलने का आग्रह करने लगे।

श्लोक—

प्राणप्रियो वीरधुरीण आस्ते मे देवरस्तुणधनुर्धरश्च।
संगऽनयोः संचलनान् न दुखं कार्यो न शोको गुरुणा कदाचित।।

भावार्थ—वीर धीर मेरे प्राण प्रिय हैं। हाथ में धनुष बाण लिये तरकश में तीर भरे मेरे देवर लक्ष्मण हैं। इनके संग संग चलने से मुझे कोई दुःख नहीं है। आप सब मेरे गुरु हैं। मेरे लिए आपको कदाचित शोक नहीं करना चाहिए।

यहि प्रति पालउँ सब परिवारू।　　नहिं जानौ कछु और कबारू।।
जौ प्रभु पार अवसि गा चहहू।　　तौ पद पदुम पखारन कहहू।।

भावार्थ—केवट राम जी को पार करने में आना-कानी कर रहा है। आना-कानी के कारण रामचरण रज धोना उसका अभीष्ट है। चतुराई से वह राम जी को पैर धोने देने हेतु मना लेता है। यह वर्णन आनन्द रामायण में भी है।

श्लोक—

पादाम्बुजं ते विमलं हि कृत्वा पश्चात्परं तीरमहं नमामि।
नो चेत् तरिः श्याद्र युवतिर्मलेन स्याच् चेद् विभो विद्धि कुटुंबहानिः।

भावार्थ—आपके चरण कमल धोने के पश्चात् मैं आपको तीर पार ले चलूँगा, नहीं तो आपके रजकण से मेरी नौका नारी हो जायेगी। हे नाथ! आप निश्चय जानें कि इससे मेरे कुटुम्ब को हानि होगी।

छन्द—

पद कमल धोइ चढ़ाव नाव न नाथ उतराई चहौं।
मोहि राम राउरि आन दशरथ सपथ सब साँची कहौं।।
बरु तीर मारहु लषन पै जब लगि न पायं परवारिहौं।
तब लगि न तुलसीदास नाथ कृपालू पार उतारिहौं।।

भावार्थ—केवट कहता है, हे राम जी। आपके चरणरज में शक्ति है, पत्थर औरत हो जाती है। मेरी नैया जब औरत वन जायेगी तब मेरी जीविका का क्या होगा? मैं एक और औरत लेकर क्या करूँगा? मैं पैर धोकर ही रहूँगा, भले लक्ष्मण मुझे मार दें। राम जी केवट की चतुराई भरी बातें सुन उसे पैर धोने देते हैं, फिर मित्र बना लेते हैं।

पत्थर से औरत बनने का आशय है कि जिस पति परित्यक्ता जातिच्युता नारी की गरिमा राम लौटा देते हैं, उसका पाषाणवत् जीवन महिमामय हो जाता है। वह समाज द्वारा स्वीकार कर ली जाती है। परित्यक्त नारी की समाज वापसी यही नारीत्व का पुनर्जन्म है, पुनर्स्थापना है। यही पत्थरवत् जीवन का शुष्क जीवन का सरस बनना है, समाज में आत्मसात् होना है। समाज की सम्मानित नारी बनना है।

श्लोक—

पादाम्बुजं ते प्रक्षाल्य नावमाराहयोमि नो।
करमूल्यं ग्रहीष्यामि शपथोमेऽपि ते पितुः।।
लक्ष्मणौ यां शरैर्हन्यात् अप्रक्ष्याल्य पदाम्बुज।
पारं नोत्तारयिमि सत्यमेव वदाम्यहम्।।

भावार्थ—आपके चरण कमल को प्रक्षालित कर ही नाव पर चढ़ाऊँगा। और कर भी मैं आपसे नहीं लूँगा।

मुझे आपकी और आपके पिता की शपथ है, चाहे लक्ष्मणजी मुझे तीर से मार दें, मगर मैं आपके चरणकमल धोकर ही गंगा पार करूँगा। मैं सत्य ही कह रहा हूँ।

उतरि ठाढ़ भे सुरसरि रेता। सीय राम गुह लषन समेता।।
केवट उतरिं दंडवत कीन्हा। प्रभुहि सकुच यहि नहिं कछु दीन्हा।।
पिय हिय की सिय जाननि हारी। मनि मुँदरी मन मुदित उतारी।।
कहेउ कृपाल लेहि उतराई। केवट चरन गहेउ अकुलाई।।

भावार्थ–केवट नाव का भाड़ा नहीं लेता है। नहीं लेता है तब टालमटोल करते हुए कहता है–**फिरती बार मोहि जो देवा, सो प्रसाद मैं सिरधरि लेवा** लौटते वक़्त भाड़ा लूँगा, यह कहकर बात को वह टाल रहा है। वह मामूली केवट नहीं है। शृंगवेरपुर का निषादराज है। अयोध्या से मित्रता उसे समाज में जो सम्मानित स्थान दिलायेगी, वह अर्थ लाभ नहीं दिला सकता। यही हुआ। धार्मिक लोग इसकी व्याख्या इस तरह करेंगे कि केवट उन्हें गंगा पार किया, राम जी उसे भवसागर पार करेंगे। हिसाब बराबर (अगस्त्य रामायण)।

श्लोक–

पारं गत्वाब्रवीद वाक्यं निषादं रघुनन्दनः।
गृहाण करमूल्यं त्वं जग्राह चरणौ हरेः।।

भावार्थ–गंगा पार कर रघुनन्दन निषाद से बोले–तुम पार उतारने का कर ग्रहण करो। यह सुनकर केवट ने हरि का चरण पकड़ लिया।

सहज सनेह राम लखि तासू। संग लीन्ह गुह हृदय हुलासू।।

भावार्थ–राम जी ने निषादराज का निष्कपट प्रेम देख उसे सहयात्री बना लिया। वे चित्रकूट तक साथ रहे। निषादराज के अन्य परिजन लौट गये (अगस्त्य रामायण)।

श्लोक–

रामस्तस्य निरीक्ष्यैव सहजं प्रेम तं गुहम।।
हर्षपूर्णेन मनसा चकार सहगामिनम्।

भावार्थ–राम जी ने उस गुह का सहज प्रेम देखकर ही हर्षपूर्वक उसे मन से सहगामी बनाया।

को कहि सकै प्रयाग प्रभाऊ। कलुष पुंज कुंजर मृगराऊ।
अस तीरथपति देखि सुहावा। सुख सागर रघुबर सुख पावा।।

भावार्थ–प्रयागराज सप्तपुरी में शुमारित है। वह तीर्थराज है। इनका माहात्म्य बड़ा है। सनत्कुमार संहिता में प्रयागराज की बड़ी बड़ाई है।

श्लोक–

प्रयागराजमहिमा महान् वेदेषु वर्णितः।
पापानां नाशकोऽयं श्रीतीर्थराजः प्रकीर्तितः।।
शुभं तीर्थपति दृष्ट्वा श्रीरामः सुखसागरः।
लभे सुसुखमत्यन्तं दुःखितानां तुका कथा।।

भावार्थ—वेदों में प्रयागराज की महिमा अत्यन्त वर्णित है। यह तीर्थराज पाप नाशक है। ऐसे शुभ तीर्थराज का दर्शन कर सुखसागर राम जी ने अत्यन्त सुन्दर सुख प्राप्त किया—दुःखितों का तो कहना ही क्या है?

ग्राम निकट जब निकसहिं जाई। देखहिं दख्स नारि नर धाई।।
होहिं सनाथ जनम फल पाई। फिरहिं दुखित मन संग पठाई।।

भावार्थ—भरद्वाज मुनि से विदा लेकर राम जी जब गाँव की ओर चले तब ग्रामीण जन उनके दर्शन हेतु उमड़ पड़े। वे लौट जाते थे पर मन राम जी में लगा रहता था। उनके साथ-साथ जाता था। सिर्फ़ शरीर घर लौटता था।

श्लोक—

ग्रामांतिके यदा यांति दर्शनार्थं तदा नराः।।
धावंति ललना दृष्ट्वा कृतार्थश्च भवंति वै।।
तैः सार्ध हृदयं कृत्वा निवर्ततेऽति दुःखिताः।।

भावार्थ—जब ये सब किसी गाँव के पास से निकलते थे तब स्त्री-पुरुष इन्हें देखने के लिए दौड़ते थे और दर्शन कर कृतार्थ होते थे। फिर दिल को इनके साथ लगाकर दुःखित मन से वे लौट जाते थे।

ते पितु मातु कहहु सखि कैसे। जिन्ह पठए बन बालक ऐसे।
राम लषन सिय रूप निहारी। सोच सनेह बिकल नर नारी।।

भावार्थ—ग्राम बधूटियाँ आपस में वार्त्तालाप करती थीं, ऐसे सुन्दर बालक को जंगल भेजने वाले माँ-बाप कैसे थे? **तेहि अवसर एक तापस आवा** का कुछ पण्डित अर्थ शिव न कर अग्नि करते हैं। इस पर और शोध की ज़रूरत है। क्या असली सीता अग्नि ले गये और छाया सीता राम के साथ रही? कुछ कह पाना मुश्किल है।

श्लोक—

याम्भयामेतादृशौ बालौ विपिनं प्रेषितौ शुभौ।
कीदृशौ पितरौ तौ दु वद त्वं सखि शोभने।।
श्रीरामसीतासौमित्रिरूपं वीक्ष्यं मनोहरम्।
भवंति स्नेहशोकाभ्यां विकलाः पुरुषाः स्त्रियः।।

भावार्थ—हे सुन्दरी सखि! तुम कहो वे माता-पिता कैसे हैं जिन्होंने ऐसे सुन्दर बालक जंगल में भेज दिये?

राम, लक्ष्मण, सीता के मनोहर रूप देखकर स्त्री-पुरुष स्नेह और शोक से विकल हो जाते हैं।

एहि बिधि पूछहिं प्रेम बस, पुलक गात जल नैन।
कृपा सिंधु फेरहिं तिनहिं, कहि बिनीत मृदु बैन।।

भावार्थ—ग्रामीण वन में राम जी का साथ देना चाहते हैं, पर, राम जी उन्हें सप्रेम लौटा देते हैं। राम जी रास्ते के रमणीक सम्पन्न गाँवों को देख चकित होते हैं। (अगस्त्य रामायण) प्रश्न है, वह समाज क्या था? कबीलाई या खेतिहर? जीविका का आधार क्या था?

सम्पन्नता का आधार क्या था? आबादी कम और जंगल प्रचुर होने से यह सम्पन्नता थी? अयोध्या की आमदनी खेती और नदी यातायात था। अयोध्या का राजकुमार वन प्रान्तर के गाँव देख क्यों चकित हुआ? प्रश्न उत्तर की अपेक्षा रखते हैं।

श्लोक—

एवं पुलकिता भूत्वा पृच्छंति प्रेमकारणात्।
निवर्तयति तान् रामो गदित्वा कोमलां गिरम्।।

भावार्थ—इस प्रकार प्रीति के कारण रोमांचित हो नेत्रों में आँसू भर पूछते हैं और रामचन्द्र जी उन्हें कोमल वाणी कहकर लौटा देते हैं।

बरनि न जाइ दास तिन्ह केरी। लहि जनु रंकन्हि सुरमनि ढेरी।।
एकन्ह एक बोलि सिख देहीं। लोचन लाहु लेहू छन एही।।

भावार्थ—राम, लक्ष्मण का सिर जटाजूट मण्डित है। बाहु, वक्षस्थल, नयन विशाल है तथा मुखमण्डल चन्द्रमा की तरह दिव्य है। शरीर पर पसीने की बूँदें हैं। राम, लक्ष्मण, सीता का सौन्दर्य देख ग्रामीण मन, बुद्धि, चित्त लगाये हैं और प्रमुदित हैं (पुलस्त्य रामायण)।

श्लोक—

तेषां दशाऽवर्णनीया दरिद्रो लब्धवान मणिम्।
एकश्चोपदिशत्येकं गृह्यणाक्ष्णोः फलं क्षणे।।

भावार्थ—उनकी दशा अवर्णनीय है। जैसे दरिद्र को मणि प्राप्त हो जाय। एक-दूसरे को वे उपदेश देते हैं—नयनों का लाभ इसी क्षण दर्शन कर ले लो।

मुदित नारि नर देखहिं सोभा। रूप अनूप नयन मन लोभा।।
एकटक सब सोहहिं चहुँ ओरा। राम चन्द मुख चन्द चकोरा।।

भावार्थ—रामचन्द्र जी का मुख चन्द्रमा है, ग्रामीण चकोर हैं, अपलक एकटक देख रहे हैं।

श्लोक—

मुदिताश्च नरा नार्थः शोभां पश्यंति मानसम्।।
रूपं चानुपमं दृष्ट्वा तेषां नेत्रं च मोहितम्।
भूत्वा चानिमिषा लोका राजंते परितो हरेः।।
चकोरा इव रामस्य मुखचन्द्रस्युधां पपुः।

भावार्थ—नर नारि सभी प्रसन्न होकर शोभा देखते हैं। उपमा रहित स्वरूपों को देखकर उनकी आँखें और मन मोहित हो गये। लोग अपलक हो हरि को चारों तरफ़ घेरकर चकोर की तरह मुखचन्द्र अमृत का पान कर रहे हैं।

बरनि न जाइ मनोहर जोरी। सोभा बहुत थोरि मति मोरी।।
राम लषन सिय सुन्दरताई। सब चितवहिं चित मन मति लाई।।

भावार्थ—राम, सीता, लक्ष्मण के रूप गुण अवर्णनीय हैं।

श्लोक—

रामलक्ष्मणौयौः शोभावर्णनीया मुनीश्वरैः।।
श्रीरामसीतासौमित्रि सौन्दर्य मनसा धियां।
चित्तेन सर्वे पश्यंति प्रमोदं प्राप्नुवंति च।।

भावार्थ—मुनीश्वरगण भी राम, लक्ष्मण की शोभा का वर्णन नहीं कर सकते। राम, लक्ष्मण, सीता की शोभा को सभी मन बुद्धि, चित्त लगाकर देख रहे हैं और आनन्द की प्राप्ति कर रहे हैं।

गाँव गाँव अस होइ अनन्दू। देखि भानु कुल कैरव चन्दू।।
जे कछु समाचार सुनि पावहिं। ते नृप रानिहिं दोष लगावहिं।।

भावार्थ—जहाँ-जहाँ श्री राम जी जाते हैं, वहाँ के लोग प्रेम के वश हो जाते हैं (महा रामायण)।

श्लोक—

विलोक्य भानुवंशेन्दुं ग्रामे ग्रामे च जायते।
आनन्दो ये समाचारं किंचिऽजानन्ति ते नृपम।।
राज्ञीं चापि विनिन्दन्ति प्रेमपूर्णाः सुनिर्मलाः।।

भावार्थ—भरत जी को देखकर सिद्ध, साधु, मुनि प्रसन्न हो कहते हैं कि भरत जी एक ओर तो राम के प्रिय, तीनों लोकों में सिद्ध, साधु हैं, वे राम के छोटे भाई हैं, उनके लिए वन क्यों नहीं सुखदायी होगा।

सैल सुहावन कानन चारू। करि केहरि मृग बिहँग बिहारू।।

भावार्थ—यह चित्रकूट का वर्णन है। कामदगिरि के जंगल आज भी मोहक हैं। गुप्त गोदावरी की गुफा, अन्तःसलिला जलधारा सभी अद्‌भुत है। मन्दाकिनी के जल प्रपात, हनुमत्, शृंग और अत्रि प्रिया अनसूया के आश्रम सभी सुहावन हैं (वैवस्वत संहिता)।

श्लोक—

तत्रत्यश्चाचलो रम्यः काननं च मनोहरम्।
हस्तिसिंहमृगाधाश्च विहरन्ति विहंगमाः।।

भावार्थ—वहाँ का जंगल, पर्वत, मनोहर और रमणीय है जहाँ पर हाथी, सिंह, मृग आदि पशु, पक्षी, विहार करते हैं।

जहँ तहँ तुमहिं अहेर खेलाउब। सर निर्भर भल ठाऊँ देखाउब।।
हम सेवक परिवार समेता। नाथ न सकुचव आयसु देता।।

भावार्थ—राम जी को वनवासी जंगल का ज्ञान कराते हैं। शंकर संहिता में वर्णन है जो राम जी वेद और मुनिगण के लिए अगम हैं, अबूझ हैं, वे वनवासियों से ज्ञान ग्रहण कर रहे हैं जैसे पिता नन्हे बालक की बातें गौर से सुनता है।

श्लोक—

मृगयां कारयामस्त्वां यत्र तत्र स्थले प्रभो।
सरांसि निर्झरांश्चापि दर्शयायो वराणि च।।
सकुटंबा वयं सर्वे सेवकाः कोसलेश्वर।।

भावार्थ—हे प्रभो! तुम्हें यत्रतत्र शिकार करावेंगे। तुम्हें अच्छे स्थान, तालाब, झरना दिखलायेंगे। हे कोसलेश्वर! हम सब परिवार सहित आपके सेवक हैं। हमें निःसंकोच आदेशित करना।

परन कुटी प्रिय प्रीतम संगा। प्रिय परिवार कुरंग बिहंगा।।
सास ससुर सम मुनि तिय मुनिवर। असन अमिय समकन्दमूल फर।।

भावार्थ—पुलस्त्य संहिता में वर्णन है—"पिया के संग रहने पर पत्ता के बिछौना, कामदेव की सौ शय्या से ज़्यादा सुखद है। क्या सीता जी कभी विषय आसक्त हो सकती हैं? वह भौतिक सुखों से परे हैं और पतिसेवा, पतिप्रेम से आप्लावित हैं।

श्लोक—

पर्णशाला प्रिया जाता प्रियसंगे विहंगमाः।
कुटुंबिनः कुरंगाश्च मुनयश्च मुनि स्त्रियः।।
श्वशुरेण च श्वश्चवाश्च समाः कन्दलफलानि च।
मूलानि चैषामशनं, सुधातुल्यं प्रतीयते।।

भावार्थ—प्राण पति के संग पत्तों की कुटी भी प्रिय लगती है। पशु-पक्षी ही कुटुम्ब है, मुनि पत्नी सास है, मुनि श्वसुर हैं और कन्दमूल, फल अमृत समान भोज्य थे।

बिबिध कथा कहि कहि मृदु बानी। रथ बैठारेसि बरबस आनी।।
शोक सिथिल रथ सकहि न हाँकी। रघुपति बिरह पीर उर बाँकी।।

भावार्थ—जब निषादराज ने विविध प्रकार से मना कर सुमन्त्र को अयोध्या लौटाने के लिए रथ पर बैठाया, तब उदास घोड़े भी पग बढ़ाने में दुःख से समर्थ न थे (महा रामायण)।

श्लोक—

गुहः प्रियाभिर्वाणीभिराश्वास्य च रथोपरि।
सुमन्त्रः स्थापयामास शोकेन शिथिलं बलात्।।

भावार्थ—निषाद ने मधुर वचन से सुमन्त्र को समझाकर बलजोरी से रथ पर बैठाया।

जिमि कुलीन तिय साधुसयानी। पति देवता कर्म मन बानी।।
रहै कर्म बस परिहरि नाहू। सचिव हृदय तियी दारुन दाहू।।

भावार्थ—महा रामायण के अनुसार रामचन्द्र के विरह से व्याकुल मन्त्रियों में श्रेष्ठ सुमन्त्र अपने मन में विभिन्न चिन्ता करने लगे। पुलस्त्य संहिता में वर्णन है, मन्त्री इसी तरह विकल थे जैसे वेदपाठी ब्राह्मण धोखे से शराब पीकर पछताता है।

श्लोक—

यथाकुलोद्भवा साध्वी प्रवीणा पतिदेवता।
मनसा कर्मणा वाचा नारी कर्मवशात् प्रियम।
त्यक्त्वा वियोगजं दुःखं सहते मन्त्रिणस्तथा।
हृदये दारुणो तादृश चासीद् रामवियोगतः।।

भावार्थ—राम के वियोग में मन्त्री का हाल वही था जो अच्छे वंश की साध्वी कुलवन्ती मन, कर्म, वचन से प्रिय पति को देवता तुल्य मानती हुई भी पति वियोग का दारुण दुःख झेलती है।

सील सकुच सुठि सरल सुभाऊ। कृपा सनेह सदन रघुराऊ।।
अरि हुँक अनभल कीन्ह न रामा। मैं सिसु सेवक जद्यपि बामा।।

भावार्थ—रघुवंश में है—

न च सपत्नजनेष्वपि ते न वाग परूषा
परूषा सर मीरिता।

यद्यपि मैं महापापी हूँ तथापि प्रेम और दया के सागर राम जी मेरे (भरत) ऊपर दया करेंगे। यद्यपि मैं अनभल अपराधी।

श्लोक—

यधप्यहं महापापी तथापि रघुनन्दनः।
करिष्यित्यनुकम्पा हि मयि पेमदयार्णवः।।

भावार्थ—उन क्रोधरहित राजा ने शत्रुओं को भी कठोर वचन नहीं कहा। मैं यद्यपि महापापी हूँ, फिर भी प्रेम और दया के समुद्र राम जी मेरे ऊपर अवश्य ही दया करेंगे।

एहि बिधि भरत चले मग जाहीं। दसा देखि मुनि सिद्ध सिहाहीं।।
जबहिं राम कहि लेहं उसासा। उमगत प्रेम मनहुँ चहुँ पासा।।
द्रवहिं वचन सुनि कुलिस पषाना। पुरुजन प्रेम न जाइ बषाना।।

भावार्थ—भरत जी साँस भी लेते थे तो राम जपकर। इनका दुःख देखकर वज्र भी पिघल जाते थे। गरुड़ संहिता में है कि भरत जी का अविचल भाई प्रेम देख इन्द्र फूल बरसाने लगे।

श्लोक—

एवञ्च प्रथतस्तस्य श्रीरामं वदतो मुद्रा।
वचो निशम्य किघान्ति प्रस्तराः किन्न नागराः।।

भावार्थ—इस प्रकार चलते हुए प्रेम से श्री राम उच्चरित कर जब भरत जी श्वास लेते थे तब उस समय पत्थर और वज्र भी पिघल जाते थे तब अवधवासियों के प्रेम का क्या कहना?

बीच बास करि जमुनहिं आये। निरषि नीर लोचन जल छाये।।

भावार्थ—भरत जी राह में राम जी का स्मरण करते हुए चित्रकूट की राह पकड़े। यमुनाजी का रंग श्यामल है, राम भी श्यामल हैं, भरत जी याद कर शोक से अभिभूत हो गये। वे शोक सागर में डूब रहे थे कि विचार रूपी जहाज पर चढ़ बच गये। यह विचार राम दर्शन की आस थी, चाह थी, इसी कारण वियोग में प्राणान्त न किये।

रघुबरबरन बिलोकि बर, बारि समेत समाज।
होत मगन बारिधि बिरह, चढ़े बिबेक जहाज।।

श्लोक—

चित्रकूट गिरिं याति भरतो राघवं स्मरन।
मार्गे श्रीयतुनानीरं दृष्ट्वाभूत् प्रेमविह्वलः।।

भावार्थ—श्री भरत जी चित्र कूटगिरि की तरफ़ राम जी को स्मरण करते हुए जा रहे हैं। मार्ग में यमुना जल देखकर प्रेम से विह्वल हो गये।

तेहि सराहि बानी फुरी पूजी। बोली मधुरवचन तिय दूजी।।
कहि सप्रेम सब कथा प्रसंगू। जेहि बिधि राम राज रस भंगू।।
भरहिं बहुरि सराहन लागी। सील सनेह सभाय सुभागी।।

भावार्थ–ग्राम वधुएँ एक-दूसरे से कह रही हैं हे सखि! भरत जी का भाइयों पर स्नेह और अनुराग जो है वह अवर्णनीय है (सूत संहिता)।

चलत पायदेहि खात फल। पिता दीन्ह तजिराज।
जात मनावन रघुबरहिं, भरत सरिम को आज।।

श्लोक–

तां प्रशस्यापरा वार्णीं मधुरां प्राह हे सखि।
रामस्त्यक्त्वा पितुर्वाक्यादयोध्याराज्यमुत्तमम्।।
जगाम काननं घोरं तमनेतुं व्रजत्यसो।
पित्रा दत्तं परित्यज्य राज्य पदभ्यां फलान्यदन्।।

भावार्थ–उसकी प्रशंसा कर दूसरी सखी मधुरवाणी में बोली–हे सखी। पिता की आज्ञा से राम जी अयोध्या का उत्तम राज्य छोड़कर घोर कानन में गये। उन्हीं को वापस बुलाने के लिए ये भरत जी पिता के दिये हुए राज्य को छोड़कर फलाहार करते हुए पैदल ही जा रहे हैं। इनके समान आज कौन भाग्यशाली है।

उहाँ राम रजनी अवशेषा। जागे सीय सपन असदेषा।।
सहित समाज भरत जनु आये। नाथ वियोग ताप तनु ताये।।
सकल मलिन मन दीन दुखारी। देषी सासु आन अनुहारी।।

भावार्थ–यह सीता जी के रात्रि के चौथे पहर के स्वप्न से सम्बन्धित है। वे स्वप्न में राम वियोग से दुःखी भरत को आते देखते हैं। उन्होंने वैधव्य वेश में सभी सासों को भी देखा। सीता जी के अशुभ स्वप्न को सुनकर श्री रामचन्द्र जी की आँखों में आँसू भर गये।

श्लोक–

ददर्श जानकी स्वप्नं निशान्ते भरतः प्रियः।
आगतो रामविरहतापतप्ततनुर्म्महत।।
समाजसहितः श्वश्रूगणमत्यन्तदुःखितम्।

भावार्थ–चित्रकूट में सीता जी ने कुछ रात शेष रहे भोर के पहले ऐसा स्वप्न देखा कि मानो भरत जी प्रिय अवधवासियों सहित आये हैं, परन्तु सभी राम वियोग से दुःखी हैं और सभी सासों को अत्यन्त दुःखित देखा।

एक आइ अस स कहा बहोरी। सेन सग चतुरंग न थोरी।।
सो सुनि रामहिं भा अति सोचू। इत पितु बचउत बंधु सँकोचू।।
भरत सुभाव समुझि मन माँही। प्रभुचित हितथिति पावत नाहीं।।
समाधान तब भा यह जाने। भरत कहे महँ साधु सयाने।।

भावार्थ–भरत संहिता में है, कि राम जी सोच रहे हैं कि भाई भरत अयोध्या नगर को अनाथ छोड़ क्यों आये हैं? यदि भरत जी हठकर मुझे लौटने को कहेंगे तब राक्षसवध का कार्यक्रम मेरा कैसे पूरा होगा? जो हो, वो मेरे कहने में हैं और साधु स्वभाव के हैं।

श्लोक–

कश्चिदागत्य सर्वेशं प्राह सेना समागता।
तच्छ्रुत्वा राघवः शोकं चकार जगदीश्वरः।।

भावार्थ—उसी समय किसी ने आकर यह संवाद दिया कि उनके साथ बहुत-सी सेना भी है।

यह सुनकर रामचन्द्र जी शोक ग्रस्त हो गये क्योंकि वे सोचने लगे कि कैसे पितृवचन पालन करूँगा, कैसे राक्षस वध कर सकूँगा और कैसे भरत के वापस लौटने के आग्रह को ठुकरा सकूँगा।

बोले उचितवचन रघुनन्दू। दिनकर कुल कैरवबनचन्दू।।
तात जाय जनि करहु गलानी। ईस अधीन जीवगति जानी।।
तीनि काल त्रिभुवन मत मोरे। पुण्यसलोक तात तर तोरे।।
उर आनत तुम्ह पर कटुलाई। जाइ लोक परलोक नसाई।।
दोष देहिं जननिहिं जड़ तेई। जिन्ह गुरु साधु सभा नहिं सेई।।

भावार्थ—भरत जी ने उचित ढंग से अपनी बात रखी। पराशर संहिता में है

नाना विधां मुनिज्ञाग्नी प्रोच्य पौराणिकी कणम् गोस्वामीजी कहते हैं—

कहि अनेक विधि कथा पुरानी। भरत प्रबोध कीन्ह मुनि ज्ञानी।।

भरद्वाज रामायण में है—दुःख, प्रेम, नम्रता और नीति से परिपूर्ण उत्तम तथापि व्याकुलता से भरी हुई भरत की वाणी को सुनकर सम्पूर्ण सभासद शोकसागर में डूब गये, जैसे कमल वन में पाला पड़ा हो।

गोस्वामी जी कहते हैं—

भरत राम प्रिय पुनि लघु भ्राता। कस न होई वन मंगलदाता।

वसिष्ठ संहिता में है—

विलोक्य भरतं सिद्धाः प्रसन्नाः साधवस्तथा
मुनयश्च वदन्तीत्थं भवन्ति विपिनंकथम्।।

अर्थात् एक तो भरत जी राम जी के प्रिय हैं, दूसरे छोटे भाई हैं तब वन सुखदायक क्यों नहीं होगा?

मिटिहिं पाप प्रपंच सब, अखिल अमंगल भार।
लोक सुजस परलोक सुख, सुमिरत नाम तुम्हार।।

भावार्थ—यहाँ राम जी कैकेयी की निर्दोषिता पर ज़ोर देते है। कहते हैं—"जो माता कैकेयी को दोष देंगे, वे अज्ञानी और दुरात्मा हैं।"

कहने का आशय है—कैकेयी ने वैधव्य स्वीकार किया, बदनामी स्वीकार की मगर देवताओं का काज किया ऐसा उन्होंने संसार के हित में किया है। अतः लोग उनकी प्रशंसा करें न कि दोष लगायें। यदि भरत जी राम को लौटाने में सफल होते हैं तब न राक्षस मरेंगे न धरती का बोझ घटेगा। वशिष्ठ जी ने भरत जी का नामकरण करते ही कहा था—

विश्वभर न पोषण करे जोई। ताकर नाम भरत अस होई।।

धनंजय संहिता में भी भरत जी की प्रशंसा है।

श्लोक—

पुनः प्राह रघुश्रेष्ठो भरतं भ्रातृवत्सलम्।
ग्लानि कुरु त्व तात ज्ञात्वा जीवगति हरेः।।

अधीनां त्रिषुलोकेषु पुण्यश्लोकोत्तमाग्रणीः।
त्वन्नामस्मरणत्संधः सर्वमंहोविनश्यति।।
जननीन्दूषयन्त्यन्ये अवुधा अशुभाशयाः।।

भावार्थ—रघुनाथ जी ने भ्रातृ वत्सल भरत जी से कहा—हे भाई! ईश्वर अधीन जीवगति जान कर तुम खेद मत करो। तीनों लोकों में तुम ही पुण्यश्लोक, उत्तम और अग्रणी हो। तुम्हारे नाम स्मरण से शीघ्र सब पाप नष्ट हो जाते हैं।

हे तात! जो अपने हृदय में तुम्हें छली समझे, उसके सब पुण्यकर्म नष्ट हो जायेंगे और महात्मा कैकेयी को वही लोग दोष देंगे जो अज्ञानी और दुरात्मा हैं।

सुनि गुरु परिजन सचिव महीपति। भे सब सोच सनेह बिकल अति।।
धरि धीरज करि भरत बड़ाई। लिए सुभट साहनी बुलाई।।
घर पुर देस राषि रषवारे। हय गय रथ बहु जान सँवारे।।
दुघरी साधि चले ततकाला। किय विश्राम न मग महि पाला।।
भोरहिं आजु नहाइ प्रयागा। चले जमुन उतरन सब लागा।।
खबरि लेन हम पठए नाथा। तिन्ह कहि अस महि नायउ माथा।।
साथ किरात छ सातक दीन्हे। मुनिवर तुरत बिदा चर कीन्हे।।

भावार्थ—धर्म रामायण में है, राजा जनक का आगमन सुन रामचन्द्र जी बड़े संकोच में पड़ गये पर अवधवासी प्रसन्न हुए। जनक जी को भी भरत के आने का वृत्तान्त दूत से ज्ञात हुआ (नारद पुराण)। गोस्वामी जी लिखते हैं—

दूत न आइ भरत की करनी। जनक समाज जथा मति वरनी।

श्लोक—

श्रुत्वा महींपतिर्विप्रैः सचिवैः सहितस्त्वरम्।
प्रतस्थे चित्रकूटाहिं द्रष्टुं रामं सलक्ष्मणम्।।

भावार्थ—यह सुनकर ब्राह्मणों और सचिवों सहित राजा जनक लक्ष्मण सहित राम को देखने के लिए चित्रकूट पर्वत की ओर रवाना हुए।

अनुचित आज कहब असमोरा। सोक सनेह सयान पथोरा।।
सुनि सुरसरिसम पावनि बानी। भई सनेह बिकल सब रानी।।
कौशल्या कह धीर धरि, सुनहु देबि मिथिलेसि।
को बिबेकनिधि वतल्लभहिं, तुमहि सकै उपदेसि।।

भावार्थ—चाणक्य नीति है—रात्रि का दीपक चन्द्रमा है, दिन का दीपक सूर्य है, त्रैलोक्य का दीपक धर्म है और कुल का दीपक सुपुत्र है। विधि का प्रपंच अनादि है। कौशल्या किसी को दोषी नहीं मानती। वह सीता को समझाती है, तुम तो ज्ञान विधान जनक सुता हो, बुद्धि मती हो, तुम्हें मैं क्या समझाऊँ।

श्लोक—

विधाय धैर्य कौशल्या मिथिलाधीश्वरि प्रिये।
श्रुणु त्वं विज्ञाननिधेर्वल्लभासि सुधीमती।।

भावार्थ—धीरज धर कर कौशल्या जी ने जनकनन्दिनी से कहा। प्यारी! सुनो! तुम ज्ञान निधान जनक जी की सुधीमती पुत्री हो। तुम्हें क्या समझाऊँ?

प्रभु पितु बचन मोहबस पेली। आयउँ यहाँ समाज सकेली।।
जग भल पोच ऊँच अरू नीचू। अमिय अमर पद माहुर मीचू।।
राम रजाय मेटि मन माहीं। देखा सुना कतहुँ कोउ नाहीं।।
सौ मैं सब बिधि कीन्हि ढिठाई। प्रभु मानी सनेह सेवकाई।।

श्लोक—

प्रभोः पितुर्वचश्चापि मोहादुतलंघ्य चागतः।
समाजंसहितोत्राहं संसारे संति सज्जनाः।।
दुर्जना उच्चनीचाश्च सर्वे स्वर्गप्रदा सुधा।
मृत्युप्रदं विषं चास्ति विचार्य मनसा त्वहम्।
दृष्ट्वान रामचन्द्राज्ञाभंगकृत कोपि न श्रुतः।
परन्तु भवता प्रेम्णा निजसेवैव मानिता।।

भावार्थ—मैं आप और पिताजी के वचन को अज्ञानवश उल्लंघन कर यहाँ आया हूँ। संसार में भले-बुरे, उच्च-नीच सभी तरह के प्राणी हैं। स्वर्गदाता अमृत भी है और मृत्युदाता विष भी है। मैंने विचार किया पर कहीं भी कोई राम आज्ञा भंग करने वाला नहीं दिखा, न सुना। मैंने तो सब प्रकार की धृष्टता की परन्तु आपने उसे अपने प्रेम के कारण सेवा ही मान लिया।

नाथ निपट मैं कीन्ह ढिठाई। स्वामि समाज सकोच बिहाई।।
अबिनय बिनय यथा रुचि बानी। क्षमिथ देव अति आरतजानी।।

भावार्थ— महाभारत के अनुसार व्यास मुनि की भाषा में भरत भुजा उठाकर घोषित कर रहे हैं, राम से बढ़कर दूसरा कोई नहीं है और अपने शील, स्वभाव, हितकारी व्यवहार से मेरा प्यार रखा। मुझे दुखी जान मेरे अविनय को क्षमा करें (ब्रह्म रामायण)।

श्लोक—

नाथाहं त्वत्समज्यायां संकोचं प्रविहाय च।।
धृष्टता कृतवान्नभ्रामनम्प्रां च यथा रुचि।।
यां वेणीं प्रोक्तवान् देव तां क्षमस्वाति दुःखितः।

भावार्थ—हे नाथ! मैंने आपके समाज में संकोच छोड़कर अधिक धृष्टता की है। विनय रहित अथवा नम्रता सहित मैंने अपनी रुचि अनुसार कहा, सो देव, मुझे दुःखित जान अपराध क्षमा कर दीजिए।

भरत जनक मुनिगन सचिव। साधु सचेत बिहाइ।
लागि देवमाया सबहिं, यथाजोग जन पाइ।।

भावार्थ—इन्द्र के उच्चाटन मन्त्र से भरत, जनक, मुनिगण, मन्त्रिगण को छोड़कर सब माया बस हो गये। राम जी ने इन्द्र के छल को जाना (नृसिंह पुराण)।

श्लोक–

भरतं जनकं चैव मुनीन्मन्त्रिगणांस्तथा।
तत्त्वज्ञान्साधु लोकांश विहाय सकलान् जनान्।।
सम्प्राप्य च यथा योग्यान्देवमाया पिपीऽसा।।

भावार्थ–जब इन्द्र ने उच्चाटन किया तब भरत, जनक, मुनिगण, मन्त्रिगण तथा तत्त्वज्ञानी साधु कर देवताओं की माया सबको लगी।

रामहिं चितवन चित्र लिखेसे। सकुचत बोलत बचन सिषेसे।।
भरतप्रीति नति बिनय बड़ाई। सुनत सुखद बरनत कठिनाई।।

भावार्थ–इस स्थिति का वर्णन शिव भी नहीं कर सकते। राम की इच्छा से इन्द्र ने वह छल किया। देवता राम-रावण युद्ध की तैयारी के लिए यह सब कर रहे थे। राम जी को देश, काल, परिस्थिति, लाभ-हानि, परिजन-पुरजन प्रेम, देव ऋषि कार्य सभी देखना था।

श्लोक–

रामचन्द्रं प्रपश्यंति ते चित्रलिखिता इव।
शिक्षितानीव वाक्यानि वदंति च विनयं नतिम्।।
भरतस्य महत्त्वं च प्रशंसां सुखदायनीम्।
शृण्वंति शक्ता नो वक्तुं देवा अपि शिवादयः।।

भावार्थ–प्रजा लोग रामचन्द्र जी को चित्रलिखित सा टकटकी लगाये देखते रहे मानो सिखाई बात बोलते हैं। भरत जी की विनय, प्रणाम, महत्त्वपूर्ण, सुखदायिनी प्रशंसा को सुनते हैं जिसे कहने में शिव आदि देवता भी अशक्त हैं।

धन्य भरत जयराम गोसाँई। कहत देव हरषित बरिआई।।
मुनि मिथिलेस सभा सब काहू। भरत बचन सुनि भयउ उछाहू।।

भावार्थ–पद्म पुराण में है कि भरत धर्मात्मा, लोक, वेद के ज्ञाता हैं। गोस्वामी जी कहते हैं–

तात भरत तुम्ह धर्म धुरीना। लोकवेद विद प्रेम प्रवीना।।

श्लोक–

धन्योसि भरत स्वामिन् जय राम बलात्सुराः।
हर्षिताः कथयन्तीत्थं सभ्याश्च जनको मुनिः।।

भावार्थ–देवता लोग भी भरत जी को धन्य-धन्य कहने लगे। देवता भी अब कठिनाई से राम जी की जय बोलने लगे। मुनि वसिष्ठ, जनकजी, सभासदगण भरत जी की वाणी को सुनकर प्रसन्न हुए।

भरत मुदित अवलम्ब लहेते। अस सुख जस सियराम रहेते।।
माँगेउ बिदा प्रणाम करि, राम लिये उर लाइ।
लोग उचाटे अमरपति, कुटिल कुअवसर पाइ।।

भावार्थ–सहारा पाकर भरत जी प्रसन्न हुए और राम के आदेश पाने के लिए करबद्ध हो गये। गोस्वामी जी लिखते हैं–

देव-देव अभिषेक हित, गुरु अनुशासन पायी।

वशिष्ठ संहिता में है–

देव देवाभिषेकाय श्री गुरो राज्ञया जलम्।

गोस्वामी जी लिखते हैं–

धन्य भरत जयराम गोसाई, कहत देव हरषित अरिभाई।।

वशिष्ठ संहिता में है–

धन्योसि भरत स्वामिन् जय राम बलात्सुराः।

श्लोक–

प्राप्यावलम्बं भरतः प्रसन्नः प्रणिपत्य च।
गन्तुमाज्ञां ययाचे त रामः शिश्लेषतं मुदा।।
उच्चाटनं च कृतवान सर्वेषां सुरनायकः।।

भावार्थ–अवलम्ब पाकर भरत जी प्रसन्न हुए। रामचन्द्र जी को प्रणाम कर जाने की आज्ञा माँगी। रामचन्द्र जी ने मुदित होकर उनको छाती से लगा लिया। इन्द्र ने सभी का उच्चाटन किया।

टिप्पणी–पति परित्यक्ता, समाज निर्वासिता, जातिच्युता अहिल्या की समाज वापसी ही पत्थरवत् जीवन जीने वाली अहिल्या का नारी बनना है। नारी गरिमा की पुनर्वापसी ही पत्थरवत् जीवन का नारीकरण है। गरुड़, नाग वानर, भालू से आशय पशु योनि नहीं है। यह अर्ध सभ्य जंगलवासी जातियों की गोत्रवाचक पदावली है। यह कबीलाई समाजों का टोटम है, पहचान है। हनुमान की माँ ब्राह्मणी अंजनि है। नाग, गरुड़, दैत्य, आदित्य सभी के पिता कश्यप हैं, माँ कद्रू, विनीता, दिति, अदिति भिन्न-भिन्न हैं।

नृसिंह पुराण

जब तें राम ब्याहि घर आये। नित नव मंगल मोद बधाये।।

भावार्थ—इस चौपाई के पहले दोहा है—

बरनऊँ रघुवर विमल जस, जो दायक फल चारि।

अयोध्या काण्ड में भरत चरित्र का बखान है। अतः रघुवर से आशय भरत जी मानना चाहिए। जब चारों भाइयों राम, लक्ष्मण, भरत, शत्रुघ्न का ब्याह क्रमशः सीता, उर्मिला, माण्डवी और श्रुतकीर्ति से सम्पन्न हो गया और चारों भाई अयोध्या आये, तब प्रतिदिन नया-नया मंगल, आनन्ददायक बधावा, ख़ुशी मनाया जाने लगा। इस भूमण्डल में अयोध्या नगर का ऐश्वर्य अवर्णनीय है।

बरनि न जाई कछु नगर बिभूती।

आनन्द रामायण में है—

अयोध्या नगरैश्वर्य वर्णनातीत मस्तिकौ।

श्लोक—

कृतदारो महातेजा रामः कमललोचनः।
मातापित्रोर्जनानां च प्रीतिमुत्पादयन्पराम्।।
अयोध्यायां स्थितो रामः सर्वभोगसमन्वितः।

भावार्थ—विवाह उपरान्त महातेजवान् कमल नेत्रवाले रामचन्द्रजी माता, पिता और पुरवासियों में प्रीति को उत्पादित कर सर्व भोग समन्वित हो अयोध्यापुरी में अवस्थित हुए।

कहेउ भूप मुनि राज कर, जोइ जोइ आयसु होइ।।
राम काज अभिषेक हित, बेगि करिय सोइ सोइ।।

भावार्थ—वृद्ध राजा दशरथ के हृदय में ऐसी प्रीति, प्रतीति हुई कि मेरे जीते जी राम युवराज पद पर प्रतिष्ठित हों। वशिष्ठ मुनि राजा को आश्वस्त करते हैं कि आपके नाम और कीर्ति से चारों फल, अर्थ, धर्म, काम, मोक्ष की सिद्धि आप से आप हो जाती है।

फल अनुगामी महिप मनि, मन अभिलाष तुम्हार।

भवभूति ने भी इस प्रसंग का वर्णन इसी तरह किया है। राजा ने अनुचरों को शीघ्र अभिषेक सामग्री लाने का आदेश दिया जैसा वशिष्ठ मुनि ने बतलाया है। राज्याभिषेक योग्य सामग्री की सूची धर्मशास्त्रों में दी गयी है।

श्लोक–

रामाभिषेकद्रव्याणि मुनिप्रोक्तानि यानि वै।
तानि भृत्याः समाहृत्य शीघ्रमानेतुमर्हथ।।

भावार्थ–मुनि के कथनानुसार राम जी के अभिषेक से सम्बन्धित द्रव्य एवं सामग्री को भृत्य लोग इकट्ठा कर ले आने को प्रस्तुत हुए।

जो मुनीस जेहि आयसु दीन्हा। सो तेहि काजु प्रथम जनु कीन्हा।।

भावार्थ–वशिष्ठ मुनि के आदेशानुसार अभिषेक की तैयारी होने लगी। विचारणीय और ध्यातव्य बात यह है कि राजा जो बल का स्वामी है, उसका आदेश सर्वोपरि नहीं है, ज्ञान के स्वामी वशिष्ठ का आदेश सर्वप्रधान है। आज भी अमरीका, जापान, चीन आदि देश ज्ञान के बल पर महाशक्ति हैं। यह स्थिति कभी भारत की थी। भारत ने प्रारम्भ से ही ज्ञान के स्वामी ब्राह्मण, संन्यासी, योगी को वरीयता प्रदान की है। मध्यकाल और आधुनिक काल में शासक प्रधान हो गये हैं, धन और बल प्रधान हो गये हैं। यह भारत की वर्त्तमान दुर्दशा का कारण है।

श्लोक–

तथैव चक्रुस्ते सर्वे वशिष्ठानुसारिणः।।

भावार्थ–वशिष्ठ मुनि की आज्ञा के अनुसार सबों ने कार्य वैसा ही सम्पन्न किया।

एहि अवसर मंगल परम, सुनि रहसेउ रनिवास।
सोभत लषि बिधु बढ़त जनु, बारिधि बीचि बिलास।।

भावार्थ–कुमारसम्भव में इसी आशय को यों कहा गया है–"जिस प्रकार प्रतिपदा चाँद के कारण समुद्र की ऊँची लहरें किनारे की ओर आती हैं।"

तुलसीदास भी यहाँ इसी तरह चन्द्रमा और समुद्र के उदाहरण का प्रयोग इसी आशय से करते हैं। राम अभिषेक की घोषणा से ही सभी परिजन-पुरजन मुदित हैं। राम के हृदय में अनुपस्थित, भरत की चिन्ता है।

भरत सरिस प्रिय को जग माहीं।

श्लोक–

कौशल्या लक्ष्मणश्चैव सुमित्रा नगरीजनाः।
रामाभिषेकमाकर्ण्य मुदं प्राप्यातिहर्षिताः।।

भावार्थ–कौशल्या, लक्ष्मण, सुमित्रा और नगरवासी के शुभ सुखदायक राम अभिषेक को सुन अति हर्ष को प्राप्त हुए।

कत सिष देइ हमहिं कोउ भाई। गाल करब केहि कर बल पाई।।
रामहिं छाड़ि कुसल केहि आजू। जेह जनेस देइ जुबराजू।।

भावार्थ–जब कैकेयी ने मन्थरा से चारों भाई और राजा का कुशल जानना चाहा, तब सरस्वती प्रेरित मन्थरा ने कहा कि तुम्हारा पराभव, नाश करने के लिए राजा तुम्हारे पुत्र भरत की जगह राम को युवराज पद दे रहे हैं। मुझे तुम पर तरस आ रहा है। तुमसे अधिक भाग्यवती राम की माता कौशल्या है। वाल्मीकि में वर्णन है–

सुभगा किल कौशल्या यस्याः पुत्र अभिषेक्ष्यते।

श्लोक–

रामं च कौशलीपुत्रं श्वोऽभिषेक्ष्यति भूतले।
त्वत्पतिस्तु महाराजस्तव नाशाय चोद्यतः।।

भावार्थ–तुम्हारे नाश निमित्त तुम्हारे पति महाराज कल कौशल्यानन्दन रामचन्द्र का भूतल पर अभिषेक करेंगे।

श्लोक–

भरतोऽपि गतो दूरं मातुलस्य गृहं प्रति
चलं हि तब सौभाग्यं नद्याः स्रोत इवोष्णाने।

भावार्थ–भरत भी दूर मातुल घर गये हैं। जिस तरह गर्मी में नदी का सोता वाष्पीकृत हो लुप्त हो जाता है, उसी तरह तुम्हारा सौभाग्य भी अस्थिर है।

पूत बिदेस न सोच तुम्हारे जाननिहहु बस नाहु हमारे।

भावार्थ–मन्थरा कैकेयी को भड़काती है। कहती है जैसे गर्मी में नदी का जल ग़ायब हो जाता है, उसी प्रकार तुम्हारा भाग्य ग़ायब है। भरत भी दूर ननिहाल में है। अध्यात्म रामायण में वर्णित है–"राजा तुमको सिर्फ़ बात से फुसलाते हैं। राजा और मिथ्याचारी है।"

पुनि कह राउ सुहृदय जिय जानी। प्रेम पुलकि मृदु मंजुल बानी।।
भामिनि भयउ तोर मन भावा। घर घर नगर आनन्द बधावा।।
रामहिं देहुँ कातिह युवराजू। सजहिं सुलोचन मंगल साजू।।

श्लोक–

स्वमातुरधिकां नित्यं यस्ते भक्तिं करोति वै।
तस्याभिषेका रामस्य श्वो भविष्यति शोभने।।

भावार्थ–शोभने! अपनी माता से अधिक जो नित्य तुम्हारी भक्ति करते हैं, उन राम का अभिषेक प्रातःकाल होगा।

दलकि उठेउ सुनि हृदय कठोरा। जनु छुइ गयउ पाक बर तोरा।।
ऐसिउ पीर बिहँसि तेहि गोई। चोर नारि जिमि प्रगट न रोई।।

भावार्थ–राजा दशरथ रानी कैकेयी को शुभ समाचार देते हैं–"रामहिं देहुँ काल्हि युवराजु"

नृसिंह पुराण में है–

तस्याभिषेको रामस्य श्वो भविष्यति शोभने।

दशरथ ने कैकेयी से कहा कि जो राम अपनी माता कौशल्या से भी अधिक तुम्हारी भक्ति करते हैं, उनका कल अभिषेक है। कैकेयी यह सुन नागिन की तरह फन फाढ़ तेजी से उठ खड़ी होती है और क्रोध से लम्बी-लम्बी साँस लेती है।

श्लोक–

इत्युक्ते पार्थिवे तस्मिन् किंचिन्नोवाच सा शुभा।
मुंचन्ती दीर्घमुष्णं तु रोषाच्छ्रवासं मुहुर्मुहुः।।

भावार्थ–जैसे चोर की स्त्री प्रकटतः नहीं रोती, उसी तरह राजा के यह कहने पर क्रोध से बारम्बार लम्बी साँस का उच्छ्वास छोड़ती वह रूपसी कुछ न बोली।

राज करत यह दैव बिगोई। कीन्हेसि अस जस करइ न कोई।।
यह बिधि बिलपहिं पुर नर नारी। देहिं कुचालिहिं कोटिक गारी।।

भावार्थ–कवि यहाँ कैकेयी की निर्दोषिता का संकेत संक्षिप्त रूप से कर रहे हैं। कैकेयी ने यह दैव योग से किया और नाहक बदनाम हुई–

राज करत यह दैव बिगोई। कीन्हेसि असजस करइन कोई।।

कैकेयी को दोष लगना था, शरारत देवताओं की थी। अद्भुत रामायण में वर्णन है–

अवधवासी नरनारी कैकेयी को गारी दे रहे हैं, "यह बड़ी मूर्ख और भाग्यहीन है।" तुलसीदास कुचाली कह रहे हैं। रामचन्द्र जी सीता जी, लक्ष्मण जी के साथ जब वन गये। नृसिंह पुराण में है–**चचाल काननं रामो वनिता बन्धु संयुक्तः।**

श्लोक—

राज्ञी चेयं दैवयोगाद्र विनष्टा कृत्वा नेत्थं कर्म कर्ता यथाऽन्यः।।
इत्थं सर्वे सर्वदा वै विलापं कुर्वन्त्येनां गालिदानं च चक्रुः।।

भावार्थ—अवधवासी नर-नारी सर्वदा विलाप कर रहे हैं और कैकेयी को गाली दे रहे हैं कि यह महारानी दैवयोग से ऐसा कर्म कर विनष्ट हुई जैसा नीचकर्म अन्य कोई नहीं कर सकता।

सजि बन साज समाज सब, बनिता बन्धु समेत।
बंदि बिप्र गुरु चरण प्रभु, चले करि सबहिं अचेत।।

श्लोक—

ततस्तु तत्र ये वृद्धास् तान् प्रणम्य मुनीश्वरान्।।
चचाल काननं रामो वनिता बन्धु संयुक्तः।

भावार्थ—तदनन्तर, वहाँ उपस्थित सभी वृद्धजनों एवं मुनीश्वरों को प्रणाम कर सीता और लक्ष्मण सहित रामचन्द्र जी वन को चले।

करि केहरि कपि कोल कुरंगा। बिगत बैर बिहरहिं एक संगा।।
फिरत आखेट राम छवि देखी। होहिं मुदित मृग बृन्द विसेखी।।

भावार्थ—वैशम्पायन संहिता में है—"नीलकण्ठ, कोयल, सुग्गा, पपीहा, चकवा और चकोर आदि नाना भाँति के पक्षी अपनी-अपनी बोलियाँ बोल रहे थे।"

रामचरित चिन्तामणि में है—"भौरों की पंक्तियाँ मधुर शब्द से गुंजार कर रही थीं। शीतल, मन्द, सुगन्ध वायु बह रही थी।

तुलसीदास का वर्णन और बढ़कर है—"परस्पर विरोधी जीव भी साथ-साथ रह रहे हैं। गोस्वामी जी का आशय यही है।"

श्लोक—

कुरंगहस्तिर्यक्षकपिकोलाः सहैव हि।
बिहाय वैरं क्राऽन्ति मृगवृन्दा विशेषतः।।
आखेटार्थ विचरत श्रीरामस्य शुभां छविम्।
भवन्ति मुदिता वीक्ष्य साकेताधिपतेः प्रभोः।।

भावार्थ—हाथी, सिंह, बन्दर, शूकर, हरिण, आपस का बैर तज एक साथ विचरते थे। जब रामचन्द्र जी आखेट के लिए घूमते थे तब मृग झुण्ड उनकी मनोहर छवि निहार बहुत प्रसन्न होते थे।

यहि बिधि दाह क्रिया सब कीन्ही। विधिवत न्हाइ तिलांजुलि दीन्ही।।

भावार्थ—राजा का शव पालकी में भग्न हृदय और गद्गद कण्ठ से परिचारक लोग पालकी में चढ़ाकर रेशम, सोना, चाँदी रास्ते में बाँटने चले (वाल्मीकि रामायण)।

विधानपूर्वक संस्कार भरत जी ने किया और तिलांजलि दिया। गोस्वामी जी लिखते हैं—

सोधि सुमृति सब वेद पुराना। कीन्ह भरत दसगात विधाना।

वाल्मीकि रामायण में है—

कृत्वोदकं ते भरतेन सार्ध नृपांगना मन्त्रि पुरोहिताश्च।

भरत जी, पुरोहित के सहित सब लोग तर्पणकर आसूँ बहाते हुए नगर में आये और पृथ्वी पर शयन करके ब्रह्मचर्य धारण कर दस दिन कष्ट में बिताये।

श्लोक—

संस्कारं लंभयामास विधिदृष्टेन कर्मणा।
अग्निहोत्राग्निना दग्धः पितुर्देहो विधानतः।।
स्नात्वा तु सरयूतोये कृत्वा तस्योदकांजलिम्।।

भावार्थ—श्री भरत जी ने वेद विधि में दृष्ट कर्म से संस्कार किया। विधान अनुसार अग्नि होत्र अग्नि द्वारा पिता के देह को दग्ध किया। सरयू के जल में स्नान करके उनकी जलांजलि की।

आसन दीन्ह नाइ सिर बैठे। चहत सकुच गृह जनु भजि पैठे।।
मुनि पूछब यह कछु बड़ सोचू। बोले रिषि लषि सील सकोचू।।
सुनहु भरत हम सब सुधि पाई। बिधि करतब पर कछु न बसाई।।

भावार्थ—भरद्वाज मुनि ने भरत जी को आसन देते हुए सान्त्वना दी, यह सब काल का दोष है, समय का फेर है, तुम राम के लिए लक्ष्मण से अधिक प्रिय हो। (यह विधि का प्रपंच है।)

इस प्रसंग का वर्णन अध्यात्म रामायण में भी है। भरद्वाज मुनि प्रज्वलित अग्नि के समान प्रकाशमान थे और भरत जी जटाजूट वल्कलधारी वेश में थे। ये राम ही की तरह बाना धारण कर एक तरह से तपस्वीव्रती जैसे थे।

श्लोक—

वत्स ज्ञातं पुरैवैतद्र भविष्यं ज्ञानचक्षुषा।
(अध्यात्म)—**माशुचस्त्वं परो भक्तः श्रीरामे लक्ष्मणादपि।।**
(नृसिंहपुराण)—**भरद्वाजोपि तंप्राह कालेन कृतमीदृशम्।**
दुःखं तावन्न कर्तव्यं रामायेति त्वया धुना।।

भावार्थ—हे वत्स! हमने ज्ञान के नेत्रों से पहले ही इस होनेवाली घटना को जान लिया है। तुम्हारी श्रीराम में भक्ति लक्ष्मण जी से अधिक है। यह काल का करामात है। तुम राम के लिए दुःख न करो।

प्रभु पितु मातु सुहृद गुरु स्वामी। पूज्य परमहित अन्तरयामी।।
सरल सुसाहिब सील निधानू। प्रणतपाल सर्वज्ञ सुजानू।।
समरथ शरणागत हितकारी। गुनगाहक अघ अवगुन हारी।।
स्वामि गोसाइँहि सरिस गोसाई। मोहि समान मै स्वामि दोहाई।।

भावार्थ—यह वचन भरत जी का है। कौन्डिन्य संहिता में है। "भरत जी प्रेम से शिथिल सभा को ज्ञानरूपी चक्षु से देखकर सीतापति का ध्यान कर, सबको प्रणाम कर कहने लगे।"

गोस्वामी जी लिखते हैं—

करि प्रणाम बोले भरत, सुमिरि सीय रघुराज।

श्लोक—

प्रभो त्वं मे पिता माता सुहृत्स्वामी तथा गुरूः।
पूज्यश्चात्यंतहितकृदन्तर्यामी च दक्षिणः।।
शीलवान् सुन्दरो नेता शरणागतपालकः।
सर्वज्ञश्चतुरः शक्तः शरणागतकार्यकृत्।
गुणग्राही च पापानां दुर्गुणानां च नाशकः।
स्वामिस्ते शपथं कृत्वाहं ब्रवीमि भवत्समः।।
जितेन्द्रियो भवानेव मत्समश्चाह मेवहि।।

भावार्थ—हे स्वामी! आप मेरे पिता, माता, मित्र, गुरु, स्वामी, पूजनीय, हितैषी, अन्तर्यामी, शीलवाद, सीधे, सुन्दर, शरणागत पालक, सर्वज्ञ, चतुर शक्तिसम्पन्न, शरणागत के काम करने वाले, गुणग्राही, पापनाशक, दुर्गुणनाशक जितेन्द्रिय हैं। अपने समान स्वामी द्रोही मैं ही हूँ।

श्लोक—

भरद्वाजोऽपि तंप्राह कालेन कृतमीदृशम्
दुःखे तावन्न कर्त्तव्यंरामायेति स्वया धुना

भावार्थ—भरद्वाज ने भरत से कहा—काल ने ऐसा किया है। इस समय तुम राम के लिए दुःख न करो।

सुनहु भरत हम सब सुधि पाई। विधि करतव पर कछु न बसाई।।

भावार्थ—भरद्वाज मुनि भरत को ढाढस देते हैं।

विधि करतव पर कछु न बसाई।

यह प्रसंग अध्यात्म रामायण में विस्तार से है। वाल्मीकि रामायण में कथन है, भरद्वाज मुनि भरत से कह रहे हैं—

हे भरत! तुम कैकेयी को दोषभागिनी न जानना।

गोस्वामी जी कहते हैं—

तात कैकेई हिं दोष नहिं, गई गिरामति धूति।

भरत-भरद्वाज वार्त्ता का अपना अलग महत्त्व है। राम जी की नज़र में भरत समान कोई दूसरा नहीं है।

कृपासिन्धु लखि लोग दुखारे। निज सनेह सुरपति छल भारे।।
सभा राउ गुरु महिसुर मन्त्री। भरत भगति सबकी मति यंत्री।।

भावार्थ—वशिष्ठ संहिता में यह प्रसंग है—भरत जी, जनक जी, मुनि वृन्द, मन्त्रिगण, पहुँचे हुए साधुगण को छोड़कर इन्द्र का उच्चाटन सबको लगा।"

राम जी ने सभी को दुःखी देखा और भरत भक्ति के कारण सभा के प्रमुखों की भी मति बँधी रही। **लागि देव माया सवहिं, यथा जोग जन पायी।**

श्लोक–

दयार्णवो निजस्नेहात्सुरेन्द्रकपटात्तथा।
दुःरिक्ताश्च प्रजावीक्ष्य सभ्यानां यन्त्रितां मतिम्।।
जनकस्य वसिष्ठस्य भक्त्या श्रीभरतस्य च।।

भावार्थ–दया के सागर रघुनाथ जी ने अपने ऊपर प्रजा के स्नेह और सुरेन्द्र इन्द्र के कपट के चलते प्रजा को दुःखी जाना। भरत जी की भक्ति के कारण जनक जी, वसिष्ठ जी की मति बँधी सी देखी।

भरतहिं भयउ परम सन्तोषू। सनमुख स्वामि विमुष दुख दोषू।।
मुख प्रसन्न मन मिटा विषादू। भा जनु गूंगहिं गिरा प्रसादू।।

भावार्थ–राम जी की वाणी सुनकर सकल सभा सहित भरत जी प्रसन्न हुए। अग्नि पुराण में इस प्रसंग का वर्णन है–"प्रेम रूपी समुद्र से निकले हुए अमृत कलश जैसी रामचन्द्र जी की वाणी सुनकर सम्पूर्ण उपस्थित समाज के लोग प्रेम में ऐसे मग्न हो गये मानो कि सभी समाधि लगा के बैठे हैं। सरस्वती भी ऐसी दशा देख चुप रही।"

अर्थात् गोस्वामी जी का आशय अवर्णनीय है।

सभा सकल सुनि रघुवर वानी। प्रेम पयोधि अमिय जनु सानी।

श्लोक–

प्रसन्नो भरतो जातः प्रसन्न वीक्ष्य राघवम्।
दूषणानि च दुःखानि विनष्ठानि तदैव हि।।

भावार्थ–श्री रघुनाथ जी को प्रसन्न देख भरत जी प्रसन्न हुए। उसी समय उनके दुःख और दूषण नष्ट हो गये।

तुलसीदास का समन्वय–रामचरितमानस विविधतापूर्ण होते हुए भी समन्वय का ग्रन्थ है। यह समन्वय सगुण और निर्गुण के बीच, शैवशाक्त वैष्णव के बीच है।

धर्म जे विरति, जोग ते गयाना। ग्यान मोच्छप्रद वेदबखाना।।
ग्यानहिं भगतिहि नहीं कछु भेदा, सकल हरहिं भव सम्भव खेदा।।
जो गुन रहित सगुण सो कैसे, जल हिम विलग उपल नहीं जैसे।।
शिव द्रोही ममदास कहावा। सो नर सपनेहुँ मोहि न पावा।।

वशिष्ठ को निषाद राज से भेट करते हुए चित्रित किया है।

राम सखा रिषि वरबस भेंटा। जनि महि लुटत स्नेह समेटा।।

तुलसी और मानस दोनों इस कारण लोकप्रिय हुए क्योंकि तुलसी जननायक थे, जनक्रान्ति के नेता के भक्त थे, मानस उदात्त रचना थी। मानस समन्वय और मूलस्थापन का सर्वतोमुखी प्रयास है।

तुलसी ने अपने विशद अध्ययन और विशद जन संगठन में पैठ का बेहतरीन उपयोग किया है। समाज की पाठशाला में उनकी सामाजिक समझ परिपक्व हुई। जन ज्ञान का इस जनपक्षधरता से संगम हुआ तब रचना अलौकिक हो गयी। तुलसी में स्रोत साहित्य की भाव

सम्पदा और वैष्णव मत का लोकमत दोनों अन्तर्गुम्फित है। इन्होंने अपने रचना कौशल से वेदमत और लोकमत के पार्थक्य, विभेदीकरण को मिटाया है।

मानस मधुकोश का निर्माण नाना पुराण निगमागम के वांग्मय से मकरन्द संचय कर भ्रमर की तरह किया है। यह कृति किसी एक ग्रन्थ का अनुकरण नहीं है। प्राचीन वांग्मय से भावार्थ मेल खाते हैं, रचना की मौलिकता बनी रहती है।

गोस्वामी जी सीता का एक नूतन चित्र प्रस्तुत करते हैं। सीता राममय है और राम सीतामय है। सीता में सामाजिकता है, विनयशीलता है। गोस्वामी जी का फलक विशाल है और इसमें सीता राम के समानान्तर है।

गिरा अर्थ जल वीचि सम कहियत भिन्न न भिन्न।
वन्दऊ सीता राम पद, जिन्हहि परम प्रिय खिन्न।।

रामचरितमानस धर्मगाथा भी है, लोकगाथा भी है और व्यवहार गाथा भी है।

रामचरितमानस के प्रेरणा स्रोत में वेदशास्त्र, उपनिषद्, रामायण, नाटक, महाकाव्य, लोकउक्ति, लोककथा, लोक आख्यान सभी हैं। मानस का साम्य आश्चर्यचूड़ामणि, कथासरित्सागर, बाल रामायण, हनुमन्नाटक, वृहत् कथामंजरी, शिशुपाल वध, महावीरचरित, उत्तररामचरित, राघवीयम्, रामायण मंजरी, भट्टि काव्य, रघुवंश आदि से है।

संकर प्रिय मम द्रोही, सिव द्रोही ममदास।
ते नर करहिं कलप भरि घोर नरक महुँवास।।

सीता पार्वती के प्रति अपनी भावना व्यक्त करती हैं–

नहिं तब आदि मध्य अवसाना। अमित प्रभाउ वेद नहीं जाना।।

टिप्पणी–तुलसीदास सीता को लक्ष्मी से श्रेष्ठ मानते हैं–

जासु अंश ते उपजहि खानी। अगणित उमा, लक्ष्मी, ब्रह्माणी।।

तुलसीदास लिखते हैं–

विष वारूणी बन्धु प्रिय जेहि। अहिए रमा सम किमि वैदेही।।

अर्थात् लक्ष्मी की बहन विष और मदिरा है।

तीनों समुद्र मन्थन से साथ-साथ प्राप्त हुई थीं।

वाणभट्ट लिखते हैं–"मैंने परिचय को ठुकराने वाली ऐसी कोई दूसरी नारी नहीं देखी जैसी कि नीच लक्ष्मी।"

तुलसीदास की सीता से करोड़ों पार्वती, सरस्वती, लक्ष्मी पैदा होती हैं।

आनन्द रामायण

श्लोक–

नत्वा गुरोरंध्रिससरोजरेणुं रामायणं वांक्षितदं करोमि।
प्रेम्णा श्रुतं यन्निखिलामरेशास्पदं प्रयच्छत्यपिः पण्डितेभ्यः।।

भावार्थ–गुरुजी महाराज की चरणार विन्द को प्रणाम कर वांछित फलदाता श्री रामायण का प्रणयन करता हूँ जिसका श्रवण पण्डित लोग को भी सुरेश्वर की प्रतिष्ठा प्रदान करता है

श्री गुरु चरन सरोज रज, निज मन मुकुर सुधारि।
बरनऊँ रघुबर बिमल जस, जो दायक फल चारि।।

भावार्थ–यहाँ रघुवर से आशय भरत जी है। अयोध्या काण्ड में वर्णन भरत चरित्र का प्रधानतः है। अन्य जगह राम जी को कहा गया है। चार फल का आशय चार पुरुषार्थ है।

श्लोक–

पर्वतश्रेणयो राजन् भुवनानि चतुर्दश।
तेषु चोत्तमकर्माणि मेघा भूत्वा स्थले स्थले।।

भावार्थ–राजा दशरथ जी के उत्तम कर्म के फलस्वरूप चौदह लोक में सुख फैल गया है

भुवन चारि दस भूधर भारी। सुकृत मेघ बरषहिं सुख बारी।।
रिधि-सिधि सम्पति नदी सुहाई। उमगि अवध अंबुधि कहँ आई।।
मनि गन पुर नर नारि सुजाती। सुचि अमोल सुन्दर सब भाँती।।

भावार्थ–जैसे नदियाँ समुद्र में विलीन होती हैं, उसी तरह सभी धन-धान्य, सुःख, सम्पदा, ऋद्धि, सिद्धि अयोध्या में उपस्थित थे। अयोध्या कृषि प्रधान क्षेत्र में अवस्थित था। यह सरयू नदी किनारे था। स्वाभाविक है कि जो नदी किनारे और कृषि क्षेत्र में नगर अवस्थित थे, वे तुलनात्मक ढंग से ज़्यादा खुशहाल थे जैसे पाटलिपुत्र, प्रयाग, चम्पा, कौशाम्बी, कोसल, कन्नौज, दिल्ली आदि।

श्लोक–

पूर्णानन्द पयोवृष्टि कुर्वन्ति वसुधातले।।
श्रद्धयः सिद्धयश्रापि समस्तसुख सम्पदः।
नद्यो भूत्वा त्वयोध्याब्धिं मिलन्त्यवधवासिनः।।
नरा नार्यश्र सम्पूर्णाः सदा सुकृतकारिणः।
बहुमूल्यानि रत्नानि पवित्राणि पराणि च।।

भावार्थ–उत्तम कर्म मेघ रूप हैं जो पूर्णानन्द रूपी जल की वृष्टि करते हैं। ऋद्धि सिद्धि नदी रूप हैं, श्री अवध समुद्ररूप हैं। अयोध्यावासी अनमोल रत्न हैं।

श्लोक–

अयोध्यानगरेश्चर्य वर्णनातीतमस्ति कौ।
दृष्टानुमीयते धीरैश्चैतावत् स्त्रष्टृकौशलम्।

भावार्थ–भूमण्डल में अयोध्या नगर का ऐश्वर्य अवर्णनीय है। कवीन्द्र वृन्द चतुर चतुरानन की चातुरी को देखकर अनुमान करते हैं ।

कहि न जाई कछु नगर विभूति। जनु एतनिअँ बिरंचि करतूती।।

भावार्थ–अयोध्या की नगर संरचना चतुरानन की चित्र विचित्र चातुरी का नगीना नमूना है। विभूति और ऐश्वर्य अमरकोश के शब्द हैं। विभूति का अर्थ भस्म भी होता है और आठ प्रकार के अणिमा में एक ऐश्वर्य है। इसमें अत्युक्ति अलंकार प्रयोग किया गया है।

श्लोक–

सीता माता च कौशल्या दर्शनार्थ समागता
दत्वा कालानुकूलं चासनं कोसल कन्यका
चकार तस्याः सन्मानं शुभैर्वाक्यैर्मनोहरै

सावकास सुनि सब सिय सासू। आयउ जनकराज रनिवासू।।
कौसल्या सादर सनमानी। आसन दीन्ह समय सम आनी।।

भावार्थ–जनक जी का रनिवास उचित मौक़ा पाकर कौशल्या माता से मिलने आये। कौशल्या जी ने सम्मानपूर्वक आदर कर आसन देकर सम्मानित किया।

श्लोक–

सुमन्त्राय ददौ वस्त्रं, तद्धीनां पुरी व्यघात्।

भावार्थ–भरत जी ने सुमन्त्र को वस्त्र देकर अवधपुरी को उनके अधीन किया।

सौंपि नगर सुचि सेवकानि, सादर सबहिं चलाइ।

भावार्थ–निष्काम, तपस्वी भरत चित्रकूट जा रहे हैं। अयोध्या सूनी न हो जाय, अतः शासन सूत्र बुद्धिमान मन्त्री सुमन्त्र को सौंप देते हैं। श्रीराम जी के चरण का स्मरण कर भरत-शत्रुघ्न राम को लौटाने हेतु प्रयास किये।

गोस्वामी जी लिखते हैं–

अस विचारि सुचि सेवक बोले।
भरत बुलाये सचिव सुजाना।

आनन्द रामायण में है–

सुमन्त्रः स्थाप्यतां पुर्या रक्षणार्थ ममाज्ञया।
तूर्ण त्वमुत्थाय सुमन्त्र गच्छ।

अर्थात् सुमन्त्र जी पुरी की रक्षा के लिए बुलाये गये।

श्लोक–

कालानुकूलं विविधान् इतिहासान् मनोरमान्
बसिष्ठः कथयामासै सर्वशोक हराय च।

भावार्थ–सबके शोक के निवारण हेतु काल के अनुकूल अनेकानेक मनोरम इतिहास मुनि वसिष्ठ ने कहा।

तब वसिष्ठ मुनि समऊ सम, कहि अनेक इतिहास।
सोक निवारेउ सवहिं कर, निज विज्ञान प्रकास।।

भावार्थ–प्राचीन वर्णाश्रम की खूबी थी कि बल और धन के स्वामी ज्ञान के स्वामी से निर्देशित होते थे। विचार की स्वतन्त्रता थी। राजा दशरथ के एक मन्त्री सुमन्त्र राजकाज के दक्ष थे, दूसरे वशिष्ठ कर्मकाण्ड, धनुर्वेद, अस्त्र-शस्त्र संचालन नीति धर्म के धुरन्धर थे। जावालि भौतिकवादी थे। ये कर्मफल, स्वर्ग, नरक, पुनर्जन्म नहीं मानते थे। वशिष्ठ मुनि सर्वोपरि थे। वशिष्ठ पदवाचक शब्द है। इस पदधारी व्यक्ति का जिक्र वेद में, पुराण में, महाकाव्य में सभी जगह है। योगवासिष्ठ ग्रन्थ इनके नाम पर है। इस नाम का व्यक्ति सतयुग में, त्रेता में वर्णित है। वशिष्ठ, विश्वामित्र संघर्ष और समझौता प्रसिद्ध है।

श्लोक–

सर्वथा सुखिनश्चासन्नूनयोध्यावासिनो जनाः।
वीरस्य रामचन्द्रस्य दृष्टाननकलानिधिम्।।

भावार्थ–रामचन्द्र के मुखचन्द्र का अवलोकन कर अयोध्यावासी सुखी थे।

सब बिधि सब पुर लोग सुखारी। रामचन्द्र मुख चन्द्र निहारी।।

भावार्थ–पुर के सभी वासी चाहे परिचारक हों या पदस्थ अधिकारी हों या वणिक हों, सभी अयोध्या में सभी प्रकार से सुखी थे। यही राम राज्य की अवधारणा है।

श्लोक–

आलोक्य मुदिताः सर्वा मातरः फलितां लताम्।
स्ववांक्षरूपिणि राजन् सर्वाश्चापि सखीगणः।।

भावार्थ–सभी माताएँ इच्छा रूपी बेल को फलते देख आनन्दमग्न रहती थीं।

मुदित मातु सब सखी सहेली। फलित बिलोकि मनोरथ बेली।।

भावार्थ–कौशल्या माता के लिए दुःख और सुःख समान थे। उन्होंने राम गुणगान कर सब माताओं को धैर्य बँधाया। गोस्वामी जी लिखते हैं–

राम मातु दुख सुख सम जानी।

श्लोक–

वशिष्ठो जनकश्चैव तथा मुनिगणाअपि।
विलोक्य रामचन्द्रस्य पीति श्रीभरतस्यच।।
अपारामुपमाशन्यां मनसा कर्मणा गिरा।
वैराग्येण विचारेण सार्धमग्नाश्चतेऽभवन।।
तेऊ बिलोकि रघुबर भरत, प्रीति अनूप अपार।
भए मगन मन तन वचन, सहित बिराग विचार।।

भावार्थ–मुनिराज का वचन है–

सुनहु भरत भावी प्रबल बिलखि कहे मुनिनाथ।
हानि लाभ जीवन मरन जस अपजस विधि हाथ।

श्लोक–

यत्र वृद्धवसिष्ठस्य राजर्षिजनकस्यच।
धिषणा चकिता जाता प्रकृतानां च का कथा।।
वियोग्य वर्णनं श्रुत्वां रामस्य भरतस्यच।
ज्ञास्यंति सकला लोकाः कवयः कठिनाइति।।

जहाँ जनक गुरु गति मति भोरी। प्राकृत प्रीति कहत बड़ि खोरी।।
बरनत रघुबर भरत वियोगू। सुनि कठोर कबि जानिहीं लोगू।।
सो सकोच बस अकथ सुवानी। समय सनेह सुमिरि सकुचानी।।

भावार्थ–गोस्वामी जी लिखते हैं–

आवत जनक चले लहि भाँती। सहित समाज प्रेम मति माती।।

राम जी का आश्रय समुद्र है, जनक जी नहीं हैं। नदी के समुद्र में मिलते ही समुद्र अकुला उठा। दोनों अयोध्या और जनकपुर के समाज धीरज और लाज भूलकर शोक से व्याकुल हो गये। शोक समुद्र में सभी डूब-उतर रहे थे।

लषनहि भेंटि प्रनाम करि, सिरधरि सियपदधूरि।
चले सप्रेम असीम सुनि, सकल सुमंगलमूरि।।

भेंटि भरत रघुबर समझाए। पुनि रिपुदवन हरषि हिस लाए।।
सेवक सचिव भरत रुख पाई। निज निज काज लगे सब जाई।।
सुनि दारुन दुख दुहूँ समाजा। लगे चलन के साजन साजा।।
प्रभुपदपदुम बंदि दोऊ भाई। चले सीसधरि रामरजाई।।
मुनि तापस बनदेव निहोरी। सब सनमानि बहोरी बहोरी।।

भावार्थ–राम जी ने दोनों भाई भरत-शत्रुघ्न को गले लगाया। वे दोनों भी सीता, लक्ष्मण, वन देवता को प्रणाम कर अयोध्या लौटने हेतु प्रयाण किये।

श्लोक–

रामो भरतशत्रुघ्नावालिंग प्रहर्षितौ।
प्रणम्य रामपादाब्जे निदेशं मूर्हिन वै हरेः।।
धृत्वा प्रणम्य बैदेहीं लक्ष्मणं वनदेवताः।
श्रुत्वाशिषं शुभां प्रेम्णा साकेतं प्रति चेततुः।।
सानुजो नृपति रामः प्रणम्य प्रशंशस च।
महद दुःख त्वया प्राप्तं महाराज दयावशात्।।
समाजसहितो घोरं काननं यत्वमागतः।

सानुज राम नृपहिं सिरनाई। कीन्हि बहुत बिधि बिनय बड़ाई।।
देव दयावस बड़ दुख पाएउ। सहित समाज काननहिं आएउ।।

भावार्थ–लक्ष्मण सहित राम जी ने राजा जनक को भी दुःख उठाकर वन आने के लिए धन्यवाद दिया, आभार माना, कृतज्ञता व्यक्त की।

श्लोक–

दत्वाशिषं ब्रज पुरी धैर्य धृत्वा महिपतिः।
गमनं कृतवान विप्रान्मुनीन् साधुजनांस्तथा।।
सम्मान्य प्रषेयामास ज्ञात्वा हरिसमान् हरिः।

पुर पग धारिय देई असीसा। कीन्ह धीर धरि गवन महीसा।।
मुनि महि देव साधु सनमाने। बिदा किए हरि हर सम जाने।।

भावार्थ–राजा जनक ने आशीर्वाद दिया और धैर्य धारण कर मिथिला के लिए गमन किया। जनक स्वयं वीतराग राजर्षि हैं। दुःख-सुख में सम हैं, गृहस्थ योगी हैं।

आनन्द रामायण में है–

श्वश्रूसमीपं रघुनन्दनोगतः सलक्ष्मणस्तां प्राणिपत्य सादरम्।

भावार्थ–रामचन्द्र जी ने सास, श्वसुर सबके समीप जाकर विदा किया।

सासु समीप गये दोऊ भाई। फिरे बंदि पग आसिष पाई।।
कौसिक बामदेव जाबाली। पुरजन परिजन सचिव कुचाली।।
जथा जोग करि बिनय प्रनामा। बिदा किए सब सानुज रामा।।
नारि पुरुष लघु मध्य बड़ेरे। सब सनमानि कृपानिधि फेरे।।

श्लोक–

श्वश्रूसमीपं रघुनन्दनोगतः सलक्ष्मणस्तां प्राणिपत्य सादरम्।
सर्वान्मुनीन्सर्वजनान यथोचित सम्प्रेषयामास समर्च्य चेश्वरः।।

भावार्थ—लक्ष्मण सहित श्री राम जी सास के समीप गये और आदर सहित प्रणाम कर विदा किया। फिर सब मुनियों एवं सब लोगों को विदा किया।

श्लोक—

श्रीरामः प्रेषयामास नत्वा भरतमातरम्।
अपनीयच संकोच चिन्ता तस्याश्च सादरम्।।

भावार्थ—श्री राम जी ने भरतमाता कैकेयी को प्रणाम कर सबकी चिन्ता तथा संकोच को दूर कर सादर विदा किया।

भरत मातुपद बंदि प्रभु सुचि सनेह मिलि भेंटि।
बिदा कीन्हि सजि पालकी, सकुच सोच सब मेटि।।

भावार्थ—रामचन्द्र जी ने माता कैकेयी से मिल उनके संकोच को दूर कर विदा किया। समाज में कैकेयी निन्दित थी, मगर राम जी जानते थे कि उसने राम के हित में, राम की इच्छापूर्ति के लिए राम को वनवास भेजा, ताकि रावण वध हो सके। इसकी प्रतीक्षा विश्वामित्र, परशुराम, भरद्वाज, अगस्त्य, अत्रि को बहुत दिन से थी, राम के लिए पहले से आश्रम रूपी मंच, आधार तैयार कर रखे थे। अध्यात्म रामायण में कैकेयी की निर्दोषिता स्पष्ट रूप से व्यक्त हुई है।

सीताप्रणम्य पितरौ निवृत्ता आश्रमं प्रति।
श्वश्रूगणान्ससाश्लिम्भ प्रेमकक्तुमलंनकः।।

भावार्थ—सीता जी सब सास तथा पूज्य माताओं-पिताओं को प्रणाम कर सब मुनियों से भेंट कर आश्रम को लौटीं। उस समय के प्रेम का वर्णन ब्रह्मा भी नहीं कर सकते।

परिजन मातु पितहि मिलि सीता। फिरी प्रानप्रिय प्रेम पुनीता।।
करि प्रनाम भेंटी सब सासू। प्रीति कहत कबि हिय न हुलासू।।

भावार्थ—राम जी माता, पिता, ससुर, सास, परिजन, पुरजन किसी को विस्मृत न किये, सबसे भेंट किये।

श्लोक—

प्रणम्य जननीः सर्वाः प्रेषया मास कोसलात।
भरतस्य महीपस्य सेना परिलता पुरीम।।

भावार्थ—श्री राम जी ने सब माताओं को प्रणाम कर अयोध्या को विदा किया और भरत जी तथा राजा जनक की सेना ने अपने-अपने नगर को प्रस्थान किया।

सुनि सिख अभिमत आसिख पाई। रही सीय दुहँ प्रीति समाई।
रघुपति पटु पालकी मँगाई। करि प्रबोध सब मातु चढ़ाई।।
बार-बार हिली-मिली दुहुँ भाई। सम सनेह जननी पहुँचाई।।
साजि-बाजि गज वाहन नाना। नृप भरतदल कीन्ह पयाना।।

भावार्थ—अन्ततः सब अभिमत पाकर लौट गये।

गुरु गुरुतियपद बंदि प्रभु, सीता लषन समेत।
फिरे हरष बिसमय सहित, आए परन निकेत।।

भावार्थ–सब प्राणी राम जी का ध्यान करते हुए अवध को जाते हैं और रामचन्द्र जी गुरुपत्नी सहित गुरु का ध्यान कर अपनी कुटी पर आये।

श्लोक–

ध्यायतः श्रीपति सर्वे गच्छति किल कोसलाम्।
गुरु गुरुस्त्रियं नत्वा निवृत्तः स्वाश्रमं हरिः।।

हृदय राम सिय लषन समेता। चले जाहि सब लोग अचेता।
बसह बाजि गज पशु हिय हारे। चले जाहि परवस मन मारे।।

भावार्थ–सबके हृदय में राम, लक्ष्मण सीता हैं। सभी मौन, अचेत ऐसा वापस लौट रहे हैं।

श्लोक–

निषादं प्रेषयामास समादृत्य रघूत्तमः।
भरतस्य सुभां प्रीति शशंस प्रिययोः पुरः।।

बिदा कीन्ह सनमानि निषादू। चलेउ हृदय बड़ बिरह बिषादू।।
कोल किरात भील बनचारी। फेरे फिरे जुहारि जुहारी।।
प्रभु सिय लषन बैठि बट छाहीं। प्रिय परिजन बियोग बिलपाही।।
भरत सनेह सुभाव सुबानी। प्रिया अनुज सन कहत बखानी।।
प्रीति प्रतीति बचन मन करनी। श्री मुख राम प्रेमबस बरनी।।

भावार्थ–रामचन्द्र जी किसी को नहीं भूलते। निषादराज को भी विदा किया। यही गुण उन्हें जनक्रान्ति का नेता बनाया। वे सिर्फ़ राजकुमार न रह गये। व्यापक जन उभार को नेतृत्व दिया जिसमें आगे चलकर रावण वध हुआ।

श्लोक–

तदा चराचराः सर्वे चित्रकूटनिवासिनः।
देवाश्च दुःखिता जाता रामावस्थां विलोक्य वै।।

भावार्थ–उस समय चित्रकूट के सब चर, अचर प्राणी तथा देवगण भी राम अवस्था देख दुःखी हुए।

तेहि अवसर खग मृग जल मीना। चित्रकूट चर अचर मलीना।।
बिबुध बिलोकि दसा रघुबर की। बरषि सुमन कहि गति घर घर की।।
प्रभु प्रनाम करि दीन्ह भरोसो। चले मुदित मन डर न खरोसो।।

भावार्थ–उस अवसर पर समस्त चर, अचर, पशु, पक्षी, देव, मनुज, राम जी की विडम्बना देख दुःखी हुए। सारा परिवार बिखर गया जैसे तागे के अभाव में माला का दाना बिखरता है।

श्लोक–

सीतानुजयतोरामो राजते पर्णमन्दिरे।
भक्ति ज्ञान विरागाश्च राजत्ते देहिनो यथाः।।

भावार्थ–सीता और लक्ष्मण सहित राम जी अपनी पर्णमन्दिर में वैसे ही शोभ रहे हैं जैसे भक्ति, ज्ञान, वैराग्य मानो देह धारण किये हों।

सानुज सीय समेत प्रभु राजत परन कुटीर।
भक्ति ज्ञान वैराग्य जनु सोहत धरे सरीर।

भावार्थ–सीता, लक्ष्मण सहित पर्णशाला में राम जी उसी तरह शोभायमान हैं जैसे भक्ति, ज्ञान और वैराग्य शरीर धारण कर विराज रहे हों।

श्लोक–

मार्गे गच्छंति सर्वे ते श्रीरामविरहाकुलाः।
तष्णीमूत्तीर्य कालिन्दी निहाराश्च जाह्नवीम्।।
उत्तीर्य लोकाः सन्तुष्टा बभूवुर्गहसेवया।।

भावार्थ–राम जी के विरह से आकुल हो भरत सहित सभी लोग चुप होकर जा रहे हैं और यमुना पार कर निराहार ही रहे। दूसरे दिन गंगा पार कर निषाद की सेवा से सन्तुष्ट हुए।

मुनि महिसुर गुरु भरत भुआलू। राम बिरह सब साज बिहालू।।
प्रभु गुन ग्राम गुनत मन माहीं। सब चुपचाप चले मग जाहीं।।
यमुना उतरि पार सब भयऊ। सो वासर बिन भोजन गयऊ।।
उतरि देवसरि दूसर बासू। रामसषा सब कीन्ह सुपासू।।

भावार्थ–भरत जी एवं उनके सहयात्री अचेत, मौन, खोये-खोये चुपचाप निराहार चले जाते हैं। गंगा तट पर निषादराज की सेवा ने सबको सन्तुष्ट किया।

श्लोक–

सयीमुतीर्य गोमत्यां स्नात्वा तुर्ये दिनेऽवधे।
आगतोजनकः स्थित्वा भरताय चतुर्दिनम्।।
राज्यं समर्प्य मिथला गतः कोशलवासिनः।
गुरोर्निदेशेनातिष्ठन नयोध्यायां सुखेन तु।।

भावार्थ–सभी तट से गोमती पार कर चौथे दिन अवध में आये। जनक जी चार दिन वास कर भरत जी को राज्य सौंप कर मिथिला को गये। अवधवासी गुरु आज्ञा से अवध में सुखपूर्वक रहने लगे।

सई उतरि गोमती नहाए। चौथे दिवस अवध पुर आए।।
जनक रहे पुरवासर चारि। राज काज सब साज सँभारि।।
सौंपि सचिव गुरु भरतहि राजू। तिरहुति चले साजि सब साजू।।
नगर नारि नर गुरु सिख मानी। बसे सुखेन राम रजधानी।।

भावार्थ–गोमती नदी में स्नान कर चित्रकूट से अयोध्या चौथे दिन पहुँचे। सब नियम, आवास कर चौदह साल बाद दर्शन की आशा में प्राण धारण किये रहे।

राम दरस लगि लोग सब, करत नेम उपवास।
तजि-तजि भृषन भोग सुख जियत अवधि की आस।।

श्लोक–

नियमं चोपवासं च कुर्वति निखिला जनाः।
श्रीरामदर्शनार्थ तु परित्यज्य सुखानि च।।
अवधेराशया किन्तु जीवनं धारयंति ते।।

भावार्थ—राम जी के पुनः दर्शन की आशा में सब लोग सुख छोड़ कर नियम उपवास कर भोग सुख परित्याग कर जीवन धारण कर रहे हैं।

सचिव सुसेवक भरत प्रबोधे। निज निज काज पाइ सिख सोदे।।
पुनि सिख दीन्हि बोलि लघुभाई। सौंपी सकल मातु सेवकाई।।
भूसुर बोलि भरत कर जोरे। करि प्रनाम वर विनय निहोरे।।
ऊँच-नीच कारल भल पोचू। आयसु देव न करब सकोचू।।
परिजन पुरजन प्रजा बुलाए। समाधान करि सुबस बसाए।।

भावार्थ—सुमन्त्र जी ने राजकाज का विभाजन कर अन्य मन्त्रियों को उत्तरदायित्व दिया। माताओं की सेवा का जिम्मा शत्रुघ्न को दिया। ब्राह्मणों की व्यवस्था की। प्रजाहित का प्रबन्ध किया।

श्लोक—

नियुज्य मन्त्रिणों राज्य कार्ये श्रीभरतानुजम।
सेवां समर्प्य मातृणां प्राणिपत्याह भूसुरान।।
आज्ञा प्रदाने संकोच नैव काय कदाचन।
प्रजा निवासयामास समाहूय प्रबोध्य च।।

सुनि सिष पाइ असीस बड़ि, गनक बोलि दिन साधि।
सिंहासन प्रभु पादका, बैठारे निरुपाधि।।
सानुज गे गुरुगेह बहोरी, करि दण्डवत कहत कर जोरी।।
आयुष होय त रहऊँ सनेमा। बोले मुनि तनु पुलकि सप्रेमा।।
समुझव कहब करब तुम सोई। धर्मसार जग होइहि सोई।।

भावार्थ—भरत जी ने गुरु आज्ञा से सिंहासन पर चरणपादुका रख उसका प्रतिनिधि बन जवाबदेही को सम्हाला। नन्दगाँव में पर्णकुटी में रह अप्रत्यक्ष रूप से शासन की जिम्मेवारी ली, प्रत्यक्ष शासन सुमन्त्र जी का बना रहा।

श्लोक—

गुरोर्गेहं गतोभूयः सानुजः प्राणिपत्यच।
प्रोव चाज्ञां भवेचूचेत्त तिष्ठानि नियमेन च।।
मुनिराज्ञापयामास धर्मसारं कुरु प्रिय
शिक्षां श्रत्वाशिषं प्राप्य सुमुहुर्ते प्रतिष्ठिते।।
सिंहासने चकारासौ श्रीरामपदपादुके।।

भावार्थ—भाई सहित गुरु गृह गये। प्रणाम किया और नियम से रहने की आज्ञा माँगी। मुनि ने धर्म सार करने की आज्ञा दी। भरत जी ने चरणपादुका को सिंहासन पर प्रतिष्ठित किया

श्लोक—

रामाय रामभद्राय रामचन्द्राय बेधसे
रघुनाथाय नाथाय सीतायाः पतये नमः।।

भावार्थ—राम, रामभद्र, रामचन्द्र, रघुनाथ, नाथ, सीतापति आपको नमस्कार है। इस प्रकार भरत जी तप में लीन हो गये।

पुलकगात हिय सिय रघुवीरू। जीह नाम जपि लोचन नीरू।।
लषन राम सिय कानन बसहीं। भरत भवन वह्नि तप तन कसहीं।।

भावार्थ—राम, लखन, सीता वन में मुनि के समतुल्य जीवन जी रहे थे इधर भरत जी अवध के निकट पर्णकुटी में वही जीवन जी रहे थे।

रामाय रामभद्राय रामचन्द्राय वेध से
रघुनाथा, नाथाय, सीतायाः पतये नमः

आनन्द रामायण के अनुसार भरत जी यह मन्त्र जप रहे थे।

श्लोक—

प्रशंसंति जनाः सर्वे भरतं रघुनन्दनम्।
संकुचंति व्रतं श्रुत्वा नियमं साधुसत्तमाः।।

भावार्थ—सभी लोग रघुनन्दन भरत की प्रशंसा करते हैं। व्रत और नेम सुनकर साधु भी सकुचा रहे हैं।

दोऊ दिसि समुझि कहत सब लोगू। सब बिधि भरत सहारन जोगू।।
सुनि व्रत नेम साधु सकुचाही। देषि दसा मुनिराज लजाही।।

श्लोक—

पवित्रो भरताचारः सुदरो मंगलप्रदः।
महामोहतमोहारी कलिकल्मषनाशकः।।
सर्वसन्तापसंहारी पापकुंजर केसरी।
भंजनो भवभारस्य जनानां चित्तरंजनः।।
श्री रामप्रेमापियूषकरसारसमो नृप।।

भावार्थ—भरत जी का पवित्र आचरण महामोह रूप अन्धकार निवारक सूर्य, कलियुगी पाप के लिए सिंह, और संसार के भार उतारने वाले राम जी के प्रेमरूपी चन्द्रअमृत के बराबर है।

परम पुनीत भरत आचरनू। मधुर मंजु मुद मंगल करनू।।
हरन कठिन कलि कलुस कलेसू। महामोह निसि दलन दिनेसू।।
पाप पुंज कुंजर मृगराजू। समन सकल सन्ताप समाजू।।
जन रंजन भंजन भवभारू। राम सनेह सुधाकर सारू।।

भावार्थ—भरत जी का आचरण मंगलदायक है। महामोह का नाश हो।

श्लोक—

सीता राम प्रेम पीयूष पूर्ण जन्म स्थान्नो केकयीनन्दनस्य।
चेत्कः कुर्याद् दर्गमान् वै मुनीनां योगान् राजन् भारतेस्मिन पवित्रे

दारिद्र्यदंभदाहानां दुःख दूषणयोस्तथा।
कीर्ति व्याजेन को नाशं कुर्यात्कलि युगे हठात्।।
शठान्नो कोपि राजेन्द्र कः कुर्याद्रामसन्मुखे।।
सिय राम प्रेम पियूष पूरन होत जनम न भरतको।
मुनिमन अगम यम नियमसदम विषमव्रत आचरतको।।
दुष राह दारिद दंभ दूषन सुजस मिस अपहरतको।
कालिकाल तुलसी से सठन्हि हठि राम सनमुख करतको।।

भावार्थ—यदि सीता और राम जी के प्रेम अमृत से परिपूर्ण भरत जी का जन्म न होता तो मुनीश्वर के लिए भी दुर्लभ योग, व्रत का आचरण कौन करता। सुन्दर कीर्ति से दाह, दुःख, दूषण और दम्भ का नाश कौन करता तथा कलियुग में हठ से शठों को राम जी के सामने कौन करता कोई नहीं। कवि भरत जी के दुर्लभ चरित्र का गुणगान करते हैं। भरत का आचरण अनुकरणीय है। शठजन भी भरत के प्रभाव से रामभक्त हो जाते हैं।

सो.—

भरत चरित करि नेम, तुलसी जे सादर सुनहिं।
सीय रामपद प्रेम, अवसि होई भवरस बिरति।।

भावार्थ—गोस्वामी जी लिखते हैं—

भरत आगमन सकल मनावहिं, आवहुवेगि नयन फल पावहिं।

आनन्द रामायण में है—

भरतागमनं सर्वे वांसन्ति पुरवासिनः
नेत्राभ्यां भरतं दृष्ट्वा सुखं मन्यामहेऽमलम्

अर्थात् समस्त पुरवासी भरत जी के आगमन की आकांक्षा कर रहे हैं और नयनों से भरत जी को देख निर्मल सुख की कामना रखते हैं।

भरत आगमन सकल मनावहिं। आवहु बेगि नयन फल पावहिं।।

भावार्थ—समस्त पुरवासी भरत जी के शुभागमन की मनौती मान रहे हैं। वे शीघ्र आयें और हम लोग नयन फल प्राप्त करें।

रघुकुल तिलक जोरि दोउ हाथा। मुदित मातु पद नायउ माथा।।
दोन्ह असीस लाइ उर लीन्हें। भूषन वसन निछावरि कीन्हें।।

भावार्थ—रघुकुल तिलक दोनों हाथ जोड़कर प्रसन्न मन से माता के चरण में माथा टेके। माता ने छाती से लगाकर आशीर्वाद दिया और भूषण, वसन न्योछावर किया।

श्लोक—

कृतांजली रघुश्रेष्ठः प्रणनाम स्वमातरम्।।

भावार्थ—रघुश्रेष्ठ श्रीराम जी ने हाथ जोड़कर अपनी माता को प्रणाम किया।

चरन कमल रज कहँ सब कहई। मानुष करन मूरि कछु अहई।।

भावार्थ—जब राम जी नौका पर चढ़ने के लिए बढ़े तब नाविक ने रोक दिया (अध्यात्म रामायण) नाविक को पहले राम जी का चरण कमल पखारना था।

माँगी नाव न केवट आना

श्लोक–

क्षालयामि तव पादपंकजं नाथ दारुदृषदोः किमन्तरम्।
मानुषीकरणचर्णमस्ति ते इति लोके हि कथा प्रथीयसी।।

भावार्थ–आपके चरण कमलों का प्रक्षालन करूँगा क्योंकि हे नाथ लकड़ी और पत्थर में क्या अन्तर है? आपके चरण धूलि में यह गुण है कि वह मनुष्य में रूपान्तरण कर देता है। यह कथा लोक विश्रुत है।

कृपा सिन्धु बोले मुसकाई। सोइ करु जेहि तब नाव न जाई।।
बेगि आनि जल पाँय पखारू। होत बिलम्ब उतारहि पारू।।

भावार्थ–अटपट और प्रेमभरी तर्कपूर्ण निषाद की वाणी सुनकर सीता और लक्ष्मण की ओर देखकर रामचन्द्र जी प्रसन्नता से हँस दिये और निषादराज की बात मान ली अर्थात् पैर धोने दिये। (अगस्त्य रामायण)

श्लोक–

इति तद्वाक्यमाकर्ण्य विहस्य रघुनन्दनः।
तेन संक्षालितपदो नौकां तामारूरोह सः।।

भावार्थ–इस प्रकार उसके वचन सुन रघुनन्दन विहँस कर उससे चरण धुलवा कर उस नाव पर चढ़े।

एहि बिधि मुनिवर भवन दिखाए। बचन सप्रेम राम मन भाए।।

भावार्थ–वाल्मीकि जी की प्रार्थना है कि मेरे हृदय में निरन्तर निवास करें जो किसी बात की इच्छा नहीं रखता और परमशान्त है (शिव संहिता)।

श्लोक–

वाल्मीकिर्भवनानीत्थं दर्शयामास राघवम्।
श्रुत्वा रामोऽतितुष्टोऽभूद्र वचनं प्रेमपूरितम्।

भावार्थ–वाल्मीकि जी ने श्री राम जी को भवन दिखाये। प्रेमपूरित मुनि वचन सुनकर राम जी प्रसन्न हुए।

अत्रि आदि मुनिवर तहँ बसहीं। करहिं जोग जप तप तन कसहीं।।
चलहु सफल स्रम सबकर करहू। राम देहु गौरव गिरिवरहू।।

भावार्थ–वहाँ पर अत्रि आदि श्रेष्ठ मुनि रहते हैं। वे जोग जप तप करते हैं और शरीर को कष्ट में रखते हैं। रघुनाथ जी वहाँ चलिये और सब के श्रम को सफल कीजिए और गिरिराज चित्रकूट को गौरव प्रदान करिये।

श्लोक–

अत्र्यादयो मुनिश्रेष्ठाः सन्ति योगं जपं तथा।
कुर्वन्ति तपसा देहं क्षीणं चापि निरन्तरम्।।
व्रज राघव सर्वेषां श्रमं च सफलं कुरु।
गौरवं गिरिराजाय वितर त्वं च सांप्रतम्।

लषन जानकी सहित प्रभु, राजत रूचिर निकेत।
सोह मदन मुनि वेष जनु, रति रितुराज समेत।

श्लोक–

सीतालक्ष्मणसंयुक्तो रामो राजति मन्दिरे।
वसन्तरति सम्पन्नो मुनिवेषः स्मरो यथा।।

भावार्थ–श्रीरामचन्द्र जी उस पर्णकुटी में सीता और लक्ष्मण सहित वैसे ही शोभ रहे हैं जैसे कामदेव अपनी पत्नी रति और सहयोगी वसन्त के साथ शोभायमान होते हैं।

यह सुधि कोल किरातन्ह पाई। हरषे जनु नव निधि घर आई।।
कन्द मूल फल भरि भरि दोना। चले रंक जनु लूटन सोना।।

भावार्थ–यह समाचार पाकर किरात जन हर्षित हुए और सभी जन कन्दमूल फल दोनों में भरकर राम जी के पास आये। उन्हें लगा जैसे उन्हें नव निधि प्राप्त हुआ हो। जैसे रंक लोग को सोना प्राप्त हो जाता है–ऐसी अनुभूति उन्हें हुई।

श्लोक–

प्राप्येमं सुसमाचारं किराताधाश्च हर्षिताः।
कन्दमूलफलानीमे गृहीत्वा द्रष्टुमागताः।।

भावार्थ–यह सुसमाचार पाकर हर्षित होकर किरात जन कन्दमूल फल लेकर रामचन्द्र जी को विलोकने आये।

विदा किये सिर नाइ सिधाये। प्रभु गुण कहत सुनत घर आये।।
एहि बिधि सीय सहित दोऊ भाई। बसहिं बिपिन सुर मुनि सुखदाई।।

भावार्थ–प्रणाम कर प्रभु गुण कहते सुनते किरातगण अपने-अपने घर आये। सीता सहित दोनों भ्राता इस प्रकार जंगल में वास करते थे। वे देव और मुनि वृन्द को सुख देने वाले थे।

श्लोक–

ततः प्रणम्य ते जग्मुर गृहं रामगुणान् शुभान्।।
शृण्वन्तः कथयन्तश्च वसंति विपिने प्रियौ।
सुखदौ मुनिदेबानां ससीतौ भ्रातरावुभौ।।

भावार्थ–तदनन्तर, राम को प्रणाम कर किरातगण शुभ राम गुण कहते सुनते अपने-अपने घर गये। इस प्रकार सीता के साथ दोनों भाई जो मुनियों को सुख देने वाले थे, वन में बसते हैं।

राम संग सिय रहति सुषारी। पुर परिजन घर सुरति बिसारी।।
छिन-छिन पिय बिधु बदन निहारी। प्रमुदित मनहुँ चकोर कुमारी।।

भावार्थ–सीता जी परिजन, पुरजन, घर की स्मृति भुलाकर राम संग सुख से रहती थीं। वह क्षण-क्षण प्रियतम का चन्द्रवदन देख वैसे ही प्रमुदित रहती थीं जैसे चकोर कुमारी चन्द्रमा को देखकर आनन्दमग्न रहती है।

श्लोक–

श्रीरामसंगे वैदेही सुखिताऽऽसीत् पुरस्य च।।
कुटुम्बस्य गृहस्यापि स्मृतिर्विस्मृत्य सुन्दरी।।

प्रियचन्द्राननं दृष्ट्वा सीता प्रमुदित यथा।
प्रतिक्षणं विधुं वीक्ष्य चकोरस्य कुमारिका।।

भावार्थ–राम जी के साथ-साथ विदेह पुत्री सीता सुख से रहती थीं। वह अपने कुटुम्बी जन, घर परिवार की स्मृति भूलकर श्रीराम जी के संग सुख से रहती थीं। जिस तरह चकोर कन्या अपने प्रिय चन्द्रमा को प्रतिक्षण निहार कर प्रमुदित रहती है, उसी तरह सीता जी अपने प्रिय राम जी का चन्द्र समान चेहरा देखकर आनन्दित रहती थी।

एहि बिधि प्रभु बन बसहिं सुखारी। खग मृग सुर तापस हितकारी।।
कहेऊँ राम बन गबन सुहावा। सुनहु सुमन्त अवध जिमी आवा।।

भावार्थ–इस प्रकार प्रभु राम वन में सुखपूर्वक रहते थे। वे पक्षी, हरिण, देवता तपस्वी सभी समूहों के हितकारी थे। मैंने राम जी के सुहावना वनगमन का वृत्तान्त कहा, अब सुमन्त्र के अयोध्या आने का वृत्तान्त सुनो।

श्लोक–

खगानां च मृगानां च मुनीनां च दिवौकसाम्।।
हितकारी रघुश्रेष्ठस् त्वेवं वसति कानने।
रामस्यारण्यगमनं शोभनं वर्णितं मया।।
शृण्वन्तु श्रीसुमन्त्रश्च यथा साकेतमागतः।

भावार्थ–इस प्रकार पक्षी, मृग, ऋषि, देवता के हितकारी रघुकुल श्रेष्ठ रामचन्द्र जी प्रसन्नतापूर्वक चित्रकूट के जंगल में रहते थे। राम जी के वनगमन का शोभाप्रद वर्णन मैंने किया। अब सुमन्त्र के अयोध्या लौटने का वृत्तान्त सुनो।

धीरज धरि तब कहहि निषादू। अब सुमन्त्र परिहरहु विषादू।।
तुम्ह पण्डित परमारथ ज्ञाता। धरहु धीर लषि विमुष विधाता।।

भावार्थ–धीरज धर कर निषाद बोले–"अब, सुमन्त्र, तुम विषाद त्यागो, तुम पण्डित हो, परमार्थ के ज्ञाता हो। विधाता को विमुख देख धीरज धरो।"

श्लोक–

धृत्वा धैर्य गुहः प्राह विषादं त्यज सांप्रतम्।
त्वं सुमन्त्र तदा विद्वान धैर्य धर परार्थवित्।।

भावार्थ–धैर्यपूर्वक निषाद बोले–"हे सुमन्त्र! अब विषाद छोड़ो और धीरज धरो! तुम विद्वान और परार्थवेत्ता हो।"

मींजि हाथ सिर धुनि पछिताई। मनहुँ कृपिन धनरासि गँवाई।।
बिरद बांधि वर बीर कहाई। चले समर जनु सुभट पराई।।

भावार्थ–राम जी से तर्क में हार जाने पर राम सीता रूपी धन गँवाकर कृपण जैसी हालत में सुमन्त्र रूपी योद्धा अपने घर की ओर पलायित हो गये। वे राम जी को वनवास से लौटने

पर राजी न कर सके और उनकी सर्वस्व संचित धन राशि जैसे खो गयी और उनकी दशा उस लुटे कृपण जैसी हो गयी।

श्लोक—

हस्तयोर्मर्दनं कृत्वा शिरः सन्ताऽय चाकरोत्।।
पश्चात्तापं महामन्त्री नष्टेऽर्थे कृपणो यथा।
पलायितो महावीरः संग्रामाच्च यथा तथा।।

भावार्थ—जैसे कृपण व्यक्ति अपना संचित धन खोकर पछताता है, उसी तरह सुमन्त्र हाथ मल-मल कर और सिर धुन-धुन कर पश्चात्ताप कर रहे थे। उनकी दशा किसी महावीर योद्धा के रणक्षेत्र से पलायन करने वाले जैसी हो रही थी।

जोइ पूछहिं तेहि उत्तर देबा। जाइ अवध अब यह सुख लेबा।।
पूछहिं जबहि राउ दुख दीना। जीवन जासु राम आधीना।।
देहौ उतर कौन मुँह लाई। आयऊँ कुँवर कुशल पहुँचाई।।
सुनत लखन सिय राम सँदेसू। तृन इव तन परिहरब नरेसू।।

भावार्थ—अन्य लोग जब पूछेंगे तब मैं उत्तर दूँगा पर आपके पिताजी का जीवन आपके कुशल के अधीन है। उन्हें मैं कौन से मुँह से कहूँगा कि राम, लखन, सीता वन चले गये। वे यह सुनते ही प्राण तज देंगे।

श्लोक—

ये ये प्रक्ष्यंति दास्यामि तानहं तत्तरं नृपः।।
यदा प्रक्ष्यति मां तस्मै किं वदिष्यामि चोत्तरम्।

भावार्थ—जो जो पूछेंगे उनको मैं यही उत्तर दूँगा कि राम, लषण, वैदेही वन चले गये पर जब राजा दशरथ पूछेंगे तो मैं क्या उत्तर दूँगा।

कहहु तात केहि भाँति कोउ, करहिं बड़ाई तासु।
राम लषन तुम सत्रुहन, सरिस सुवन सुचि जासु।।

भावार्थ—राजा महाभाग्यवान है। इसे किस भाँति कहा जाये? जितनी भी बड़ाई की जाय कम ही है। राम, लखन, शत्रुघ्न और तुम्हारे समान जिनके पवित्र सन्तान हैं—हे भरत! वह राजा महाभाग्यवान् हैं।

श्लोक—

धन्यस्त्वं यस्य तनयः सात्क्षान्नारायणोऽभवत्।
रामोऽयं लक्ष्मणः शेषो भरतोऽब्जोऽरिः शत्रुहा।

भावार्थ—तुम धन्य हो, जिसके पुत्र साक्षात् नारायण, राम रूप से प्रकट हुए, शेष जी लक्ष्मण रूप से, शंख भरत रूप से, और चक्र शत्रुघ्न रूप से प्रकट हुए।

भेंटेउ लषन ललकि लघुभाई। बहुरि निषाद लीन्ह उर लाई।।
पुनि मुनिगन दुहु भाइन्ह बन्दे। अभिमत आसिष पाइ अनन्दे।।

भावार्थ—लषन जी छोटे भाई लक्ष्मण से प्रेम से मिले। फिर, निषाद को हृदय से लगाया। दोनों भाई मुनियों को प्रणाम कर आशिष एवं अभिमत प्राप्त कर परम आनन्दित हुए।

श्लोक—

प्रणनाम पुनर्भ्रातृद्वयं मुनिगणं मुदा।
प्राप्याशिषं महानन्दम् यथेच्छं प्राप तत्क्षणे।।

भावार्थ—लक्ष्मण और शत्रुघ्न का परस्पर प्रणाम एवं मुनियों का प्रणाम और उनसे आशिष प्राप्ति तत्क्षण यथेच्छ प्राप्त हुआ।

सानुज भरत उमगि अनुरागा। धरि सिर सियपद पदुमपरागा।।
पुनि पुनि करत प्रनाम उठाये। सिर कर कमल परसि बैठाये।।
सीय असीस दीन्ह मन माहीं। मगन सनेह देह सुधि नाहीं।।
सब बिधि सानुकूल लषि सीता। भेनिसोच उर अपऽर बीता।।

भावार्थ—अनुज शत्रुघ्न सहित भरत जी राम, लक्ष्मण की अभ्यर्थना कर सीता जी को पैर छूकर प्रणाम किये।

श्लोक—

सानुजो भरतः श्रीमान् सानुरागो दयानिधिः।
ववन्दे भूमिजापादसारसम् प्राप्य स्वाशिषम्।।
स्नेहात्कहृदयो धीरो महामोदमवाप्तवान्।।

भावार्थ—अनुज शत्रुघ्न सहित भरत जी अनुराग युक्त हो भूमि पुत्री जानकी के चरण कमल में प्रणाम कर आशिष प्राप्त कर स्निग्ध हृदय से महाआनन्द को प्राप्त हुए।

कोउ कछु कहइ न कोइ कछु पूछा। प्रेम भरा मन निज गति छूछा।।
तेहि अवसर केवट धीरज धरि। जोरि पानि बिनवत प्रनाम करि।।

भावार्थ—केवट जाति जल में डूब रहे लोगों को बचाने में कुशल होता है। यहाँ प्रेम में डूब रहे लोगों को चैतन्य करने के लिए केवट ने वशिष्ठ मुनि के साथ सभी माताओं एवं सकल लोगों के आने की सूचना दी। केवट यहाँ खेवैया है, शोक से निवृत्ति हेतु तारन-हारन के रूप में है। वशिष्ठ जी ने राम-लक्ष्मण को हृदय से लगा लिया।

गुरुहिं देखि सानुज अनुरागे। दण्ड प्रनाम करन प्रभु लागे।।
मुनिबर धाइ लिये उर लाई। प्रेम उमँगि भेंटे दोउ भाई।।

भावार्थ—गुरु को देख अनुज लक्ष्मण सहित राम जी दण्ड प्रणाम करने लगे। मुनिवर वसिष्ठ ने प्रेम के उमंग में भरकर दोनों भाई से भेंट किया और उन्हें छाती से लगा लिये।

श्लोक—

आलिलिंग वसिष्ठस्तु दृष्ट्वा श्रीरामलक्ष्मणौ।।

भावार्थ—श्री वसिष्ठजी ने राम-लक्ष्मण को देखते ही हृदय से लगा लिया।

गुरु तिय पद बन्दे दोउ भाई। सहित बिपू जे सँग आई।।
गंग गौरि सम सब सनमानी। देहि असीस मुदित मृदुबानी।।

भावार्थ—यहाँ गुरुतिय से आशय अत्रि मुनि की पत्नी अनसूया से है। अनसूया ने पातिव्रत धर्म की शिक्षा सीता को दी और सभी को आशीर्वाद दिया। पातिव्रत्य की कल्पना कबीलाई समाज में न थी। पहले मातृसत्तात्मक व्यवस्था थी और महिलाएँ उन्मुक्त थीं। श्वेतकेतु गौतम से एक पत्नी, एक पति की व्यवस्था लागू हुई। जब समाज कबाइली से खेतिहर में रूपान्तरित हो गया, तब पातिव्रत्य धर्म भी आया। गोस्वामी जी का काल मध्ययुगीन है, व्यवस्था सामन्ती थी। अतः वे परिवेश से प्रभावित थे। सभी नगर निवासी जल स्रोत के पास ठहर गये।

श्लोक—

बवन्दे गुरुपत्नीश्च विप्रपत्नीयुता मुदम्।
आशिषं प्राप्य मनुज व्याघ्रोऽगात् सत्कृतास्तथा।।

भावार्थ—राम-लक्ष्मण ने गुरु पत्नी अरुन्धती एवं संग की अन्य विप्र पत्नियों को प्रणाम किया और आशिष प्राप्त कर आनन्दित हुए।

महिसुर मन्त्री मातु गुरु गने लोग लिये साथ।
पावन आस्रम गवन किय भरत लषन रघुनाथ।।

भावार्थ—मन्त्री, ब्राह्मण, माता, गुरु जैसे चुने लोगों के साथ राम जी भरत-लक्ष्मण सहित अपने पवित्र आश्रम लौट आये।

श्लोक—

ततोगुरुवरान् मन्त्रि द्विजानादाय राघवः।
प्रतस्ये स्वाश्रयं दिव्यं भरतेन सह लक्ष्मणः।।

भावार्थ—तब गुरु की आज्ञा से मन्त्री, ब्राह्मण सहित राम जी भरत, लक्ष्मण सहित निज आश्रम में लौट गये।

कोल किरात भिल्ल बनबासी। मधु सुचि सुन्दर स्वादु सुधासी।।
भरि भरि परनपुटी रचि रूरी। कन्द मूल फल अंकुर जूरी।।
सबहिं देहिं करि बिनय प्रनामा। कहि कहि स्वादुभेदगुन नामा।।

भावार्थ—जंगलवासी कोल किरात, भील, वनवासी अमृत समान स्वादिष्ट मधु, कन्दमूल फल लेकर विनयपूर्वक सबको देते थे और सबका स्वाद भेद गुन बखान कर खिलाते थे।

तुम्ह प्रिय पाहुन बन पग धारे। सेवा जोगु न भाग हमारे।।
देब काह हय तुमहिं गोसाईं। ईंधन पात किरात मिताई।।
यह हमारि अति बड़ि सेवकाई। लेहिं न बासन बसन चोराई।।

भावार्थ—हे महाराज! आप सब प्रिय पाहुन वन में आये हैं। हमारा भाग्य सेवा योग्य भी नहीं है। हम श्रीमानों को क्या समर्पण कर सकेंगे? हम जंगल में बसन-वासन चुरा लेते हैं। आप लोगों की सेवकाई करने का अवसर भाग्य की बात है।

सीय सासु प्रति वेष बनाई। सादर करैं सरिस सेवकाई।।
लषा न मरम राम बिनु काहू। माया सब सियमाया माहू।।
सीय सास सेवा बस कीन्ही। तिन्ह लहि सुख सिष आसिष दीन्ही।।

भावार्थ–सीता जी अनेक रूप धारण कर प्रत्येक सास की सेवा एक-एक सीता बनकर आदरपूर्वक करती थीं। सीता की सेवा से सन्तुष्ट होकर सासों ने शिक्षा और आशीर्वाद संयुक्त रूप से दिया।

श्लोक–

सर्व श्वश्रूजनं सीता सिषेवेऽनेकरूपतः।
ततस्तुष्टा श्चसीतायै दत्तवत्सः शुभाशिषम्।।

भावार्थ–सीता जी ने सभी सास माताओं को सम्मान, आदर देते हुए श्रद्धापूर्वक हृदय से सेवा कर, उन्हें सन्तुष्ट कर शुभ आशीष प्राप्त किया।

रामचरितमानस और सामाजिक पुनर्गठन

तुलसीदास मत-मतान्तर के बीच, वर्ग विभेद के बीच, जाति विभेद के बीच समन्वय घृणा, विद्वेष, संघर्ष को समाप्त कर पन्थ सहिष्णुता, समरसता एवं समभाव का विस्तार कर सामाजिक व्यवस्था एवं विकास को आधार प्रदान करते हैं। उनकी समन्वय, भावना केवल पन्थ तक सीमित नहीं है, इसका विस्तार वर्ण सामंजस्य, वर्ग सामंजस्य राजा-प्रजा सामंजस्य, पारिवारिक सामंजस्य तक जाता है और यह एक पुनर्गठित समाज का आधार बन गया। शैव, शाक्त, वैष्णव, ब्राह्मण, शूद्र की दूरी कम हो गयी। इससे मत भेद जनित कलह कम हो गये। दूसरी ओर छुआछूत की भावना कमज़ोर हो गयी, तीसरी ओर नये नायक शिवाजी महाराज, छत्रसाल बुन्देला, सूरजमल जाट, बलवन्त सिंह, गुरुगोविन्द सिंह जैसे राजनीति के रंगमंच पर उदित हुए। तुलसीदास की समाज कल्याण की भावना का विस्तार सामाजिक एकीकरण में था। तुलसीदास ने जो भावनात्मक लगाव पैदा किया, उससे सामाजिक स्थिरता आयी। समन्वय की भावना छिटकने वाली प्रवृत्तियों पर अंकुश लगाकर सामाजिक एकजुटता कायम की। यह समन्वयकारी दृष्टि भाषा, क्षेत्र, जाति, धर्म, सम्प्रदाय आदि पर विभाजन की ओर जा रहे भारतीय समाज के पुर्नगठन, एकीकरण के प्रयास के निर्णयकारी, प्रभावकारी तत्त्व हैं।

तुलसीदास के पास उदार दृष्टि है। यह संकीर्ण सोच से बाहर निकालती है। मतभेद की जगह सामंजस्य को स्थापित करती है। तुलसीदास की मान्यताएँ और उनका निरूपण पारिवारिक-सामाजिक एकीकरण में मददगार होता है। यह बिखराव को रोकती है। इसमें सृजन है, मण्डन है न कि खण्डन। सामाजिक विघटन रोकने में तुलसीदास कारगर साबित हुए हैं। तुलसीदास आपसी संवाद, आपसी विमर्श, आपसी अन्तःक्रिया की पद्धति को अपनाते हुए वाद, विवाद, प्रतिवाद से गुज़रते हुए एक समाधान तक पहुँचते हैं।

रामचरितमानस मानव व्यवहार का मानदण्ड है। वह भारतीय संस्कृति के आधारभूत तत्त्वों के अनुसरण के साथ नवीनीकरण का भी प्रयास करते हैं। उनकी पर्यावरण दृष्टि, आदिवासियों के आत्मसातीकरण की दृष्टि आज भी प्रेरक और अनुकरणीय है। यह आधुनिक समाज की पुनर्रचना का प्रारूप भी प्रस्तुत करता है। तुलसीदास की कविताएँ न केवल नाना पुराण निगमागम सम्मत हैं, बल्कि, उनका सार भी है।

अति पावन पुरान श्रुति सारा।

यह संसार के लिए मंगलकारी है।

भनिति भदेस वस्तु भलि वरनी।
रामकथा जग मंगल करनी।।
निज सन्देह मोह भ्रम हरनि।
बुध विश्राम सकल जन रंजनि।।

इसमें मनोरंजन भी है, तनाव निवृत्ति भी है, कलुष निवारण भी है, दायित्व निर्वहन भी है। वे सामाजिक पुनर्गठन के अभिकर्त्ता हैं। इसी से वे सर्वाधिक लोकप्रिय हैं, आदर्श हैं। महाभारत में बल और विद्या से सम्पन्न चचेरे भाई पाण्डव और कौरव अपनी समस्या का निदान आपसी पारस्परिक संवाद द्वारा नहीं करते, पर तुलसी के सौतेले भाई राम और भरत प्रतिकूल परिस्थितियों में भी लोभ, लालच को पास फटकने नहीं देते और विनय के साथ एक-दूसरे को समझाते रहे, समझते रहे और एक रहे। दोनों कर्त्तव्य पालन की प्रक्रिया में आये बाधा, अवरोध को पार किये और अकर्त्तव्य की भी जाँच पड़ताल की। विधि और निषेध, कर्त्तव्य और अकर्त्तव्य, कर्म-विकर्म-अकर्म सभी का विवेचन यथायोग्य तुलसी में है।

राम के लंका प्रयाण के पार्थिव मार्ग में राम के साथ परिवेश है जिसमें पत्नी सीता है, भाई लक्ष्मण है, मित्र निषादराज है, प्रेरणा पुरुष अगस्त्य हैं, नीति परायणा अनसूया है, आशीर्वचन दाता भरद्वाज हैं, प्रेम की मूर्ति वाल्मीकि हैं, वन-प्रान्तर है, वन ग्राम है, वनवासी हैं, पशु-पक्षी हैं, वन देवी हैं, केवट हैं, नाव है, गंगा है, गोदावरी है, नर्मदा है, वनश्री है, राक्षस भी हैं, ऋषि भी हैं, वानर भालू भी हैं, आत्मबलिदानी शरभंग हैं, प्रेरणादायक अगस्त्य हैं, कामपीड़िता शूर्पणखा है, राज्यश्री के भोग की लालसा से दूर भरत हैं।

रामचरितमानस में राज्यश्री का भोग प्रधान तत्त्व नहीं है। राम साम, दाम, दण्ड, भेद सभी नीतियों का पालन करते हैं। शिवाजी भी अफजल खान, शाइस्ता खान के साथ यही करते हैं। गुरु गोविन्द सिंह के रूप में राम फिर मुग़लकाल में राजनीति के रंगमंच पर अवतरित होते हैं। अगस्त्य राम को दिव्य अस्त्र, दिव्य सोच प्रदान करते हैं। यहाँ मंच का काम समर्थ रामदास करते हैं और शिवाजी को प्रक्षेपित करते हैं, प्राणनाथ छत्रसाल को प्रक्षेपित करते हैं। राम विनय के प्रतीक हैं, रावण अविनय का प्रतीक है।

विनीत मोरसं राजपुत्र राज्याधिकारे निवेशयत्।

भारतीय संस्कृति में विनय की प्रतिष्ठा है। उत्तराधिकार की शर्त विनय है। विभीषण, अंगद, राम, युधिष्ठिर सभी राज्य विनय के कारण प्राप्त किये। कर्ण ज्येष्ठ पाण्डव है, दुर्योधन ज्येष्ठ कौरव है पर दोनों दुर्विनीत हैं। तुलसी के धर्मशास्त्र में प्रजा निर्णायक है। लोकमत की प्रतिष्ठा वेदमत के बराबर है।

तुलसी का मानव देवता से ऊपर है। मूल्यों की समन्वयात्मक धर्मसेतु पर राम प्रजा के सामने विनम्र होकर खड़े हैं। राम समन्वयात्मक हैं तो कृष्ण दण्डात्मक। ये दोनों सम्पूर्णता की साधना के दो महानायक हैं। राम मर्यादित हैं तो कृष्ण अमर्यादित। राम जब अमर्यादित

हो जाते हैं तो महानता और बढ़ जाती है जैसे अहिल्या उद्धार, निषाद मैत्री, शवरी प्रसंग, वालिवध, शूर्पणखा अंग-भंग। राम लीक से हटकर तब अगतानुगतिक हो जाते हैं, कृष्ण हो जाते हैं। रामचरितमानस में भारतीय संस्कृति की आत्मा है। महाकवि दण्डी ने कहा है–

"यह सम्पूर्ण विश्व अन्धकार से भर जाता यदि यह शब्द स्वरूप ज्योति सर्वत्र व्याप्त न होती।"

कालिदास ने उमा-महेश्वर को स्थापित किया, जयदेव ने राधा-कृष्ण को स्थापित किया, गोस्वामी जी ने सीता राम को स्थापित किया। ये सिर्फ़ शब्द नहीं हैं, भारतीय संस्कृति के ज्योति स्तम्भ हैं। तुलसीदास सामाजिक यथार्थ के सबसे बड़े तत्त्व द्रष्टा हैं। ये काल के बिम्ब प्रतिबिम्ब हैं जो जनपदों और जनों को समेटे हुए है।

रावण की शक्ति देवताओं पर भारी थी, प्रचण्ड थी पर राम ने दुर्विनीत रावण का वध कर देवत्व और असुरत्व पर मनुष्यत्व को प्रतिष्ठित किया। इन्द्र राम की अभ्यर्थना में रथ भेजते हैं, फूल बरसाते हैं। राम द्वारा कमज़ोर किये गये इन्द्रपद की समाप्ति कृष्ण ने पर्वत पूज कर पूरा कर दी।

युधिष्ठिर का गन्तव्य हिमालय है पर राम का गन्तव्य गोदावरी पार दक्षिणात्य है। राम आधुनिक युद्ध शैली अपनाते हैं। नर्मदा आधार क्षेत्र बनता है, गोदावरी छापामार क्षेत्र है जहाँ खर, दूषण, त्रिशिरा, विराध, तालि मारे जाते हैं। लंका की आपूर्ति रेखा ध्वस्त की जाती है। व्यापक जन उभार पैदा कर सशस्त्र जनक्रान्ति की ज़मीन तैयार की जाती है जहाँ हनुमान, जामवन्त जैसे जननायक

उभरते हैं। जनता में स्थापित होने पर ही लंका पर सम्मुख चढ़ाई की जाती है। लोक युद्ध की परिणति रावण के समूल नाश में है।

तुलसी का मानस केवल अनुवाद नहीं है, यह स्वतन्त्र विकास का परिणाम भी है। परम्परा से प्राप्त ज्ञान का पुनर्उत्पादन है, पुनर्रचना है।

—रामचरितमानस की सीता अयोनिजा है, महाभारत की द्रोपदी भी अयोनिजा है। सीता भूमि पुत्री है, द्रोपदी अग्निगर्भ से जन्मी है।

—राम चारों भाई यज्ञ से उत्पन्न होते हैं, द्रोपदी और धृष्टद्युम्न भी यज्ञ से पैदा होते हैं।

—राम ने शिव धनुष तोड़कर सीता को प्राप्त किया, अर्जुन ने मत्स्य भेद द्वारा द्रोपदी को प्राप्त किया। धनुष का प्रयोग दोनों जगह है।

—युधिष्ठिर जुआ के पीछे हैं, राम माया मृग के पीछे हैं।

—द्रोपदी अपने पतियों को ललकार कर युद्ध के लिए तैयार करती है, सीता हनुमान द्वारा राम को रावण वध के उपक्रम का सन्देश देती है।

—इन्द्र का पराभव राम और कृष्ण दोनों द्वारा होता है। राम इन्द्र पुत्र जयन्त को जीवन दान पराजित कर देते हैं।

—कृष्ण गाय चराने वालों को संगठित करते हैं, राम वानर-भालू को।

—दीर्घकालीन लोकयुद्ध चलायमान युद्ध छापामार युद्ध के रास्ते राम और कृष्ण दोनों निर्णायक सम्मुख युद्ध करते हैं।

—राम भरत को उपदेशित करते हैं, भीष्म युधिष्ठिर को।

—अर्जुन पुत्र अभिमन्यु और रामपुत्र लवकुश के पराक्रम वर्णन में समानता है।

—वन पर्व दोनों ग्रन्थों में है।

—वनगमन अर्जुन भी करते हैं, राम भी करते हैं।

—महाभारत में घटोत्कच-आलायुध का द्वन्द्व युद्ध है। मानस में वालि-सुग्रीव का द्वन्द्व युद्ध है।

—द्रोण वध, वालि वध दोनों में छल का प्रयोग समान रूप से है।

—मानस जितना विस्तृत है उतना ही सुगठित भी है, जितना प्रचण्ड है, उतना ही गम्भीर भी है, जितना उत्ताल है, उतना ही शान्त है।

पद्‌म पुराण में कहा गया है—

"वह पुराण पुराण नहीं, वह संहिता संहिता नहीं, वह इतिहास इतिहास नहीं और वह काव्य काव्य नहीं, जिसमें राम शब्द न आया हो।"

राम चरित से सुनत अघाहीं। रस विसेष जाना तिन्ह नाहीं।

रामचरितमानस सम्पूर्ण भारतीय वांग्मय और चिन्तन परम्परा का साहसिक समन्वय है। यह हिन्दी की सर्वोत्तम सर्जनात्मक, सृजनात्मक और समाहारात्मक कृति है।

हिन्दी में तुलसीदास का योगदान इसीलिए अन्यतम है कि उनके रामचरितमानस में उनके पूर्व के समस्त विविधतापूर्ण ज्ञान के स्वर तो झंकृत हैं ही, उसमें कवि की संवेदना, चाहना, सपना भी संश्लिष्ट है। राम राज्य का सपना आज भी ज़िन्दा है। सन्दर्भ बदल गये हैं पर वानर-भालू राजसत्ता की स्थापना जिसे स्वामी सहजानन्द ने चाहा, आज भी गन्तव्य है।

राम जब अमर्यादित होते हैं, तब कृष्ण बन जाते हैं। धनुष भंग के पूर्व सीता से प्रेम, जातिच्युता अहिल्या उद्धार, वानर-भालू संगठित कर जन क्रान्ति का नेतृत्व करना तत्कालीन परम्परा के विपरीत था पर राम ने पिता, गुरु, शास्त्र, वर्ण धर्म की परिधि को पार किया। राम ऐसे चरित्र को उजागर कर तुलसी स्वयं बुद्ध की तरह लोकनायक बन गये।

अन्यान्य ग्रन्थ

भरद्वाज रामायण

गूढ़ कपट प्रिय वचन सुनि, तीय अधर बुद्धि रानी।
सुर मायावस वैरनहिं सुहृदजानि पतियानि।।

श्लोक–

स्त्री जातिवाच्च कैकेयी तथा क्षणिक बुद्धितः
देव माया वशाद्राज्ञी छल सम्मिलितां गिरम्
प्रिया श्रुत्वाऽहितां मत्वा विश्वासं च चकार सा।

भावार्थ एवं सामान्य अर्थ–कैकेयी ने क्षणिक बुद्धि स्त्री और देवमाया के अधीन होने के कारण, कपट भरी वाणी सुनकर अहित विचारने वाली मन्थरा को हितचिन्तक समझकर उस पर विश्वास कर लिया।

कैकेयी को आश्चर्य है कि मन्थरा को कौन-सा भय व्याप्त हो गया जो मुझे राम के ख़िलाफ़ भड़का दिया। राम तो अपनी माँ कौशल्या से भी अधिक मेरे प्रियकारी हैं। कैकेयी से लांछित हो मन्थरा रोने लगी।

किए अमित उपदेस, जहँतहँ लोगन्ह मुनिवरन्ह।
धीरज धरिय नरेस, कहेऊ वसिष्ठ विदेह सन।।

महाभारत

श्लोक–

सर्वेषा जनकस्यापि दुःख प्रशमनायच।
वसिष्ठः कथयामास कथा बह्वी मनोरमा।।

भावार्थ–सब लोगों सहित जनक जी का दुःख दूर करने के लिए वशिष्ठ जी ने अनेक मनोहर कथाओं का वर्णन किया। सम्बन्धियों को देख दुःख और बढ़ जाता है। वसिष्ठ जी ने जनक जी को प्रेम से समझाया। राम जी समुद्र की तरह शान्त हैं, जनक जी का समाज करुणा की नदी है। नदी समुद्र में विश्राम पाती है। करुणा का मेल शान्ति सागर से होने पर दुःख मिटने की आशा है। अर्थात् राम को सम्मुख देख मिथिला का समाज सन्तुलन, सन्तोष प्राप्त कर सकता है।

अबगाहि लोक समुद्र सोचहि नारिनर व्याकुल महा।
दइ दोष सकल सरोष बोलहिं वाम विधि किन्हो कहा।

कुमारसम्भव

स्वजनस्य हि दुःखमग्रतो विवृत द्वार मिवोपजायते।

कालिदास कहते हैं–

सम्बन्धियों के सामने प्राणियों का दुःख मानो किवाड़ खोलकर निकल पड़ता है, उन्मुक्त हो जाता है बढ़ जाता है, उमड़ पड़ता है।

तुलसीदास कहते हैं–

तुलसी न समरथ कोऊ जो तरि सकै सरित सनेहकी।

भावार्थ–जनक जी स्वयं विदेह हैं, राजर्षि हैं, गृहस्थ संन्यासी हैं मगर स्नेह की सरिता तैरना उनके लिए भी मुश्किल हो गया है अर्थात् स्नेहजनित दुःख से वे भी दुःखी हैं, विधिवाम है।

तुलसीदास को भाग्यफल पर पूरा विश्वास है। यहाँ भी वे विधि को दोष देते हैं।

कीन्ह सप्रेम प्रनाम बहोरी। बोले पानि पंकरूह जोरी।

पद्मपुराण

श्लोक–

प्रणम्यं राघवं प्राह भरतस्तु कृतांजलि।
जन्म मे सफलं जातं लब्धं च बहुलं सुखम्।।

भावार्थ–रामचन्द्र जी को प्रणाम कर हाथ जोड़ भरत जी बोले कि आज मेरा जन्म सफल हुआ और मैंने बहुत ही सुःख पाया।

रामचन्द्र जी प्रेम के समुद्र हैं। उनकी वाणी समुद्र से निकला अमृत है। सम्पूर्ण समाज राम जी की वाणी सुन मुग्ध हो गया। ऐसा लगा कि सभी शिथिल हो, जड़वत हो समाधि लगाये हों। इसी अवसर पर भरत जी कहते हैं, मेरा जन्म सफल हो गया।

कौशल्या कह दोष न काहू। करम विवस दुख सुख छति लाहू।

भगवद्गीता

श्लोक–

अवश्यमेव भोक्तव्यं कृतं कर्म शुभाशुभम्।

भावार्थ–प्राणी जो भी भला या बुरा कर्म करते हैं। उसका फल उन्हें अवश्य भोगना पड़ता है।

गोस्वामी कहते हैं–

कठिन धर्मगति जान विधाता। जो शुभ अशुभ सकल फलदाता।

श्रीमद्भागवत में है–

अहो विधाता! तुम्हारी दया किसी पर नहीं है तुम्हारा खेल बच्चों जैसा है। सहृदय व्यक्तियों को मिला भी देते हो, फिर विलग भी कर देते हो, विधि-विधान ग़ज़ब है।

जग अनमल भल एक गोसाई। कहिय होइ भल कासु भलाई।।
देव देवतरु सरिस सुभाऊ। सनमुख विमुष न काहुहि काऊन।।

सत्य उपाख्यान

श्लोक–

येषां तु यादृशी बुद्धिः फलदाता तथैव च।
नहि विषमता तस्य कल्पवृक्षोपयो हरिः।।

भावार्थ–भगवान के हृदय में विषम भाव नहीं है। जो जैसा करता है, उसे वैसा ही फल देते हैं। हरि में पक्षपात नहीं है और न दो तरह का व्यवहार है।

भरत जी कह रहे हैं, अब मेरी शंका मिट गयी, मुझे किसी तरह का खेद नहीं है। यहाँ राम-भरत संवाद गीता के श्रीकृष्ण अर्जुन संवाद की तर्ज पर है।

मैं प्रभु कृपा रीति जिय जोही। हारेहु खेल जितानहिं मोही।।

कुमारसम्भव

श्लोक–

कृतवानसि विप्रियन्न मे प्रतिकूलन्न चल ते मयाकृतम्।

भावार्थ–भरत जी कहते हैं–आपका मुझ पर विशेष स्नेह है। आप में मैंने खुनस कभी नहीं देखी। आप स्वयं खेल में हार जाते थे और मुझे जिता देते थे। प्रभु रामचन्द्र जी, अपराधियों पर भी क्रोध नहीं करते थे।

अरध तजहिं बुध सरवस जाता।

शुक्रनीति

श्लोक–

सर्वनाशे समुत्पन्नै अर्ध त्यजति पण्डितः।
अर्धेन कुरुते कार्य सर्वनाशो हि दुस्तरः।।

भावार्थ–जब सर्वस्व नाश होने लगता है तब पण्डित लोग आधा स्वीकार कर लेते हैं क्योंकि सभी का नाश से आधा नाश अच्छा होता है। भरत जी प्रस्ताव देते हैं कि लक्ष्मण, सीता अवध लौट जायें और मैं वन में राम जी के साथ रहूँगा। यही आधा बचाना है। मगर रानियों का दुःख कम नहीं हुआ। इस प्रस्ताव से दो पुत्रों का बिछोह तो बना ही रह गया।

क्षत्रि जाति रघुकुल जनम, राम अनुज जगजान।
लातहूँ मारे चढ़ति सिर, नीच को धूरि समान।।

शिशुपाल वध

श्लोक–

पादाहतं यदुत्थाय मूर्धानमाधि रोहति।
स्वस्यादेवापमानेपि देहि नस्तद्द् वरं रजः।।

भावार्थ–संसार जानता है, मैं क्षत्रिय हूँ, रघुवंशी हूँ, आपका अनुज हूँ, मैं क्यों कर चुप रहूँ? निकम्मी धूल को कोई लात मारता है, तब वह भी उड़कर सर पर बैठ जाती है, प्रतिकार करती है। यहाँ भरत जी का क्षात्र तेज जाग जाता है। क्षत्रिय वैदिक जाति है, राजपूत, शक, हूण, कुषाण, आदिवासी, यवन, गुर्जर को अग्नि से शुद्ध कर आबू पहाड़ पर वशिष्ठ मुनि द्व ारा हिन्दुओं में सम्मिलित आठवीं सदी के अन्त में किया गया है। क्षत्रिय और राजपूत में फ़र्क़ है। क्षत्रिय सैनिक जाति है और वैदिक है। राजपूत उत्थित विदेशी हैं और जाट, गुर्जर की तरह खेतिहर हैं।

सहसा करि पाछे पछिताहीं। कहहिं वेद बुध ते बुध नाहीं।

किरात अर्जुन

श्लोक–

सहसा विद्धीत न क्रियाम विवेकः परमापदां पदम्
वृणतेहि विमृश्य कारिणं गुण लुब्धाः स्वयमेव सम्पदः।।

भावार्थ–अर्थात् जल्दी से कोई काम नहीं करना चाहिए, अन्यथा पीछे पछताना पड़ता है। अज्ञान विपत्तियों का स्थान है। विचार कर काम करनेवाले लाभ में रहते हैं क्योंकि लाभ उसी के पास जाता है जो बुद्धिमान् है, विचारमुक्त है, जल्दबाज नहीं है। विचार से किये गये काम की सराहना सभी लोग करते हैं।

यह लक्ष्मण जी को सम्बोधित करने वाली आकाशवाणी है। लक्ष्मण जी देवताओं के वचन सुन उतावलापन छोड़ संकोच में पड़ जाते हैं।

अनुचित उचित काज कछु होई। समुझि करिय भल कह सब कोई।।

भर्तृहरिः

श्लोक–

उचित अनुचितं वा कुर्वता कार्यजातं परिणति वधा या यस्नतः पण्डितेन।

भावार्थ–कोई भी काम उचित-अनुचित समझकर, सोच-विचार कर किया जाना चाहिए ताकि सब लोग उसे अच्छा कहें। लक्ष्मण जी गुस्सा में हैं। वे भरत जी को शत्रु समझ युद्ध करने पर सन्नद्ध हैं, उतारू हैं। यह देववाणी उन्हें आगाह करती है, सचेत करती है।

विषयी जीव पाइ प्रभुताई। मूढ़ मोह वस होहिं जनाई।

हितोपदेश

श्लोक–

अवेश प्रभवोराजा मूर्ख पुत्रो हि पण्डितः।
अधनीच धनं प्राप्य तृण वन्मन्यते जगत्।।

गोस्वामीजी कहते हैं कि विषयी जीव जब प्रभुत्वशाली हो जाते हैं तब वह मूढ़मति मोह बस होकर समाज पर बोझ हो जाते हैं, वे अपनी प्रभुता का इजहार करने लगते हैं। हितोपदेश का श्लोक इसे बड़े फलक पर देखता है। इसमें विषयी को स्पष्ट रूप से अन्य शब्दावली में रखा है। राजा यदि अकुलीन है, पण्डित का बेटा मूर्ख है, दरिद्र को अचानक धन प्राप्त हो जाय तो तीनों संसार को समाज को तृण के समान समझने लगते हैं। वे किसी का अंकुश नहीं स्वीकार करते हैं।

ससि गुरु तियगामी नहुष, चढ़ेउ भूमिसुर यान।
लोकवेद ते विमुख भा, अधम को वेन समान।।

महाभारत

चन्द्रमा गुरु पत्नी तारा से सम्भोग किये। नहुष को जब प्रभुता प्राप्त हुई तब ऋषियों को कहार बनाकर पालकी में जोत लिया। अधम राजा वेन राजपद पाकर अत्याचारी हो गया। वह वेद और लोक के विपरीत आचरण करने लगा।

गोस्वामी जी कहते हैं–

सहसबाहु, सुरनाथ, त्रिशंकू। केहिन राजमद दीन्ह कलंकू।।

सहस्रबाहु राजा, इन्द्र, त्रिशंकु सभी राजमद पाकर कलंकी हो गये।

यह प्रसंग भरत जी के ससैन्य चित्रकूट आने पर लक्ष्मण जी की प्रतिक्रिया से जुड़ा हुआ है।

महाराज नहुष की कथा महाभारत के उद्योग पर्व में है। वेन की कथा श्रीमद्भागवत में है, त्रिशंकु की कथा वाल्मीकि रामायण के बालकाण्ड में है। देवी भागवत में भी है।

लक्ष्मण जी के क्रोध का कारण राम से उनका हार्दिक लगाव है। लक्ष्मण जी पहले भी परशुराम से, सुमन्त्र से अविनय वार्त्ता में क्रोध प्रकट किये थे।

गोस्वामी जी की संक्षिप्त जीवनी

जन्म– संवत् 1589 ई. (ग्रियर्सन के अनुसार)।

जन्म स्थान– राजापुर, बाँदा ज़िला।

बचपन का नाम– राम बोला।

जाति–सरयूपारीण (श्याम सुन्दर दास)।

भूमिहार ब्राह्मण (कुलदीप नारायण झड़प)।

माता-पिता–माता का नाम हुलसी और पिता का नाम पं. आत्माराम।

बचपन–भीख माँग कर गुज़र करते थे। फिर नरहरि दास जी के साथ रहे। सूकर खेत में उनसे रामकथा सुने। यहाँ 7 से 12 बरस की आयु तक रहे। फिर शेष सनातन के साथ पंचगंगा घाट पर पन्द्रह साल रहकर शास्त्रों का अध्ययन किये।

विवाह–पत्नी का नाम रत्नावली, बुद्धिमती, ममता तीन नाम हैं। ये शीघ्र विरक्त हो गये।

पत्नी की झिड़की– **लाज न लागत आपुको, दौरे आयेहु साथ।**
धिक-धिक ऐसे प्रेम को, कहा कहूँ मैं नाथ।।
अस्थि चरम मय देह मम, तामे ऐसी प्रीति।
होती जौ श्रीराम मह, होत न तौ भवभीति।।

निधन–संवत् 1680।

संवत् सोलह सौ अस्सी, असी गंग के तीर।
सावन शुक्ला सप्तमी, तुलसी तजौ शरीर।।

रचनाएँ–

1. रामचरितमानस 1631 संवत्
2. रामलला नहछू 1643 संवत्
3. वैराग्य सन्दीपनी 1672 संवत्
4. बरबै रामायण 1669 संवत्
5. पार्वती मंगल 1643 संवत्
6. जानकी मंगल 1643 संवत्
7. रामाज्ञा प्रश्न 1672 संवत्

8. दोहावली 1642 संवत्

9. कवितावली 1628-31 संवत्

10. हनुमान बाहुक

11. विनय पत्रिका

रामचरितमानस में निम्न यथायोग्य है–

(क) काण्ड सात

(ख) श्लोक 27

(ग) चौपाई 4605

(घ) छन्द 221

(ड़) दोहा 156

(च) सोरठा 851

(छ) अवतार 6

(ज) देवता 14

(झ) ऋषि 28

(ञ) नारी 27

(ट) राक्षस 23

मुकुन्द लाल मुंशी के अनुसार मानस के सन्दर्भ ग्रन्थ 267 हैं।